高等职业教育汽车类专业教学改革规划教材

汽车舒适与安全系统结构与检修

刘春晖　张炜炜　主　编

机 械 工 业 出 版 社

本书主要内容包括：中控门锁与防盗系统、汽车空调、汽车防碰撞与导航系统、夜视系统与平视显示系统、驾驶人辅助系统、智能刮水与限速显示系统6个模块。本书内容丰富、图文并茂、通俗易懂，在强调实用性、典型性的基础上，充分重视内容的先进性。

本书既可作为高等职业院校汽车检测与维修技术专业、汽车制造与装配技术专业、汽车电子技术专业、汽车运用与维修技术专业教学用书，也可作为汽车维修行业的技师和修理工提高技能的自学用书。

本书配有电子课件，凡使用本书作为教材的教师可登录机械工业出版社教育服务网 www.cmpedu.com 注册后免费下载。咨询电话：010-88379375。

图书在版编目（CIP）数据

汽车舒适与安全系统结构与检修/刘春晖，张炜炜主编．—北京：机械工业出版社，2017.6

高等职业教育汽车类专业教学改革规划教材

ISBN 978-7-111-59339-3

Ⅰ.①汽…　Ⅱ.①刘…　②张…　Ⅲ.①汽车—舒适性—高等职业教育—教材　②汽车—安全装置—车辆修理—高等职业教育—教材　Ⅳ.①U461.4　②U472.41

中国版本图书馆CIP数据核字（2018）第042857号

机械工业出版社（北京市百万庄大街22号　邮政编码100037）

策划编辑：张双国　责任编辑：张双国

责任校对：肖　琳　封面设计：陈　沛

责任印制：张　博

三河市宏达印刷有限公司印刷

2018年4月第1版第1次印刷

184mm×260mm · 15印张 · 367千字

0001—1900册

标准书号：ISBN 978-7-111-59339-3

定价：39.00元

凡购本书，如有缺页、倒页、脱页，由本社发行部调换

电话服务	网络服务
服务咨询热线：010-88379833	机 工 官 网：www.cmpbook.com
读者购书热线：010-88379649	机 工 官 博：weibo.com/cmp1952
	教育服务网：www.cmpedu.com
封面无防伪标均为盗版	金 书 网：www.golden-book.com

前　言

随着国民经济飞速发展和人民生活水平的普遍提高，汽车正以前所未有的步伐迈进普通百姓的家庭。特别是成功加入WTO后，汽车逐渐降价，更加刺激了我国私家车的消费。未来几年，我国的汽车拥有量仍将以较快的速度递增，随之而来的巨大的汽车售后市场——汽车美容、养护、装饰、快修及至大修等，将成为21世纪一个庞大的黄金产业，为有志者提供了绝佳的就业和创业良机。

在欧美一些发达国家，据专家统计，因汽车消费而产生的利润大致按以下百分比分配：整车销售占20%，配件销售占20%，售后服务占60%。由此可以看出，在整个汽车消费过程中，利润产生比重最大的一块是汽车售后服务，这也就是目前汽车销售商热衷于搞“3S”“4S”店的主要原因。

随着汽车技术的发展和后市场的需要，汽车后市场服务人才供求矛盾激增，人才供求的结构性矛盾突出，使得汽车后服务人才的培养变得尤为重要。为了适应当前汽车后市场服务人才培养的需要，充分体现职业教育特点，本书在编写过程中体现以就业为导向，以培养汽车后市场服务人才为目标，以技术应用能力为主线，注重理论联系实际，注重实用，反映新知识、新技术、新设备和新方法的应用。

本书以培养学生具有扎实专业知识和熟练操作技能为目的，内容新颖、理论与实践相结合。理论方面着重基本知识、基本原理的讲述；检修方面侧重培养学生的基本技能，包括常用工具、量具、仪器、仪表的使用，各零部件和总成的拆装、检测和维修。

本书由山东华宇工学院刘春晖、张炜炜任主编，参加本书编写工作的还有黄现国、张文甫、刘凤阁、魏代礼、吴云、李华。

在本书编写过程中借鉴和参考了大量国内外的汽车技术资料、维修资料和相关书籍，在此向参考资料的作者及编者深表感谢！

由于编者水平所限，书中难免有错误和不当之处，恳请广大读者批评指正。

编　者

目　录

模块一　中控门锁与防盗系统

任务一　认识汽车中控门锁

一、任务引入

汽车门锁是锁止汽车车门的机构。传统的汽车车门都是安装带钥匙的普通门锁，这种门锁只控制一个车门，其他车门是靠车内门上的门锁按钮进行锁止或开启的（现在国产载货汽车的门锁仍采用这种控制方式）。随着人们对汽车驾驶的舒适性、操纵的方便性、使用的安全性要求的提高，现代轿车广泛安装中控门锁控制系统。汽车门锁是汽车防盗的第一步，它可使驾驶人方便、安全地使用汽车。

二、任务目标

1）了解中控门锁系统的功能。

2）了解中控门锁的分类。

3）掌握中控门锁系统主要部件的结构。

三、相关知识

1. 中控门锁系统的功能

目前汽车中控门锁主要是采用电子电路控制，以电磁铁、微型电动机和锁体或继电器作为执行机构的机电一体化装置。按照其发展过程一般可分为普通中控门锁、电子式电动门锁、车速感应式电动门锁和遥控电动门锁等。汽车中控门锁根据车型、等级和使用地区的不同，具有不同的功能：

（1）中央控制功能　当驾驶人锁住（或打开）驾驶人侧车门门锁总开关时，其他几个车门及行李箱均同时锁住（或打开）；所有车门都可以通过前右或前左侧门上的门锁用钥匙来同时关闭和打开。

（2）单独控制功能　为了方便，除了中央控制方式以外，乘员可利用各自车门上的按钮来开关车门。

（3）安全功能　当点火钥匙已经拔出而且车门锁住时，车门不能用门锁控制开关打开。

（4）点火钥匙占用预防功能　此功能可在已经执行了锁门操作而钥匙仍然插在点火开关内时，使所有的车门自动打开，以防止点火钥匙遗忘在车内。

（5）不用点火钥匙的动作功能　在驾驶人侧和乘员侧的车门都关上，而且点火开关关闭以后，电动车窗仍可以动作约60s。

（6）速度控制　有些中控门锁系统具有车速感应锁定功能，当车速超过10km/h时，车门自动锁定，以确保安全。

（7）儿童安全锁止功能　为防止车内儿童擅自打开车门，设有儿童安全锁。儿童安全锁的开关一般只安装在后车门的接合面上，当车门关闭后，在车厢内用门锁按钮不能开门，只能用车外的门锁按钮开门。典型的儿童安全锁装置如图1-1所示，其操作方法如下：

1）直接用手将锁止按钮拨至“锁止”（或“LOCK”）位置时，儿童安全锁起锁止作用。若要解除儿童安全锁的功能，可将锁止按钮拨至相反位置，如图 1-1a 所示。

2）将点火钥匙插入后车门侧的儿童安全锁钥匙孔内，转动钥匙至“锁止”（或“LOCK”）位置时，就可起动儿童安全锁。若要解除儿童安全锁的功能，可将点火钥匙向相反的方向转动，如图 1-1b 所示。

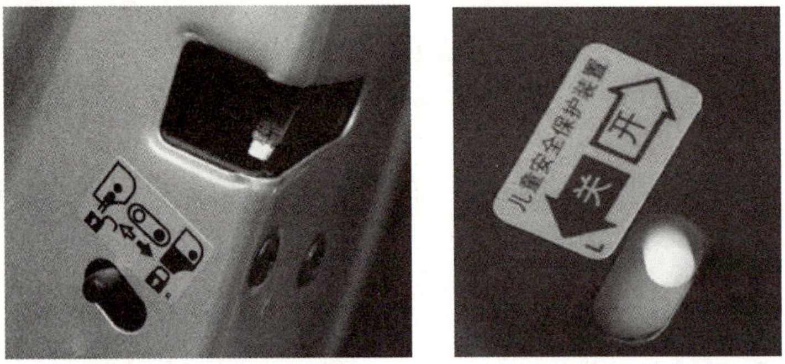

a)

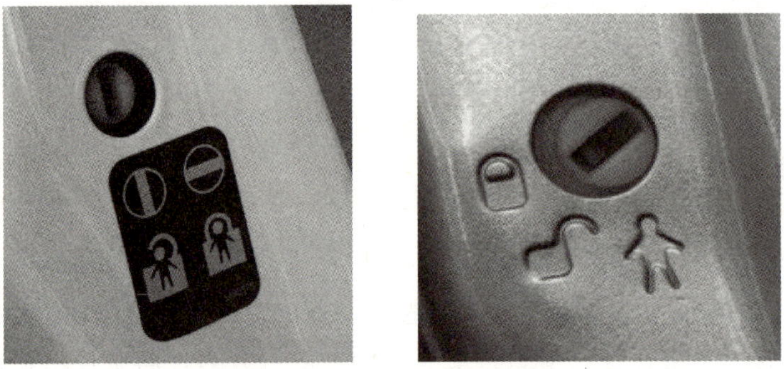

b)

图 1-1　典型的儿童安全锁装置

a）手拨动锁止按钮型　b）点火钥匙控制型

2. 中控门锁的分类

中控门锁种类繁多，其分类如下：

1）按门锁执行机构不同，分为电磁线圈式中控门锁、直流电动机式中控门锁和气动式中控门锁。

2）按门锁控制方式不同，分为电容式中控门锁、晶体管式中控门锁、车速感应式中控门锁、集成电路（IC）式中控门锁和电脑（ECU）式中控门锁。

3）按门锁操纵方式不同，分为钥匙式中控门锁和遥控器式中控门锁。

4）按功能不同，分为不带防盗系统的中控门锁和带防盗系统的中控门锁。

3. 中控门锁的主要部件

中控门锁系统一般包括门锁开关、门锁总成、门锁控制器和门锁执行机构四部分。图 1-2 所示为典型的中控门锁控制系统及其组件的安装位置。下面将着重介绍中控门锁系统主要部件的结构原理。

（1）门锁开关

1）门锁总开关和分开关。门锁开关的作用是控制门锁控制器的动作，接通或断开门锁执行机构的电路。大多数中控门锁开关都是由总开关和分开关组成的。门锁总开关一般安装在驾驶人侧车门内的扶手上，驾驶人通过操纵总开关可将全车所有的车门锁住或打开。分开关分别装在其他各个车门上，只能单独控制相应的车门。

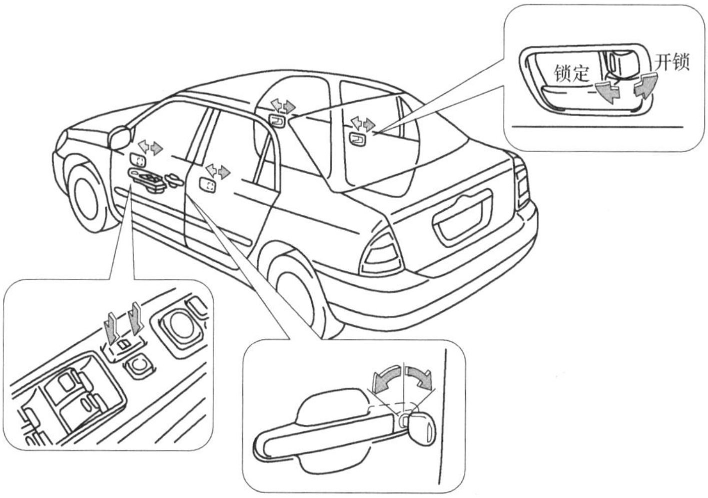

图 1-2　典型的中控门锁控制系统及其组件的安装位置

门锁开关是一个电路开关，它用来控制各车门锁和行李箱锁的锁止和开启。用钥匙来拨动门锁锁芯转过一定的角度，即可接通门锁执行机构的电路，使门锁执行机构动作，将车门锁锁止或开启。常见车辆门锁总开关和分开关的形式如图 1-3 所示。

a)

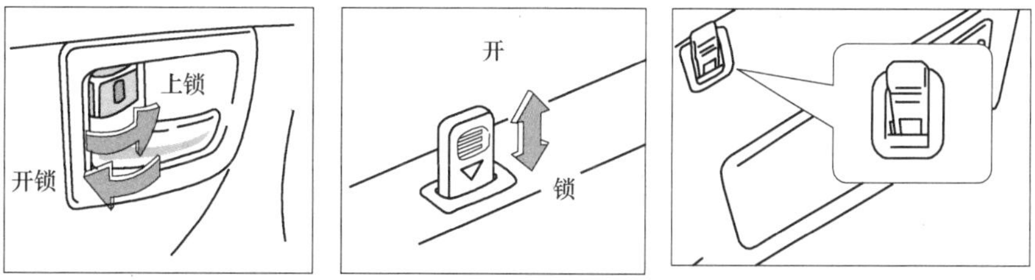

b)

图 1-3　常见车辆门锁总开关和分开关的形式

a）门锁总开关　b）门锁分开关

有些汽车的中控门锁由锁杆兼作门锁开关，不另设门锁开关。当提起驾驶人侧门的锁杆时，可使其他门锁都打开；当压下门锁杆时，其他门锁同时锁止，其功能与门锁开关相同，如图 1-4 所示。

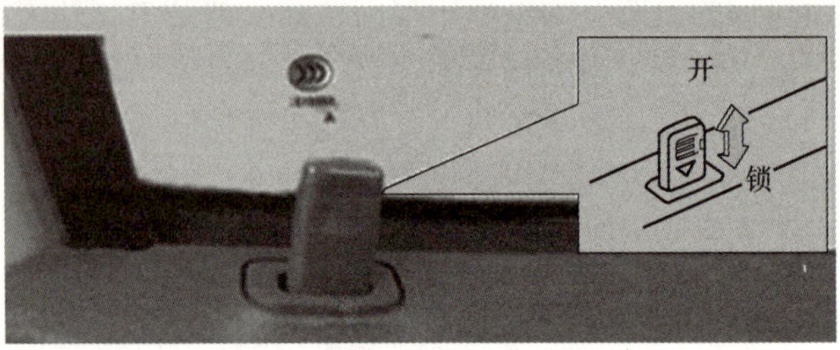

图 1-4　锁杆兼作门锁开关

2）钥匙控制开关。钥匙控制开关装在每个前门（或一个前门）的钥匙门上，当从车外面用钥匙开门或关门时，钥匙控制开关便发出开门或锁门的信号给门锁控制器。钥匙控制开关如图 1-5 所示。

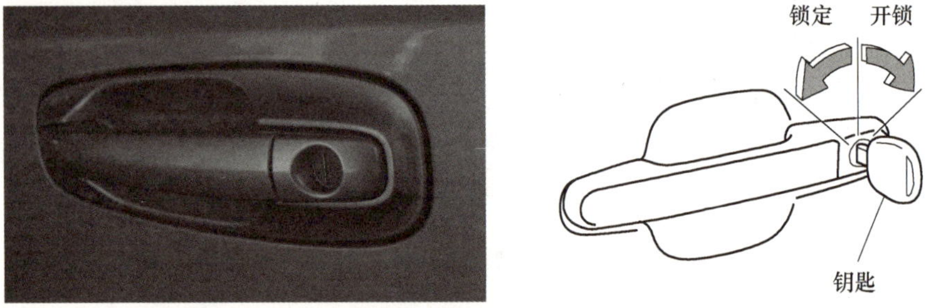

图 1-5　钥匙控制开关

3）行李箱门开启器开关。行李箱门门锁的开启方法有两种：一种是从车内通过拉索开关（目前新车型采用按键开关的较多，如图 1-6 所示）远距离控制的方式，拉索开关一般位于仪表板下面或驾驶人座椅左侧的车厢底板上，拉动此开关便能打开行李箱门，如图 1-7 所示；另一种是直接用钥匙开锁的方式，行李箱的钥匙门靠近其开启器，推压钥匙门，如图 1-7b 所示，断开行李箱内的主开关，此时即使拉开启器开关也不能打开行李箱门，只有将钥匙插进钥匙门内顺时针旋转打开钥匙门，使行李箱门开启器开关接通，才能用行李箱门开启器打开行李箱门，如图 1-7c 所示。

图 1-6　行李箱盖开关

（2）门锁总成　电动门锁总成主要由门锁电动机、门锁开关、门锁位置开关、门锁传动机构（连接杆）和外壳等组成，如图 1-8 所示。

当门锁电动机转动时，通过门锁操纵连接杆使门锁动作。电动机控制的门锁传动机构如图 1-8a 所示。电动机的旋转方向由流经电动机电枢的电流方向决定，利用电动机的正转和反转，来实现车门的闭锁和开锁动作。

1）门锁传动机构。门锁传动机构主要由门锁电动机、蜗杆蜗轮组和位置开关等组成，如图 1-9 所示。其工作过程如下：当门锁电动机转动时，蜗杆带动蜗轮转动，蜗轮推动锁杆，车门被锁上或打开，然后蜗轮在回位弹簧的作用下返回原位置，以防止操纵门锁按钮时电动机工作。

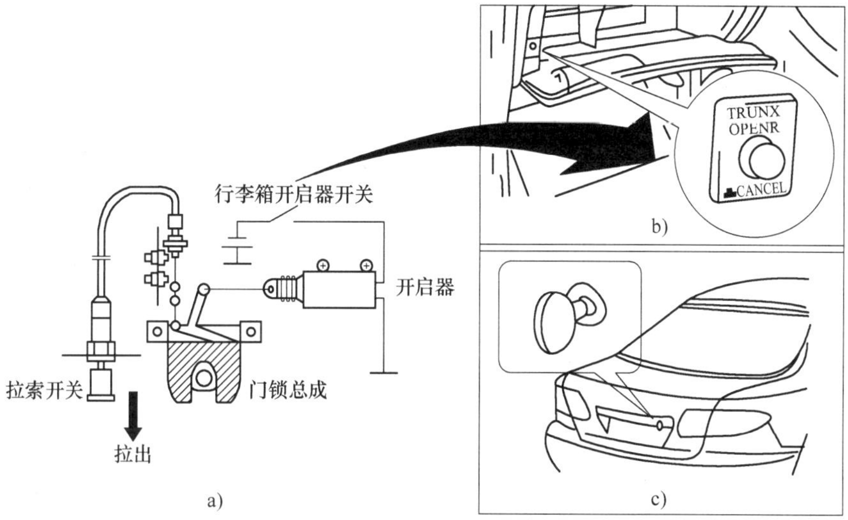

图 1-7　行李箱门开启器开关

a）行李箱门开启器开关的结构原理　b）行李箱门开启器开关实物图　c）用钥匙打开行李箱门

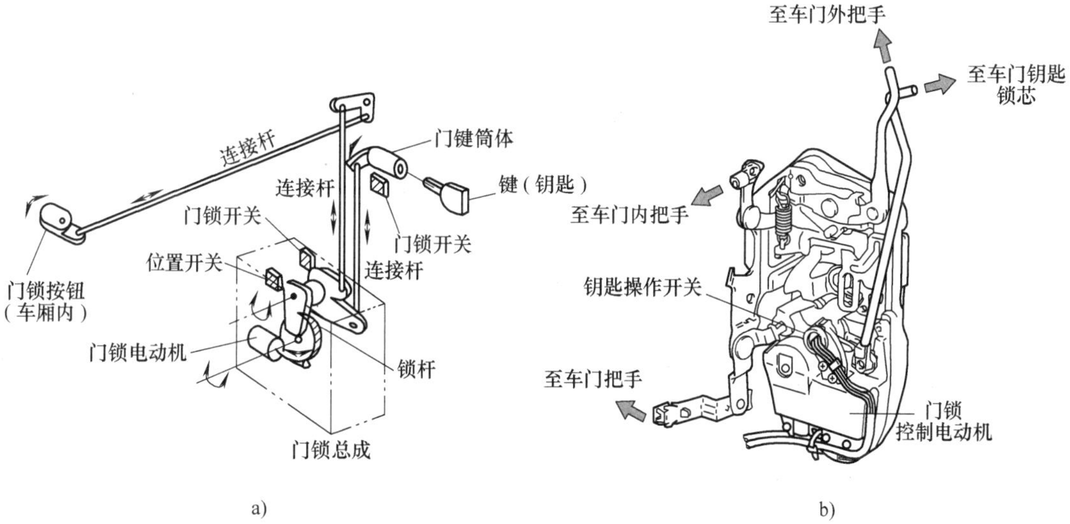

图 1-8　门锁的结构和工作过程

a）结构　b）工作过程

当锁杆推向锁门位置时，门锁总成内的位置开关断开；而当锁杆推向开门位置时，位置开关接通。一旦车门的锁门/开门操作完成，蜗轮即在回位弹簧的作用下回到中间位置。

门锁位置开关位于门锁总成内，用来检测车门的锁紧状态。当锁杆推向锁门位置时，位置开关断开；当锁杆推向开门位置时，位置开关接通（即当车门关闭时，此开关断开；当车门打开时，此开关接通）。图 1-9b 所示为门锁位置开关在车门锁紧和打开时的状态。

2）卡板式门锁及其啮合机构。汽车门锁种类繁多，按门锁锁紧件的形状不同，可分为舌簧式、钩簧式、卡板式、凸轮式及齿轮齿条式等；按门锁锁紧件的运动形式不同，可分为直线运动式（如舌簧式）、摆动式（如卡板式）和旋转式（如齿轮齿条式）3 种。

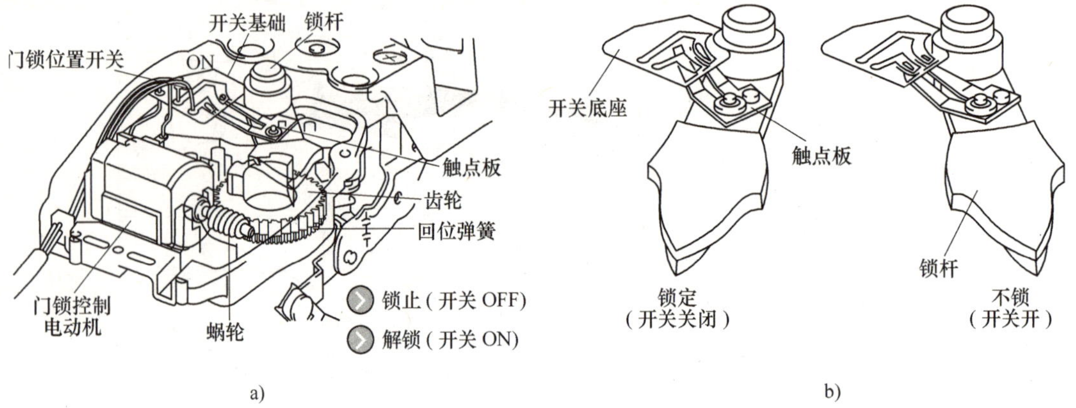

图 1-9　门锁传动机构及其工作原理

a）门锁传动机构　b）门锁位置开关

目前汽车门锁普遍使用卡板式门锁（图 1-10），因为卡板式门锁啮合可靠、强度高、定位准，其零件大多为钢板冲压件，成形工艺性好，容易大批量生产，此种门锁已成为汽车车门的主流门锁。

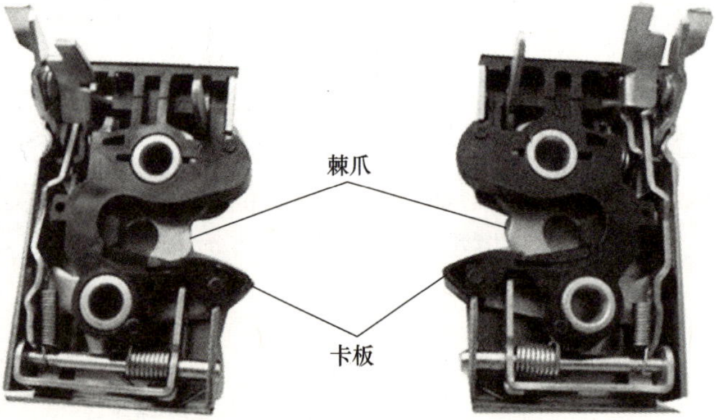

图 1-10　卡板式门锁

卡板式门锁主要由卡板、棘爪、锁芯、锁扣等零件组成，如图 1-11 所示。卡板式门锁是利用锁体上的卡板和门框上的锁扣的脱开或啮合来实现车门开或闭的。当车门打开时，锁扣与卡板是分开的，如图 1-11a 所示；当关闭车门时，固定在门框上的锁扣与锁体上的卡板相碰撞，卡板被棘爪定位，锁扣被卡板扣住，如图 1-11b 所示。

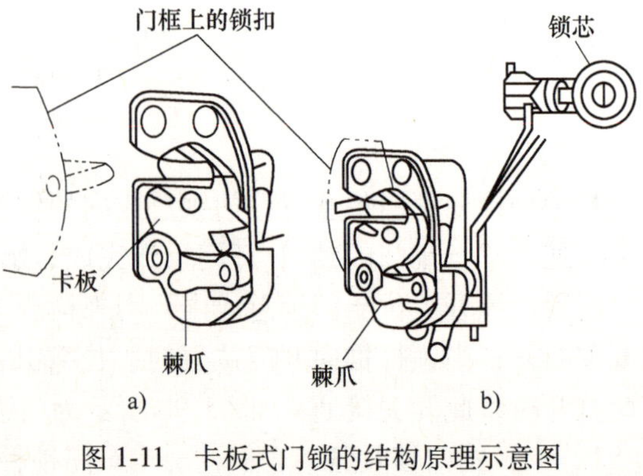

图 1-11　卡板式门锁的结构原理示意图

a）开锁状态　b）上锁状态

卡板和棘爪的啮合与分离是依靠各自弹簧力的作用来完成的。当关闭车门时，锁扣推动卡板绕卡板轴旋转，卡板弹簧被压缩，同时，卡板的旋转带动棘爪转动，使棘爪被拉伸，呈上锁状态，如图 1-12a 所示；当锁定状态被解除时，外力推动棘爪，卡板与棘爪在各自的弹簧力作用下脱开，呈开锁状态，如图 1-12b 所示。

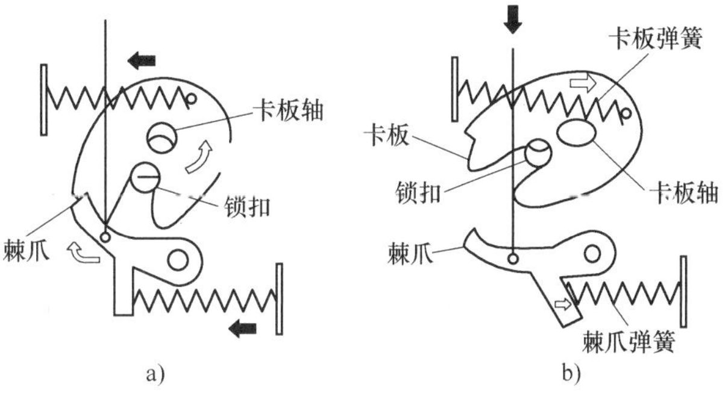

图 1-12　卡板和棘爪的啮合与分离
a）上锁状态　b）开锁状态

3）卡板式门锁操纵机构。门锁操纵机构的主要功能是通过传动机构将操纵者对车门内（外）把手、内（外）把手拉杆、锁钮、锁钮拉杆等的操作和通过电信号驱动执行机构的旋转最终转化为卡板的摆转动作来实现门锁的开闭。图 1-13 所示分别为用内把手和锁钮打开门锁时门锁总成与门锁操纵机构的联动关系示意图。

（3）门锁执行机构　门锁执行机构的作用是根据电路中电流方向的不同，实现闭锁或开锁。常用的门锁执行机构有电磁线圈式、直流电动机式和气动式等类型。其中，电磁线圈式和直流电动机式都是通过改变直流电的电流方向来改变执行机构的运动方向，实现锁门或开门动作的，因其结构简单、容易安装和布置而被广泛应用。气动式门锁执行机构因结构复杂、工作管路密封难以保证而应用不多，只在早期的捷达等少数车辆上有使用。下面仅介绍电磁线圈式、直流电动机式门锁执行机构。

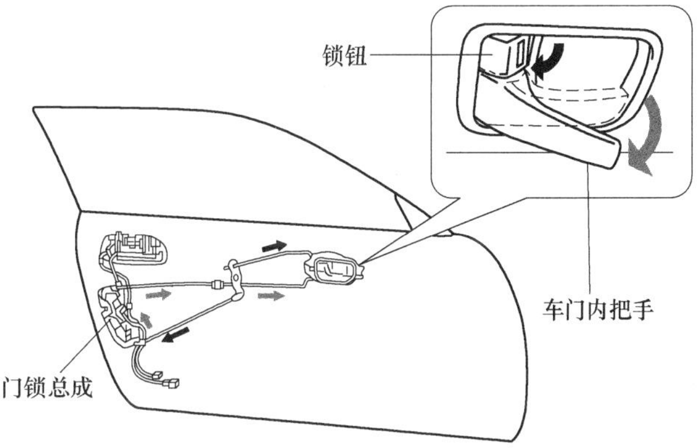

图 1-13　用内把手和锁钮打开门锁时门锁总成与门锁操纵机构的联动关系示意图

1）电磁线圈式门锁执行机构。图 1-14 所示为一种电磁线圈式门锁执行机构，它有两个线圈（L 和 U），其绕制方向相反，以便改变电流方向，分别用来锁止和开启门锁。门锁控制开关按钮平时处于中间位置，当按下锁门按钮时，给锁门线圈通正向电流，衔铁带动连杆向左（锁门）移动，带动门锁的卡板扣住门框上的锁扣，门被锁住；当按下开门按钮时，给开门线圈通反向电流，衔铁带动连杆向右（开门）移动，门锁的卡板脱离门框上的锁扣，门被打开。

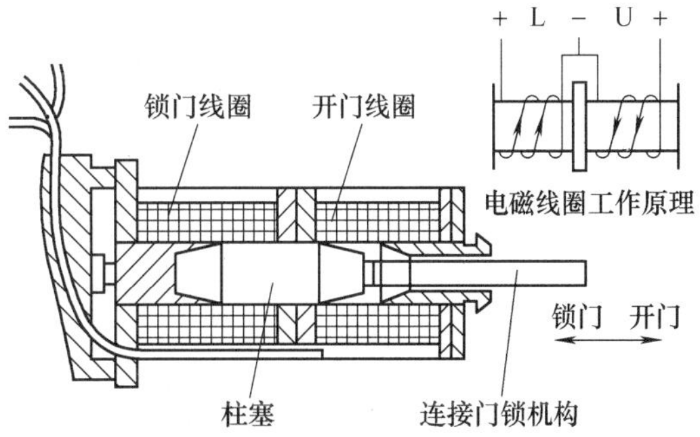

图 1-14　电磁线圈式门锁执行机构

2）直流电动机式门锁执行机构。利用控制直流电动机的正、反转来实现门锁的开、关动作。直流电动机式中控门锁主要由双向电动机、导线、继电器、门锁开关及连杆操纵机构组成。直流电动机式中控门锁的操纵机构如图 1-15 所示。

图 1-16 所示为自动门锁电路图。驾驶人或乘客利用门锁开关可以接通或断开门锁继电器，门锁继电器包括锁定和开锁两个继电器。

（4）门锁控制器　中控门锁控制电路均装有门锁控制器（继电器）。雪铁龙轿车的中控门锁控制器如图 1-17 所示，其作用是控制门锁执行机构电路的接通或断开。无论何种门锁执行机构，都是通过改变执行机构的通电电流方向来控制锁连杆左右移动，实现门锁的锁止和开启的。门锁控制器多装在仪表盘的下面或熔断器盒内。常用的门锁控制器有普通中控门锁控制器（包括电容式、晶体管式、集成电路式）、车速感应式中控门锁控制器和 ECU 中控门锁控制器 3 种。

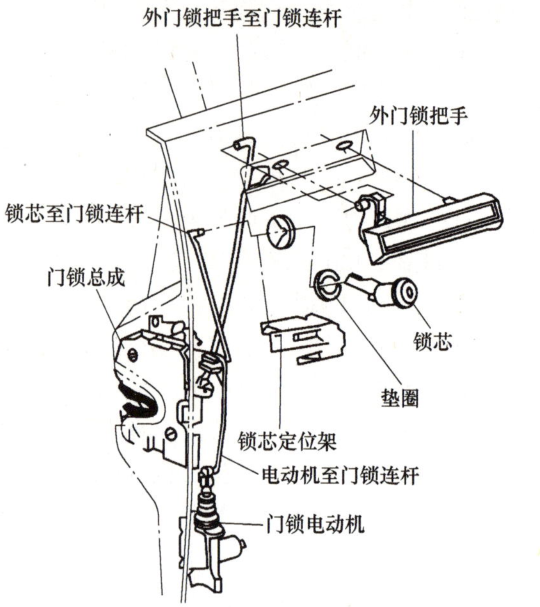

图 1-15　直流电动机式中控门锁的操纵机构

1）电容式中控门锁控制器。电容式中控门锁控制器是利用电容器的充放电特性来工作的。平时电容器充足电，工作时把它接入控制电路，让电容器放电，使继电器通电而短时吸合。如图 1-18 所示，该系统在工作时继电器串联接入电容器的放电回路，使其触点短时间闭合。当（正向或反向）转动车门钥匙时，相应的电路开关（锁门或开锁）接通，电容器放电电流通过继电器线圈搭铁，线圈产生电磁力，触点闭合，接通执行机构电磁线圈的电路，完成锁门或开锁的动作。当电容放电完毕后，继电器触点打开，中央门锁系统停止工作。此时另一只电容器被充电，为下一次操纵做好准备。

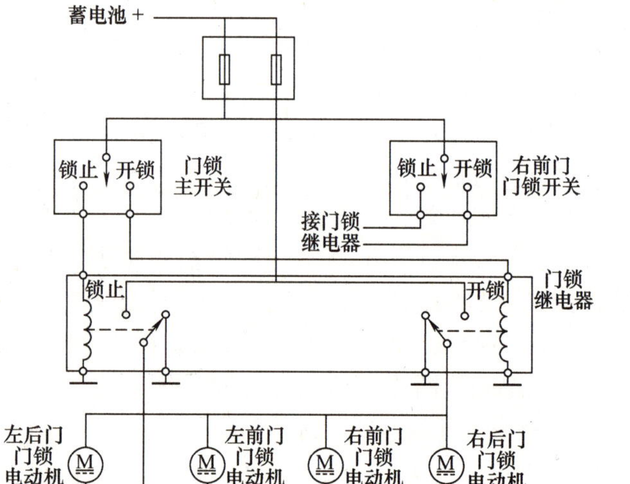

图 1-16　自动门锁电路图

2）车速感应式中控门锁控制器。车速感应式中控门锁控制器是在中央控制门锁系统中加装一个车速（10km/h）感应开关。当汽车行驶速度达 10km/h 以上时，若车门未闭锁，不需要驾驶人的操纵，门锁控制电路将自动将门上锁。每个车门可单独进行闭锁和开锁的操纵。车速感应式中控门锁控制电路如图 1-19 所示。

3）晶体管式中控门锁控制器。图 1-20 所示为一种晶体管式中控门锁控制器的典型应用电路，许多汽车上的门锁电路与此基本相同或相似。

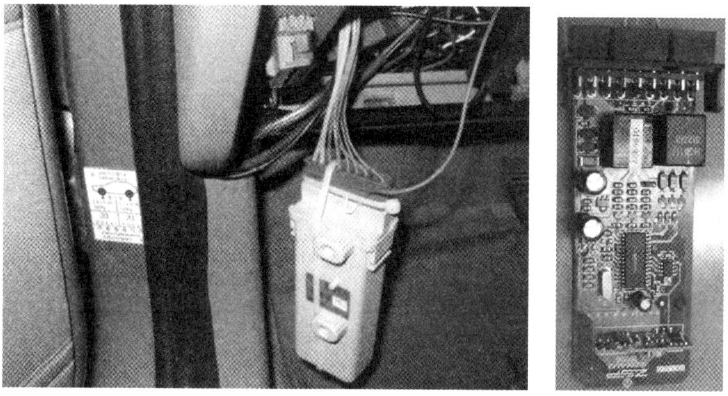

图 1-17　雪铁龙轿车的中控门锁控制器

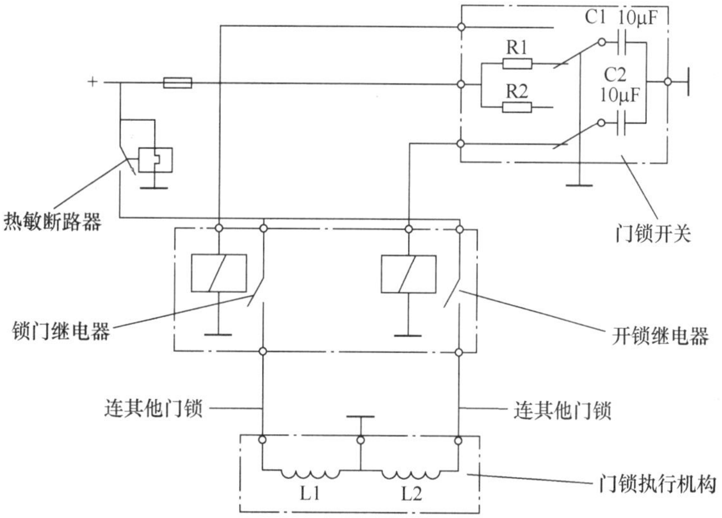

图 1-18　电容式中控门锁控制电路

4. 中控门锁系统实例

（1）桑塔纳轿车中控门锁系统　桑塔纳 2000 型轿车采用的电动门锁装置为集中控制形式，一个集中控制的门锁开关（左前门上的门锁提钮）由驾驶人控制，驾驶人可以通过按下或提起左前门上的门锁提钮或操纵该车门上的门锁钥匙对 4 个车门门锁集中控制，把所有的车门锁住或打开；乘客只能操作单独的门锁开关（右前、右后和左后车门上的门锁提钮）以开启或锁闭这 3 个车门的门锁。桑塔纳 2000 轿车电动门锁控制电路如图 1-21 所示，V30、V31、V32 分别是右前、左后、右后门锁电动机，J53 是包含集控开关的集中控制继电器。集中控制过程如下：

1）门锁锁定过程。压下左前门门锁提钮使集控开关第 2 位接通过程中，集控开关的附带触点 K 被短暂闭合，因而，集控继电器 J53 的触点闭合，接通门锁电动机电路，电动机反转，带动各门锁闭锁。电路为：A 路电源→熔断器 S2→J53 的闭合触点→集控开关第 2 掷第 2 位→P2→电动机 V30、V31、V32→P1→集控开关第 1 掷第 2 位→搭铁→电源负极。此时，集控继电器 J53 控制其触点闭合后断开，切断 A 路电源与电动机的通路，电动机停转，使门锁保持锁定状态。

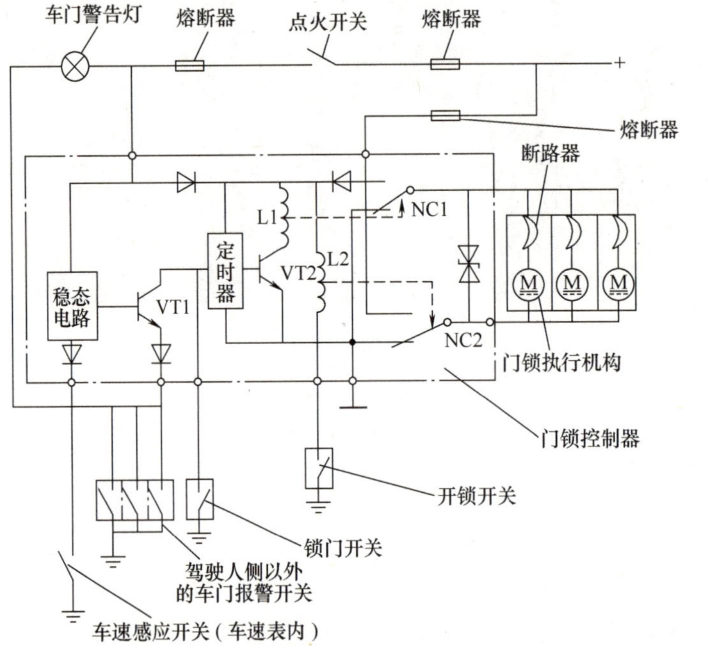

图 1-19　车速感应式中控门锁控制电路

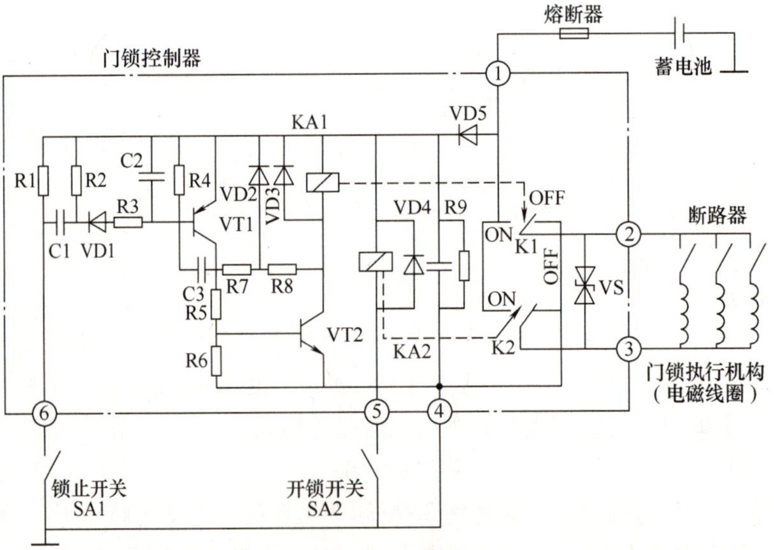

图 1-20　晶体管式中控门锁控制器的典型应用电路

2）门锁开启过程。将左前门门锁提钮提起，使集控开关第 2 位触点断开，第 1 位触点闭合。在提钮被提起的过程中，触点 K 被短暂闭合，从而使集控继电器 J53 的触点再次闭合，A 路电源→熔断器 S2→J53 的闭合触点→集控开关第 1 掷第 1 位→P1→电动机 V30、

V31、V32→P2→集控开关第 2 掷第 1 位→搭铁→电源负极。加在电动机上的电源极性改变，电动机 V30、V31、V32 正转，带动门锁开启。集控继电器 J53 控制其触点闭合 1～2s 后断开，切断 A 路电源与电动机的通路，电动机停转，使门锁保持锁定状态。

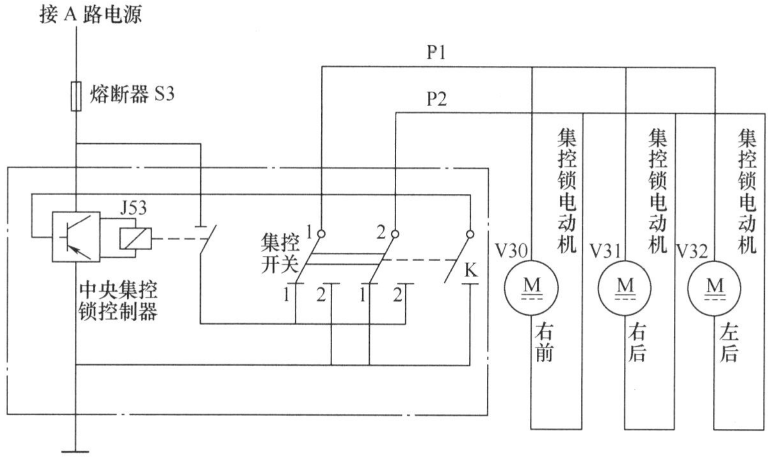

图 1-21　桑塔纳 2000 轿车电动门锁控制电路

（2）别克轿车中控门锁系统　上海别克轿车的中控门锁系统属于遥控门锁装置（无钥匙进门系统），它具有车门上锁、车门开锁、打开行李箱的功能。具有警报功能的遥控门锁系统还有使喇叭鸣响、车内灯亮、前照灯亮的功能。遥控门锁装置由遥控发射器和接收器组成。遥控门锁接收器位于仪表板上，由蓄电池通过仪表线束供电。它接收并判断遥控门锁发射器发来的指令信号，并将该信号送入车身控制模块（BCM），其基本电路如图 1-22 所示。它主要由 BCM、驾驶人开锁继电器、熔丝、门锁电动机及导线等组成。它的开锁、上锁指令不是通过机械开关完成的，而是通过接收信号指令，经过 BCM 处理，然后 BCM 发出指令使门锁电动机按要求转动，实现上锁或开锁动作。

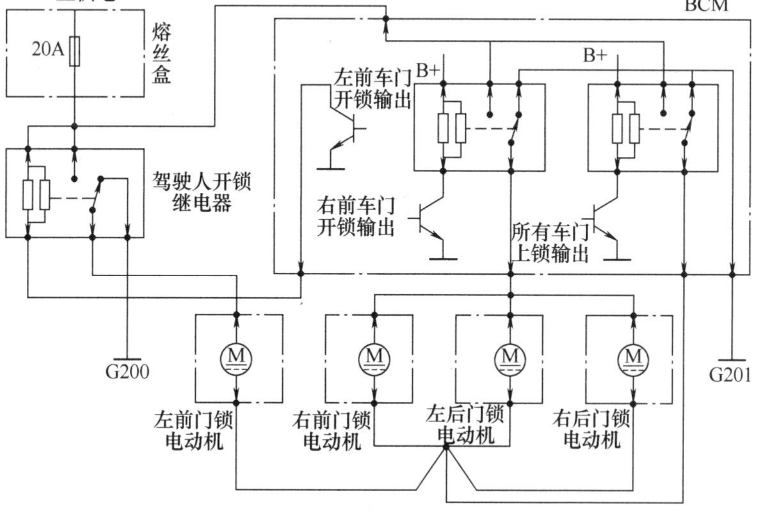

图 1-22　上海别克轿车遥控门锁系统电路

任务二　遥控门锁系统的结构原理

一、任务引入

无线遥控中控门锁是指不用把点火钥匙插入锁孔中就可以远距离开锁和闭锁的门锁，其最大优点是不管白天黑夜，都可以远距离、方便地进行开锁和闭锁（特别是黑夜，可以避免因无灯光照亮开车门而造成的不便）。无线遥控中控门锁在普通中控门锁的基础上增加了遥控功能。车门和车门锁是车身上被操作最多的部件之一，也是车身舒适性得以实现最基本的一环。但是从防盗和安全的角度来讲，车门和车门锁更要坚固，遥控中控门锁系统使正常开启和非法侵入的操作途径分离开来，合法使用者可通过射频遥控进行操作，享受它的便捷和舒适，而非法侵入者却只能面对坚固的机械机构束手无策。

二、任务目标

1）了解遥控门锁系统的主要功能。

2）掌握遥控门锁系统的结构。

3）掌握遥控门锁系统的工作原理。

三、相关知识

1. 遥控门锁系统的主要功能

遥控门锁系统有以下功能：

1）所有车门的锁定/解锁功能（图 1-23a、b）。按遥控器上的 LOCK 开关、UNLOCK 开关，对所有车门锁止或开锁。

2）两级开锁功能（图 1-23c）。在驾驶人车门开锁后，在 3s 之内按 UNLOCK 开关两次，打开所有车门。

3）应答功能。当锁定时，危险警告灯闪光一次，解锁时闪光两次，通知操作已经完成。

4）发射机操作校验功能。按遥控器上的车门锁定/解锁或行李箱门打开器的开关时，操作指示灯亮，通知系统正在发射此信号，如果电池用完，此灯不亮。

5）行李箱门打开功能（图 1-23d）。保持发射机的行李箱门打开开关按住超过大约 1s，打开行李箱门。

6）电动车窗开/关的功能（图 1-23e）。当钥匙插入点火开关锁芯时，如果按下车门开锁/锁止开关超过 2. 5s，所有的车门窗可以打开或关闭。当开关按住时，电动车窗的开/关操作继续进行，当开关按压停止时，即操作停止。注意：一些车型没有关闭功能。

7）紧急警报功能（图 1-23f）。按住发射机的门锁或紧急开关超过约 2~3s，将触发防盗系统（喇叭发出声音，前照灯、尾灯和危险灯闪亮）。提示：推进车门开关式没有电动车窗关闭功能。

8）内部照明功能（图 1-23g）。在发射机对车门开锁的同时，内部灯光打开大约 15s。

9）自动锁定功能（图 1-23h）。如果用发射机开锁后的 30s 之内没有车门被打开，所有车门被锁止。

10）重复功能。当发射机进行锁定操作时，如果某一车门没有锁上，组合继电器将在 1s 后输出一锁定信号。

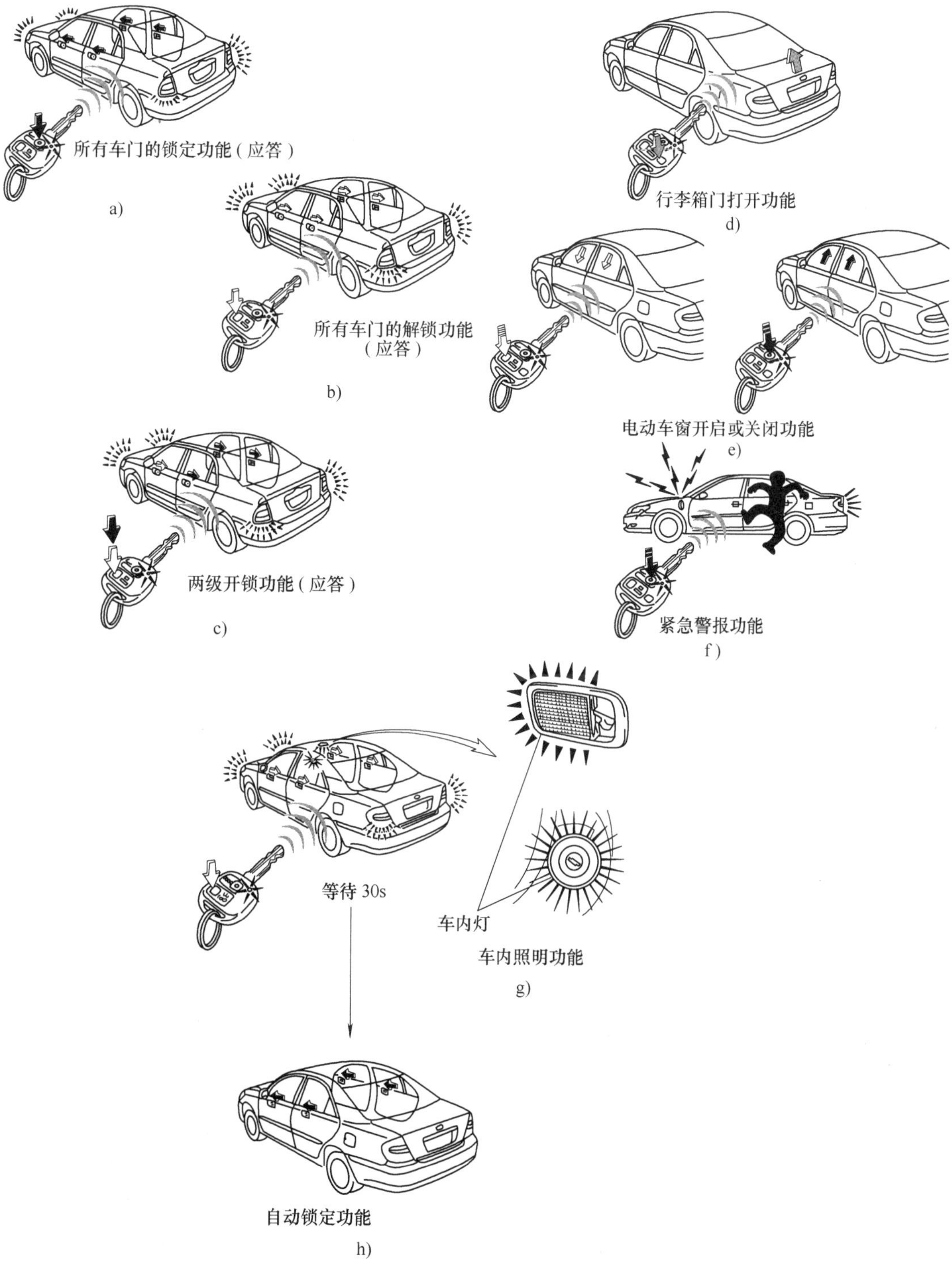

图 1-23　遥控门锁系统的功能

11）车门虚掩报警功能。如果有一扇车门开着或虚掩着，按发射机的门锁开关将致使无线电门锁蜂鸣器发声大约 10s。

2. 遥控门锁系统的结构

无线遥控通过车主操控携带式遥控器发出的微弱电波，由汽车天线接收电波信号后经遥控接收器识别，再由该系统的执行器执行开锁和闭锁的动作。无线遥控门锁系统的组成如图1-24所示，主要包括遥控发射器、遥控接收器和执行器三部分。

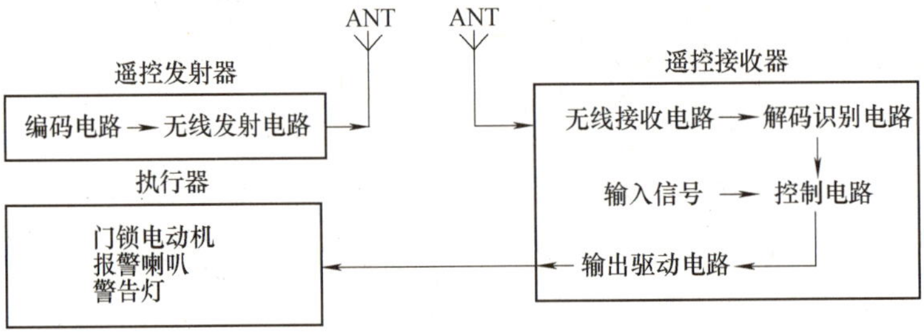

图 1-24　无线遥控门锁系统的组成

（1）遥控发射器　遥控发射器简称遥控器，其功用是利用发射开关规定代码的遥控信号，控制驾驶人侧车门、其他车门、行李箱门等的开锁和闭锁，且具有寻车功能。

遥控发射器由编码电路、发射电路、开关键以及电池等组成，一般有2~4个按键，是一种小型的发射装置，可随身携带。遥控发射器的开关按键每按动1次，就向外发送1次信号；在接收机一侧，每接收1次信号就能通过门锁执行机构实现闭锁或开锁1次。遥控发射器根据发射信号的不同，分为红外线式、无线电波式和超声波式3种，其中红外线式和无线电波式遥控器应用最广泛。遥控发射器按结构不同，分为分开型和组合型（即将遥控器与点火开关集合为一体）两种，如图1-25所示。

a)　　b)

图 1-25　遥控发射器的结构类型

a）分开型　b）组合型

（2）遥控接收器　遥控接收器是一个智能控制单元，通常安装在车内较隐蔽的位置，用于接收遥控器发出的信号。遥控接收器对接收的信号进行放大和调制，并检查身份鉴定代码是否相符，当此代码一致时，再判别功能代码，并驱动相应的执行器。

遥控接收器分为独立遥控接收器、遥控接收器与门锁控制器集成一体、遥控接收器与门锁控制器以及防盗ECU集成一体3种类型。

图1-26所示为丰田轿车的遥控门锁系统，在点火钥匙内设有的无线电波发送器，不同

的钥匙能发射不同频率的微弱无线电波，此电波借助后窗除雾电热丝进入接收器，再进入无线遥控门锁的 ECU 以达到遥控车门锁的开锁和闭锁的目的。

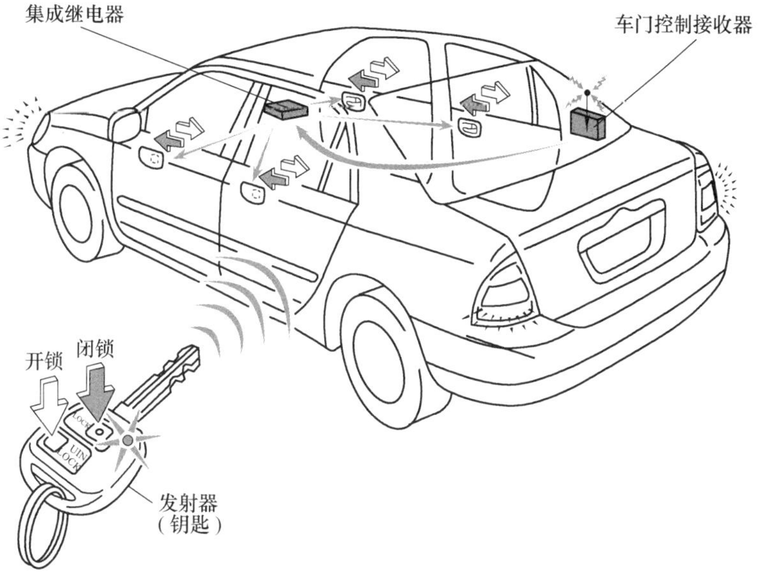

图 1-26　丰田轿车的遥控门锁系统

（3）接收天线　接收天线的功用是接收遥控器输出的信号。接收天线可独立设置，也可利用收音机天线作为遥控接收器的接收天线。

（4）执行器　执行器主要是指门锁电动机，带防盗功能的还包括报警喇叭、警告灯、电源继电器、燃油切断阀等，其中警告灯一般与汽车转向信号灯共用，电源继电器和燃油切断阀通常安装在车内隐蔽的位置。

3. 遥控门锁系统的工作原理

现以丰田雷克萨斯 LS400 轿车遥控门锁系统为例，说明遥控门锁系统的工作原理，如图 1-27 所示。随着发射器发射信号频率的提高，接收该信号的天线已从早期的后窗除雾器上的印刷线路改为遥控门锁 ECU 的内置件。相应地，遥控门锁 ECU 的安装位置从行李箱内改为前排乘员侧的仪表台内。

（1）遥控天线电路　当操纵点火钥匙上的发射器时，发射器即发射电磁波，该电磁波以汽车后窗玻璃上的除雾电热丝（有的车为天线）为天线，然后通过匹配器被送至遥控门锁 ECU 的 ANT 端子。当 ECU 的 ANT 端子接收到该遥控电磁波信号时，即控制 4 个车门锁自动进行打开或锁住操作。

（2）遥控门锁 ECU 电源电路　当遥控门锁主开关接通时，蓄电池电压加到遥控门锁 ECU 的+B 端子上，使 ECU 工作。该电源为 ECU 的控制电源。

（3）车门位置开关电路　车门位置开关设在门锁电动机总成内。当车门锁按钮处于锁住位置时，开关断开；当车门锁按钮处于打开位置时，开关接通。遥控门锁 ECU 的 LSSR、FSSR、RSSR 端子分别为左前门、右前门和后两门的车门位置开关端子。当 4 个车门的任一车门锁按钮处于锁住位置时，相对应的 ECU 端子的电压为蓄电池电压；相反，当按钮位于打开位置时，端子的电压为搭铁电压 0。

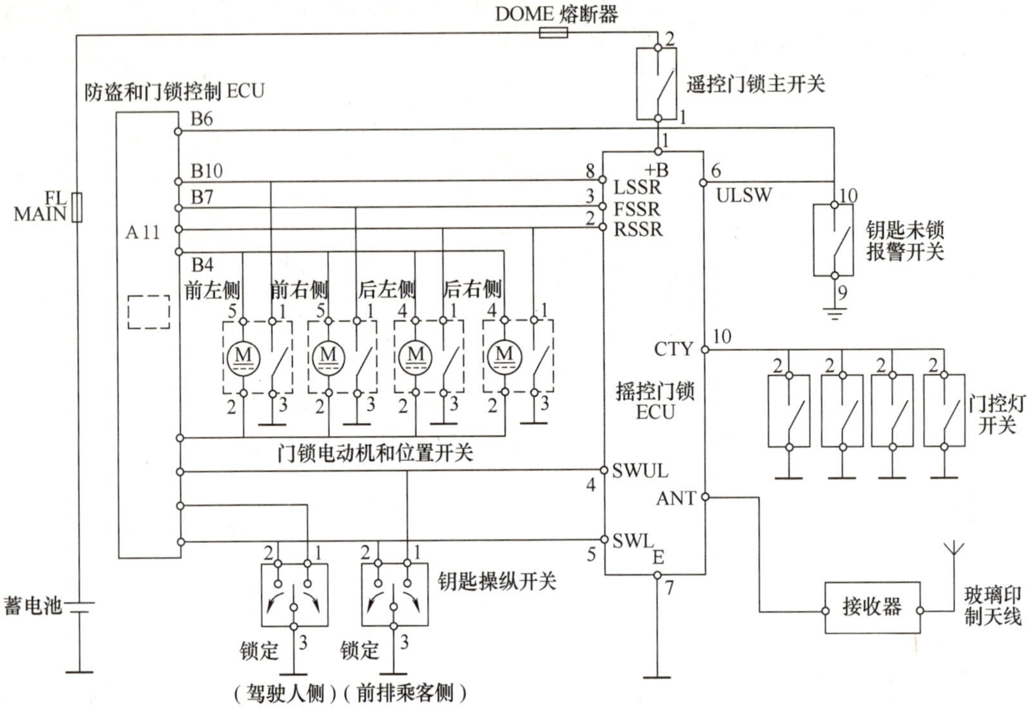

图 1-27　遥控门锁系统电路

（4）钥匙操纵开关电路　钥匙操纵开关设在车门锁芯内。当车门钥匙转至锁住侧时，开关的锁住端子搭铁；当车门钥匙转至打开侧时，开关的打开端子搭铁。

当点火开关接通时，蓄电池电压通过防盗和门锁控制 ECU 加到遥控门锁 ECU 的锁住端子 SWL 和打开端子 SWUL 上，即锁住端子 SWL 和打开端子 SWUL 的电压为 12V。当钥匙操纵开关锁住端子搭铁时，遥控门锁 ECU 的锁住端子 SWL 的电压为 0。当钥匙操纵开关打开端子搭铁时，遥控门锁 ECU 的打开端子 SWUL 的电压为 0。

当遥控门锁 ECU 的 ANT 端子接收到点火开关发射器发出的无线电波信号时，根据 SWL 端子和 SWUL 端子的电压信号，输出锁住或打开所有车门的信号。该信号通过两个 ECU 之间的通信线路 B7-FSSR、B10-LSSR、A11-RSSR 传给防盗和门锁控制 ECU，防盗和门锁控制 ECU 即控制门锁锁住或打开。

（5）钥匙未锁报警开关电路　当钥匙插入点火开关锁芯时，钥匙未锁报警开关电路接通，遥控门锁 ECU 的 ULSW 端子的电压为 0，ECU 执行钥匙禁闭预防功能；当钥匙未插入时，开关断开，ULSW 端子的电压为蓄电池电压，钥匙禁闭预防功能解除。

（6）门控灯开关电路　门控灯开关在车门打开时接通、车门关闭时断开。当任一车门打开时，遥控门锁 ECU 的 CTY 端子的电压为 0；当所有车门均关闭时，CTY 端子的电压为蓄电池电压。

4. 遥控门锁系统的使用与维护

（1）遥控门锁系统的使用　以上海通用汽车公司的别克（BUICK）轿车为例。遥控门锁系统的操作如下：

1）仅开驾驶人侧车门。立即按下开锁按钮，仅打开驾驶人侧车门，同时车内灯亮约

40s 或直到点火开关接通。

2）打开所有车门。在 5s 内按两次开锁按钮可打开所有车门，同时车内灯亮约 40s 或直到点火开关接通。

3）锁闭所有车门。按锁闭按钮可锁闭所有车门，车内灯将立即熄灭。

4）松开行李箱门。如果车辆变速器驱动机构处于驻车状态，按一下发射器右下部的行李箱按钮，可打开后行李箱门，车内照明灯不会亮。

5）警报。单按发射器左下的警报按钮，可使车内灯亮、喇叭间断鸣响，同时前照灯闪亮约 10s 或直到再按动警报按钮或将点火开关旋到 RUN 位置。

（2）遥控门锁系统的维护　遥控发射器的范围缩减可能会是周期性出现的。范围变化对于任何遥控门锁系统都是正常的。若发射器不工作或必须接近车辆才能操作，应该检查如下几个方面：

1）检查电池，判断是否需要更换。

2）检查距离，判断是否离车太远。

3）检查是否天气因素，当遇雨雪天气时，离车要近一些。

4）检查位置，判断是否有物体挡住了信号，可左右移动几步或将发射器举高后测试。

遥控发射器在正常条件下，其电池可用 2~3 年。当发射器在非正常范围内工作时电池会受损。如果发射器工作之前必须靠近车辆，则需更换电池。发射器电池的更换如图 1-28 所示，用一个平刃工具（或一枚硬币）插入发射器一侧的插槽中拆开发射器，更换其电池。注意：当更换发射器电池时，不要触摸电路，若来自人体的静电传到这些表面，会使发射器损坏。

当遥控发射器更换电池后，或者发射器在超出遥控范围并被激活超过 256 次时将引起遥控发射器不同步。重新同步的办法：同时按压发射器上的“锁闭”和“开锁”按钮并至少保持 7s，或直到出现喇叭鸣响 3 次。

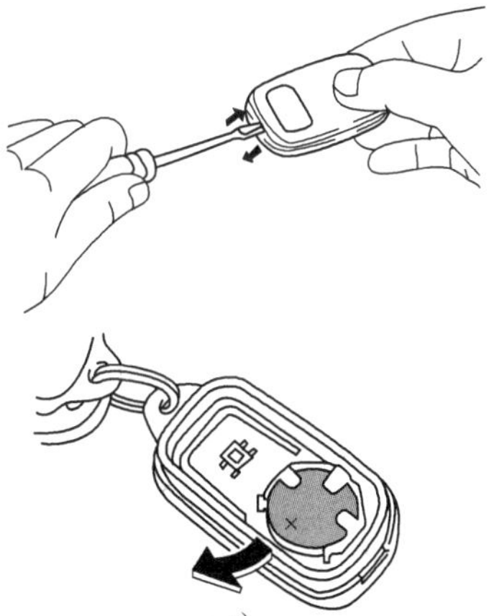

a)

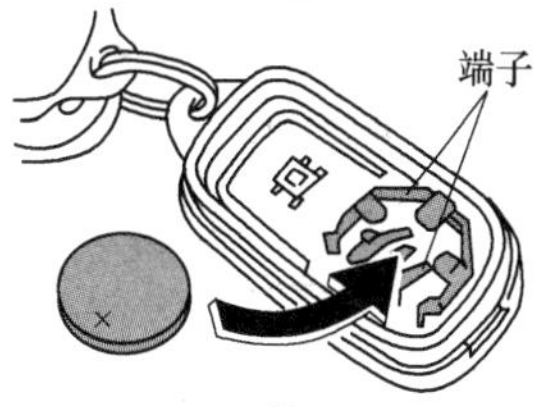

b)

图 1-28　发射器电池的更换

5. 非接触式钥匙识别系统

非接触式的钥匙识别系统也称为高级钥匙（Advanced Key）。它在通过机械式或遥控式钥匙来“锁上车门”或“打开车门”的基础上，增加了一种非接触式的“锁上车门”或“打开车门”的方式。非接触式的钥匙识别系统采用最先进的 RFID（无线射频识别）技术，通过车主随身携带的智能卡里的芯片感应自动开、关门锁，即当驾驶人走近车辆一定距离时，门锁会自动打开并解除防盗；当驾驶人离开车辆时，门锁会自动锁上并进入防盗状态。一般装备有无钥匙进入系统的车辆，其车门把手上有感应按钮，同时也有钥匙孔（图 1-29），是以备智能卡损坏或没电时，车主仍可用普通方式开启车门。当车主进入车内时，车内的检测系统会马上识别智能卡，经过确认后车内的 ECU 才会进入工作状态，这时只需轻轻按动车内的起动按钮（或者是旋钮），就可以正常起动车辆了。也就是说无论在车内还是车外，都可以保证系统能正确识别驾驶人。其按照使用方法可分为两类：一类是按钮式，点火按钮位于中控台伸手可及之处，因此也称为“一键起动”，如图 1-30a 所示，例如宝马、奔驰等；另一类是旋钮式，一般位于原始的钥匙插口处，但是无须插车钥匙，直接拧动旋钮即可起动，如图 1-30b 所示，例如日产、马自达等。

智能钥匙系统除了使用方便以外，对车辆防盗、安全性也有很大帮助。

1）当起动车辆后第 1 次踩制动踏板时，4 个车门将会自动落锁。当城市堵车或夜晚独行时，这可防止拎包等意外事件发生，做到万无一失。

2）当有人进入车辆而智能钥匙不在车内时，车辆将无法起动并马上报警。

图 1-29　日产天籁车门把手上的感应按钮、钥匙孔

3）完备的密码身份识别器（电子钥匙）加密系统无法复制，采用第四代的 RFID 芯片，完全达到了无法复制的要求。目前市面上已有的芯片式防盗器和原车配置芯片防盗器基本上是第二代或第三代芯片，并没有完全解决被复制的问题。

4）整车防盗。通过对电路、油路、起动三点锁定，既使防盗器被非法拆除，车辆照样无法起动。

5）不误报警。采用最先进防冲突技术，极大地增强了系统的可靠性。

6）锁车后自动关闭车窗。如果锁车忘记关闭车窗，车辆安全系统会自动升起车窗，大大地提高了汽车的安全防范水平，不会因忘记关闭车窗而发生淋雨等意外事件。

a)　b)

图 1-30　非接触式的钥匙识别系统

a）按钮式　b）旋钮式

任务三　认识防盗系统

一、任务引入

汽车防盗系统是为了防止汽车本身或车上的物品被盗所设的系统。汽车防盗系统实质上

是一种安装在车上，用来增加盗车难度、延长盗车时间的装置。当盗贼碰触车辆时，防盗系统会被触发，报警装置立即发出刺耳的声响和忽明忽暗闪烁的灯光，以恐吓盗贼，增加盗贼的心理压力，使其主动放弃盗车行为，同时也提醒行人和车主采取相应的措施。随着科技的进步，窃贼的盗车手段不断升级，人们也不断研制出新的防盗报警系统。防盗报警系统是一个相对复杂且与其他系统关联较多的装置。

二、任务目标

1）了解汽车防盗控制系统的分类。

2）掌握汽车防盗系统的基本组成及作用。

3）掌握遥控式防盗系统的结构与工作原理。

三、相关知识

1. 汽车防盗控制系统的分类

汽车防盗控制系统有多种分类方式，其结构、功用及特点也各有不同（表 1-1），目前应用较广泛的是无线电遥控式。

表 1-1 汽车防盗控制系统的分类

<table>
<tr><th>分类</th><th>分类方式</th><th>防盗类型</th><th>结构功用</th><th>特点</th></tr>
<tr><td rowspan="4">机械式</td><td rowspan="4">靠坚固的金属结构锁住汽车的操纵部位</td><td>车轮锁</td><td>用锁具将一个车轮固定</td><td rowspan="4">拆装麻烦，锁具笨重，不太可靠，只防盗不报警，趋于淘汰</td></tr>
<tr><td>转向锁</td><td>用钥匙锁住转向轴或用拐杖锁锁住转向盘，使转向盘不能转向</td></tr>
<tr><td>变速杆锁</td><td>将转向盘与变速杆锁在一起</td></tr>
<tr><td>制动器锁</td><td>将制动器踏板固定在制动位置上</td></tr>
<tr><td rowspan="9">电子式</td><td rowspan="2">按密码形式</td><td>定码防盗器</td><td>防盗器主机与遥控器各有一组相同的密码（6~18 位），遥控器发射密码，主机接收密码</td><td>密码量少、安全性差</td></tr>
<tr><td>跳码防盗器</td><td>采用一种非线性加密算法对原代码进行随机加密，每发射一次，密码（66 位高保密控制信号）随机变化一次，主机无密码，通过学习遥控器的密码实现与遥控器之间的相互识别</td><td>密码不会被复制或盗取</td></tr>
<tr><td rowspan="5">按密码输入方式</td><td>按键式</td><td>键盘输入开锁密码</td><td rowspan="3">早期产品</td></tr>
<tr><td>拨盘式</td><td>机械拨盘输入开锁密码</td></tr>
<tr><td>电子钥匙式</td><td>用电子钥匙（由元器件或由元器件构成的单元电路组成）输入开锁密码，包括遥控的车门锁、转向锁和点火锁等，可通过声、磁、电和光等形式与主控电路相联系</td></tr>
<tr><td>触摸式</td><td>触摸方式输入开锁密码，无门把手，代之以电子锁和触摸传感器</td><td>操作简便，使用寿命长，造价低</td></tr>
<tr><td>生物特征式</td><td>将声音、指纹等人体生物特征作为密码输入，由 ECU 进行模式识别控制开锁</td><td>智能化程度高</td></tr>
<tr><td rowspan="2">按遥控信号发射形式</td><td>红外线遥控</td><td>利用红外线发射和接收信号控制锁门和开门</td><td rowspan="2">可靠方便，应用广泛</td></tr>
<tr><td>超声波遥控</td><td>利用电磁波发射和接收信号控制锁门和开门</td></tr>
</table>

（续）

分　类	分类方式	防盗类型	结构功用	特　点
电子式	按防盗结构	电子声光类	俗称“哇哇叫”，遇到非正常的点火、开关车门、振动等情况，扬声器长鸣、车灯闪烁	无法控制车辆，报警信息范围窄
		机电结合类	当遇到盗劫时，发出声光报警，还能自动锁住油路、电路、ECU	
		网络报警类	以城市为中心的网络化产品，遇盗自动报警、跟踪、定位和遥控停车等	需与城市化防盗网络相配套
	按防盗功能	断电装置	防盗 ECU 通过点火钥匙上装有的电阻芯片或应答器验明钥匙的身份，输出信号来切断点火电路	
		断油装置	遇有盗窃，发动机 ECU 拒绝供油	
		蓄电池断电	安装在蓄电池旁，只要转动转钮，车上全部断电	
		无线电跟踪	车上安装有小型无线电发射器，警方容易探测出车辆的位置	寻回率高，价格昂贵
		遥控中央门锁	当遥控发射信号正确时，车门门锁和行李箱锁实现自动开启或关闭	
		车身防盗识别	用特殊工艺在全车玻璃、前后照灯和轮圈等重要部件蚀刻车辆号码	
网络式	全球卫星定位		通过 GPS 进行无线传输的 GPS 防盗系统，也称为“天网”	
	地面信标定位		利用车载台（对讲机）通过有线和无线传输对汽车进行定位跟踪和防盗、防劫的 CAS 系统，俗称为“地网”	

2. 汽车防盗系统的基本组成及作用

目前使用最广泛的防盗系统是电子式防盗系统，它主要靠发动机 ECU 锁定点火电路或起动电路来达到防盗的目的，同时具有声音和灯光报警功能。

当电子式防盗系统启动（激活）后，如果有人非法移动汽车、划破玻璃、破坏点火开关锁芯、拆卸轮胎和音响、打开车门、打开燃油箱加注口盖、打开行李箱门、接通点火开关等，防盗器立即报警。报警的方式有灯光闪烁、警笛长鸣、发射电波。有些车型在报警的同时切断起动机电路，切断燃油供给，切断点火系统，切断喷油控制电路（图 1-31），切断发动机 ECU 搭铁电路，甚至切断变速器控制电路，从而使汽车发动机不能起动和运转，变速器不能换档，汽车处于完全瘫痪的状态。为防止破坏防盗系统（如切断电源），有些车型在隐蔽位置加装了后备电源。

汽车遥控防盗系统一般由防盗 ECU、感应传感器、门控开关、报警和遥控器等组成，汽车遥控防盗系统各主要装置在车上的位置如图 1-32 所示。一般防盗系统原理示意图如图 1-33 所示。

（1）主机　主机即遥控防盗系统控制单元，它是防盗系统的核心和控制中心。汽车防盗系统与门锁控制系统共同使用一个电子控制器，称为防盗和门锁控制 ECU。防盗和门锁控制 ECU 接收各种传感器（防盗传感器、车速传感器、各种门的开关及电动机的位置传感器等）发送的信号，根据 ECU 中预先存储的数据和编制的程序，通过数学计算和逻辑判断，确定车门是否锁定、车辆是否被非法移动或被盗，以便控制各个执行器（门锁电动机、发动机 ECU、起动继电器、扬声器和灯光等），从而使汽车处于报警状态。防盗 ECU 除了具有控制功能外，有的还具有故障自诊断功能。

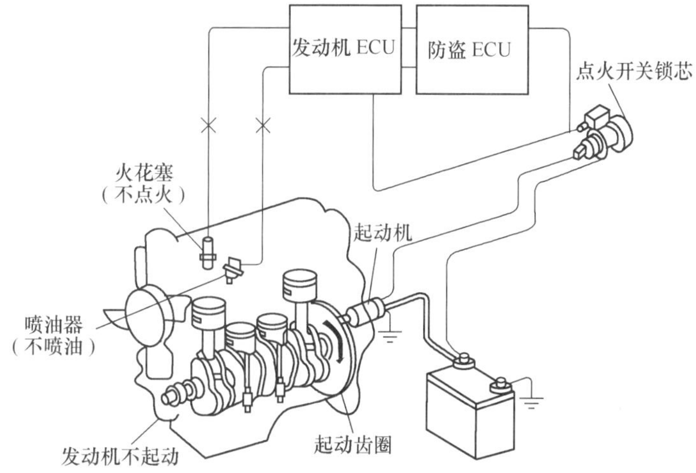

图 1-31　汽车防盗系统控制机理

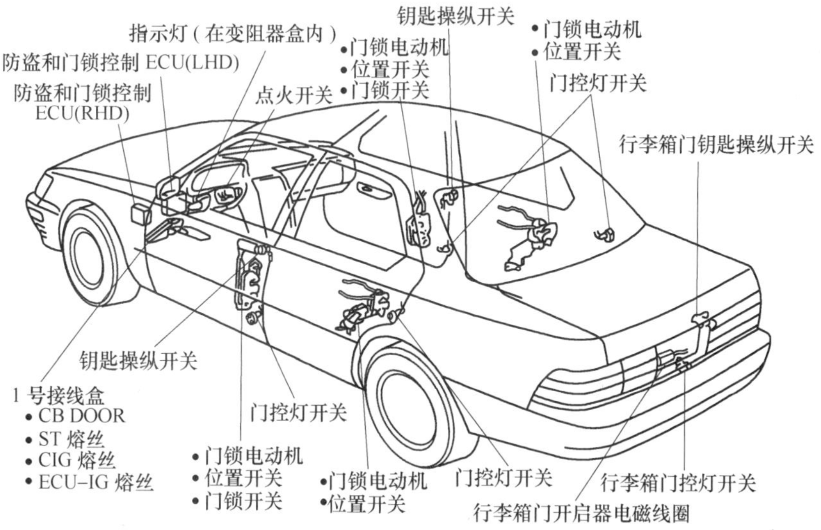

图 1-32　汽车遥控防盗系统各主要装置在车上的位置

（2）感应传感器　感应传感器由传感器或探头组成。它的功能是当防盗系统工作时，传感器检测汽车有无异常情况发生。当汽车被移动或车门被打开时，传感器将检测到的信号传送给防盗 ECU，防盗 ECU 将其与内部存储的数据进行比较，判断汽车是否正在被盗。如果汽车正在被盗，防盗 ECU 输出信号，控制报警装置发出声光报警信号，阻止汽车起动，切断燃油供给。

感应传感器主要有热释电式红外线传感器、超声波传感器、振动传感器、玻璃破碎传感器 4 种类型。

1）热释电式红外线传感器。热释电式红外线传感器（又称为红外探头）一般安装在汽车内驾驶人位置附近，通过红外辐射的变化来探测是否有人侵入车内。热释电式红外线传感器上有 3 根导线，一根为电源线，用英文字母 D 表示；另一根为信号线，用英文字母 S 表示；最后一根为搭铁线，用英文字母 E 表示。

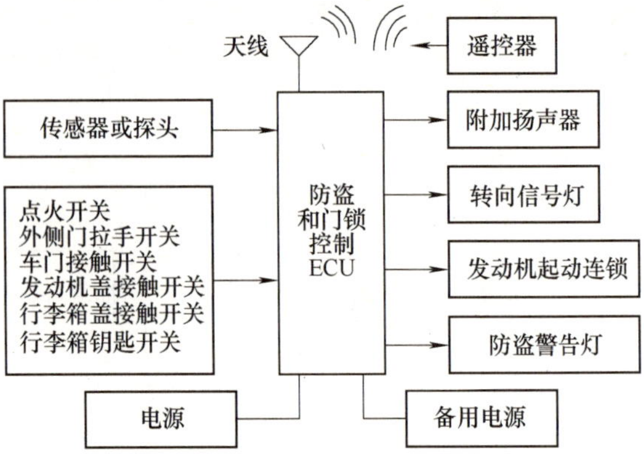

图 1-33　一般防盗系统原理示意图

2）超声波传感器。超声波是频率在人耳可听音频范围以上（约 20kHz 以上）的声波。超声波传感器就是对汽车门窗和车身的破损及车内的状态改变进行监控的装置，一般由超声波发射器和超声波接收器组成。图 1-34 和图 1-35 所示分别为超声波防盗原理图和超声波传感器原理图。

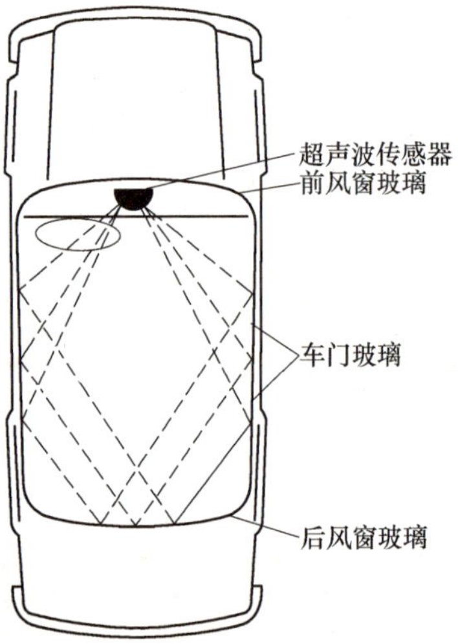

图 1-34　超声波防盗原理图

一般轿车在左、右前立柱上各安装一个超声波传感器单元，每个传感器监控一个车窗。

3）振动传感器。振动传感器的作用是检测汽车受到的冲击，在汽车受到冲击且其振动达到一定强度时，向防盗 ECU 输入检测信号，控制报警装置报警。振动传感器主要有压电式振动传感器、压阻式振动传感器、磁致伸缩式振动传感器 3 种类型。

4）玻璃破碎传感器。玻璃破碎传感器用来接收玻璃受撞击和破碎时产生的振动波，然后转换成电信号输送给防盗 ECU。它与防盗 ECU 一般有两根线连接，一根是传感器的搭铁线（黑色），另一根是信号线（白色）。

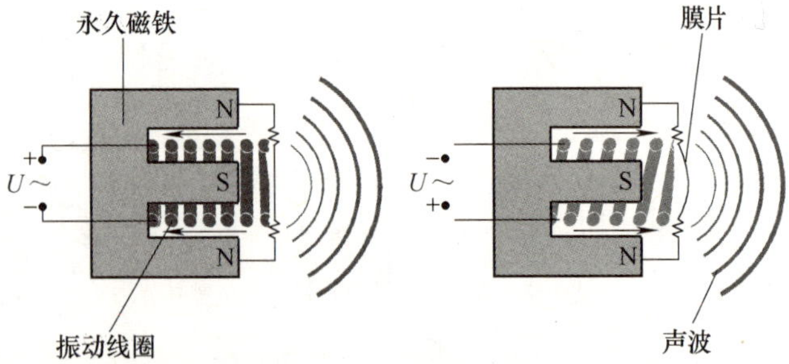

图 1-35　超声波传感器原理图

（3）门控开关　门控开关包括发动机罩开关、门开关及行李箱开关等。它的功能是当所有车门、发动机盖及行李箱关闭时，车主通过报警设置/解除装置使所有的车门锁止，汽车防盗系统进入预警状态。当汽车防盗系统启动时，设在车内可见位置的报警工作显示灯开始工作，以保证防盗系统正确无误地开始工作。

（4）报警装置　报警装置由扬声器和前照灯组成。扬声器在防盗系统被触发或动作（开、闭锁）时发出警报。报警方法通常采用扬声器鸣叫和灯光闪烁的方式，也有采用专用扬声器与普通扬声器进行组合的报警方法。还有的车设有专用警笛，用电波向车主报警，利用电波在电子地图上显示被盗车位置等。

（5）遥控装置　遥控装置由遥控发射器与接收器组成，包括按键和指示灯。它利用手持遥控发射器在远离车辆的地方将密码发送给遥控接收器，进行车门的打开或关闭。它可以使车主在黑夜中不必用钥匙找到钥匙孔位置，或者在雨天也不需用钥匙开启车门，即使手中提着物品也能方便地开启车门。

遥控装置不仅能替代车门钥匙，而且可用于防盗系统、行李箱开锁、车窗或滑动天窗的开闭。遥控信号一般采用红外线、无线电波形式发送。

1）遥控发射器。遥控发射器由密码信号发生器、键盘输入电路、无线发射电路等组成。其工作频率为256~320MHz，典型值为315~318MHz，工作电源为12V，遥控距离为30~50m。为了便于携带，其普遍采用微型钥匙扣式设计。当遥控操纵开关接通时，存储在存储器中的功能代码和身份鉴定代码（固定代码+可变代码）被读出，经信号调制处理后转换为红外线或无线电波的遥控信号，并向防盗ECU输出（在红外线方式中，经脉冲调制后驱动发光二极管；在无线电波方式中，信号经高频调制后向发射天线供电）。

2）接收器。接收器由接收天线、输入选频回路、高频放大电路、超再生电路、脉冲信号放大整形电路组成。其功能是将遥控器发出的高频载波信号进行选频、放大、解调，输出符合解码电路要求的脉宽数据信号。遥控接收器的供电电压为5V，直接从防盗主机获得，工作频率为256~360MHz，多数接收器工作频率为315~318MHz。

3）天线。天线分为发射天线和接收天线两种。发射天线不必设置专用天线，可把车门钥匙兼作天线之用。接收天线一般有采用遥控专用天线、与收音机共用一个天线或采用镶嵌在汽车后风窗玻璃内的加热电阻线作为天线等多种形式。与收音机共用一个天线的遥控装置在接收天线接收信号后，由分配器将信号分检为遥控信号和收音机接收信号。

（6）其他装置　其他装置包括配线、继电器和熔断器等。

3. 遥控式防盗系统的结构与工作原理

多功能遥控式防盗系统分为发射器部分和接收器部分，如图1-36所示。

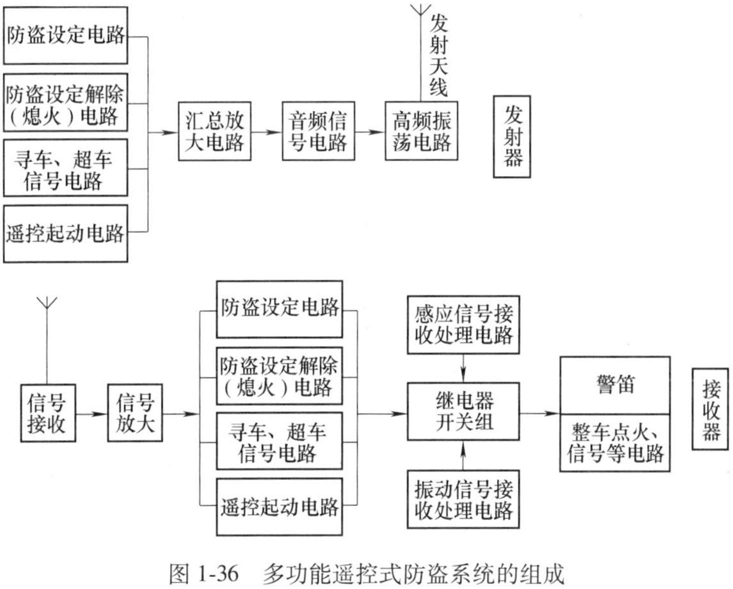

图1-36　多功能遥控式防盗系统的组成

发射器部分由几个不同作用的指令开关电路组成，它们是防盗设定电路，防盗设定解除（熄火）电路，寻车、超车信号电路，遥控起动电路，然后是汇总放大电路、音频信号电路、高频振荡电路。其中，音频信号电路负责产生“防盗设定”“解除”等不同内容的不同信号，由高频振荡电路调制成高频信号，再由发射天线发射出去。

接收器部分分为两部分，一部分根据接收信号内容分为防盗设定电路，防盗设定解除（熄火）电路，寻车、超车信号电路，遥控起动电路，这些电路对所接收的信号进行处理，然后通过控制电路的继电器开关组对有关电路进行控制，使之进入工作状态；另一部分为感应信号接收处理电路与振动信号接收处理电路，对各种不同内容的信号进行接收和处理，然后由它们带动继电器工作，由继电器带动警笛和对点火电路加锁。

（1）防盗设定与解除控制

1）防盗设定。防盗设定主要由发射器和接收器部分共同完成。当按下遥控器上的防盗设定开关时，防盗设定电路工作，经放大、音频调制、高频调制电路后，对外发射电波，发送防盗设定指令。接收器的接收电路收到指令后，信号进入信号处理、放大电路进行处理、放大，然后由控制电路带动继电器开关动作，接通门锁开关控制电路、警戒电路（感应和振动信号）及附属电路的电源，使之进入工作状态。当有人撬动门窗或触动汽车时，就带动警笛发出声响，并对点火电路加锁。

2）防盗解除（熄火）。当发射器防盗解除按钮按下时，防盗解除电路就开始工作，电路的低频信号调制部分调制出相应的信号，经放大后进行高频振荡，对外发射出解除指令的电波。当接收器收到解除信号时，将这个信号进行处理、放大，然后由控制电路带动继电器开关动作，关断防盗系统电源，使之停止工作。

（2）寻车、超车控制

1）寻车、超车电路。当遥控器的寻车、超车按钮按下时，寻车、超车电路工作，其发出的寻车、超车信号经低频调制、放大后进入高频振荡电路，调制为高频电波对外发射。当接收器收到这个信号后，将信号进行处理、放大并送入控制电路，带动继电器工作，由继电器带动警笛和警告灯工作。通过声响和灯光的作用，对其他车辆进行超车提示，或提示该车所处位置，让其他驾驶人及时发现自己的汽车。

2）遥控起动电路。当遥控器遥控起动按钮按下时，低频调制部分先调制出相应的信号，然后低频电路对其进行放大后送入高频振荡电路，变成高频电波发射出去。接收器收到这个信号后，经过信号处理、放大后将其送到控制电路，由控制电路带动继电器触点开关接通汽车起动电路，将发动机起动。当遥控起动按钮松开时，发射器的信号中止发送，接收器因无输入信号而终止工作，起动电路中断。

（3）熄火、点火锁住电路

1）遥控熄火电路。当按下遥控器的熄火按钮后，发射器的低频调制部分对信号进行调制并放大后，再经高频振荡成高频电波向防盗 ECU 发送熄火指令。接收器收到信号后，立即对其进行处理、放大，由控制电路对继电器进行控制，继电器触点开关对点火电路进行短路（或断路），从而达到熄火的目的。

2）熄火、锁住点火、报警电路。该电路实际上由防盗设定电路兼任。在 100m 范围内按下防盗设定按钮，发射器发出的信号被接收器收到时，接收器先接通警戒电路进入警戒状态。由于车辆在发动时的振动和人体的感应作用，警戒电路工作，锁住点火电路，并报警。

（4）警戒电路　多功能遥控式防盗系统警戒电路由接收器的相应部分担任。当接收器的防盗设定电路将警戒电路电源接通后，警戒电路就进入警戒状态。警戒电路由感应警戒部分和振动警戒部分组成。感应警戒部分利用人体感应的电容破坏原电路中电容电桥平衡，引起电路振荡，这个振荡信号经放大处理后对控制电路进行触发使其工作，带动继电器使警笛发出声响，同时使点火电路短路（或断路）；振动警戒部分则利用振动破坏原有电阻电桥平衡，有电流输出，这个电流经放大、处理后对控制电路进行触发，带动控制电路工作，再由控制电路带动继电器，使警笛发出声响，对点火电路加锁。

4. 桑塔纳 2000GSi 防盗报警系统（第二代防盗系统）

桑塔纳 2000GSi 型轿车汽车防盗器是一种点火开关打开后开始工作的电子防盗保护装置。它采用使发动机不能发动，或能发动数秒钟后即中断的方式防盗（又称为电子锁），可以有效地避免汽车被无权使用的人开走。

（1）防盗器的组成　桑塔纳 2000GSi 型轿车汽车防盗器由带有脉冲转发器的汽车钥匙、识读线圈 D2（在点火开关上）、防盗器 ECU（J362）、带可变代码的发动机 ECU（J220）以及防盗器警告灯 K117 等部件组成（图 1-37）。其中，防盗器 ECU 安装在转向柱左边的支柱上，带可变代码的发动机 ECU 安装在驾驶人脚的上方。在这里，汽车钥匙上的脉冲转发器和识读线圈是整个电子控制防盗系统的信号发生器，防盗器 ECU 是控制单元，而发动机 ECU 是执行器。防盗器控制电路如图 1-38 所示。

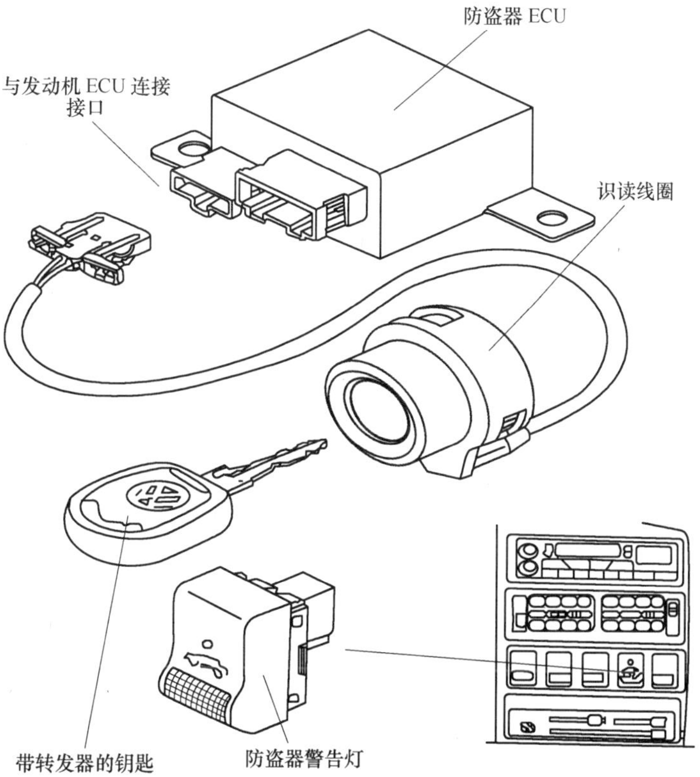

图 1-37　桑塔纳 2000GSi 型轿车防盗器

（2）防盗器部件的功能

1）脉冲转发器（汽车钥匙）。桑塔纳2000GSi型轿车的汽车钥匙与普通桑塔纳轿车的汽车钥匙不同，在汽车钥匙的尾端塑料手柄内压装有脉冲转发器（是一种棒状物，长约13.3mm、直径约3.1mm的玻璃壳体，内含运算芯片和一个细小的电磁线圈，是不需要电池来驱动的感应和发射元件）。为了正确判断驾驶人的使用权，不同的汽车钥匙脉冲转发器具有不同的代码。

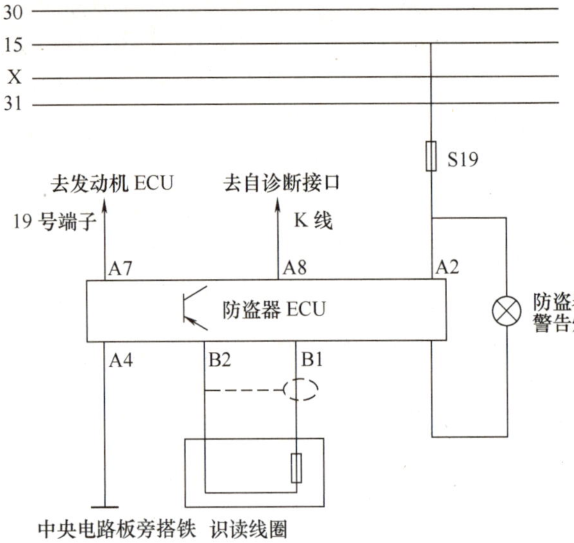

图 1-38　防盗器控制电路

当汽车钥匙插入锁孔并打开点火开关时，防盗器ECU把能量输送给识读线圈。由识读线圈把能量用感应的方式传送给脉冲转发器。这时，脉冲转发器接收感应能量后立即发射出程控代码，通过识读线圈把程控代码输送给防盗器ECU，供其核对，以识别其合法性。每一辆轿车的汽车钥匙（即脉冲转发器）都有不同的程控代码。

2）识读线圈（D2）。识读线圈是一个环形线圈，环绕在机械点火开关锁的外面，在点火开关置于ON时，用于向汽车钥匙上的脉冲转发器发射激发能量和接收脉冲转发器发出的答复代码输送给防盗器ECU。

3）防盗器ECU(J362)。防盗器ECU安装在转向柱左边支架中央电路板上方。它是驻车防盗系统的核心，担负着判定汽车钥匙是否合法的任务，在点火开关置于ON位置时，激活脉冲转发器，通过识读线圈把它的程控代码接收回防盗器ECU。防盗器ECU把输入的程控代码与先前存储在防盗器内的汽车钥匙代码进行核对。同时，防盗器ECU对发动机ECU存储在防盗器ECU中的代码进行核对。如果核对后代码一致，发动机起动后不熄火；如果代码不一致，发动机在发动后2s之内中断点火和燃油喷射而熄火。

防盗系统ECU通过一根串行通信线（W线）将经过编码的工作指令传到发动机ECU，发动机ECU根据防盗ECU的数据来决定是否起动汽车。同时，诊断仪可通过串行通信接口（K线）对系统进行故障诊断、编码等操作。在识别密码的过程（2s）中，防盗指示灯会保持常亮状态。如果有任何错误发生，发动机ECU将停止工作，同时指示灯会以一定频率闪动。防盗控制原理如图1-39所示。

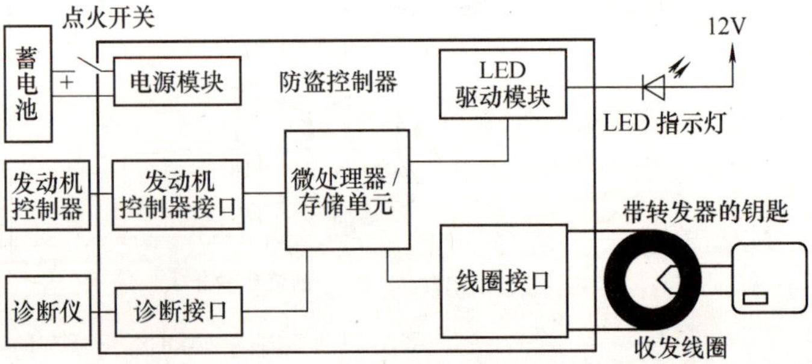

图 1-39　防盗控制原理

由于防盗器ECU是经过与发动机ECU匹配后才介入到发动机电控系统中的，因此只有使用被装于汽车上的防盗器

ECU 匹配过并认可的汽车钥匙，才能正常起动发动机。

4）发动机 ECU（J220）。发动机 ECU 是发动机燃油喷射和点火控制的中枢，在与驻车防盗系统 ECU 进行匹配后，根据点火开关闭合时驻车防盗系统 ECU 对用户的使用权判定指令来控制发动机是否需要继续工作。当更换驻车防盗系统 ECU 后，必须用仪器对其进行匹配。

5）防盗警告灯（K117）。当使用合法的汽车钥匙闭合点火开关时，安装在仪表台中部面板上的防盗警告灯会先亮后熄灭（3s 内）。如果使用非法的汽车钥匙，或者在防盗系统中存在故障，闭合点火开关后，防盗警告灯会连续不停地闪烁。

（3）汽车防盗器的识别码与密码　防盗器 ECU 有一个 14 位字符的识别码和一个 4 位数的密码。一辆新车，它的密码在该车的钥匙牌上，上面用黑胶纸封住。

如果钥匙牌丢失，通过大众专用诊断仪 VAG1552 或 VAG1551 输入地址码 25 后，可从仪器显示屏上读取 14 位字符的识别码；也可以用金德 K81 从“电子防盗系统”中读出 14 位字符的识别码。通过此号码，可由上海大众公司查到密码。

如果车主丢失了一把合法的钥匙，为了安全防盗，必须把其余钥匙都用仪器重新进行一次匹配。这样可以使丢失的钥匙变为非法钥匙（尽管形状、材料不变），不能起动发动机而起到防盗作用。

注意：输入 4 位数字密码之前，必须先输入一个“0”，否则防盗器 ECU 会锁死。如果密码输错（操作失误），允许再输入一次，两次输错后，防盗器 ECU 会锁死。在点火开关打开的状态下等 30min 后，还可以试第 2 次。

（4）驻车防盗系统的工作原理　将汽车钥匙插入点火开关并转至接通位置时，识读线圈能量以感应的方式传递给汽车钥匙上的脉冲转发器，脉冲转发器接收能量后立即发射出答复代码，通过识读线圈接收后把答复代码输送给驻车防盗系统 ECU。驻车防盗系统 ECU 收到答复代码后先将其与先前存储的代码进行比较。如果相同，将向发动机 ECU 发出进入正常工作程序的指令，发动机能正常起动；如果不相同或驻车防盗系统有故障，则控制发动机熄火，且驻车防盗系统警告灯连续闪烁。可见若发动机起动 2s 后即熄火，且驻车防盗系统警告灯闪烁，便说明汽车钥匙不对或驻车防盗系统有故障。

任务四　防盗系统的故障诊断与匹配

一、任务引入

利用故障诊断仪读取汽车防盗系统故障码，然后根据故障码的提示进行相应的维修操作，是目前应用最广泛的维修方法。

二、任务目标

1）了解防盗系统的诊断基础。

2）掌握防盗系统自诊断的操作方法。

3）掌握防盗 ECU 与发动机 ECU 的匹配方法。

三、相关知识

1. 防盗系统的诊断基础

（1）故障诊断仪　汽车故障诊断仪是目前汽车维修必不可少的检修仪器。现代汽车各系统的 ECU 中都配备了一个故障存储器。一旦电控系统出现故障，便以故障码的形式存储在 ECU 的存储器中，维修人员可用故障诊断仪进行故障诊断、系统匹配、读取和清除故障码等操作。

汽车故障诊断仪可分为原厂故障诊断仪（专用型）和非原厂故障诊断仪（通用型）两类。

原厂故障诊断仪是汽车制造公司为自己生产的汽车专门设计制造的，一般只在特约维修站（4S 店）配备，如大众/奥迪车系用 VAG1552、VAS5052 诊断仪（图 1-40），丰田车系用智能诊断仪 IT-Ⅱ（Intelligent Tester-Ⅱ）（图 1-41），日产车系用 CONSULT-Ⅱ诊断仪（图 1-42），本田车系用 MTS3100 诊断仪，宝马车系用 GT1 诊断仪（图 1-43），奔驰车系用 STAR2000 诊断仪（图 1-44）。

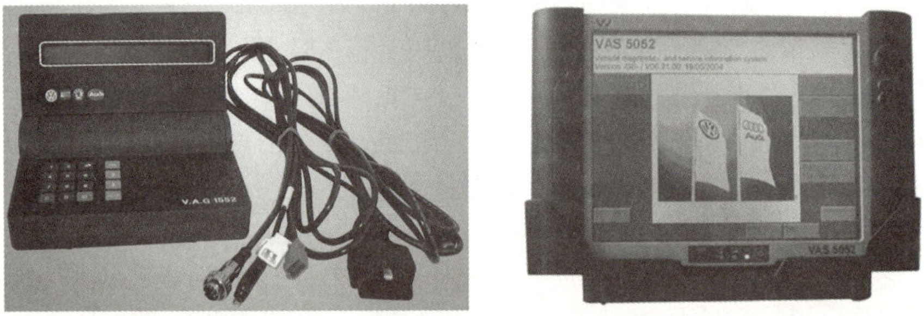

a)　　　　　　　　b)

图 1-40　大众/奥迪车系的专用故障诊断仪

a）VAG1552 故障诊断仪　b）VAS5052 故障诊断仪

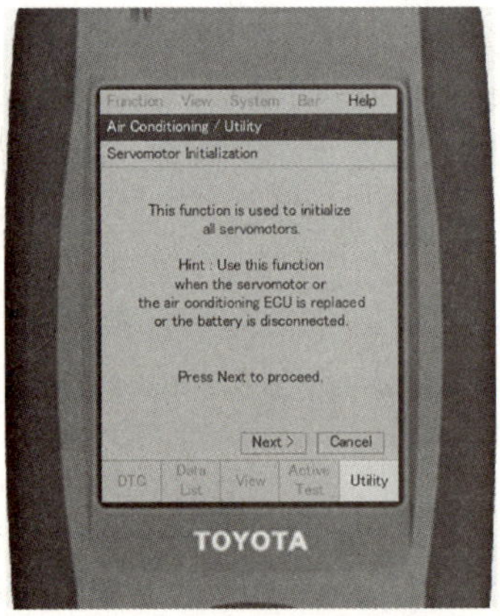

图 1-41　丰田车系用智能诊断仪 IT-Ⅱ

图 1-42　日产车系用 CONSULT-Ⅱ诊断仪

通用型故障诊断仪不是汽车制造厂家提供或指定的，而是由汽车保修设备制造公司为适应诊断检测多种车型而设计制造的。通用型故障诊断仪适用车型广，基本上涵盖了欧、美、日、韩及国产车系，其功能也与专用型故障诊断仪相近，能够满足用户的基本需要。国内公司生产的通用型故障诊断仪有元征 X-431 诊断仪（图 1-45）、金德 K 系列（图 1-46）以及金奔腾等。通用型故障诊断仪对某些车系的部分电控系统故障是无法检测的。

图 1-43　宝马车系用 GT1 诊断仪

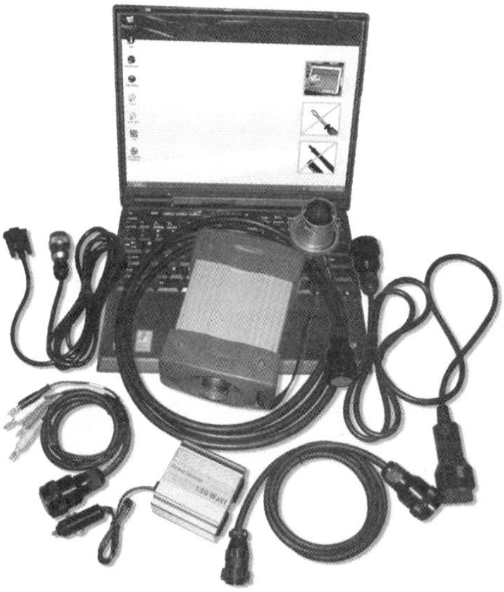

图 1-44　奔驰车系用 STAR2000 诊断仪

图 1-45　元征 X-431 诊断仪

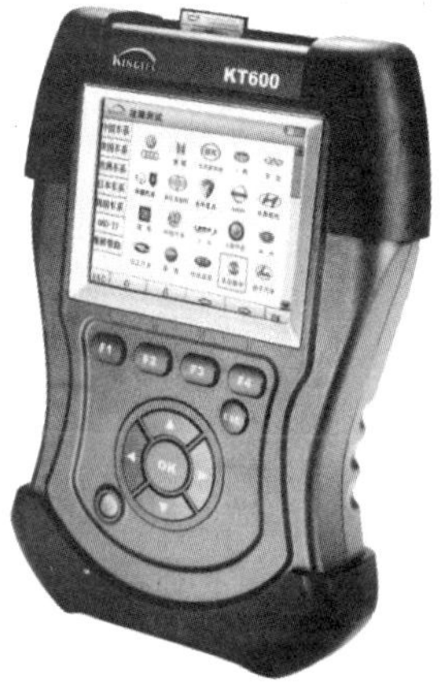

图 1-46　金德 KT600 通用诊断仪

（2）大众/奥迪车系地址码　为了方便维修诊断，大众/奥迪车系每个 ECU 都有特定的系统地址码，并适用于所有车型，如发动机 ECU 的地址码是 01、自动变速器是 02 等。表 1-2 中所列是大众/奥迪车系车身电控系统的常用地址码。

表 1-2　大众/奥迪车系车身电控系统的常用地址码

08—空调暖风	26—电动天窗	42—驾驶人侧车门
15—安全气囊	35—中央门锁	52—前排乘员侧车门
17—组合仪表	36—驾驶人座椅控制	62—左后车门
25—防盗系统	46—舒适系统	72—右后车门
37—巡航/导航系统	47—音像系统	76—倒车雷达系统

（3）大众/奥迪车系功能码　在选择了地址码进入某一个系统后，每个系统都有一个功能码菜单，操作者必须选择一项来指令诊断仪和 ECU 完成何种工作。无论进入哪个系统，功能码菜单都是一样的，见表 1-3。

表 1-3　功能码菜单

01—查询控制单元版本	05—清除故障码	09—读取单个数据块
02—查询故障码	06—结束输出	10—匹配（自适应）
03—执行元件诊断	07—控制单元编码	11—登录（输入密码）
04—基本设置	08—读取测量数据块	

2. 防盗系统故障自诊断

下面介绍用 VAG1552 故障诊断仪读取桑塔纳 2000GSi 型轿车的汽车防盗系统故障码的具体操作步骤。

（1）操作步骤

1）将大众专用故障诊断仪 VAG1552 的插头与变速杆前的诊断座插口连接，如图 1-47 所示。

2）接通点火开关后，故障诊断仪自动进入操作模式 1（车辆系统测试），之后屏幕自动显示：

图 1-47　VAG1552 的连接

Test of Vehicle　　　HELP Insert Address Word XX	车辆系统测试　　　帮助 输入地址码 XX

3）输入防盗系统地址码“25”，屏幕将显示：

Test of Vehicle　　　Q 25-Immobiliser	车辆系统测试　　　Q 25—防盗系统

4）按“Q”键确认，屏幕显示：

330 953 253 IMMO VWZ6ZOTO 123456 V01	→
Coding 00000	WSC 01205

约 5s 后，屏幕显示直接进入 01——查询防盗 ECU 版本。

注：屏幕中 330 953 253 为防盗 ECU 零件号；IMMO 为电子防盗系统缩写；VWZ6ZOTO 123456 为防盗 ECU 密码，凭此 14 位字符密码可通过大众公司维修热线查询防盗钥匙密码；V01 为防盗 ECU 软件版本；Coding 00000 为编码号；WSC 01205 为维修站代码。

5）按“Q”键，屏幕将显示功能菜单：

Test of Vehicle	HELP	车辆系统测试	帮助
Select Function XX		选择功能 XX	

（2）故障码的读取

1）输入数字“02”，选择“查询故障”功能，并按“Q”键确认，屏幕将显示：

X Fault Recognized	发现 X 个故障

注：如果屏幕显示“NO Faults Recognized”，即未发现故障，按“Q”键，退回到功能菜单。

2）按“Q”键，可以逐个显示故障码和故障内容（表 1-4），直到全部故障显示完毕。

3）故障码查询结束后，按“Q”键退回到功能菜单。

4）根据故障码，按表 1-4 提示的故障原因找到相应部件，进行检查修理。

表 1-4　桑塔纳 2000GSi 轿车防盗系统故障码

故障码	故障原因	故障现象	故障排除方法
65535	防盗 ECU（J362）损坏	1）警告灯亮 2）发动机不能起动	更换新件并重新匹配
00750	1）警告灯故障 2）电路短路/断路 3）对正极短路（警告灯损坏）	1）警告灯亮 2）警告灯不亮	1）检修电路 2）更换损坏的警告灯
01128	1）识读线圈损坏 2）电路断路/短路	警告灯闪烁，发动机不能起动	1）检修电路 2）更换识读线圈
01176	1）钥匙转发器损坏 2）识读线圈 D2 损坏 3）非法钥匙	警告灯闪烁，发动机不能起动	1）配制新车钥匙，完成所有操作 2）钥匙匹配程序 3）更换识读线圈 4）配制新钥匙
01177	1）发动机 ECU 更换后没有匹配 2）电路断路/短路	1）警告灯闪烁，发动机不能起动 2）警告灯不亮	完成发动机 ECU 和防盗 ECU 的匹配程序，检查两 ECU 之间的线路
01179	配钥匙程序不正确	警告灯快速闪烁	1）读取故障码 2）清除故障码 3）完成所有钥匙匹配程序

（3）故障码的清除

1）输入数字“05”，进入选择“清除故障码”功能，并按“Q”键确认，就可清除防盗系统中的故障码。此时屏幕显示：

Test of Vehicle → Fault Memory is Erased	车辆系统测试 → 故障存储已被清除

2）输入数字“06”，选择“结束输出”功能，并按“Q”键确认。完成这一功能后，退出防盗系统诊断程序，回到待机状态。

3. 防盗 ECU 与发动机 ECU 的匹配

更换发动机 ECU 或防盗 ECU 后，必须对其进行匹配，使防盗 ECU 与发动机 ECU 能够互相联系并确认。否则，防盗 ECU 将不会识别发动机 ECU，或发动机 ECU 不会识别防盗 ECU，防盗系统就会被启动，而发动机即使被起动也会自动熄火。

（1）更换发动机 ECU(J220) 后的匹配　修理中若更换了发动机 ECU，必须重新与防盗 ECU 进行匹配（进行匹配时，必须使用一把原车的合法钥匙）。匹配程序如下：

1）连接故障诊断仪 VAG1552，打开点火开关，输入防盗系统地址码“25”，按“Q”键确认，屏幕将显示：

Test of Vehicle HELP Select Function XX	车辆系统测试 帮助 选择功能 XX

2）按“Q”键，输入功能码“10”匹配功能后，屏幕显示：

Test of Vehicle Q 10-Adaptation	车辆系统测试 确认 10-匹配

3）按“Q”键确认，屏幕将显示：

Adaptation Feed in Channel Number XX	匹配 输入通道号 XX

4）输入“00”通道号并按“Q”键确认，屏幕将显示：

Adaptation → Learned Values Have Been Erased	匹配 → 已知数值已被清除

5）按“→”键完成匹配程序，故障诊断仪返回待机状态。

注意：由于匹配时点火开关是在“ON”状态下进行的，所以新更换的发动机 ECU 随机代码就被防盗 ECU 读入并存储起来，而原发动机 ECU 的代码被清除。另外，由于拆下旧的发动机 ECU 是在断电情况下操作的，所以新的发动机 ECU 匹配后，还要使用故障诊断仪 VAG1552 对新的发动机 ECU 做一次基本设定。

第一代和第二代防盗系统的防盗 ECU 单独安装，修理时应进入防盗系统。因此，当使用 VAG1552 故障诊断仪诊断防盗系统故障时，应输入防盗系统地址码“25”。第三代防盗系统 ECU 与组合仪表集成在一起，修理时应进入组合仪表系统，当使用 VAG1552 故障诊断仪诊断防盗系统故障时，应输入组合仪表系统地址码“17”。

（2）更换防盗 ECU(J362) 后的匹配　更换防盗 ECU 后，或者试用一个从别的车上拆下来的防盗 ECU 时，都必须重新做一次发动机 ECU 与防盗 ECU 的匹配，其操作步骤与上述相同，但要注意，此时必须将所有车钥匙都重新做一次钥匙匹配。

4. 钥匙的匹配

钥匙匹配是将以前所有合法钥匙的代码清除，重编新的合法代码。如果用户遗失了一把合法的钥匙，只要将其他钥匙重新完成一次匹配钥匙程序，那么丢失的钥匙就变为非法钥匙而不能起动发动机，从而起到防盗作用。匹配钥匙必须要有钥匙密码，而且最多只能配 8 把钥匙。

下列情况都必须进行钥匙匹配：

1）新配钥匙。

2）钥匙遗失。

3）更换防盗 ECU 后。

如果汽车钥匙丢失，可用故障诊断仪 VAG1552 查出 14 位字符的防盗 ECU 的密码后，向大众汽车公司服务热线查询获得 4 位字符的钥匙密码。

（1）钥匙匹配程序

1）连接故障诊断仪 VAG1552，打开点火开关，输入防盗系统地址码“25”，按“Q”键确认。

2）按“→”键选择“输密码（登录）”功能。

3）输入功能码“11”，按“Q”键确认，屏幕将显示：

Login Procedure Enter Code Number XXXXX	输入密码 输入密码号 XXXXX

4）输入密码，即要求输入钥匙密码。当输入钥匙密码时，必须在 4 位密码前加个“0”，换言之，输入的密码必须是 5 位字符（例如钥匙密码是 8888，则应输入 08888），当输入的密码正确时，屏幕将显示：

Login Procedure Enter Code Number 08888	输入密码 输入密码号 08888

如果屏幕显示如下，表明密码输入错误，应重新输入正确的密码。

Function is Unknown or Cannot be Carried out at Moment	功能不清楚或 此刻不能执行

注意：

①当输入钥匙密码时，切记要在 4 位密码前加个“0”，否则防盗 ECU 会锁死。

②如果钥匙密码输入错误，允许再输入一次。两次输错密码后，防盗 ECU 就会锁死，这时应在点火开关接通的状态下等 30min 后，进行第二次匹配。

5）按“Q”键确认，屏幕将显示：

Test of Vehicle HELP Select Function XX	车辆系统测试 帮助 选择功能 XX

6）输入“10”，选择“匹配”功能并按“Q”键确认，屏幕将显示：

Adaptation Feed in Channel Number XX	匹配 输入通道号 XX

7）输入通道号“21”，按“Q”键确认，屏幕将显示：

Channel 21　Adaptation 2　→ <-1　　-3>	通道 21　匹配 2　→ <-1　　-3>

注：通道号可在维修手册中查到，桑塔纳轿车为 21。

8）输入钥匙数。钥匙数量可根据需要输入数字 0~8。上面屏幕中的“2”，表示已有两把合法的钥匙存储。此时键入“1”则表示要减少 1 把钥匙，键入“3”则表示要增加 1 把钥匙，直到屏幕右上角的数字符合需要的钥匙数为止。

注意：此时如果输入“0”，表示全部钥匙都变为非法，将不能起动发动机。

9）按“→”键，屏幕将显示：

Channel 21 Adaptation 2　→ Enter Adaptation Value XXXXX	通道 21　匹配 2　→ 输入匹配钥匙数　XXXXX

10）如果需要匹配 5 把钥匙，则输入“0005”，并按“Q”键确认，屏幕将显示：

Channel 21 Adaptation 2　→ Changed Value is Stored　0005	通道 21　匹配 2　→ 输入匹配钥匙数　0005

11）继续按“Q”键，屏幕将显示：

Channel 21　Adaptation 5　Q <-1　　-3>	通道 21　匹配 5　Q <-1　　-3>

12）继续按“Q”键，屏幕将显示：

Channel 21 Adaptation 5　→ Stoer Changed Value?	通道 21　匹配 5　→ 是否要储存改变的钥匙数?

13）按“→”键，回到待机状态，输入“06”，选择“结束输出”功能，按“Q”键确认。

至此，在汽车点火开关上的这把钥匙匹配完毕。然后，关闭点火开关，换入另一把钥匙，打开点火开关至少 1s 后，重复上述操作，直到把所有的钥匙都匹配完毕。

（2）钥匙匹配的注意事项

1）匹配全部钥匙的操作过程不能超过 30s。

2）如果只将钥匙插入点火开关，而没有接通点火开关，那么这把钥匙匹配无效。

3）匹配钥匙的操作过程顺利完成后，防盗指示灯会亮 2s 然后熄灭 0.5s，再亮 0.5s 后熄灭，表示操作过程完成。

4）如果操作过程中发现错误，例如将已匹配好的钥匙重复进行匹配，防盗指示灯将以快速闪亮（2 次/s）的方式报警，匹配过程自动中断。

5）如果需要匹配的钥匙无转发器或转发器有故障，故障诊断仪将拒绝执行操作。

6）匹配好的钥匙都必须试用一下，看能否起动发动机；也可用故障诊断仪选择功能码“02”读取故障码，如果没有故障码显示，说明钥匙匹配完成。

任务五　大众车系的防盗系统

一、任务引入

大众汽车公司从1995年开始采用发动机防盗锁止系统，到现在共使用了5种类型的防盗系统：IMMO1、IMMO2、IMMO3、IMMO4和IMMO5。

二、任务目标

1）了解大众车系的几代防盗系统。

2）掌握第5代防盗系统的部件结构及原理。

3）掌握车辆锁定及解锁过程。

三、相关知识

1. 大众车系的前四代防盗系统简介

（1）第一代防盗系统　IMMO1是1997年以前使用在奥迪A4、A6和帕萨特B4等轿车上的防盗系统，被称为第一代防盗系统，其特点是：

1）采用固定码传输，防盗ECU（大众汽车公司称为防盗止动器）单独安装，如图1-48所示。

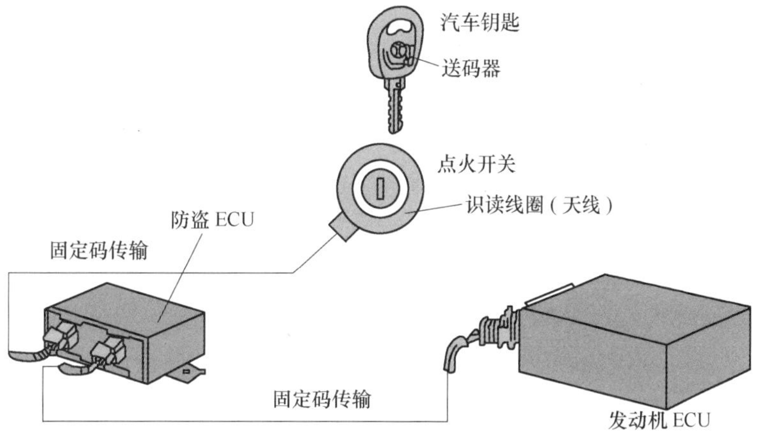

图1-48　第一代防盗系统的组成

2）点火开关密码为4位字符，并随车给车主。

3）钥匙密码在钥匙牌上或粘在前排乘员侧的工具箱内。

4）可用大众汽车公司的专用故障诊断仪VAG1551或VAG1552诊断故障和匹配钥匙等。

5）诊断故障和匹配情况需输入防盗系统地址码“25”。

（2）第二代防盗系统　IMMO2是第二代防盗系统，1997~2000年生产的奥迪A2、A3、A4、A6以及帕萨特B5等轿车都采用这种防盗系统，其特点是：

①采用固定码+可变码传输，防盗ECU单独安装，如图1-49所示。

②点火开关密码仍是4位字符，并随车给车主。

③钥匙密码在钥匙牌上或粘在前排乘员侧的工具箱内。

④可用大众汽车公司专用的故障诊断仪 VAG1551 或 VAG1552 诊断故障和匹配钥匙等。

⑤诊断故障和匹配情况需输入防盗系统地址码“25”。

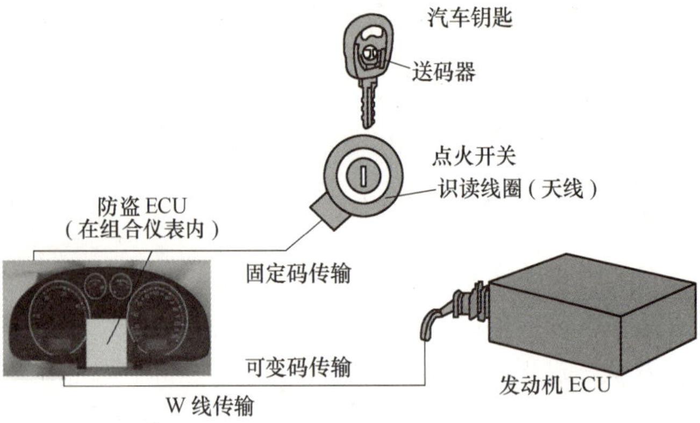

图 1-49　第二代防盗系统的组成

（3）第三代防盗系统　IMMO3 是第三代防盗系统，由与组合仪表 ECU 集成在一起的防盗 ECU、发动机 ECU、点火开关上的识读线圈、带 IC 芯片及转发器的点火开关以及组合仪表上的防盗警告灯组成，如图 1-50 所示，其特点是：

①采用固定码+可变码+CAN 数据总线传输。

②防盗 ECU 与组合仪表 ECU 集成一体。

③点火开关密码改为 7 位字符，由厂家保留，不再给车主。

④7 位密码含有经销商代码、服务站代码和当前日期，因此 7 位密码只当天有效。

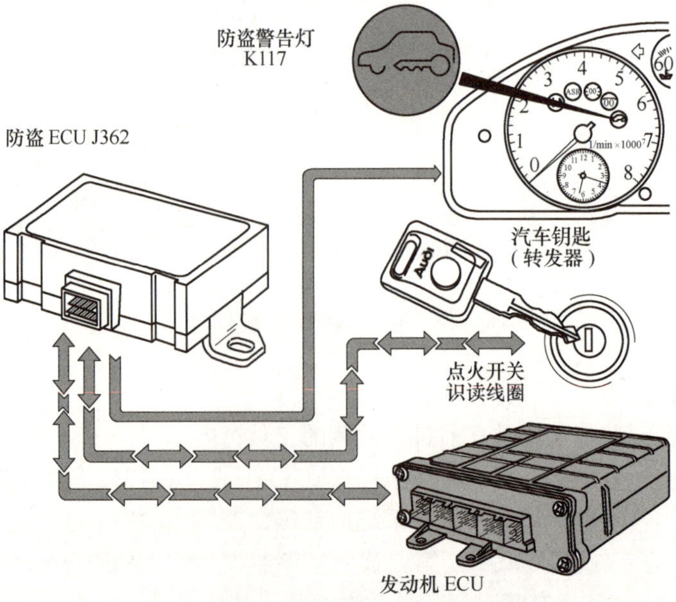

图 1-50　第三代防盗系统的组成

⑤发动机 ECU 参与防盗密码的计算。

⑥诊断故障和匹配时需输入仪表系统地址码“17”。

⑦点火开关的外部特征是印有“W3”字样。

（4）第四代防盗系统　第四代防盗系统又称为 WFS 防盗系统，与第三代防盗系统的功能基本一致，主要区别在于：

1）第四代 WFS 防盗系统将所有与防盗相关的 ECU 的数据都存储在大众汽车公司德国总部中央数据库 FAZIT（车辆查询和中央识别）中。

2）所有与防盗系统相关的 ECU 通过专用诊断仪直接与大众汽车公司德国总部的中央数据库 FAZIT 连接，诊断仪和数据库可自动进行直接通信，实现对防盗系统部件的匹配（包括车钥匙），因而防盗系统的安全性得到了更高程度的保障，如图 1-51 所示。

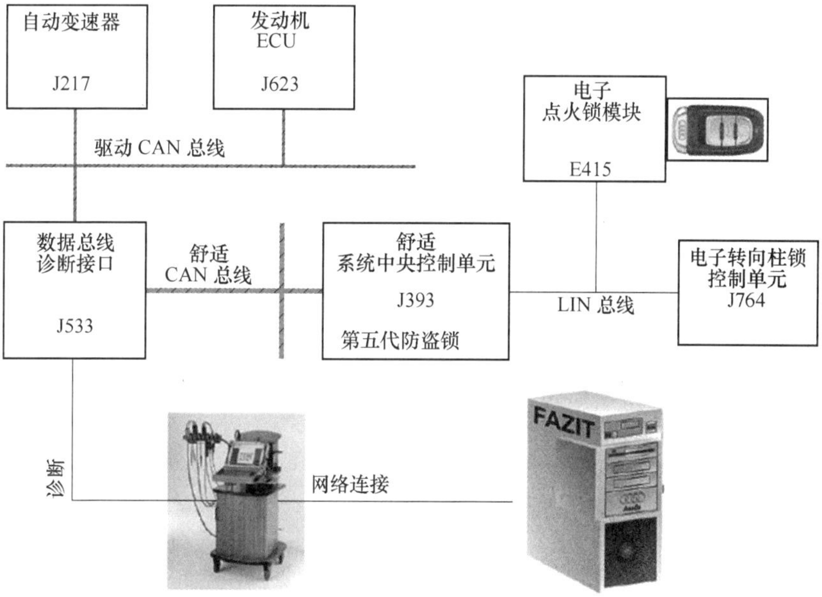

图 1-51　第四代 WFS 防盗系统的组成

3）通过在线查询，可以将数据准确、快捷且可靠地传递到车辆上，所有在防盗系统监控下的部件均必须通过在线验证，杜绝了使用冒牌汽车配件。

4）由于需要在线匹配，目前除 4S 店外，都不能匹配该汽车钥匙。

2. 第五代防盗系统

新款奥迪 A5 轿车首次采用了第五代防盗系统。作为第四代防盗系统的升级版，第五代防盗系统在售后服务方面与第四代系统无明显区别。防盗锁使用诊断仪执行各种操作，例如调试更换的防盗组件，但这些过程已被极大地简化了。第五代防盗系统中的许多操作步骤更倾向于自动化，而且为了简化操作，一些步骤已删除。配置了第五代防盗系统的车辆，在防盗系统执行任何操作之前必须先通过诊断仪与中央数据库建立在线连接。

（1）汽车电子点火锁　电子点火锁如图 1-52 所示，它具有以下功能：

1）汽车钥匙的机械式插入并锁止。

2）汽车钥匙的防拔出锁（通过磁吸装置）。

3）通过微型开关识别“钥匙插入”状态，如图 1-53 所示。

（2）汽车钥匙　新款奥迪 A5 配备了全新的汽车钥匙，如图 1-54 所示。在以往的车型上，必须拧动汽车钥匙才能发动汽车，新款车型则只需将汽车钥匙插到点火锁中即可起动汽车，不再需要按键式折叠钥匙头。

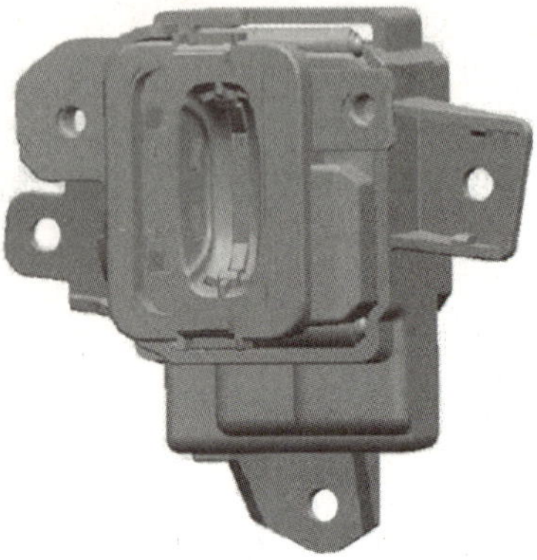

图 1-52　电子点火锁

图 1-53　插入电子点火锁模块中的钥匙

将汽车钥匙插入点火锁，按动不同的微型开关，舒适系统中央控制单元 J393 会读取微型开关的信息，并根据这些信号计算出当前的接线端状态。汽车钥匙的作用如下：

图 1-54　汽车钥匙

1）发送无线电信号以启动中控锁系统。

2）存储防盗锁所需的数据。

3）存储车辆数据以便运行“奥迪服务密钥”功能。

4）定位智能进入起动天线的信号以确定开关位置。

5）包含一个机械式应急钥匙。

（3）汽车钥匙解锁装置　汽车钥匙插入电子点火锁后可自动上锁，这样，驾驶人就无法再手动拔出钥匙。关闭点火装置后，开关即松开。根据变速器的类型不同，还要满足一个额外条件，开关才能松开。即：自动变速器车型，变速杆应在 P 位；手动变速器车型，车辆应处于停止状态。

钥匙插入点火锁以后，如果发生技术故障，车辆的 CAN 总线不能为点火锁上的磁吸装置通电，汽车钥匙将一直插在点火锁中。这种情况下如果仍要锁车，可使用带有钥匙头的机械式应急钥匙。应急钥匙连接在点火锁上，可通过驾驶人侧车门上的机械锁来锁定中控锁系统。

如果无线电遥控无法起动车辆，可使用机械式应急钥匙（图 1-55）打开驾驶人车门上的机械锁，此机械钥匙也可用于禁用前排乘员侧安全气囊。

（4）高级钥匙　高级钥匙第一次作为可选设备出现在新款奥迪 A5 轿车中。在奥迪 A5 轿车的车门外拉手上，不再配备任何中控锁按键，触摸外拉手上的电容传感器即可开启和关闭车门，如图 1-56 所示。通过车主随身携带的智能卡里的芯片感应自动开关门锁，当车主走近车辆一定距离时，门锁会自动打开并解除防盗；当车主离开车辆时，门锁会自动锁上并进入防盗状态。一般装备有无钥匙进入系统的车辆，其车门把手上有感应按钮和接近传感器，同时也有钥匙孔，以备智能卡损坏或没电时，车主仍可用普通方式开启车门。

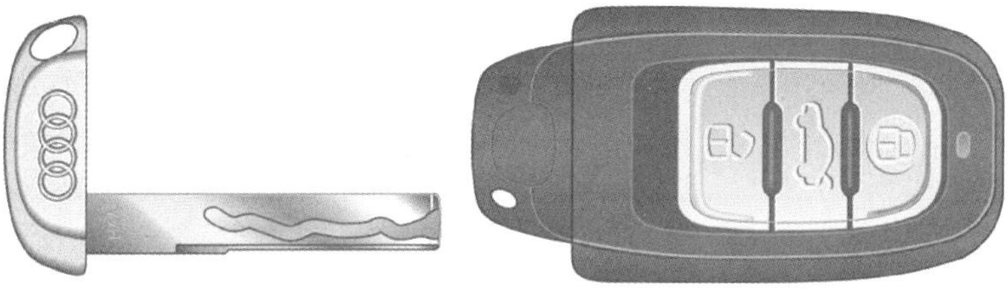

图 1-55　机械式应急钥匙

（5）智能一键式起动　如果装配的是起动/停止按键，这意味着单个按键就能执行起动和停止双重操作，省去了拿钥匙拧转点火锁起动发动机的功能，传统意义上的点火锁已不存在，仅剩下方向锁，点火开关功能并入到电控系统中，如图 1-57 所示。

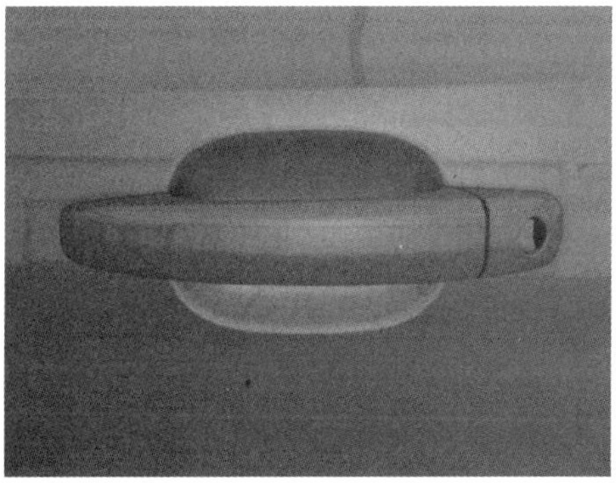

图 1-56　触摸外拉手上的电容传感器即可开启和关闭车门

图 1-57　起动/停止按键

（6）智能进入起动装置的天线安装位置　钥匙识别所需要的天线数量减少为 3 根。奥迪 A5 轿车的天线安装在驾驶人侧车门、中控台以及行李箱中，如图 1-58 所示。

3. 车辆锁定及解锁系统

（1）车辆锁定及解锁系统组件

1）E408——无钥匙起动/停止键。

2）F248——行李箱盖锁芯解锁键。

3）G605——左前车门外拉手接触式传感器。

4）G606——右前车门外拉手接触式传感器。

5）R47——中控锁及防盗报警系统天线。

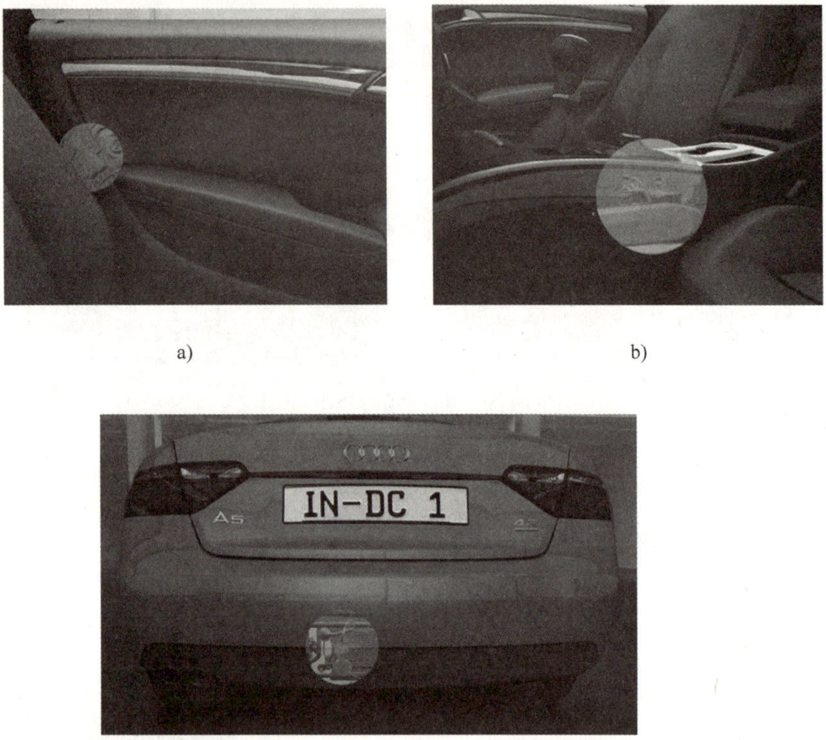

a)　　b)

c)

图 1-58　智能进入起动装置的天线安装位置

a）驾驶人侧车门 R200　b）中控台 R138　c）行李箱 R137

6）R137——智能进入起动装置行李箱天线。

7）R138——智能进入起动装置车内天线 1。

8）B200——左侧智能进入起动装置天线。

（2）车辆锁定及解锁过程

1）驾驶人将手放入门把手的凹坑内，车门外把手接触传感器 G605 将“手指已放入把手凹坑”这个信息发送给舒适系统中央控制单元 J393。

2）天线通过智能进入起动装置车内天线 R200 将一个唤醒信号发送到车钥匙上。

3）车钥匙根据这些信号来确定钥匙在车上的位置，并将该信息发送到中央门锁和防盗警报装置天线 R47。

4）中央门锁和防盗警报装置天线接收到信息，并把信息传送给舒适系统中央控制单元 J393。

5）收到舒适系统中央控制单元 J393 命令的车门控制单元操纵相应的锁芯打开车门。

6）舒适系统中央控制单元 J393 将“打开车门”这个信息发送到舒适 CAN 总线上。

7）正常打开车门过程包括停用安全装置、开门、确认闪光及接通车内灯，除了确认闪光外，通过使用中央门锁和防盗警报装置天线 R47 实现双向数据交换，可以将中央门锁止状态发送到车钥匙内，如图 1-59 所示。

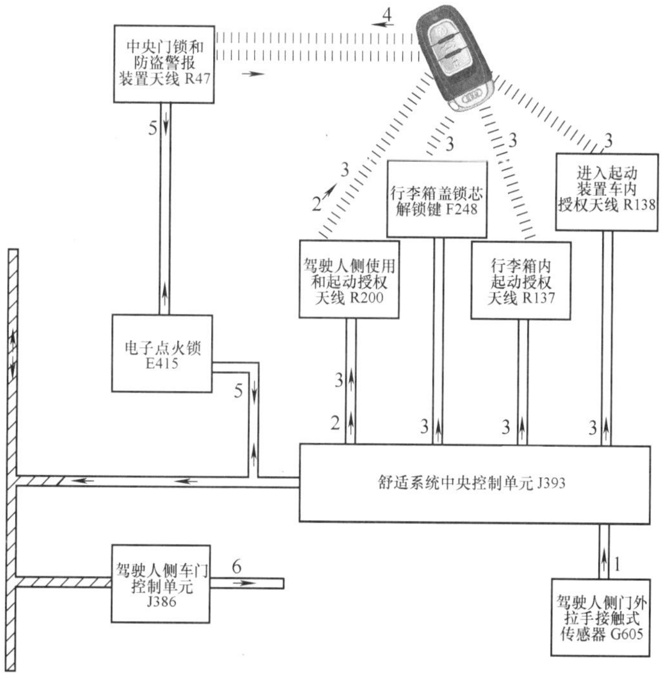

图 1-59 车辆解锁

任务六 无钥匙进入与起动系统

一、任务引入

无钥匙进入与起动系统（KESSY）采用最先进的 RFID 技术，通过驾驶人随身携带的智能卡里的芯片感应自动开、关门锁，也就是说当走近车辆一定距离时，门锁会自动打开并解除防盗；当离开车辆时，门锁会自动锁上并进入防盗状态。一般装备有无钥匙进入系统的车辆，其车门把手上有感应按钮，同时也有钥匙孔，是以备智能卡损坏或没电时，驾驶人仍可用普通方式开启车门。无钥匙进入系统的感应区域如图 1-60 所示。

二、任务目标

1）了解夏朗轿车 KESSY 的部件构成。

2）掌握 KESSY 功能。

三、相关知识

2011 款夏朗（Sharan）轿车选装 KESSY 的车辆可以被舒适地开启、闭锁和起动，而无须使用钥匙，KESSY 受进入许可系统以及发动机起动功能（汽车防盗锁）的控制，安装了 KESSY 而取消了传统的点火开关，并在该位置上安装了电动转向柱锁（ELV）。

1. 部件构成

2011 款夏朗轿车配备的 KESSY 只在前车门把手中安装有用以识别汽车开启信号的接近传感器。滑动车门和后行李箱盖的开启信号将由把手中的微型开关接收。夏朗轿车 KESSY 主要部件构成如图 1-61 所示。

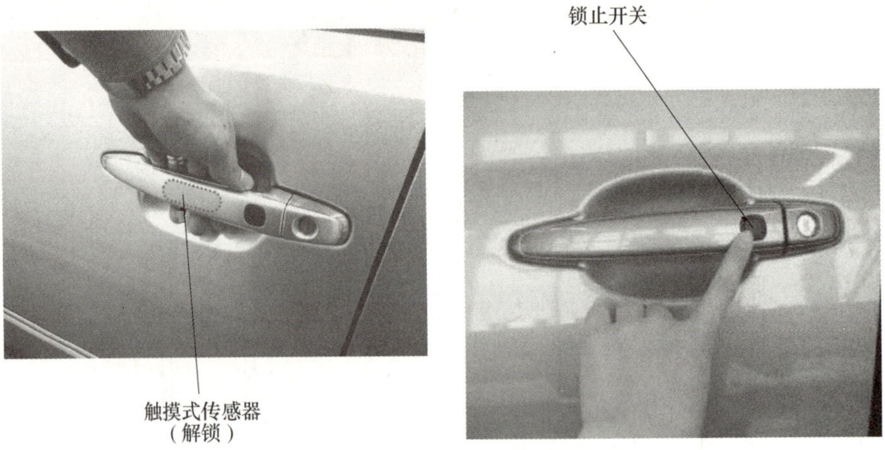

图 1-60　无钥匙进入系统的感应区域

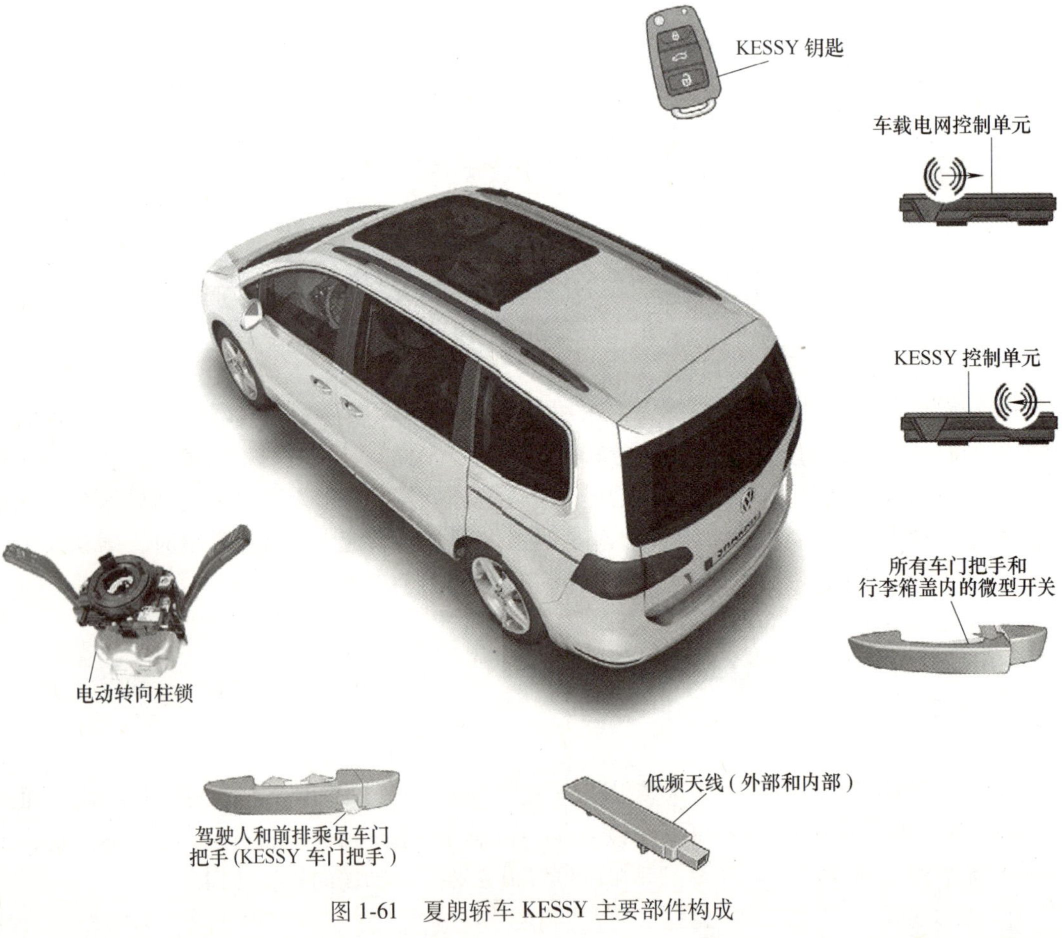

图 1-61　夏朗轿车 KESSY 主要部件构成

（1）KESSY 钥匙　KESSY 钥匙的外形如图 1-62 所示。除了按照装备而定的按键之外，该钥匙还包括用于无线远程操作的电子装置以及附加的 KESSY 芯片（ID 传感器）。无线远程操作系统可以通过低频（LF）发送和接收数据。该钥匙通过低频可以接收 KESSY 信号，然后通过高频（HF）发出响应信号。发送和接收数据的频率见表 1-5。

（2）进入与起动许可系统控制器（J518）图 1-63 所示为 2011 款夏朗轿车 KESSY 的进入与起动许可系统控制器（J518）。接近传感器和所有的低频天线都与此控制器连接。该控制器与舒适 CAN 数据总线相连，并带有连接至车载电源控制器（J519）的唤醒导线。它的功能是：①分析 KESSY 车门把手和低频天线的信号；②与汽车防盗锁进行通信；③通过低频天线将 KESSY 通信信号发送到钥匙中。

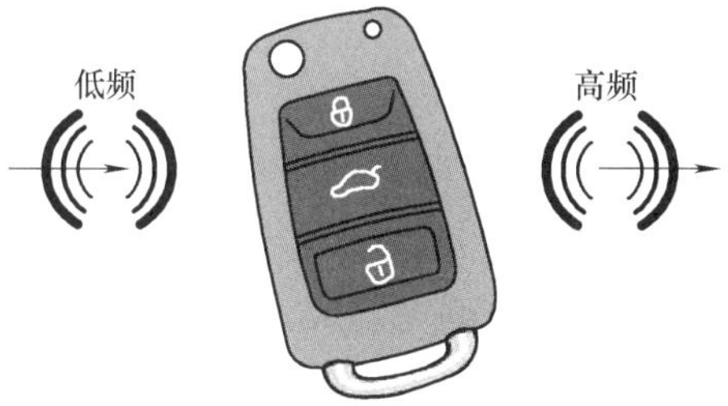

图 1-62　KESSY 钥匙的外形

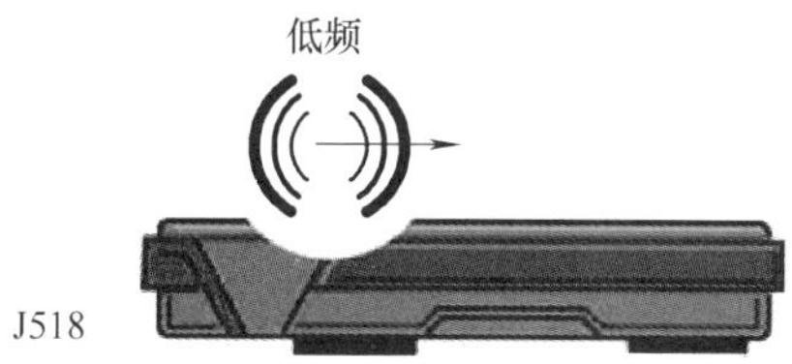

图 1-63　2011 款夏朗轿车 KESSY 的进入与起动许可系统控制器（J518）

表 1-5　发送和接收数据的频率

名　　称	频　　率	用　　途
低频	125kHz	无线远程操作，向 KESSY 钥匙发送信号
高频	433MHz	KESSY 钥匙发出信号

（3）车载电源控制器（J519）　车载电源控制器（J519）配有一个集成式无线模块，用以接收 KESSY 的高频信号，如图 1-64 所示。该控制器与舒适 CAN 数据总线相连接，并通过连接至进入与起动许可系统控制器（J518）的唤醒线接收数据。该控制器对 KESSY 主要有以下功能：①在舒适 CAN 数据总线中唤醒设备；②接收并传输钥匙的 KESSY 通信信号至 J518。

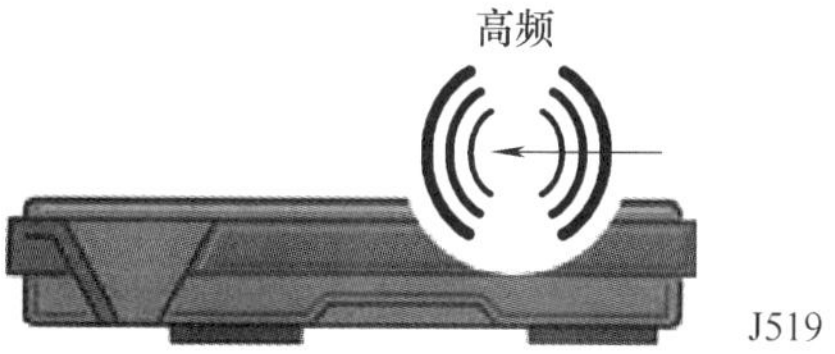

图 1-64　车载电源控制器（J519）

（4）低频天线（KESSY 发送天线）　KESSY 发送天线是一个缠绕着线圈的铁心，如图 1-65 所示。此天线结构可以最佳地适用于汽车的各安装位置。与此前车型中的天线相比，新款夏朗轿车的天线更小。该天线的接收半径范围为 1.5m。

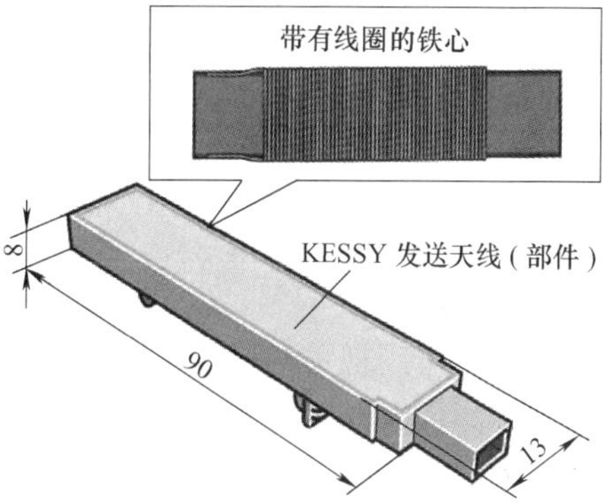

图 1-65　KESSY 发送天线

KESSY 通过钥匙对汽车的内部区域和外部区域进行探测。外部区域的探测通过 3 个外部天线实现，而内部区域的探测通过 3 个内部天线实现。使用 KESSY 功能时，钥匙必须至少位于一个低频天线的接收范围内。为此，钥匙与汽车侧面或尾部的距离不得超过 1.5m。KESSY 天线位置和接收范围如图 1-66 所示。

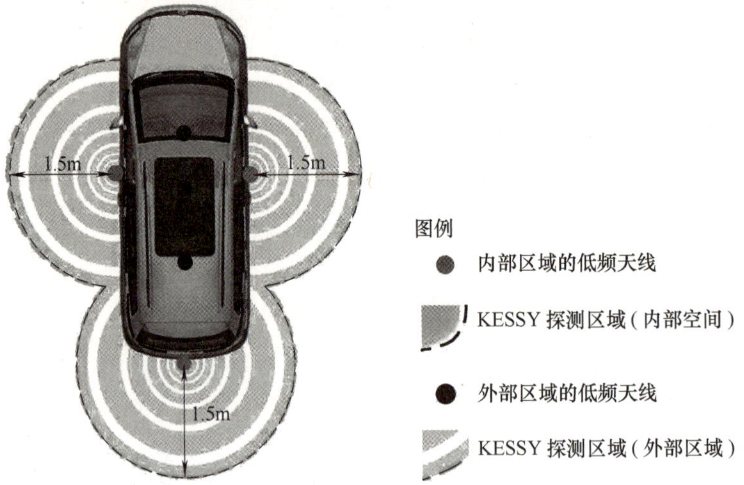

图 1-66　KESSY 天线位置和接收范围

(5) KESSY 车门把手　车辆侧面的整个传感器和天线电子装置安装在驾驶人侧车门和前排乘员侧车门的车门把手内，如图 1-67 所示。车门把手安装有接近传感器，因此可以感应到接近活动。当手接近车门把手的传感面时，电子装置将报告一个接近信号。握住车门把手将被解读为驾驶人希望开启车门，而接近车门把手上的小传感面将被解读为希望锁闭车门。

车门把手内的部件是浇铸而成的，因此不能单独更换，KESSY 车门把手的内部结构如图 1-68 所示。在此部件中集成有以下部件：①电路板中的一个大电容传感器（接近传感器）；②电路板旁的一个小电容传感器（接近传感器）；③带有电子装置的电路板；④一个低频发送天线。

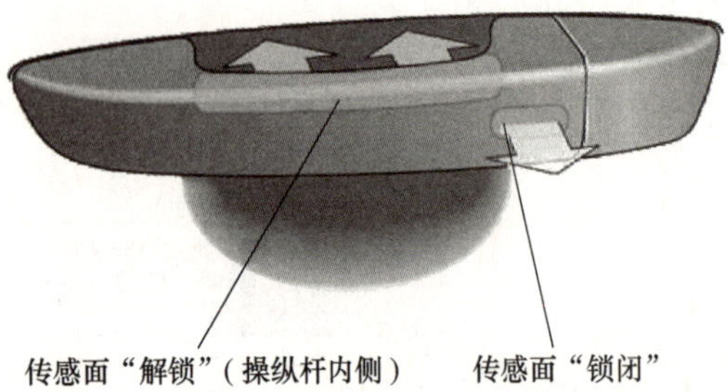

图 1-67　配备接近传感器的 KESSY 车门把手

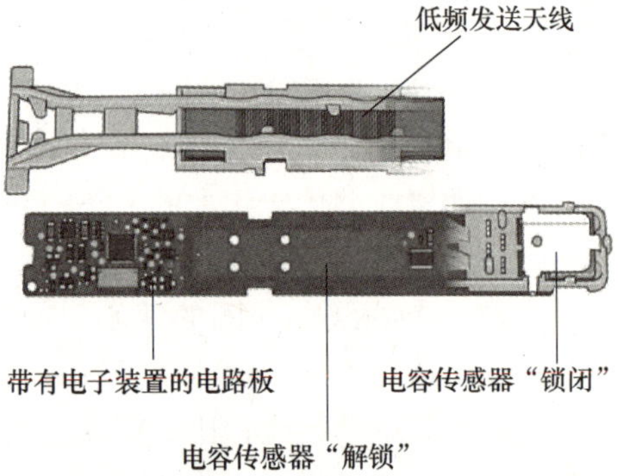

图 1-68　KESSY 车门把手的内部结构

在每个车门把手和后行李箱盖按钮内都安装有微型开关。在拉动把手或按下后行李箱盖按钮时，该微型开关将发出信号。微型开关的位置如图 1-69 所示。

(6) 点火起动按钮（D）　点火起动按钮（D）有 1 档、4 极，并使用冗余电源，其结构如图 1-70 所示。它直接与电动转向柱锁控制器（J764）相连。点火装置和发动机只能通过点火起动按钮起动。为了使电动转向柱锁控制器（J764）接受此功能要求，点火起动按钮的两个输入引脚必须传输同一信号。当只有一个输入引脚被连接时，发动机将无法起动，电动转向柱锁控制器（J764）将报告一个故障。点火起动按钮的照明由进入与起动许可系统控制器（J518）进行控制。

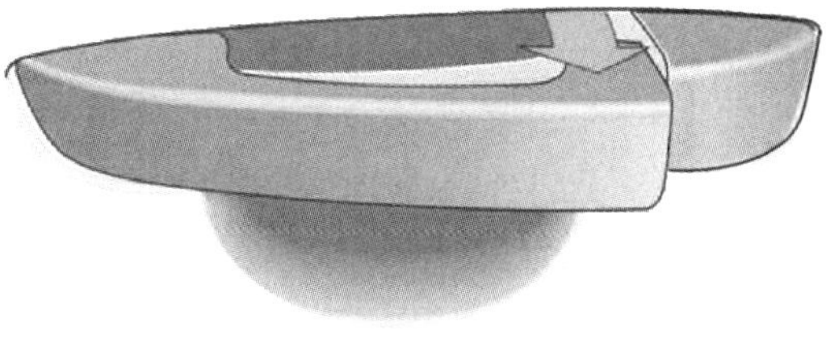

图 1-69　微型开关的位置

（7）电动转向柱锁　在 KESSY 装备中，电动转向柱锁首次被运用于该级别汽车。由此，不能再通过钥匙机械装置起动汽车。电动转向柱锁被安装在原先点火起动锁的位置上。它被膨胀螺栓固定在转向柱上，并被一个坚固的浇铸基座和铁盖板包围。带有机械式转向盘锁的传统锁和电动转向柱锁的区别如图 1-71 所示。

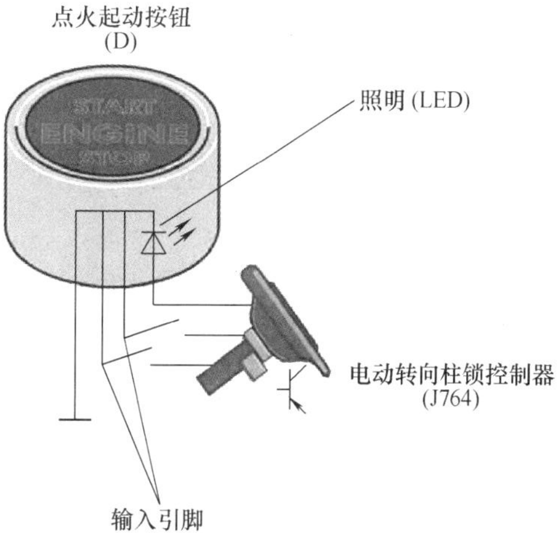

图 1-70　点火起动按钮（D）的结构

2. 部件的联网

这些集成一体化的系统部件通过 CAN 数据总线相互连接，其信号传输过程如图 1-72 所示。KESSY 通过低频向钥匙发送信号。该信号借助进入与起动许可系统控制器（J518）上的低频天线发出，而钥匙通过高频向 KESSY 发出应答信号。车载电源控制器（J519）接收钥匙的应答信号并将其传送给 CAN 数据总线上的各部件。

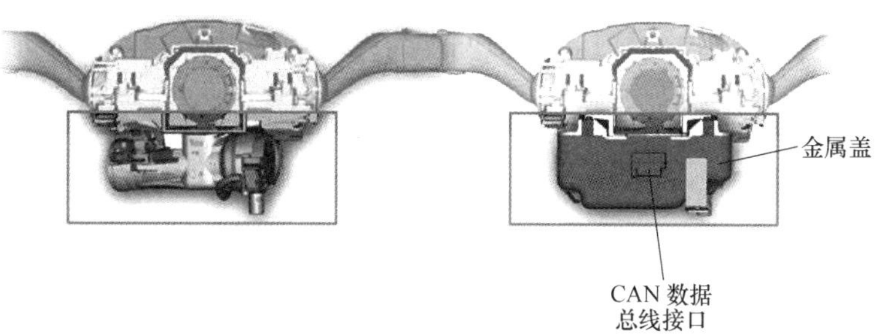

图 1-71　带有机械式转向盘锁的传统锁和电动转向柱锁的区别

a）带有机械式转向盘锁的传统锁　b）电动转向柱锁

3. KESSY 的功能

KESSY 包括 3 个功能模块，即 KESSY-Entry（唤醒汽车、检测钥匙许可权限、开启车门）、KESSY-Go（电动转向柱锁解锁和发动机起动）和 KESSY-Exit（锁定汽车、防止钥匙被锁在车内）。

（1）KESSY-Entry　当汽车被停止并锁住时，KESSY 将进入休眠模式。只有驾驶人侧车门和前排乘员侧车门的车门把手上的接近感应器继续运作。系统将切断端子 S 和 15 的供电，转向柱被锁定。

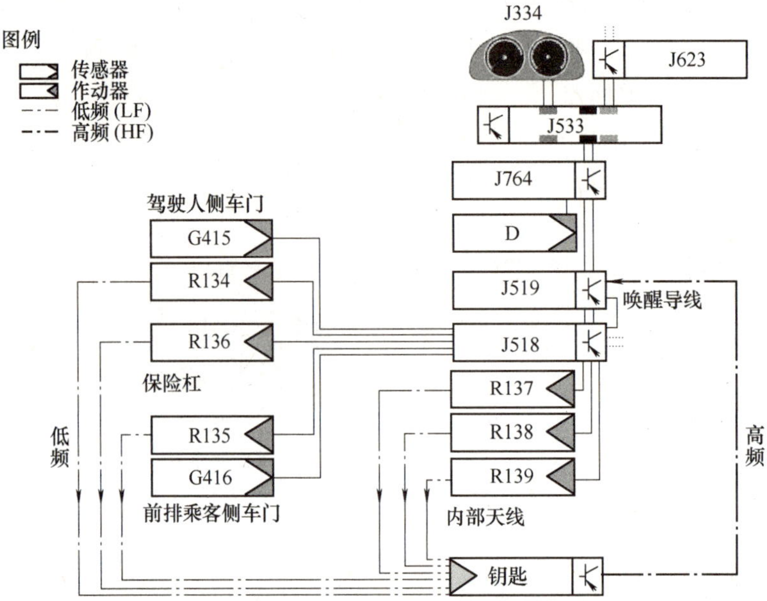

图 1-72　KESSY 的信号传输过程

D—点火起动按钮　R134—驾驶人侧进入与起动许可系统天线　R135—前排乘员侧进入与起动许可系统天线
R136—后部保险杠内进入与起动许可系统天线
R137—行李箱内进入与起动许可系统天线　R138—车内空间内进入与起动许可系统天线 1
R139—车内空间内进入与起动许可系统天线 2　G415—驾驶人侧车门外把手接触传感器
G416—前排乘员侧车门外把手接触传感器　J334—汽车防盗锁控制器　J518—进入与起动许可系统控制器
J519—车载电源控制器 J533—网关　J623—发动机控制器　J764—电动转向柱锁控制器

1）唤醒汽车。当某个 KESSY 车门把手探测到接近信号时，如图 1-73 所示，则该接近传感器将对此发送一个报告。由此，进入与起动许可系统控制器（J518）可以通过低频天线搜索 KESSY 钥匙。系统将对汽车内部和外部区域进行 360°的全方位搜索。同时，KESSY 控制器将向所有钥匙发送一个邀请，以对钥匙进行识别。为了能够接收钥匙发出的应答信号，进入与起动许可系统控制器（J518）将通过唤醒导线唤醒车载电源控制器（J519）。该控制器将把无线远程操作的标准频率（LF）转换为 KESSY 的接收频率（HF）。

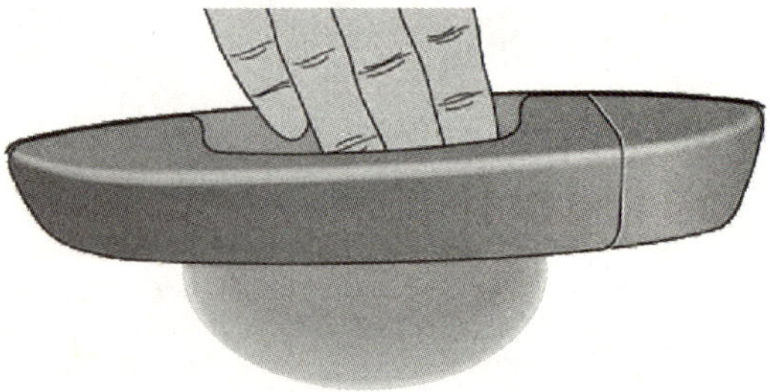

图 1-73　唤醒汽车过程

当系统在低频天线的接收区域内发现 KESSY 钥匙时，车载电源控制器（J519）将唤醒舒适 CAN 数据总线上的所有部件（CAN“唤醒”），并将所接收的钥匙 ID 传送到进入与起动许可系统控制器（J518）。当钥匙与车辆进行通信时，钥匙上的 LED 控制灯闪亮。

2）检测钥匙许可权限。进入与起动许可系统控制器（J518）将搜索位于接触车门把手的人员附近的KESSY钥匙，如图1-74所示。系统将做出以下反应：

①当钥匙位于车内时，系统将隐藏该安全询问。

②通过车外的钥匙对开启车门进行确认。

③系统将向钥匙发送一条安全询问。

④钥匙对安全询问做出应答，并向中控锁发出正确的开启命令。

⑤如果安全询问的答复正确，则进入与起动许可系统控制器（J518）向该钥匙发布进入许可。

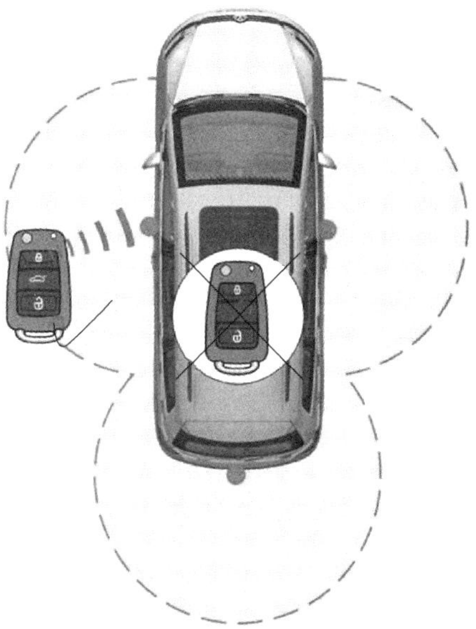

图1-74　检测钥匙许可权限

3）开启车门。车载电源控制器（J519）与汽车防盗锁控制器（J334）检测钥匙具体的开启命令。如果钥匙的开启命令得到确认，车载电源控制器（J519）将向车门控制器发送一个解锁信号。当手直接触碰车门把手时，车门把手内的微型开关将发送把手被拉动的信号，此时系统才会进行机械解锁，如图1-75所示。系统将始终首先解锁接收到开启命令的车门。此外系统还将解锁哪些车门取决于个人的设置。

（2）KESSY-Go　当按下点火起动按钮（D）时，系统检测车辆内部是否有电动转向柱锁许可的钥匙。若在车辆内部找到许可的钥匙，则电动转向柱锁解锁，发动机起动，如图1-76所示。该许可由汽车防盗锁控制器（J334）检测。

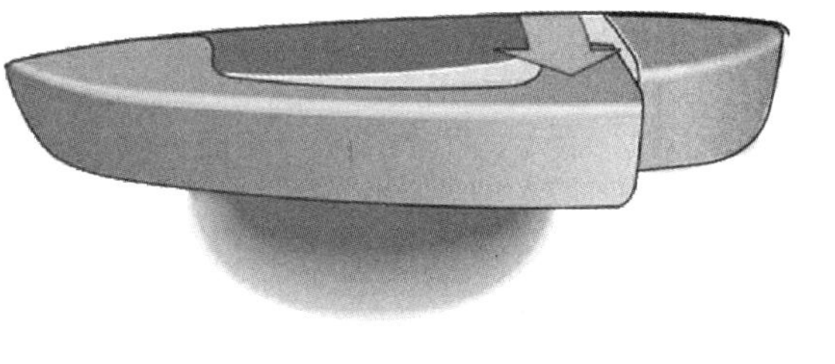

图1-75　开启车门

（3）KESSY-Exit

1）锁闭汽车。只有在发动机被关闭的情况下才能锁闭汽车。在触摸KESSY车门把手的锁闭区域时，如图1-77所示，车门外把手接触传感器将报告一个接近信号，进入与起动许可系统控制器（J518）将对钥匙许可权限及其位置进行检测，并发出锁闭车门的信号。

2）防止钥匙被锁在车内。此安全功能仅对最后使用的钥匙有效。如果钥匙在系统发出锁闭询问时位于车内，则KESSY可以识别出该状态，并根据钥匙的位置提供两种安全功能：①如果钥匙被锁在行李箱中，则可以通过拉动行李箱盖把手解锁行李箱盖；②如果钥匙被落在乘员厢中，则车灯将闪烁4次，并在接收到锁闭命令后保持30s的车门开启状态。30s过后，KESSY将最终闭锁，以确保汽车安全。此时，钥匙将被锁在汽车中。

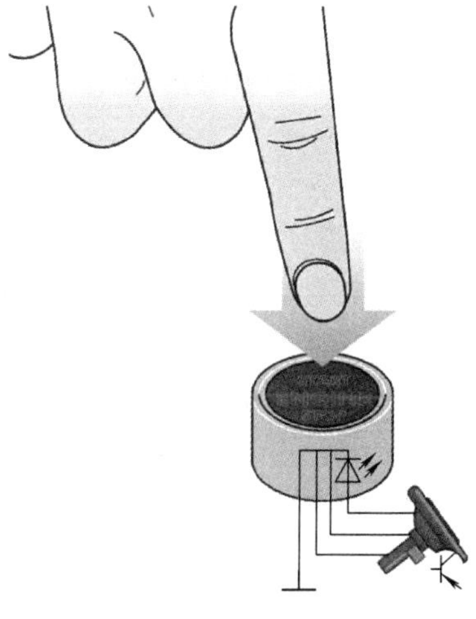

图1-76　解锁和发动机起动过程

当钥匙被锁在车内时，将无法使用该钥匙对发动机进行下一次的起动。

图 1-77 锁闭汽车过程

4. 起动和关闭发动机

（1）起动发动机　给端子 S 和 15 通电是起动发动机（端子 50）的前提条件。当电动转向柱锁被解锁时，系统将立即为该端子通电。根据各车型配置的不同，发动机起动必须满足以下前提条件：

①对于手动变速器，必须首先操作离合器踏板开关（联锁信号）。

②对于 DSG 和自动变速器，变速杆必须被置于 P/N 位。另外，对于自动变速器，必须踩踏制动踏板。

③起动发动机时，汽车内部必须有一个有效的钥匙。

发动机起动模式有手动起动模式（无起动/停止系统）和自动起动模式（有起动/停止系统）两种。

1）手动起动模式。在手动起动时，电动转向柱锁的端子 50 请求将被发送到车载电源控制器（J519），该控制器将对起动机继电器进行控制。该起动机只在按下点火起动按钮（D）时被激活。必须按下该按钮直至发动机被起动为止（对于柴油发动机还需考虑预热时间）。车载电源控制器（J519）将对档位信息与离合器信息进行监控。制动信号由发动机控制器负责传送。

2）自动起动模式。在自动起动模式下，只需短按点火起动按钮（D），因为此时起动机已由发动机控制器（J623）激活，并自动地对发动机的起动过程进行监控。在此模式下，同样由发动机控制器（J623）负责对离合器踏板开关与档位位置的监控。

（2）关闭发动机　关闭发动机的前提是发动机在运转且车速低于 2km/h。按下点火起动按钮（D），电动转向柱锁控制器（J764）将收回端子 15，发动机控制器（J623）将停止发动机的运转。如果需要在时速高于 2km/h 的紧急情况下关闭发动机，则必须在 1s 内按下点火起动按钮（D）两次，或者按住该按钮超过 1s。

任务七　防盗系统遥控器的设定与匹配

一、任务引入

为了防盗，目前许多轿车的遥控器都有记忆或改变频率功能，若更换遥控器电池时速度太慢、蓄电池电压过低或断开蓄电池时间过久，遥控器需要重新设定。有时为了方便，也需要复制遥控器。不同车型的遥控器有不同的设定、复制方法，现提供几种方法以供参考。

二、任务目标

1）了解不同车型遥控发射器的设定方法的异同。

2）掌握别克、丰田、宝马、日产等车系遥控发射器的设定方法。

三、相关知识

1. 别克（BUICK）轿车遥控发射器设定方法

如果一个遥控发射器丢失，需要使用新遥控发射器时，必须对其进行编程（让接收器认识新的遥控发射器，这是因为该遥控系统采用了新的防盗措施。发射器不会向接收器发射两次一样的信号，接收器也不会再响应曾经响应过的信号。这样可以防止有人记录并回放发射器信号）。这项工作可以使用扫描工具完成，在没有工具的情况下，可按以下的步骤编程：

1）坐在驾驶人座椅上。

2）将点火起动钥匙从点火锁芯中拔出。

3）关闭所有车门。

4）按住门锁开关上的“开锁”按钮。

5）将门锁开关保持在“开锁”位置，插入并拔出点火起动钥匙两次。不要转动锁芯。

6）当第3次插入点火起动钥匙时，将钥匙留在点火锁芯中。在其余程序中，点火装置必须保持在LOCK位置上。

7）松开门锁开关，将听到3声鸣响。这表明发射器编程正在启动。

8）同时按遥控门锁发射器上的“开锁”和“锁闭”按钮并保持12s，将听到两声鸣响。这说明发射器编程已经成功。

9）对其余发射器（最多4个）重复步骤8）。

10）将点火起动钥匙从点火锁芯中拔出，退出该程序。

2. 一汽花冠和威驰轿车遥控器设定方法

如果更换了遥控器或者TVSS ECU（丰田车辆安全系统电脑），则必须重新设定：

1）在汽车处于非警戒状态时，进行以下工作：

①打开驾驶人侧车门，把钥匙插入点火开关钥匙孔。

②在10s内把点火开关从ON转到OFF 5次，使安全指示器LED灯亮。

2）当安全指示器LED灯亮时，在步骤1）以后，于16s以内按压遥控器任意开关一次。这样会使LED灯熄灭。再次按压同样的开关一次使LED灯闪烁一次，然后保持常亮，遥控器设定完成。

3）为了设定其他遥控器，在先前的设定工作完成后16s内重复步骤2）。一次只能设定4个遥控器。如果试图设定5个，则最早登记在TVSS ECU中的识别码将被清除。

4）当任何一扇车门关上，点火开关转到ON或者遥控器在设定后的16s内没有信号发出时，LED灯会熄灭。遥控器的设定结束。

3. 宝马轿车防盗遥控器的设定方法

目前宝马车系所采用的中控防盗的遥控器分为两类：一类为独立式发射遥控器，另一类为与钥匙一体的遥控器。

1）若该车采用单键及3键式遥控器，且由于电池没电等原因而造成遥控器失效，则必须按下面的步骤重新设定程序：

①用小十字旋具打开遥控器后盖。

②取出后面的小晶片。

③找到遥控接收器ECU（通常位于仪表盘下方或左、右侧座椅下方）。

④打开遥控接收器ECU上的小盖子，并将在步骤②中取出的晶片放回。

⑤如果遥控接收器ECU上有RESET键，则按下该键。如果没有RESET键，则必须将点

火开关转到 ON 位置（R 或 15），再转回到 OFF 位置，即可完成重新设定。

2）宝马车系如果采用的是 3 键式 D 型遥控器，则其重新设定程序为：

①将点火开关接通。

②将遥控器靠近接收器，越近越好。

③按下遥控器和 UNLOCK 键，直到 LED 灯开始闪烁为止，即表示程序设定完成。

④该程序被启动后将持续 15s 时间，可继续再重新设定其他遥控器，但最多只能设定 4 个遥控器。

3）宝马车系如果采用的是与钥匙一体的遥控器（双按键式及 3 按键式），其设定程序为：

①关闭全部车门，中控门锁不要按下。

②将点火开关旋至 ON 位置，在 5s 内转回到 OFF 位置。

③按下 UNLOCK/LOCK 键，在 10s 内按 DOUBLE LOCK 键 3 次。

④放开 UNLOCK/LOCK 键，此时钥匙上的 LED 灯会闪烁 10 次。

⑤将钥匙遥控靠近接收器（后视镜处），按下 UNLOCK/LOCK 键或 DOUBLE LOCK 键 1 次。

⑥此时车门锁会自动锁上并开启 1 次，表示完成重新设定。

⑦重复步骤③~⑥，可以设定其他遥控器，但必须在 15min 内完成，同时一次最多可以重新设定 3 个遥控器。

如果在此之前，曾经用钥匙以机械方式锁上车门或行李箱，则必须先用钥匙开启车门或行李箱，然后才可以重新设定程序。

4. 东风日产轩逸轿车遥控器的匹配

东风日产轩逸轿车遥控器的匹配方法如下：

1）关闭全部车门。

2）通过前排乘员侧车门上的门锁旋钮锁上车门。

3）在 10s 内将钥匙插入和拔出 6 次（插入和拔出算 1 次）。

4）所有车门将会自动开锁。

5）在 3s 内打开点火开关到 ACC 档，同时重复步骤 2)。

6）按 1 次遥控器的任意键，门锁就会动作。

7）此时打开驾驶人侧的车门，这把钥匙就配好了。

8）若需要多配几把钥匙，就继续下面的操作：

①关上全部车门，用前排乘员侧车门上的旋钮将车门锁上。

②按第 2 把钥匙的任意键，门锁会动作。

③打开驾驶人侧的车门，设定成功。

注：轩逸轿车的遥控器最多能匹配 5 把钥匙，当匹配第 6 把时，第 1 把就会失效。

模块二　汽 车 空 调

任务一　认识汽车空调

一、任务引入

汽车空调是实现车内空气降温、加热、除湿、换气和空气净化的装置，它可以为驾乘人员提供一个舒适的乘车环境，降低驾驶人的疲劳程度，确保行车安全。汽车空调是一个真正的安全因素，不仅是具有高消费品位的功能性部件。

二、任务目标

1）了解汽车空调的功能。

2）掌握汽车空调的组成。

3）掌握汽车空调的布置。

三、相关知识

1. 汽车空调的功能

汽车空气调节（简称汽车空调）的功能就是将汽车内的空气环境调节到符合人体舒适性要求的状态。舒适的车内温度取决于环境温度和足够的空气流动，如图2-1所示和见表2-1。

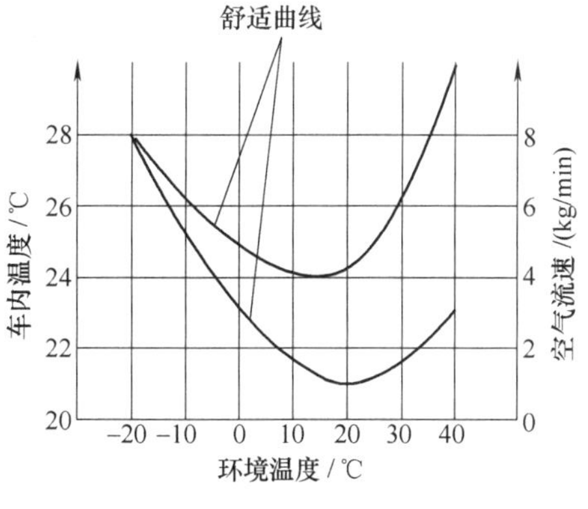

a)

b)

图2-1　舒适的车内温度

a）舒适曲线　b）舒适温度

表2-1　舒适的车内温度

外 界 温 度/℃	车 内 温 度/℃	空 气 流 量/(kg/min)
低的外界温度，例如-20	较高的内部温度28	高的空气流量：8
适中的外界温度，例如10	低的内部温度21.5	低的空气流量：4
高的外界温度，例如40	低的内部温度23	高的空气流量：10

人对车内空气环境的舒适性要求主要有“四度”，即温度、空气湿度、气流速度和空气的洁净度（空气的清新度）。汽车空调系统就是对车内空气的“四度”进行全面调节（若只有采暖或冷气功能，则只能称为采暖或制冷装置）。空调系统必须具备的功能见表2-2。

表 2-2　空调系统必须具备的功能

目　　的	功　　能	装　　置
保持乘员的舒适环境	保持适宜温度	暖风、冷气装置
	保持适宜湿度	除湿、加湿装置
	保持适宜气流	送风装置
	保持空气洁净	通风装置、空气净化器
确保视野清晰	防止车窗玻璃结霜	除霜（雾）装置

2. 汽车空调的组成

汽车空调是由制冷系统，采暖系统，配气、通风系统，控制系统和空气净化系统等子系统组成的。

（1）制冷系统　制冷系统主要由压缩机、冷凝器、储液干燥器、膨胀阀、蒸发器、冷凝器散热风扇、鼓风机、制冷管道和制冷剂等组成。空调系统对车内空气和由外部进入车内的新鲜空气进行冷却和除湿，使车内的窒气变得凉爽舒适。

（2）采暖系统　对车内空气和由外部进入车内的新鲜空气进行加热，达到取暖和除湿的目的。典型的取暖系统如图 2-2 所示。

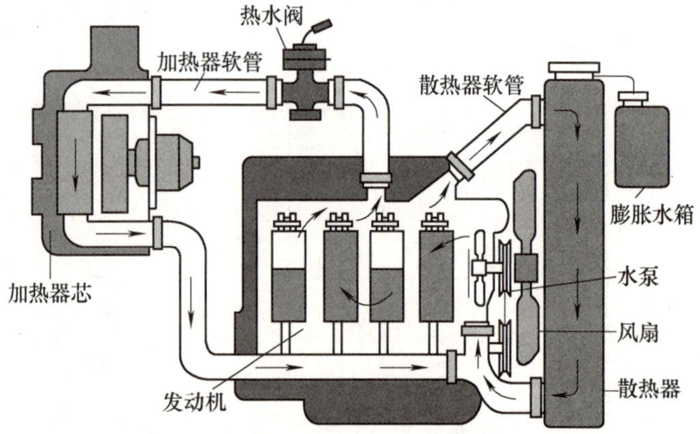

图 2-2　典型的取暖系统

（3）配气、通风系统　配气系统由进气模式风门、鼓风机、混合气模式风门、气流模式风门和导风管等组成。汽车驾驶室内或室外未经调节的空气经鼓风机作用送至蒸发器或加热器处，此时已被调节成冷空气或暖空气的空气流，根据风门模式伺服电动机开启角度而流向相应的出风口，如图 2-3 所示。通风系统将外面的新鲜空气吸入车内，起到通风和换气的作用，它主要由安装在车身上的风口组成，包括车窗下部和轿车尾部等。

（4）控制系统　控制系统主要指控制面板和控制电路。控制系统对空调制冷系统和加热系统的温度和压力进行控制，并对车内空气的温度和风速进行控制，以满足驾驶人对车内环境的需求。

（5）空气净化系统　空气净化系统可以除去空气中的灰尘、异味及其他的有毒气体，使空气变得清洁干净，有助于乘员的身心健康。空气净化系统如图 2-4 所示。

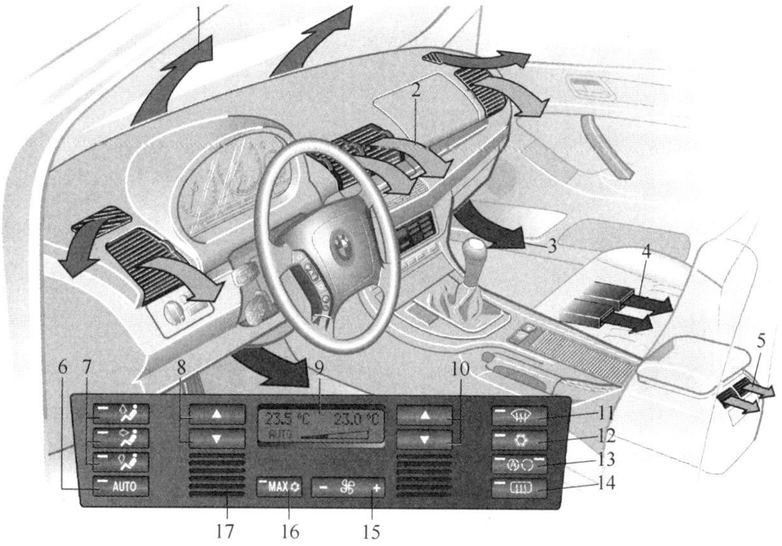

图 2-3　新款宝马 X5 车配气、通风系统出风口的布置

1—吹向风窗玻璃和侧窗玻璃的气流　2—吹向上身范围的气流　3—吹向脚部空间的气流　4—吹向脚部空间的气流（后座区）　5—吹向上身范围的气流（后座区）　6—自动气流分配　7—独立气流分配　8—温度（左侧车内空间）　9—温度、空气输送量显示　10—温度（右侧车内空间）　11—除去车窗玻璃上的冰雪和水雾　12—空调　13—自动空气循环控制（AUC）　14—后窗加热　15—空气输送　16—最大制冷或余热利用　17—带车内温度传感器的进气格栅

3. 汽车空调的布置

不同类型空调系统的布置方式有所不同。图 2-5 所示为轿车冷暖一体式空调系统在车上的布置。系统中将蒸发器、暖风散热器、离心式风机、操纵机构、进风罩和壳体等组装在一起（称为空调器总成），如图 2-6 所示，布置在车内仪表板下方。

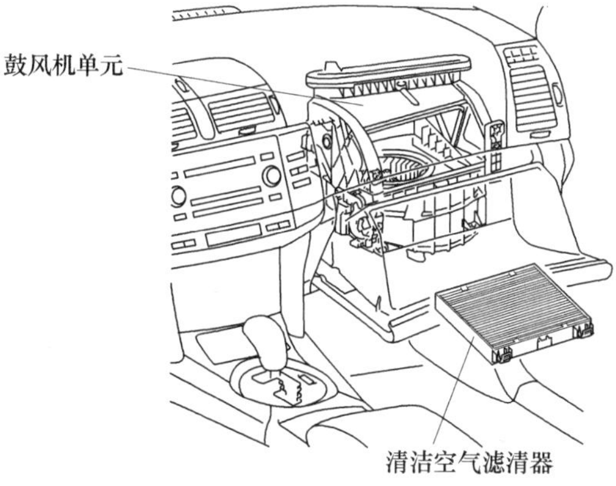

图 2-4　空气净化系统

图 2-5　轿车冷暖一体式空调系统在车上的布置

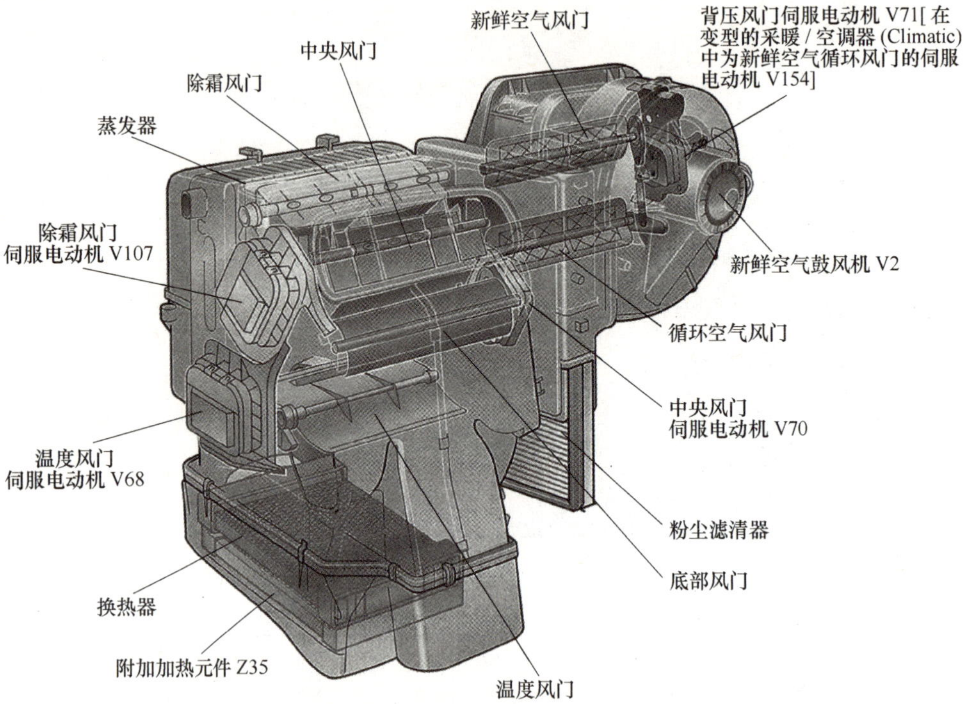

图 2-6　空调器总成

任务二　汽车空调制冷系统

一、任务引入

汽车空调制冷系统的基本功能是调节车内温度，对车内空气和由外部进入车内的新鲜空气进行冷却。

二、任务目标

1）掌握汽车空调制冷系统的组成。

2）掌握汽车空调制冷循环过程。

三、相关知识

1. 汽车空调制冷系统的组成

汽车空调制冷系统的功能是调节车内的温度和湿度。空调制冷系统的主要组成部件有压缩机、冷凝器、储液干燥器（集液器）、膨胀阀（膨胀管）、蒸发器、导管与软管、压力开关等，如图 2-7 所示。各主要部件的名称、功用及实物图见表 2-3。

2. 汽车空调制冷循环过程

汽车空调制冷系统各部件之间采用铜管（或铝管）和高压橡胶管连接成一个密闭系统。当制冷系统工作时，制冷剂以不同的状态在这个密闭系统内循环流动，每一循环有 4 个基本过程。汽车空调制冷系统的工作原理如图 2-8 所示。汽车空调制冷系统反复地将制冷剂压缩、冷凝、膨胀、蒸发，不断在蒸发器中吸热汽化，使蒸发器始终保持很低的温度而用于车内空气的降温除湿。在制冷循环系统中，压缩机是动力源。汽车空调系统制冷剂循环流程如

图 2-9 所示。

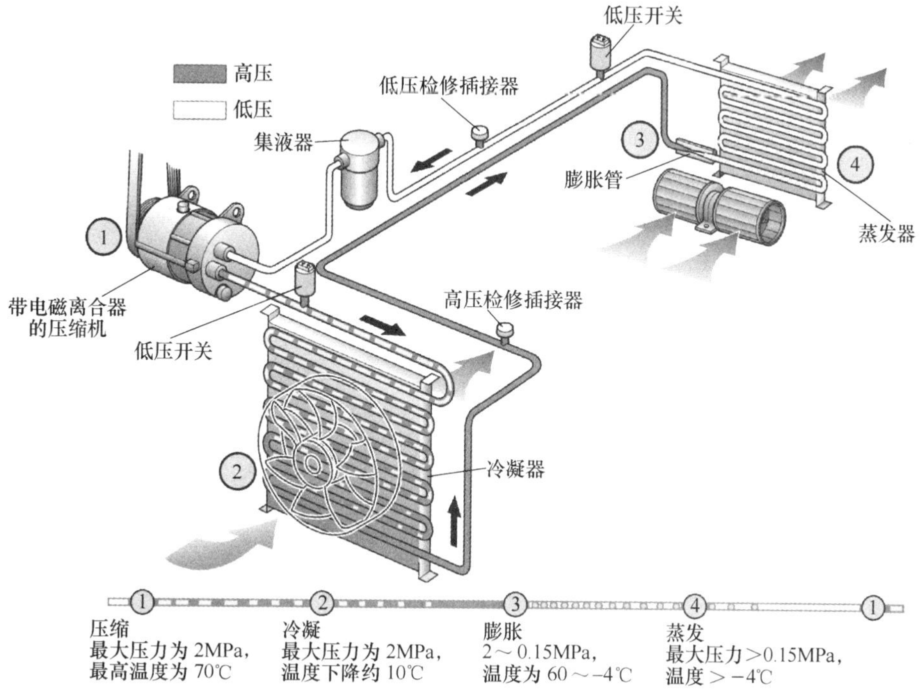

图 2-7 膨胀管式制冷循环系统

表 2-3 汽车空调制冷系统各主要部件的名称、功用及实物图

名　称	功　用	图　示
压缩机	压缩制冷剂，使制冷剂在系统中循环	
冷凝器	对从压缩机排出的气态制冷剂散热降温，使其变成液态制冷剂	

（续）

名　称	功　用	图　示
储液干燥器（集液器）	存储制冷剂，干燥水分，过滤杂质	
膨胀阀（膨胀管）	节流降压	
蒸发器	使制冷剂膨胀并吸收空气中的热量	
压力开关	在制冷系统的压力过高或过低时，使制冷系统停止工作，保护管路或使压缩机停止工作	
空调管路	制冷剂循环通道	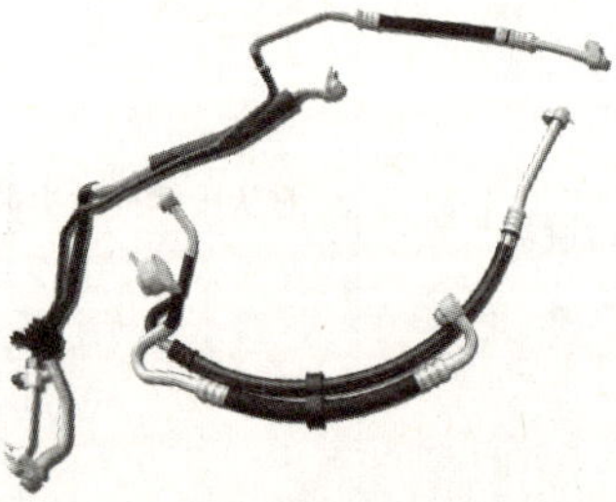

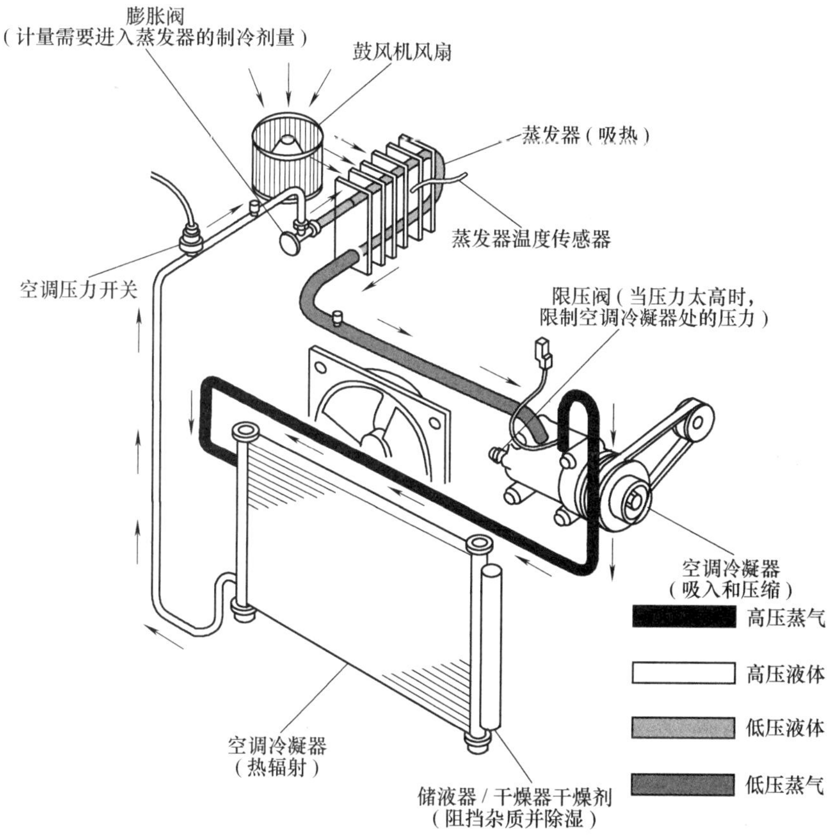

图 2-8　汽车空调制冷系统的工作原理

制冷循环是由压缩、冷凝、膨胀和蒸发 4 个过程组成的。

（1）压缩过程　压缩机从蒸发器吸入低温低压气态制冷剂，并将其压缩成高温（约 65℃）、高压（约 1300kPa）的气态制冷剂送往冷凝器冷却降温。

（2）冷凝过程　高温高压气态制冷剂由发动机散热器前面的冷凝器（散热器）散热，将其冷凝成高温（约 55℃）、高压（约 1300kPa）的液态制冷剂。

（3）膨胀过程　冷凝后的高温高压液态制冷剂经热力膨胀阀节流降压后，将其转变成低温（约零下 5℃）、低压（约 150kPa）的液态制冷剂送入蒸发器。

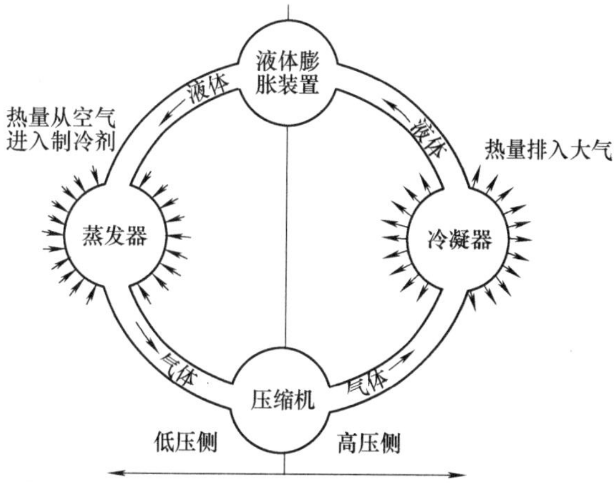

图 2-9　汽车空调系统制冷剂循环流程

（4）蒸发过程　当低温低压液态制冷剂流经蒸发器时，不断吸收车内空气的热量而汽化成低温（约为 0℃）、低压（约 150kPa）的气态制冷剂。从蒸发器流出的气态制冷剂又被压缩机吸入而进入下一次制冷循环。

当制冷系统工作正常时，低压管路呈低温状态，高压管路呈高温状态。从膨胀阀出口经蒸发器至压缩机入口为低压区，从压缩机出口经冷凝器、储液干燥器至膨胀阀为高压区。当检查低压区时，由膨胀阀出口经蒸发器至压缩机入口应当是由凉变冷，但无霜冻。当检查高压区时，由压缩机出口经冷凝器、储液干燥器至膨胀阀入口应当是由暖变热（检查时，注意手与被检查部位之间应保持一定的距离，避免烫伤）。如果压缩机入口与出口之间无明显的温差，说明制冷剂泄漏或无制冷剂。如果储液干燥器特别凉或其入口与出口之间温差明显，说明储液干燥器堵塞。

3. 制冷剂与冷冻润滑油

（1）制冷剂　制冷剂又称为制冷工作介质，或制冷工质。制冷剂在制冷循环中担负在被冷却对象和环境介质之间传递热量的任务，最终把热量从被冷却对象传递给环境介质，即将车内热量通过制冷循环装置传给了车外空气。制冷剂是制冷循环中的工作流体，在制冷系统运转时，它在其中循环流动，通过自身热力状态的循环变化，不断与外界发生能量交换，以达到制冷的目的。

制冷剂的种类很多，理论上只要能进行气液两相转换的物质，均可作为蒸发制冷系统的制冷剂，但寻找制冷效率高，且对环境没有污染的制冷剂却很困难，目前使用的 R134a 只是 R12 的替代品，其排放物产生的温室效应仍然对环境有较大的危害。

1）制冷剂 CFC12（二氯二氟甲烷）。R12 是一种 CFC（氯氟化碳，氟利昂），此制冷剂由氯、氟和碳组成，其化学式为 CCl_2F_2。原有的汽车空调系统基本上都采用 R12 作为制冷剂。

2）制冷剂 HFC134a（四氟乙烷）。R134a（图 2-10）是替代 R12 的制冷剂，它是一种 HFC（氢氟化碳）。该制冷剂的组成有氢、氟和碳，其化学式为 CH_2FCF_3。由于该制冷剂没有氯，因而不会破坏臭氧。R134a 无毒、无腐蚀但也会导致全球变暖。

切记：R12 系统和 R134a 系统的制冷剂一定不能混用。

图 2-10　不同规格和品牌的 R134a 制冷剂

3）R134a 制冷剂的特性及压力与温度关系。R134a 在大气压力下的沸点为 -26.9℃，在 98kPa 压力下的沸点为 -10.6℃。在常温常压的情况下，如果将其释放，R134a 便会立即吸收热量开始沸腾并转化为气体，对 R134a 加压后，它也很容易转化为液体。R134a 的特性如图 2-11 所示。该曲线上方为气态（蒸气），下方为液态。曲线表示不同压力与温度条件下的制冷剂沸点。

①如果温度保持恒定，提高压力，那么气态制冷剂就会冷凝成液体。

②如果压力保持恒定，降低温度，那么气态制冷剂就会冷凝成液体。

③如果温度保持恒定，降低压力，那么制冷剂就会蒸发成气体。

④如果压力保持恒定，提高温度，那么制冷剂就会蒸发成气体。

A/C 系统的设计就是要控制这些关系，使制冷剂将热量从驾驶室内散出。如果要使 R134a 从气态转变为液态，可以降低温度，也可以提高压力，反之亦然。

（2）冷冻润滑油　冷冻润滑油除了起到润滑作用以外，还可以起到冷却、密封和降低机械噪声的作用。在制冷系统中的润滑油还有一个特殊的要求，就是要与制冷剂相溶，并且随着制冷剂一起循环。因此，在冷冻润滑油的选用上，一定要注意正确选用冷冻润滑油的型号，切不可乱用，否则将造成严重后果。

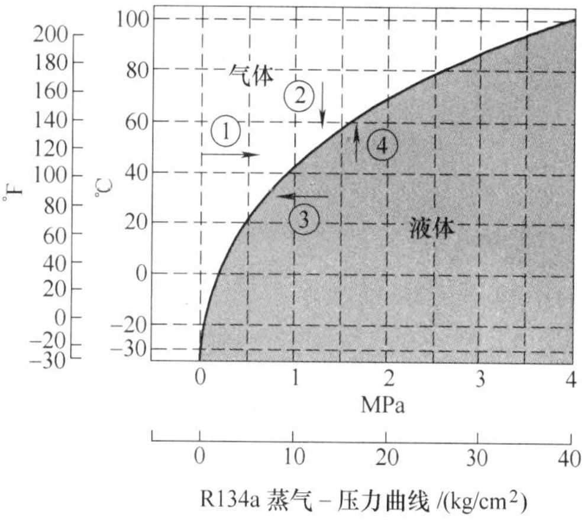

图 2-11　R134a 的特性

冷冻润滑油是制冷压缩机的专用润滑油，它是一种在高、低温情况下均能正常工作的特殊润滑油。

任务三　空调制冷系统的部件结构与制冷控制

一、任务引入

在汽车空调制冷系统中，压缩机起着压缩和输送制冷剂气体的作用，是整个系统的心脏。膨胀阀起节流降压作用，同时调节进入蒸发器制冷剂液体的流量，是系统高、低压的分界线。蒸发器是输出冷气的设备，制冷剂在其中吸收被冷却空气的热量，使空气降温。冷凝器是放出热量的设备，蒸发器中吸收的热量、压缩机消耗功所转化的热量，一起从冷凝器上散发出去，被冷却空气带走。压缩机所消耗的功起到了补偿作用，只有消耗了外界的功，制冷剂才能把从车内空气中吸取的热量不断地传递到车外的空气中去，从而达到制冷的目的。

二、任务目标

1）掌握制冷系统主要部件的结构与工作原理。

2）掌握制冷控制系统部件的结构及控制机理。

三、相关知识

1. 主要部件的结构与工作原理

（1）压缩机　压缩机的作用是将在蒸发器吸收热量蒸发的低温低压制冷剂气体吸入，经过绝热压缩成约为 70℃、1.5MPa 的高温高压制冷剂气体，然后送入冷凝器。压缩机是空调制冷回路的低压部分和高压部分的分界。通常压缩机只有在空调系统接通时才工作并由一个电磁离合器控制。压缩机在制冷系统中的安装位置如图 2-12 所示。

1）定排量斜盘式压缩机。压缩机种类繁多、形式各异，活塞式是目前轿车上应用最多的类型。图 2-13、图 2-14 所示为斜盘活塞式压缩机的结构和工作过程。主轴旋转时斜盘做左右摇摆运动，斜盘通过钢球驱动双头活塞，在前、后气缸中做往复运动，完成进气和压缩过程。

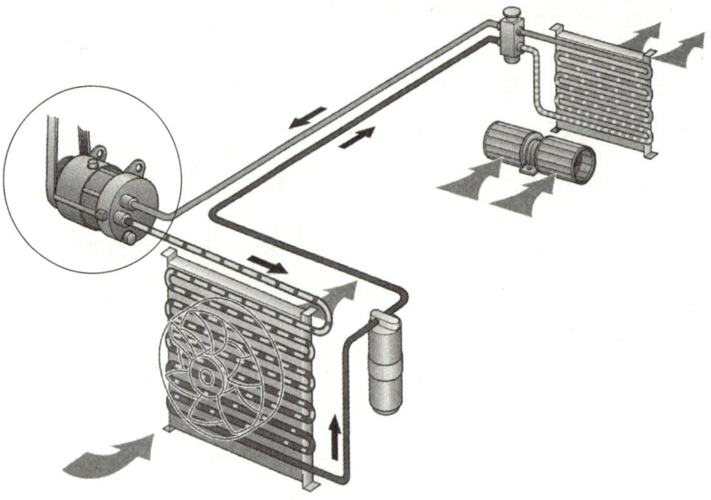

图 2-12　压缩机在制冷系统中的安装位置

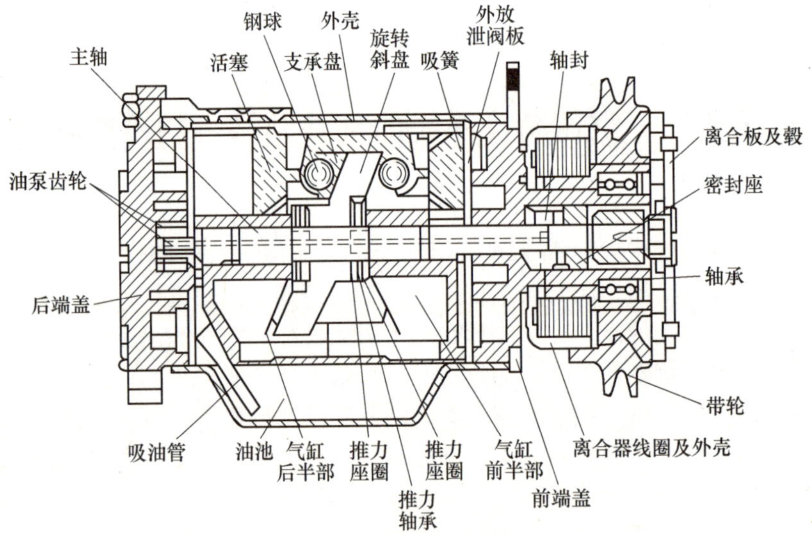

图 2-13　斜盘活塞式压缩机的结构

压缩机采用专用的制冷剂润滑油润滑。大约有一半的润滑油留在压缩机中，而另一半随制冷剂在回路中循环。当压缩机的轴转动时，驱动油泵把曲轴箱中的润滑油泵入轴的油道，压入到各轴承、油封、活塞驱动球、球盘等需要润滑的部件。

由于空调压缩机转速随发动机转速（0~6000r/min）的变化而变化，在排量恒定的压缩机系统中，只能通过电磁离合器周期性地接通和断开来获得所需的功率输出，严重影响系统制冷能力。由此开发了变容量压缩机，能自动调节排量以适应不同的发动机转速、外界温度和所选择的室内温度。

2）变容量压缩机。变容量压缩机的种类有容量固定变化式和连续变化式两种。大众系列轿车常见的变容量压缩机为连续变化式，通过改变单向工作斜盘的倾斜度（活塞的工作行程）来改变排量，调节范围为 2%~100%，其结构如图 2-15 所示。

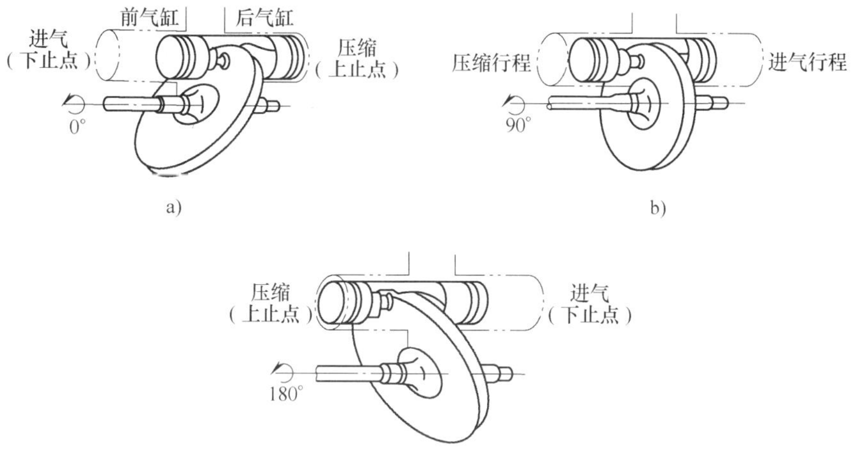

a)　b)　c)

图 2-14　斜盘活塞式压缩机的工作过程

a）前气缸处于进气下止点　b）前气缸处于压缩行程　c）前气缸处于压缩上止点

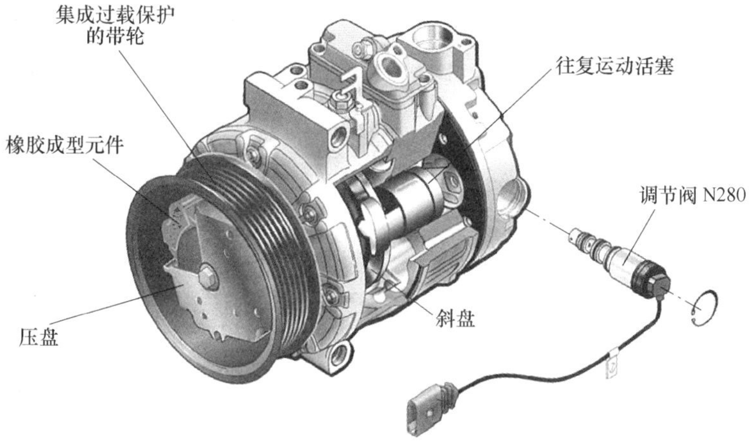

a)

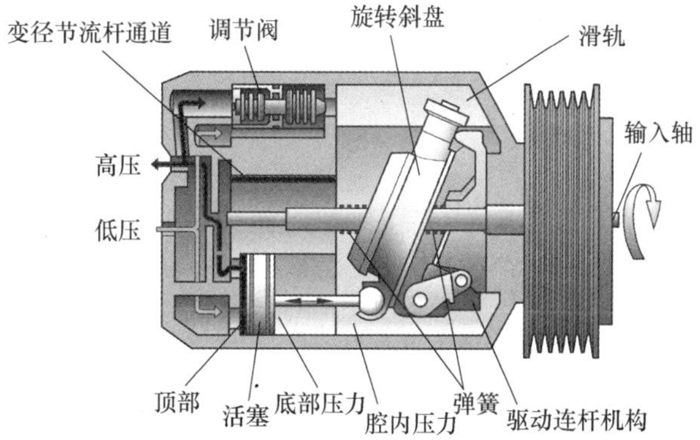

b)

图 2-15　大众系列轿车变容量压缩机的结构

a）外部调节压缩机　b）内部调节压缩机

3）电磁离合器。空调压缩机是由发动机通过电磁离合器来驱动的。电磁离合器根据需要断开和接通发动机与压缩机之间的动力传递。电磁离合器安装在压缩机前端，由弹簧板、带轮、电磁线圈等组成，如图 2-16 所示。

（2）冷凝器　汽车空调中的冷凝器和蒸发器统称为换热器。换热器的性能直接影响汽车空调的制冷性能。其金属材料消耗大，体积大，质量占整个汽车空调装置总质量的 50%～70%，它所占据的空间直接影响汽车的有效容积，布置起来很困难，因此使用高效换热器是极为重要的。

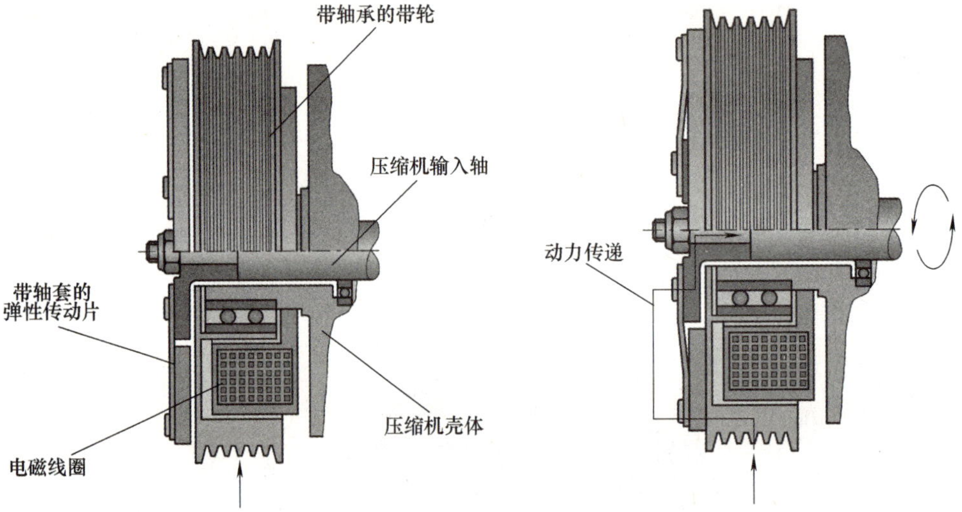

图 2-16　电磁离合器

汽车空调装置中的冷凝器和蒸发器要与压缩机相匹配，还应和节流膨胀机构相适应。冷凝器在制冷系统中的安装位置和结构如图 2-17 所示。冷凝器和蒸发器的工作状态直接影响到制冷系统的能力（制冷量）、压缩机功耗及整个空调装置的经济性。因此，对冷凝器和蒸发器性能的评价首先应考虑它们对制冷系统性能的影响。

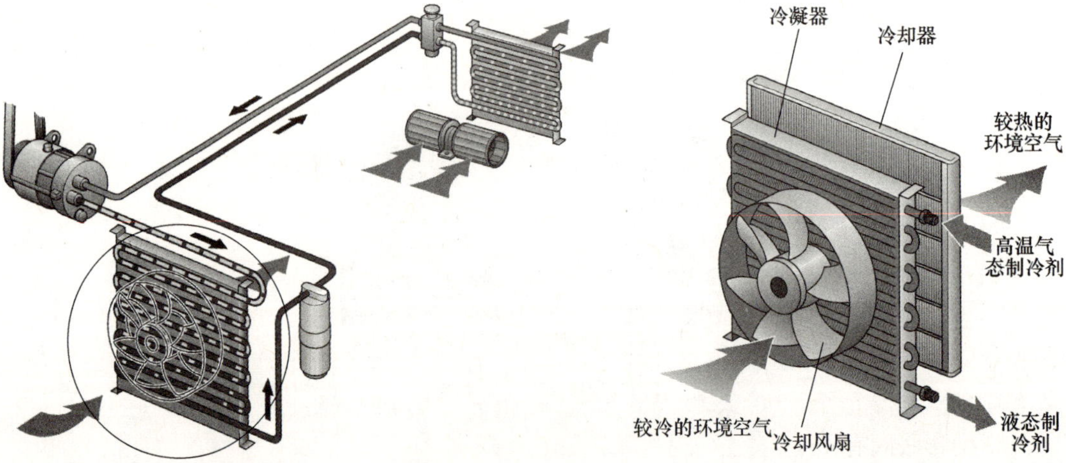

图 2-17　冷凝器在制冷系统中的安装位置和结构

（3）储液干燥器　储液干燥器安装在冷凝器出口处，起储液、干燥和过滤作用。储液干燥器主要由滤清器、干燥器、储液罐、玻璃观察孔和引出管等组成，如图 2-18 所示。玻璃观察孔用来观察制冷剂是否足量：若观察孔明净，则说明制冷剂足量；若出现气泡，则说明系统内有空气。有些储液干燥器上还装有易熔塞，当储液干燥器内部压力和温度达到一定值（3.0MPa、100~105℃）时，易熔塞就会熔化，排出制冷剂，保护制冷系统免遭损坏。

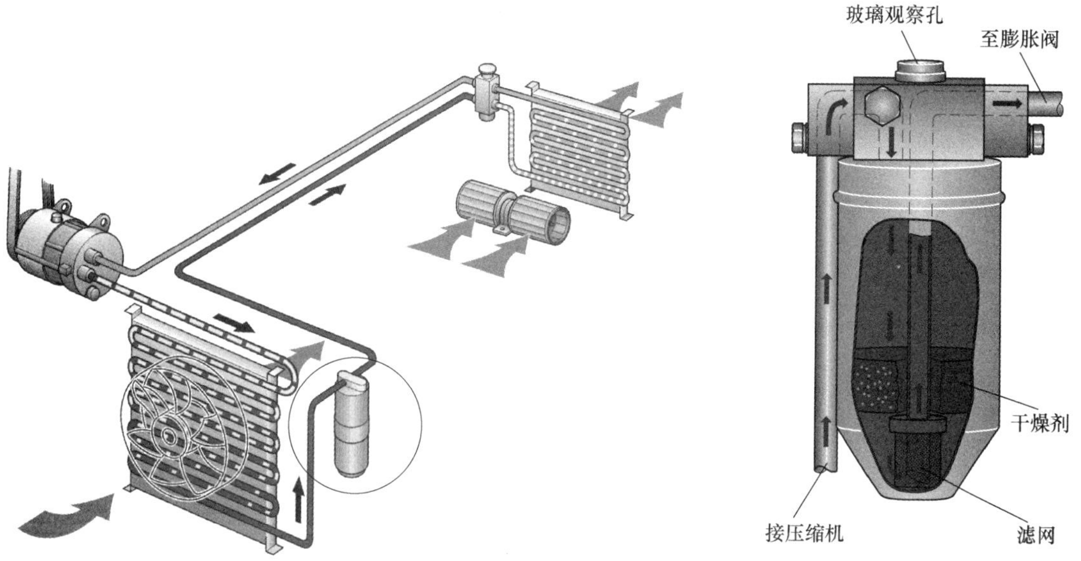

图 2-18　储液干燥器的安装位置及结构

（4）集液器　集液器也称为积累器，用于膨胀管（孔管）式的制冷系统，安装在蒸发器出口处低压侧的管路中。由于膨胀管无法调节制冷剂的流量，因此从蒸发器出来的制冷剂不一定全部是气体，可能有部分液体。

为防止液态制冷剂液击压缩机损坏，在蒸发器出口处安装一个集液器，一方面将制冷剂进行气液分离，另一方面起到与储液干燥器相同的作用。集液器的安装位置和结构如图 2-19 所示。制冷剂进入集液器后，液体部分沉在集液器底部，气体部分从上面的管路出去进入压缩机。在容器底部，出气管弯处装有带小孔的滤清器，允许少量的积存在管弯处的机油返回压缩机。但液体制冷剂不能通过，因而要使用特殊过滤材料。

（5）膨胀阀　膨胀阀安装在蒸发器入口前，是制冷循环高压部分和低压部分的分界点，其作用一是将高压制冷剂液体进行节流减压，变为约-5℃、0.15MPa 的低温低压制冷剂蒸气后进入蒸发器；二是自动调节制冷剂流量，以适应制冷负荷的需要。

汽车空调的节流膨胀装置主要是热力膨胀阀，有内平衡和外平衡两种形式。图 2-20 所示为 H 型膨胀阀的安装位置。图 2-21 所示为 H 型膨胀阀的结构，包含一个热敏头和一个球阀控制装置，取消了外平衡式膨胀阀的外平衡管并将感温元件（热敏头）缩到阀体内的回气管路内。感温元件处在进入压缩机的制冷剂气流中，提高了阀的工作灵敏度。

H 型膨胀阀有 4 个接口，其中，一个接储液干燥器出口，一个接蒸发器进口，一个接蒸发器出口，一个接压缩机进口。H 型膨胀阀结构紧凑、性能可靠，适合汽车空调的要求，其工作原理如图 2-22 所示。

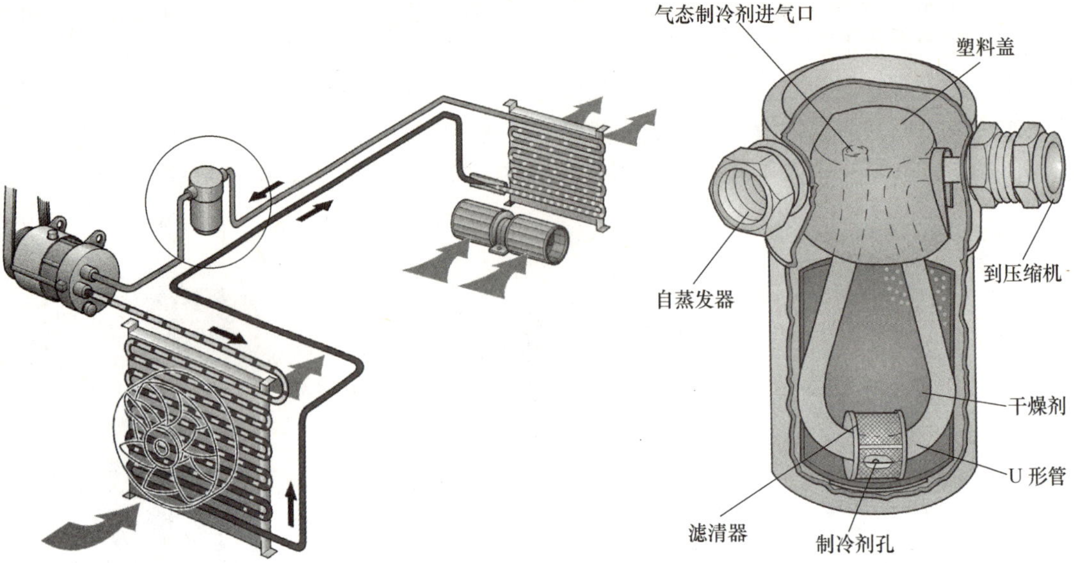

图 2-19　集液器的安装位置和结构

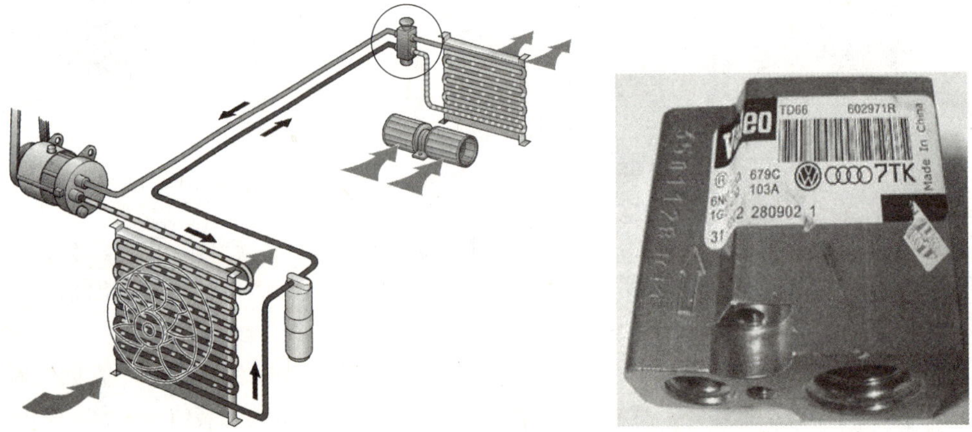

图 2-20　H 型膨胀阀的安装位置及外形

当压缩机工作时，液态制冷剂经球阀被喷入蒸发器中，液态制冷剂因突然膨胀而变成低压湿蒸气，吸收蒸发器周围空气的热量，使湿蒸气汽化成低压气态制冷剂。当蒸发器出口处的温度高时，热敏头中的特殊气体膨胀，膨胀阀膜片上方的压力升高，膜片向下移动（图 2-22a），顶开球阀，液态制冷剂流入蒸发器中的量增加；当蒸发器出口处温度降低时，热敏头中特殊气体收缩，膨胀阀膜片上方的压力减小，膜片上移（图 2-22b），球阀开度减小，减少了喷入蒸发器的制冷剂量。膨胀阀开启的程度随蒸发器出口的温度变化而变化，并影响热敏头内压力的大小，从而达到自动控制的目的。当压缩机停止工作时，膨胀阀膜片上方的压力与蒸发器入口的压力相等，球阀在弹簧的作用下处于关闭状态，阻止制冷剂倒流进入压缩机。

（6）膨胀节流管　膨胀节流管是用于许多轿车制冷系统的一种固定孔口的节流装置，也称为孔管、固定孔管。膨胀节流管直接安装在冷凝器出口和蒸发器进口之间，如图 2-23 所示，用于将液态制冷剂节流降压。由于不能调节流量，液体制冷剂很可能流出蒸发器而进入压缩机，造成压缩机液击。所以装有膨胀节流管的系统，必须同时在蒸发器出口和压缩机进口之间安装一个集液器，实行气、液分离，避免压缩机发生液击。

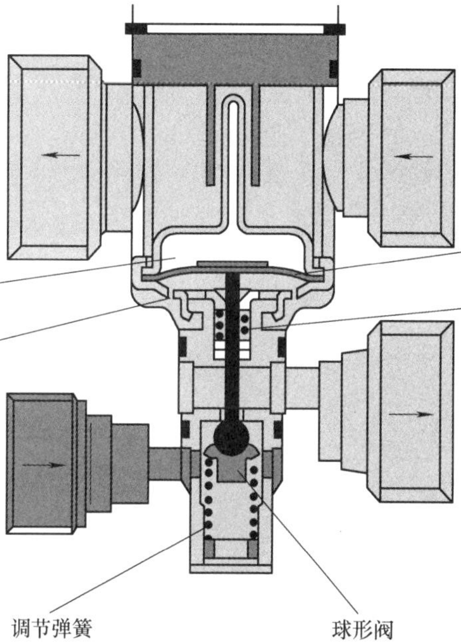

图 2-21　H 型膨胀阀的结构

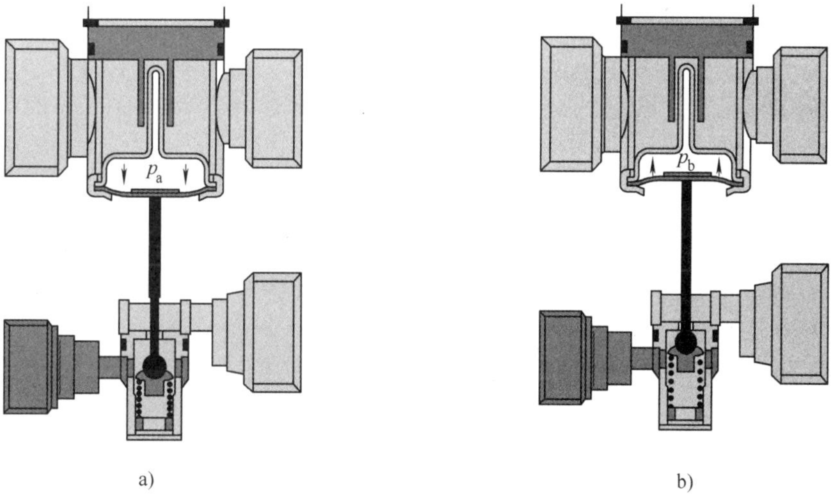

图 2-22　H 型膨胀阀的工作原理

a）热负荷较大时的开度　b）热负荷较小时的开度

膨胀节流管的结构如图 2-24 所示。它是一根细铜管，装在一根塑料套管内。在塑料套管外环形槽内装有密封圈，有的还有两个外环形槽，每槽各装一个密封圈。塑料套管连同膨胀节流管都插入蒸发器进口管中，密封圈是密封塑料套管外径和蒸发器进口管内径间的配合间隙用的。膨胀节流管两端都装有滤网，以防止系统堵塞。其缺点是制冷剂流量不能根据工况变化进行调节。

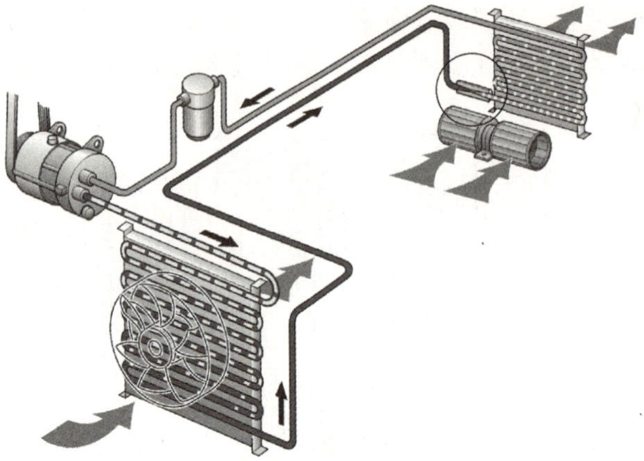

图 2-23　膨胀节流管的安装位置

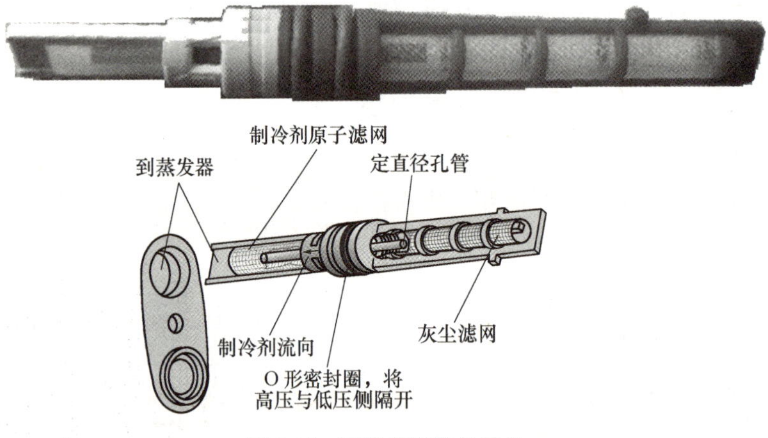

图 2-24　膨胀节流管的结构

（7）蒸发器　蒸发器的作用是将膨胀阀节流降压的制冷剂蒸发为 0℃、0. 15MPa 左右的气态制冷剂，使流过蒸发器的空气温度下降。冷却空气中的水汽在蒸发器中空气温度低于露点时被凝结，产生冷凝水，同时杂质留在蒸发器处，空气被干燥和净化。

蒸发器的结构与冷凝器相似，但功能相反，起吸热作用。蒸发器有管带式、管片式和层叠式。图 2-25 所示为蒸发器的安装位置和结构。

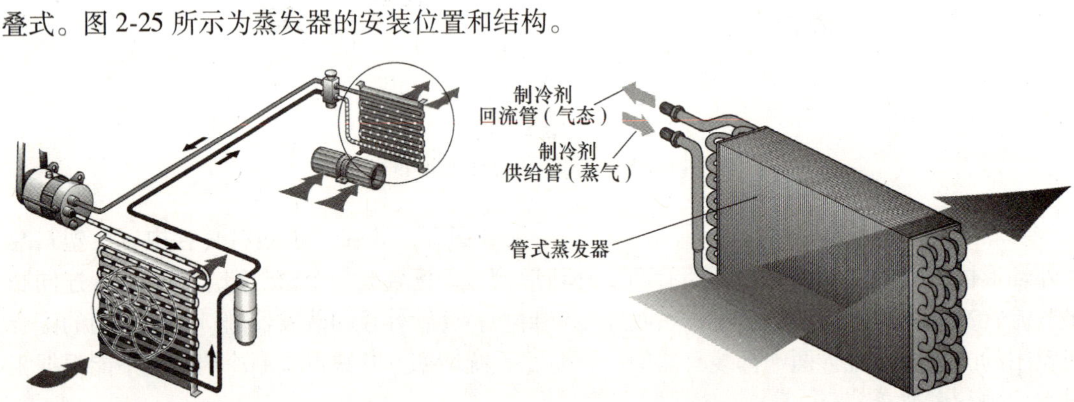

图 2-25　蒸发器的安装位置和结构

2. 制冷系统的控制

（1）控制系统组成　为使汽车空调制冷系统正常安全地工作，维持所需的温度，制冷系统设置了控制元件和保护装置。空调控制系统的控制原理如图 2-26 所示，手动空调系统控制电路如图 2-27 所示。

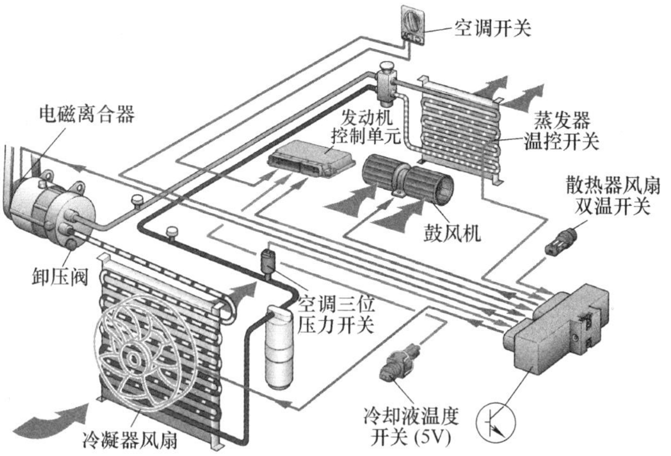

图 2-26　空调控制系统的控制原理

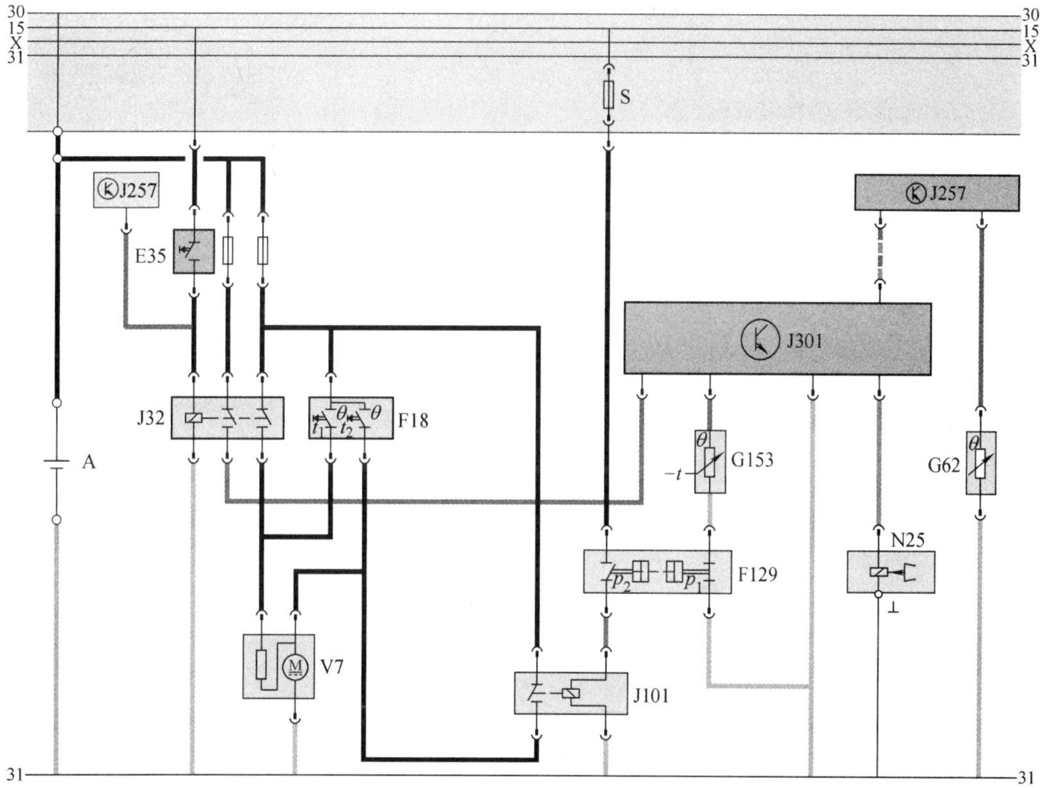

图 2-27　手动空调系统控制电路

A—蓄电池　E35—空调开关　F18—散热器风扇热敏开关　F129—空调压力开关　G62—冷却液温度传感器　G153—蒸发器温度传感器　J101—散热器风扇 2 档速度继电器　J257—发动机控制单元　J301—空调控制单元　N25—空调电磁离合器　V7—散热器风扇　S—熔断器

（2）安全保护装置　在汽车空调系统中，通常设有各种安全保护装置，当制冷系统工作出现异常或发生故障时，根据具体情况自动采取相应的保护措施。常用的安全保护装置有如下几种：

1）空调开关（图 2-28）。空调开关用于接通空调器，利用电磁离合器建立空调和发动机之间的连接。在手动控制的系统中，将新鲜空气风机切入到 1 档；在自动控制的系统中，散热风扇和新鲜空气风机同时起动。空调开关将空调接通信号传递到发动机控制单元，发动机的怠速被提高，以补偿因为压缩机带来的负载。

此外，空调开关还可保证空调系统在外界温度低于 5℃时不能启动。

2）压力释放阀（图 2-29）。该阀（以前是破裂型密封件）直接安装在压缩机或储液干燥器上。它在约 3.8MPa 的压力下开启，当压力下降到 3.0~3.5MPa 时关闭。

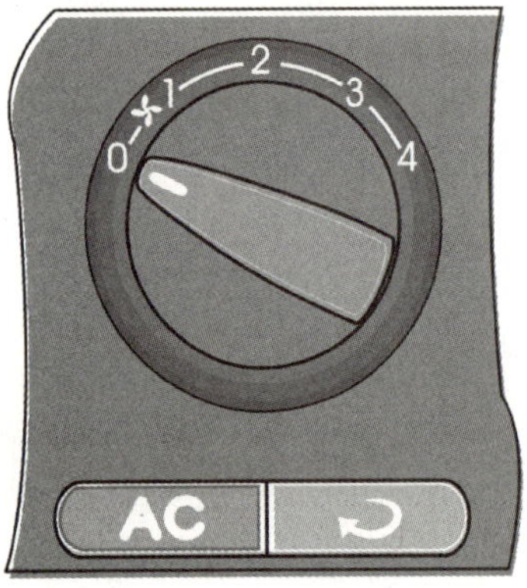

图 2-28　空调开关

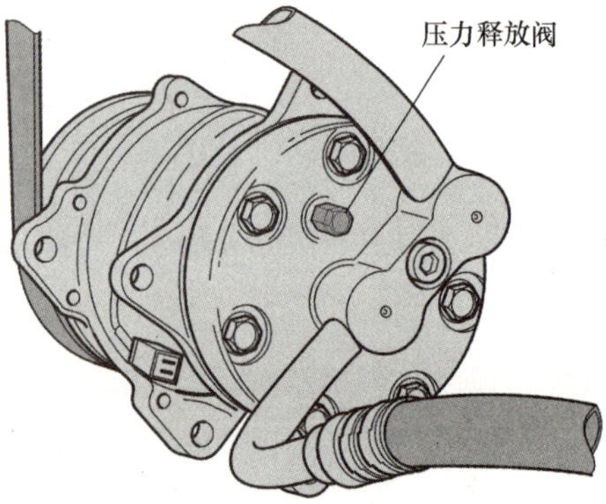

图 2-29　压力释放阀

3）蒸发器温度传感器（图 2-30）。该传感器测量蒸发器冷却叶片间的温度并将信号传递给空调控制单元。当蒸发器的温度下降到特别低时，压缩机将被关闭。压缩机在 -1 ~ 0℃ 范围内被切断，+3℃时接通，以避免因为冷凝水结冰而导致蒸发器结冰。在有些系统中，使用了蒸发器温度开关取代该传感器，直接控制电磁离合器的电源。其他系统对该功能的控制是通过外界温度开关进行的。

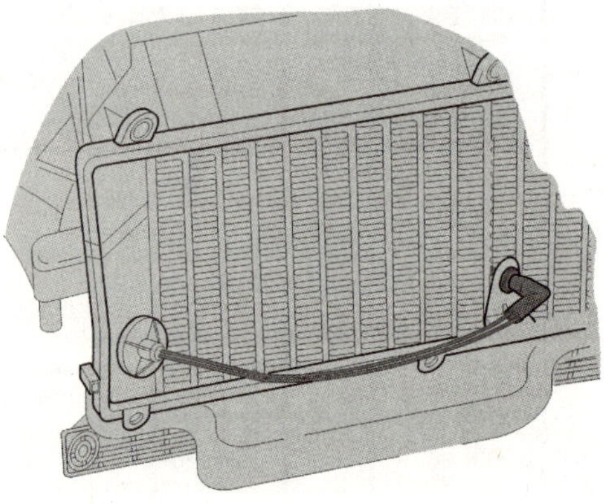
图 2-30　蒸发器温度传感器

4）三重压力开关（图 2-31）。为了监控并限制在封闭的制冷回路中的压力情况，在高压端安装有高压和低压开关。如果系统压力异常，将通过电磁离合器切断压缩机电路。该压力开关是一个三功能组合开关，功能为：

①当压力大于 3.2MPa 时，通过空调控制单元切断电磁离合器电路。例如，冷凝器变脏会导致压力过高。

②当压力下降到小于 0.2MPa 时，通过空调控制单元切断电磁离合器电路。这种压降可能是因制冷剂环路中的制冷剂不足引起的，这样就保护了压缩机。

③当压力超过 1.6MPa 时，风扇转速提高一档，以改善冷凝器的性能。

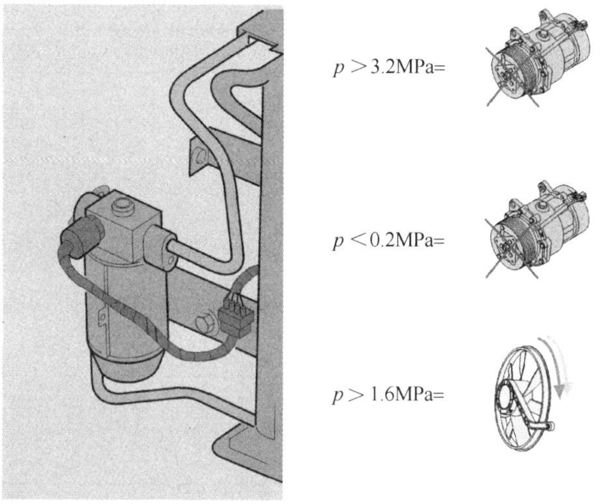

图 2-31　三重压力开关

常见压力开关的开关形式及作用见表 2-4，压力开关的有关技术参数见表 2-5。

表 2-4　常见压力开关的开关形式及作用

序号	种类	开关形式	特性	作用
A	低压开关	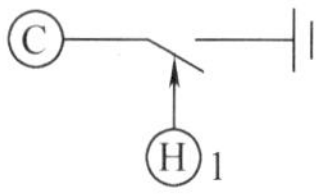	常闭	当高压回路压力低于规定值时，使压缩机停转
B	高压开关	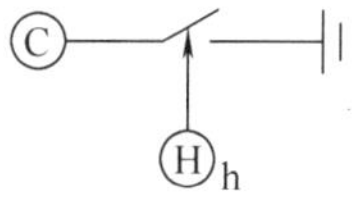	常闭	当高压回路压力高于规定值时，使压缩机停转
C	低压开关	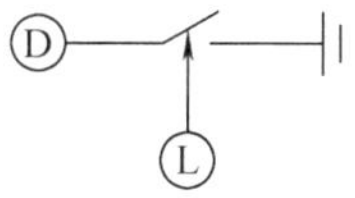	常开	当低压回路压力低于规定值时，接通除霜电磁阀
D	高压开关	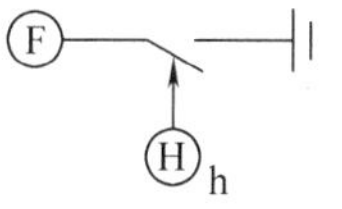	常开	当高压压力高于规定值时，使冷凝风扇高速运转
E	高、低压力复合压力	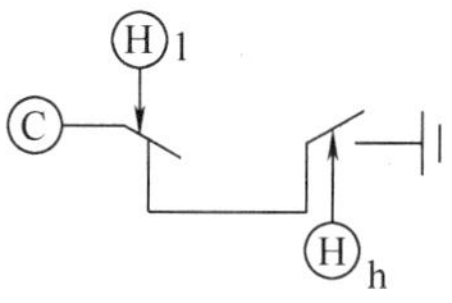		是 A、B 两种形式的组合，设在高压回路中，也可以是 A、D 两种形式的组合

（续）

序号	种类	开关形式	特性	作用
F	高、中、低三重压力开关	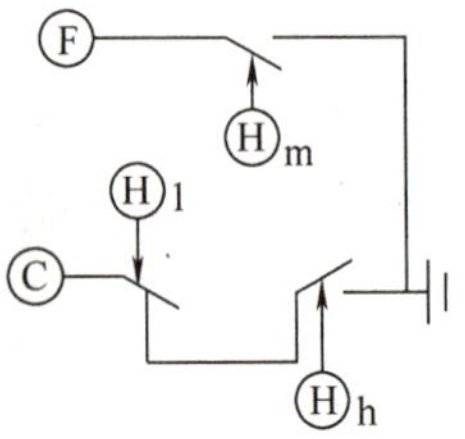		是 A、B、D 3 种形式的组合，设在高压回路中
说明	Ⓒ—压缩机　Ⓓ—除霜电磁阀　Ⓕ—冷凝风扇　Ⓗ$_h$—高压回路中的高压力　Ⓛ—低压压力 Ⓗ$_l$—高压回路中的低压力　Ⓗ$_m$—高压回路中的中等压力			

注：“↑”为压力升高的动作方向，“↓”为压力降低的动作方向。

表 2-5　压力开关的有关技术参数

压力开关性质	开关值/MPa	开 关 动 作	作用
高压	压力≥3.14	电路断开（关）	压缩机停转
中压	压力≥1.77	电路接通（开）	冷凝风扇高速运转
	压力≥1.37	电路断开（关）	冷凝风扇回到低速运转
低压	压力≥0.196	电路断开（关）	压缩机停转

对于带有节流阀的制冷剂环路，通常是通过两个独立的安全开关来监控低压和高压，如图 2-32 所示。

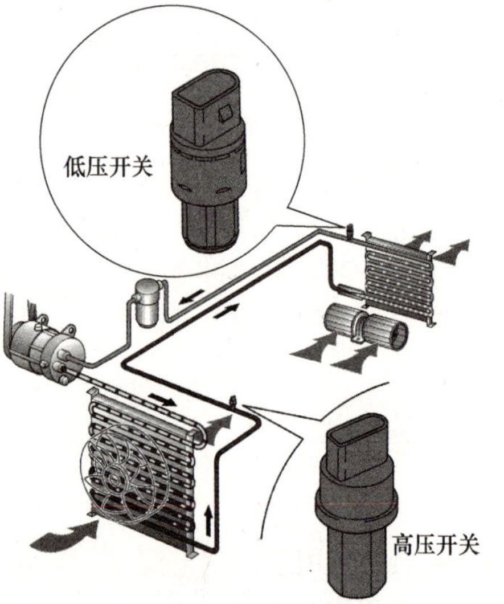

图 2-32　高压、低压开关

低压开关：在制冷剂环路内压力低于 0.17MPa 时，就切断空调压缩机电路。

高压开关：在制冷剂环路内压力超过 3.0MPa 时，就切断空调压缩机电路。

5）高压传感器（图 2-33）。高压传感器是一个电子压力传感器，用于替代空调压力开关。它检测制冷剂回路的压力并将物理的压力量转化为电子信号，用作发动机控制单元、散热风扇控制单元或空调控制单元的输入信号。

6）冷却液温度控制开关。对于发动机来说，压缩机是一个额外负荷。在发动机负荷很大时（如在上坡时），必须将压缩机这个额外负荷切断，以免冷却液温度过高，因此使用冷却液温度控制开关（图 2-34）来对冷却液温度进行监控（最初的监控装置是冷却液温度传感器，该传感器在组合仪表上有一个指示灯）。压缩机电路在约 119℃时被断开，在约 112℃时接通。车型不同可使用不同的控制开关，如散热风扇热敏开关、空调切断热敏开关等。

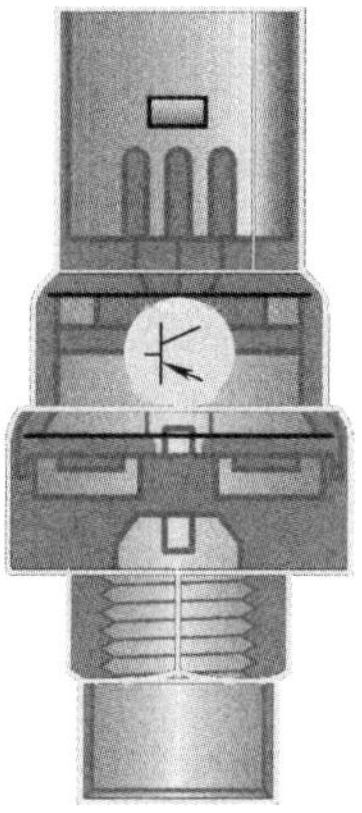

图 2-33　高压传感器

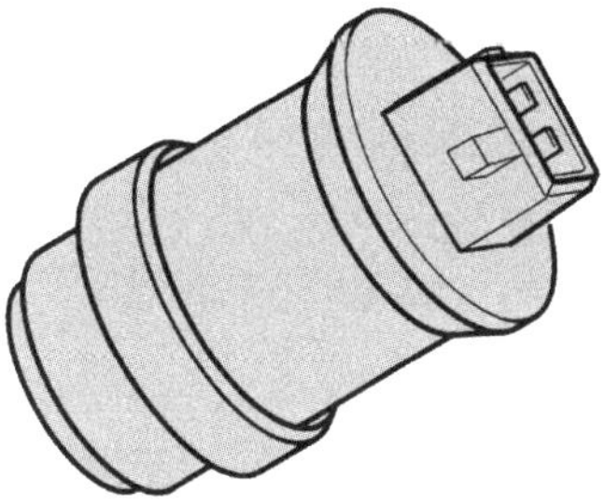

图 2-34　冷却液温度控制开关

任务四　认识空调的供暖、通风与配气系统

一、任务引入

相对封闭的汽车厢内，只有温度调节是不能满足舒适度要求的，车厢内不但需要有新鲜空气的补充，还要对狭小的车厢内部空间的气流进行调配，汽车空调取暖、通风与配气系统就是完成上述任务的重要组成部分。

二、任务目标

1）了解空调供暖系统的结构及工作原理。

2）掌握通风与空气净化装置的控制过程。

三、相关知识

1. 供暖系统

供暖是汽车空调的重要组成部分。非独立式供暖装置（轿车上使用）一般采用发动机工作时的冷却液供暖，称为水暖式暖气装置。水暖式暖气装置主要由加热器芯子、风机、热水阀及通风道等组成。

图 2-35 所示为水暖式暖气装置供暖原理。发动机水套内的冷却液经热水管道和热水阀进入加热器芯子加热周围的空气，再由风机将加热后的空气吹入车内，变冷后的冷却液由液压泵抽回发动机，如此循环进行供暖。

2. 通风与空气净化装置

轿车通常利用空调装置的内、外循环装置，根据需要开、闭各种风口，通过控制调节门或翻板开度和位置进行空气模式和进风量的控制。图 2-36 所示为轿车空调通风系统的结构示意图。

为了保持车内空气的清洁新鲜，除进行通风换气外，还可采用空气净化装置。常用的空气净化装置有灰尘和花粉滤清器、电子集尘器及负离子发生器等，安装在空调器总成内。

（1）循环空气模式　空调系统在进行空气准备时有两种状态可用：外部空气（新鲜空气）和内部空气（循环空气），如图 2-37 所示。在循环空气模式时，用于给车内制冷的空气不是从车外抽取，而是来自车内，也就是只将车内的空气进行循环并调节温度。

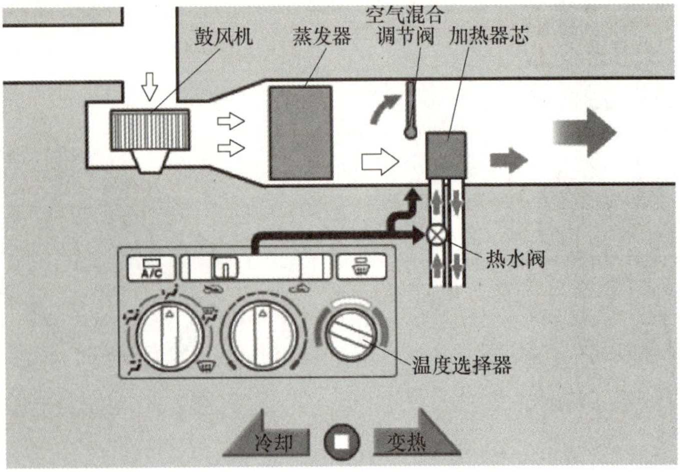

图 2-35　水暖式暖气装置供暖原理

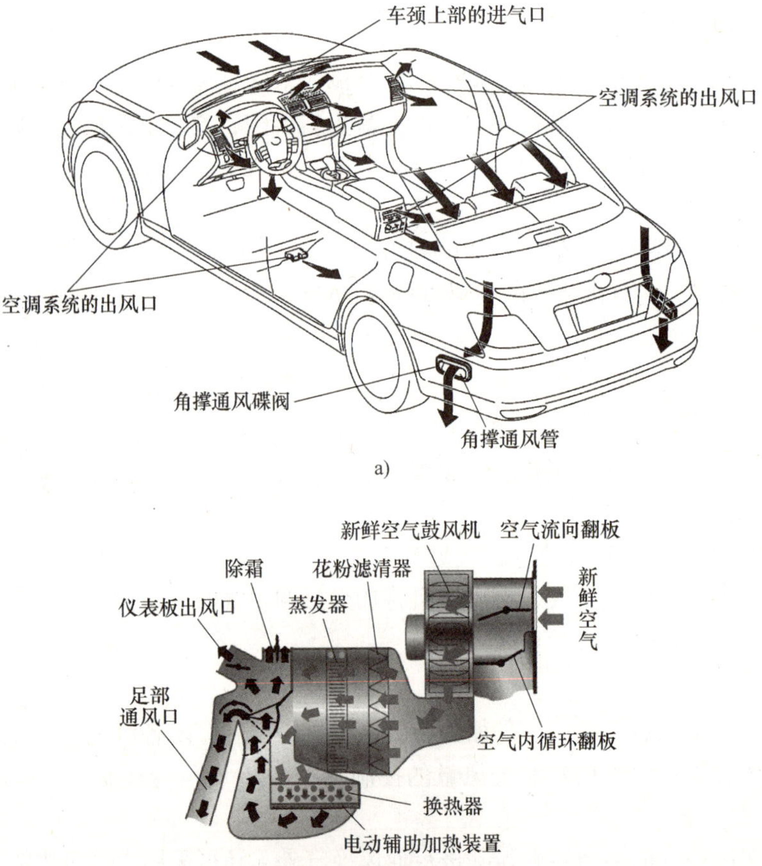

图 2-36　轿车空调通风系统的结构示意图

a）空气分配　b）导流系统

在循环空气模式下，没有空气交换过程，所以空气可能会被“耗尽”。因此循环空气模式不可使用时间过长。

在循环空气模式下，因车内乘员呼出气体的原因，车内湿度会增大。如果车内空气的露点高于玻璃的温度，那么玻璃上就不可避免地结成雾气。因此在除霜位置时，循环空气模式就自动关闭了。

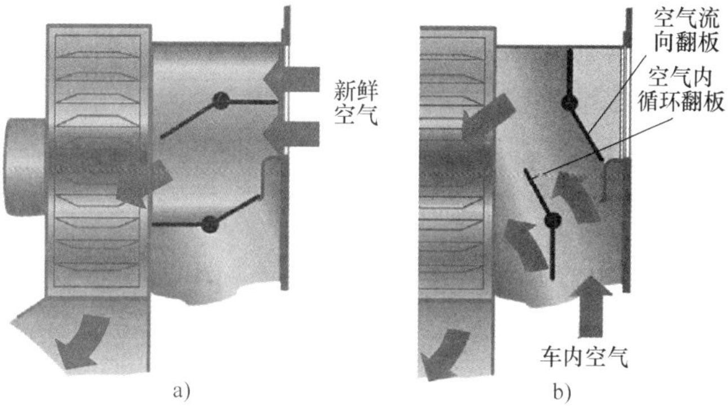

图 2-37 通风系统空气模式

a）外部空气模式 b）循环空气模式

选择循环空气模式（按压循环空气模式按钮，如图 2-38 所示）后，通过真空气动力或伺服电动机来调节外部空气/循环空气翻板的位置。

（2）空气质量传感器 自动操纵循环空气模式的空调装置一般设有空气质量传感器，其功用是侦测车外空气中的有害物质。如果有害物质含量较高，空调控制单元会根据这个信号将外部空气模式转换成循环空气模式；如果有害物质含量降低了，就恢复成外部空气模式。

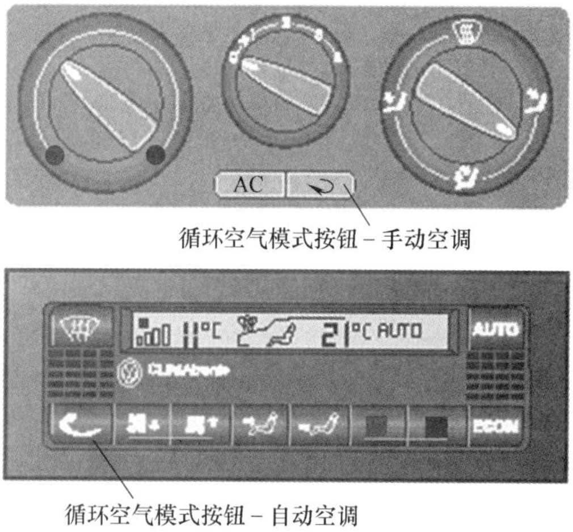

图 2-38 按压循环空气模式按钮

传感器侦测的有害物质主要有汽油发动机尾气中的有害物质：CO（一氧化碳）、C_6H_{14}（己烷）、C_6H_6（苯）、C_7H_{16}（正庚烷），柴油发动机尾气中的有害物质：NO_x（氮氧化合物）、SO_2（二氧化硫）、H_2S（硫化氢）、CS_2（二硫化碳）。

传感器的工作原理与氧传感器相同，其测量元件是一个采用半导体技术的混合氧化物传感器（氧化锡 SnO_2），使用铂、钯作为催化添加剂来提高该传感器的灵敏度。传感器的工作温度约为 350℃。

传感器内的电子测量系统是自学习式的。电子系统确定出车外空气中有害物质平均含量，然后通过数字式矩形信号将有害物质的种类和含量信息发送给空调控制单元。空调控制单元在有害物质含量达到顶点时，根据车外温度和空气污染程度控制循环空气翻板，这样就可以保证在污染严重的地区，通风系统不至于一直处于外部空气状态。

任务五 认识奥迪轿车空调操纵控制系统

一、任务引入

空调操纵控制系统的功用是对制冷系统和加热系统进行控制，调节车内的空气温度、风量、流向，确保空调系统正常工作。操纵控制系统一般由操纵开关、机械传动（或真空系统）和电气系统组成。

二、任务目标

1）了解汽车空调操纵控制的过程。

2）掌握奥迪轿车空调控制系统的部件结构及控制机理。

三、相关知识

1. 汽车空调的操纵控制

（1）手动调节　风机将已被蒸发器冷却的新鲜空气送入车内，这样的空气一般比所需要的空气要凉，要想获得一个舒适的车内温度，就需将一部分凉空气送至换热器加热。另外，车外温度、车速、冷却液温度和新鲜空气供应量的不同都会引起温度波动。对于简单的手动空调来说，驾驶人既是控制元件，同时也是执行元件：驾驶人必须感知温度，判断是否舒适，太热还是太冷；根据判断决定是否需要进行调节，以及调节的方向和程度。手动调节温度翻板的位置如图 2-39 所示。

手动温度控制装置及操纵机构一般分为两种：一种是由仪表板上的旋钮通过拉线控制温度门及空气分配门开度；另一种是由仪表板上的拨杆通过拉线控制温度门开度，通过真空伺服机构控制空气分配门开度。

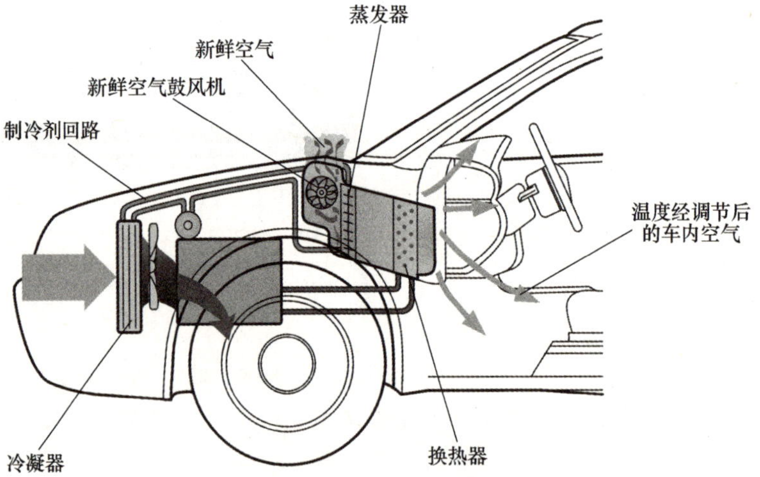

图 2-39　空调的手动调节

（2）自动调节　对于自动空调系统，温度调节由电控系统完成，调节系统可以包含更多的参数，并可预先计算出所需要的制冷状态。系统组成包括控制单元、车外温度传感器、车内温度传感器、附加传感器（如用于感知阳光入射强度的传感器）、暖风/空调的伺服电动机等。

下面以奥迪轿车的操纵控制系统为例进行说明。奥迪轿车自动空调装置控制系统组成如图 2-40 所示，传感器和执行器在车上的布置如图 2-41 所示。

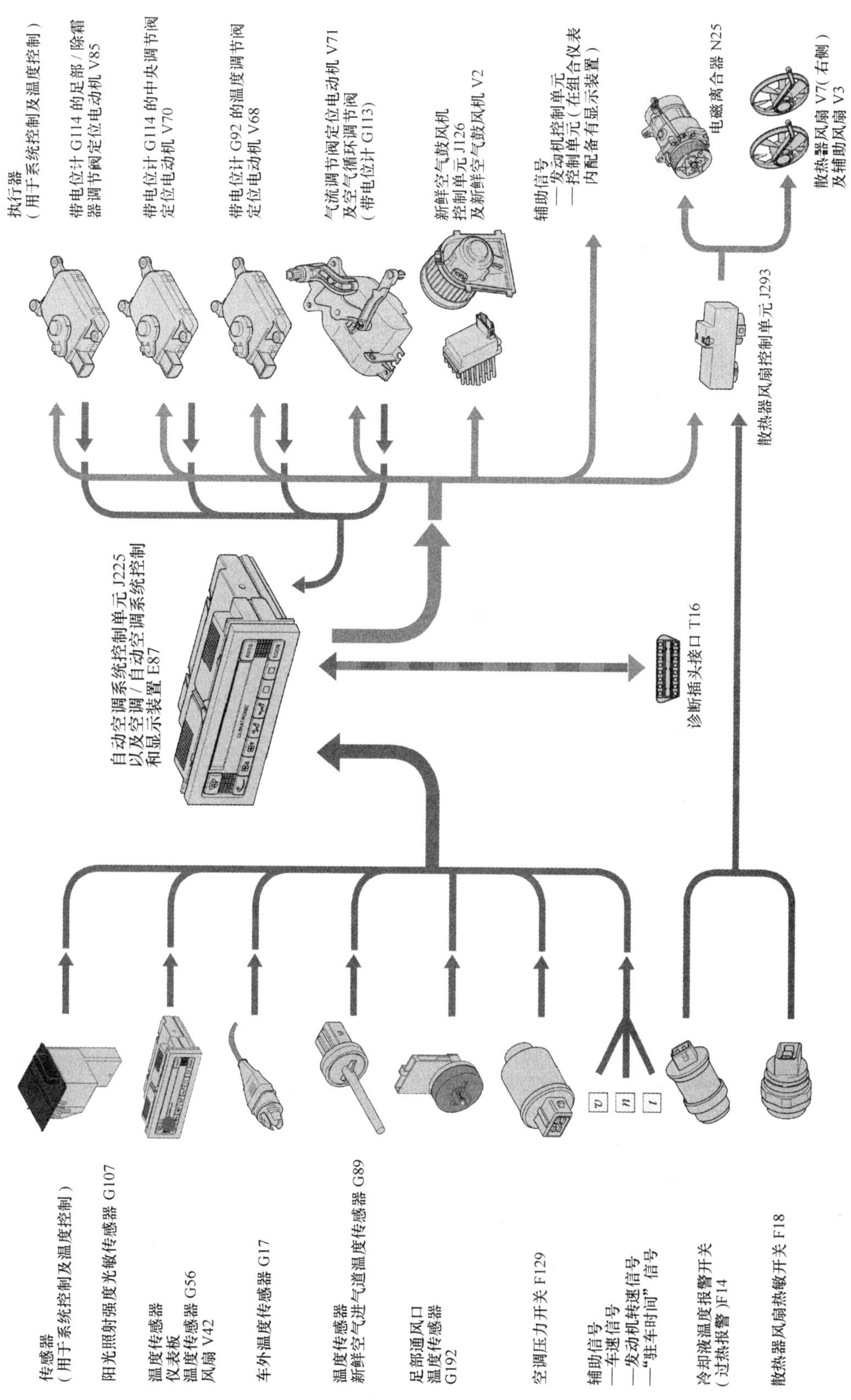

图 2-40　奥迪轿车自动空调装置控制系统组成

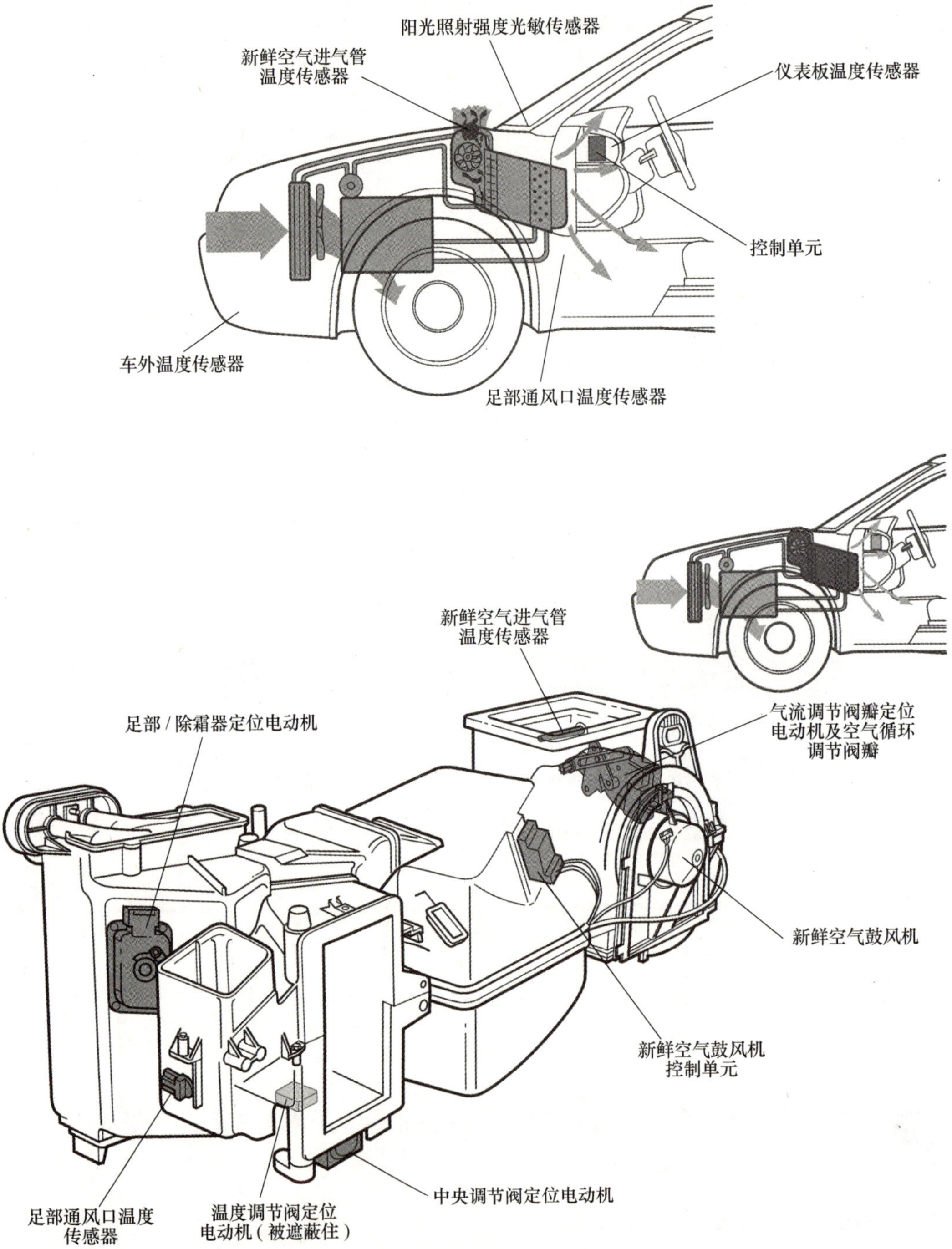

图 2-41　传感器和执行器在车上的布置

2. 传感器

（1）车外温度传感器 G17　车外温度传感器 G17 位于车身前部，如图 2-42 所示。它用于判断实际的外部温度。控制单元按照这个温度信号来操纵温度翻板和新鲜空气鼓风机工作。如果这个温度信号失效，就使用另一个温度传感器（新鲜空气进气道温度传感器）的测量值来替代。

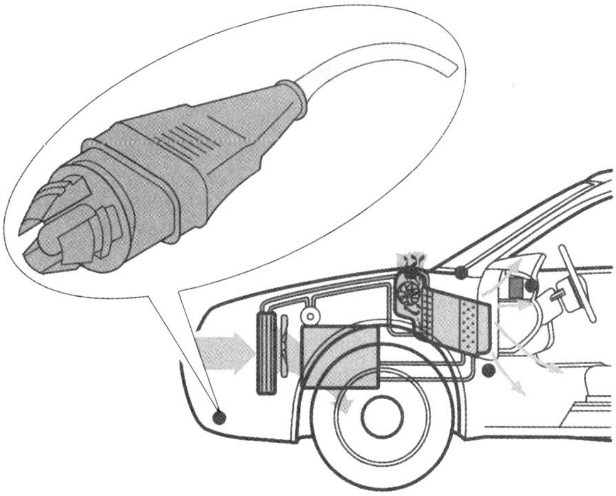

图 2-42　车外温度传感器 G17 的外形及其在车上的位置

如果新鲜空气进气道温度传感器也失效了，那么系统用+10℃这个替代值继续工作，但这时循环空气模式就不能使用了。该温度传感器具有自诊断功能。

（2）新鲜空气进气道温度传感器 G89　新鲜空气进气道温度传感器 G89 位于新鲜空气进气道中，如图 2-43 所示。该传感器就是外部实际温度的第二个测量点。控制单元按照这个温度信号来操纵温度翻板和新鲜空气鼓风机工作。如果这个温度信号失效，会使用另一个温度传感器（车身前部的外部温度传感器）的信号。该温度传感器具有自诊断功能。控制单元总是使用车外温度传感器 G17 和新鲜空气进气道温度传感器 G89 这两个传感器获取最低的那个值。

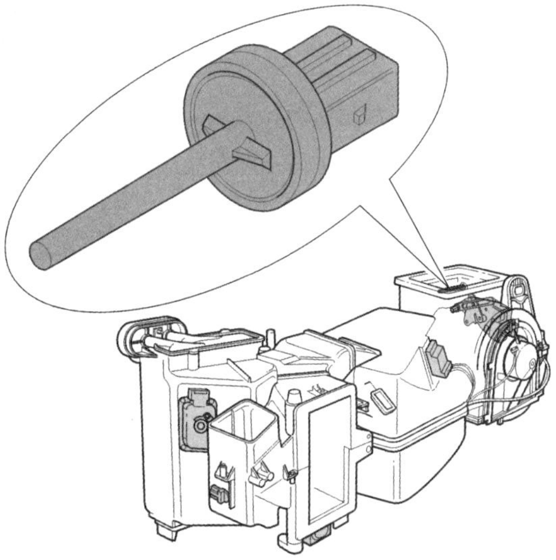

图 2-43　新鲜空气进气道温度传感器 G89 的外形及其安装位置

（3）仪表板温度传感器 G56（带有温度传感器鼓风机 V42）　仪表板温度传感器 G56 一般都直接装在控制单元内，如图 2-44 所示。它将车内的实际温度值传给控制单元。气流中有一个鼓风机，用于抽取车内空气。这个鼓风机由操纵和显示单元来起动工作。它用于抽取车内空气，以避免测量错误。

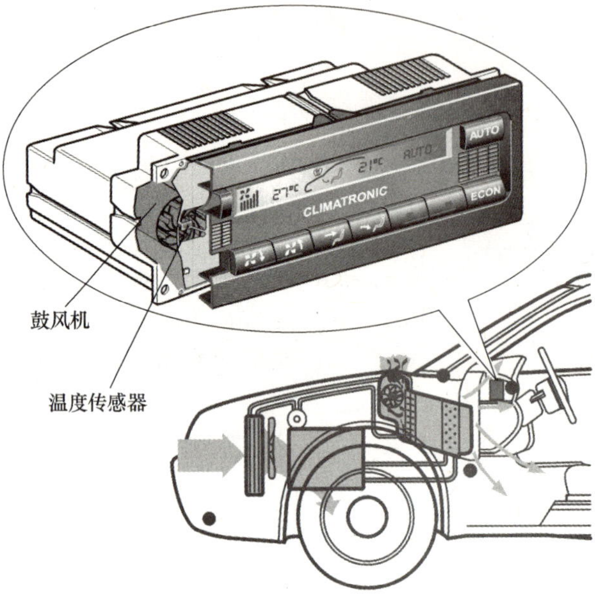

图 2-44　仪表板温度传感器 G56 的安装位置

仪表板温度传感器 G56 的测量值用于与规定值进行对比，温度翻板和新鲜空气鼓风机按此来进行相应的工作。如果信号失效了，那么系统用+24℃这个替代值，系统仍可继续工作。该温度传感器具有自诊断功能。

（4）足部通风口温度传感器 G192　足部通风口温度传感器 G192 测量的是从暖风/空调中出来的空气（进入车内的空气）温度。足部通风口温度传感器 G192 的外形及安装位置如图 2-45 所示。这个温度值是通过一个根据温度来变化的电阻获取的（其热敏电阻为正温度系数）。如果温度下降，这个电阻值就升高。控制单元对这个信号进行处理后，将其用于控制除霜/足部的空气分配以及控制新鲜空气鼓风机的工作能力。如果信号失效了，控制单元采用+80℃这个替代值，系统仍可继续工作。足部通风口温度传感器 G192 具有自诊断功能。

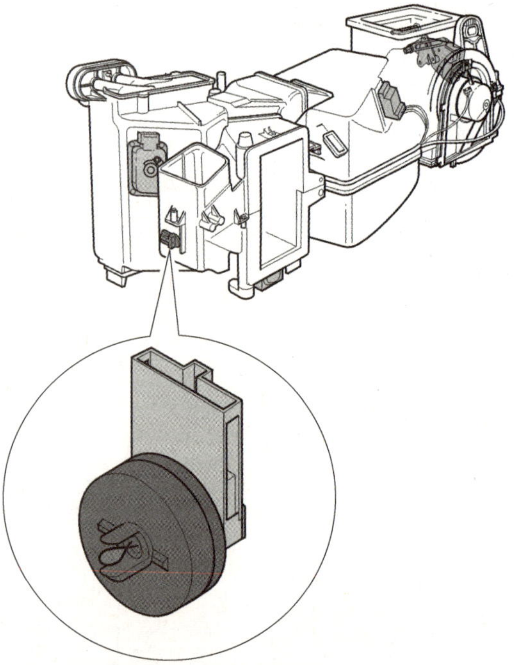

图 2-45　足部通风口温度传感器 G192 的外形及安装位置

（5）阳光照射强度光敏传感器 G107　空调的温度调节过程还受光敏传感器的影响。该传感器用于获取直接照在车内乘员身上的阳光强度信息。阳光照射强度光敏传感器 G107 的外形及结构如图 2-46 所示。

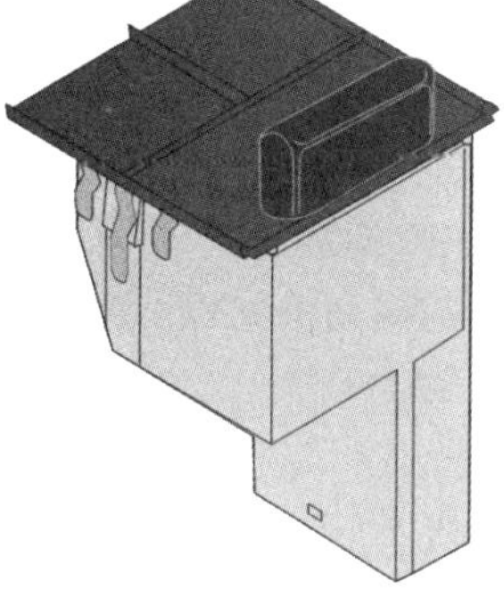
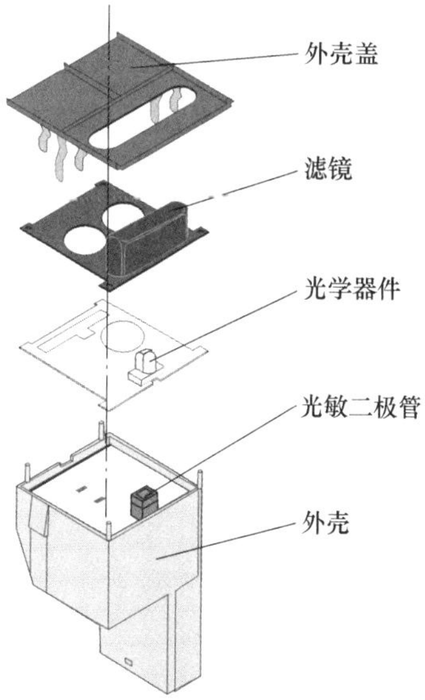

图 2-46　阳光照射强度光敏传感器 G107 的外形及结构

根据空调型号的不同，可能使用一个或两个这种传感器，分别监控车内左、右侧的情况。如果该信号失效，控制单元使用一个固定值来代替阳光强度。

（6）空气质量传感器 G238　该传感器的工作原理与氧传感器相同，其外形及电路原理如图 2-47 和图 2-48 所示。其测量元件是一个采用半导体技术的混合氧化物传感器（氧化锡 SnO_2），使用铂、钯作为催化添加剂来提高该传感器的灵敏度。该传感器的工作温度约为 350℃，功率消耗为 0.5W。

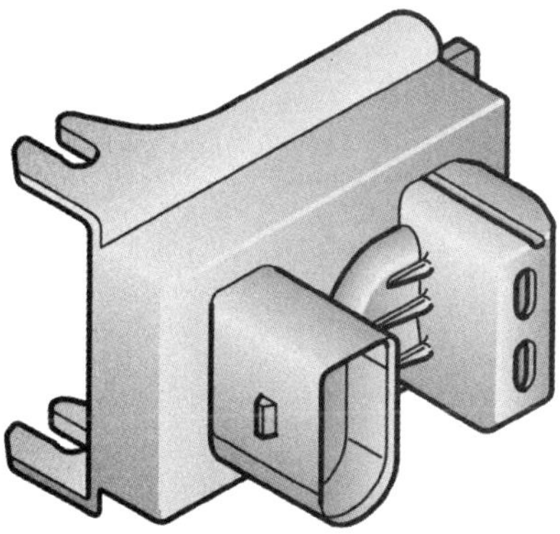

图 2-47　空气质量传感器 G238 的外形

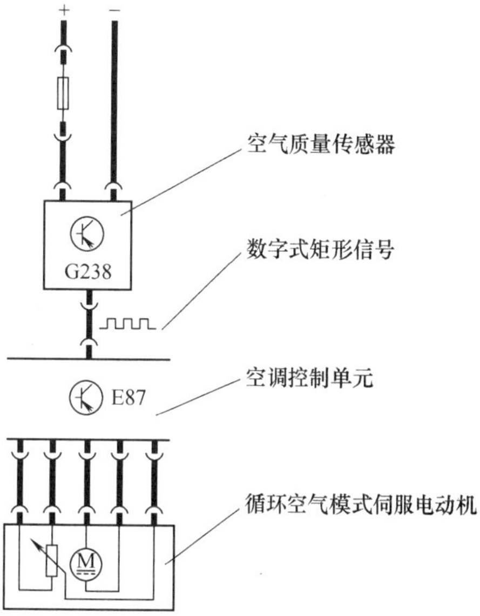

图 2-48　空气质量传感器 G238 的电路原理

传感器模块内集成的电子测量装置会对导电率变化做出反应。电子系统确定出车外空气中有害物质平均含量，然后通过数字式矩形信号将有害物质的种类和含量信息发送给空调控制单元。空调控制单元随后会在有害物质含量达到顶点时，根据车外温度和空气污染程度关闭循环空气翻板。这样就可以保证在污染严重的地区，通风系统不至于一直处于循环空气状态。有的系统在操纵了清洗-刮水系统就会切换到循环空气模式，不管电子测量系统的结果如何。

（7）用于温度调节的附加信号　在温度调节过程中，附加信息可提高舒适性并用于系统控制。这些附加信号来自车上的其他控制单元，并由空调控制单元进行处理。这些重要的附加信号包括停车时间、车速、发动机转速，如图 2-49 所示。

1）停车时间。停车时间等于点火开关关闭到下一次起动发动机所经过的时间。这个信号用于调节温度翻板。发动机起动后，控制单元处理发动机关闭前所存储的车外温度值。测量值的变化（例如因辐射热）不影响调节。可以很快调节到舒适温度，避免了温度过低的情况。

2）车速。该信号用于操纵空气流量翻板。该信号是车速表传感器产生的，并在控制单元内进行转化。当车速较高时，新鲜空气出口的横截面变小，这样就可使进入车内的空气量基本保持不变。

3）发动机转速。该信号将发动机的运转信息传给空调控制单元。这个信号用于系统控制（切断电磁离合器），例如在没有发动机转速信号时就关闭压缩机。

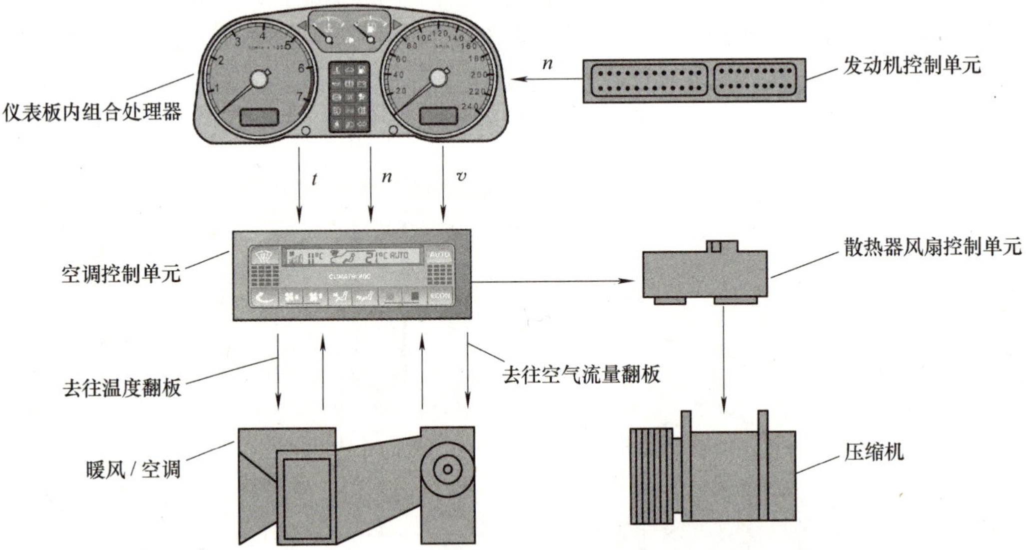

图 2-49　用于温度调节的附加信号

3. 带有操纵和显示单元的控制单元

奥迪轿车的控制单元与操纵和显示单元结合在一起，如图 2-50 所示。这个操纵和显示单元是与相应的车辆相匹配的。另外，在该控制单元上还装有一个温度传感器，该温度传感器用于测量车内的温度。奥迪轿车的控制单元接收来自电气和电子部件（传感器）的信息。控制单元按照内部已存储的规定值来处理这些信息。控制单元的输出信号就用来操纵电气执行元件工作。控制单元配备了一个故障存储器。如果某个部件出故障或者导线断路，很快就可以通过自诊断来确定原因。无论出现什么故障，该控制单元都能在应急工况维持已设定的工作模式。

4. 执行器

（1）伺服电动机　对于手动空调来说，一些空气翻板如温度翻板、中央翻板、脚坑/除霜翻板等是由驾驶人通过拉索来单独调节的。

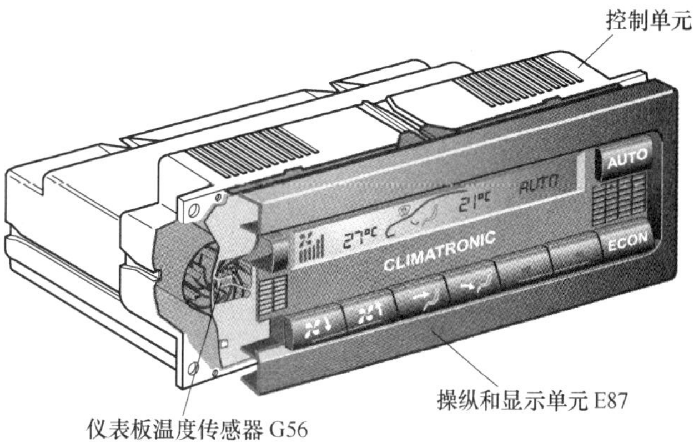

图 2-50　带有操纵和显示单元的控制单元

对于自动空调，这些调节过程是由电动伺服电动机来完成的。循环空气翻板也是由伺服电动机来调节的。这些伺服电动机布置在与相应翻板轴等高处。所有这些伺服电动机都接收来自空调控制单元的相应控制信号。每个伺服电动机都配有一个电位计。这个电位计通过一个反馈值来将翻板的位置告知空调控制单元。伺服电动机（执行元件）将电气输出信号转化成一个机械量。

（2）奥迪轿车空调系统的工作模式

1）空调模式。在空调模式下，很暖的新鲜空气经蒸发器被送往各出风口，通往换热器的通道被关闭了，如图 2-51 和图 2-52 所示。即使新鲜空气潮湿且很凉，也可以选择空调模式。空气流经蒸发器就会被除湿，玻璃上的雾气就被除掉了。

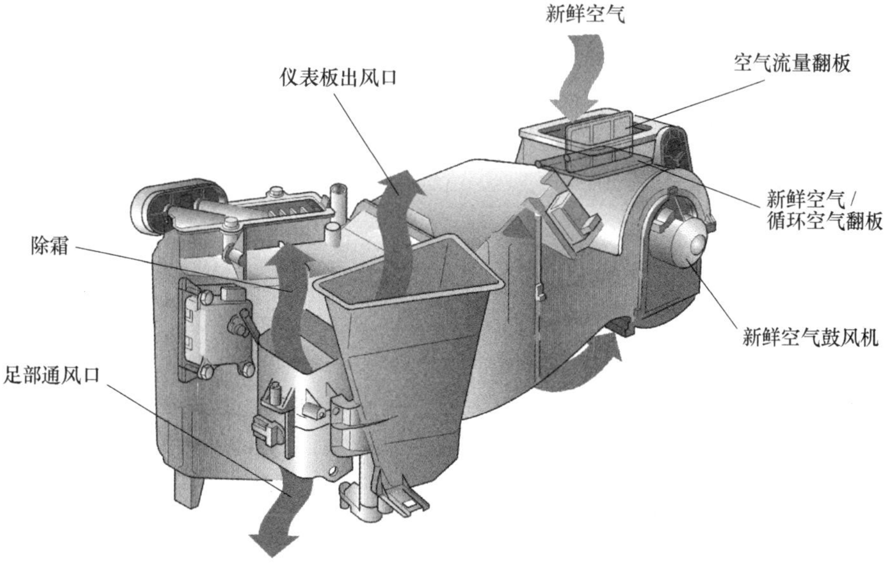

图 2-51　奥迪轿车空调系统气流的走向

2）空调关闭，暖风接通模式。很凉的新鲜空气流经蒸发器，蒸发器不工作。新鲜空气完全流经换热器并被加热，如图 2-53 所示。

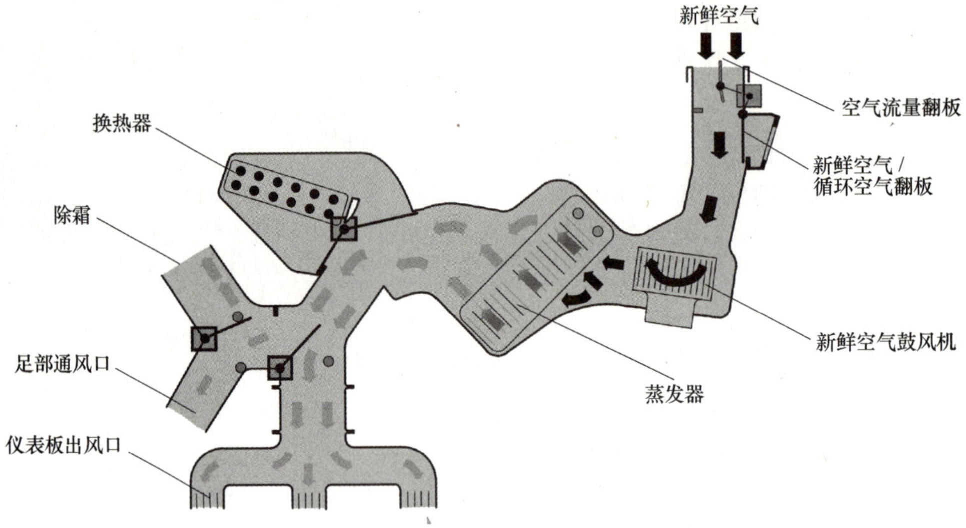

图 2-52　暖风/空调上的空气分配（空调模式）

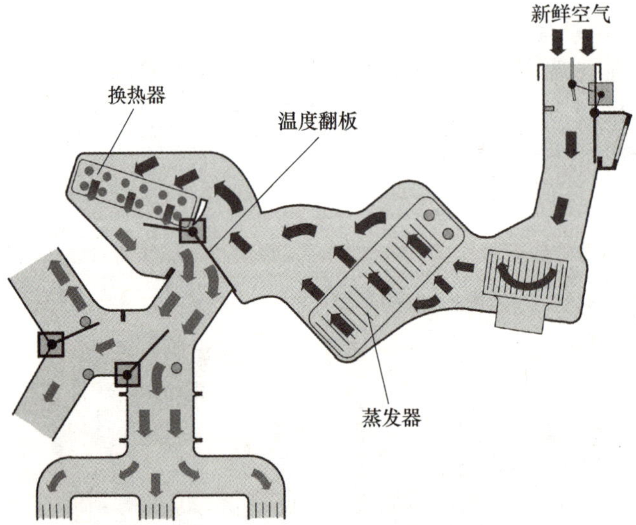

图 2-53　暖风/空调上的空气分配（空调关闭，暖风接通模式）

3）空调接通，暖风接通模式。在空调接通，暖风接通模式下，如图 2-54 所示，暖的新鲜空气流经蒸发器以便冷却下来。这个新鲜空气太凉了，因此一部分新鲜空气被送经换热器，以便达到出风口各自所需要的温度。

随着汽车电子技术的发展，出现了微处理器控制的全自动空调。这种空调系统利用各种传感器随时检测车内、外温度、阳光强度等信号，并把传感器的信号送到空调系统的 ECU，ECU 按照预先编制的程序对传感器信号进行处理，并通过执行元件不断地对风机转速、出风温度、送风方式及压缩机工作状况等进行调节，从而使车内温度、空气流动状况等始终保持在驾驶人设定的水平上，如图 2-55～图 2-57 所示。

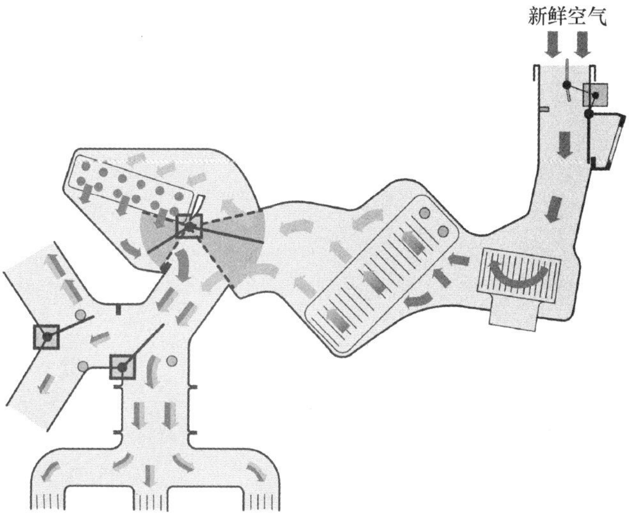

图 2-54　暖风/空调上的空气分配（空调接通，暖风接通模式）

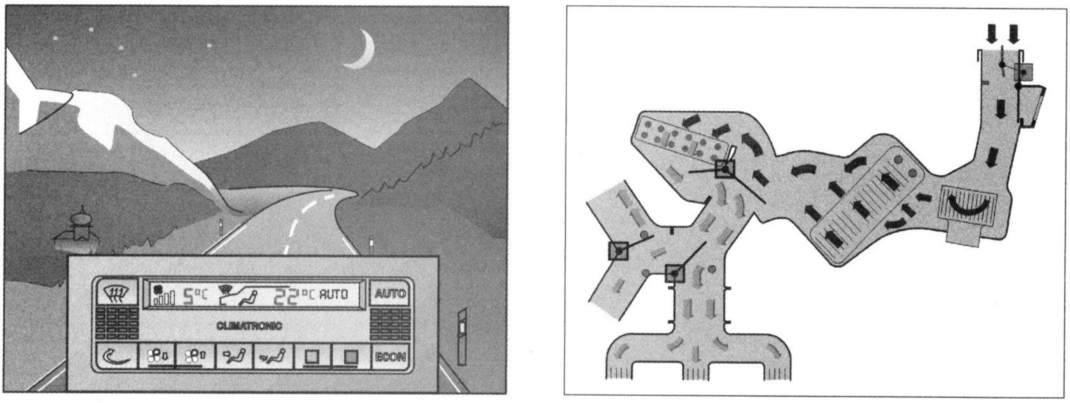

图 2-55　外部温度较低时温度风门的位置（空气全部流经加热器）

图 2-56　外部温度较高时温度风门的位置（空气不流经加热器）

图 2-57　外部温度适中时温度风门的位置（部分空气流经加热器）

任务六　汽车空调系统的检修

一、任务引入

正确使用汽车空调系统，可以节约能源，减少故障出现，并能保证汽车空调系统具有良好的技术状况和工作可靠性，发挥其最大效率，延长其使用寿命。

二、任务目标

1）了解汽车空调系统常用检修仪器设备。

2）掌握空调制冷系统的检漏方法与操作。

3）掌握汽车空调系统制冷剂的抽真空、加注及排放的操作。

三、相关知识

1. 检修用仪器设备

（1）歧管压力计　歧管压力计也称为压力表组，与制冷系统相接可进行抽真空、加注制冷剂及检查和判断制冷系统的工作状态和故障情况等。

1）组成。歧管压力计由高压表、低压表、低压手动阀、阀体以及高压接头、低压接头、制冷剂抽真空接头等组成，如图 2-58 所示。工作时高、低压接头分别通过软管与压缩机高、低压阀相接，中间接头与真空泵或制冷剂钢瓶相接。只能用手拧紧软管与歧管压力计的接头，不可用扳手，否则会拧坏接头螺纹。所用压力表为弹簧管式压力表。低压表既用于显示压力，也用于显示真空度，所以也称为连程表。

当具有一定压力的被测工质从接头进入弹簧管时，由于弹簧管内、外压力差的作用，使弹簧管膨胀变形，通过拉杆使扇形齿轮转过一个角度，从而带动小齿轮和指针也转过一个角度，指针所指的读数便是所测的压力。如果被测工质压力低于大气压力，则弹簧管收缩变形，压力计所示读数便是真空度。

2）使用注意事项。

①当压力接头与软管连接时，只能用手拧紧，不可使用工具。

②使用时要排尽管内的空气。

③当不使用时，应用堵头将各接口密封，防止管内进入水分或杂物。

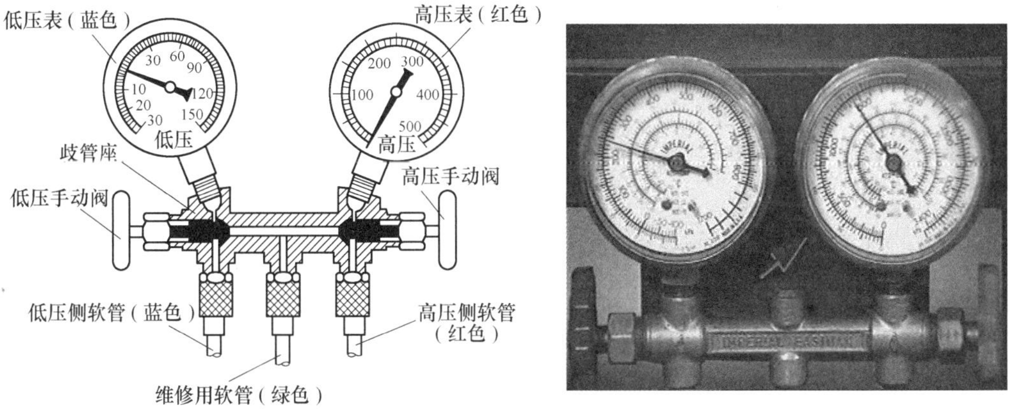

图 2-58 歧管压力计结构

④该表是精密仪表，平时应注意保持清洁，使用时应注意轻拿轻放。

（2）检漏设备 检漏设备用于检查空调系统内的制冷剂是否泄漏。制冷剂是一种十分容易蒸发的物质，在常态下，其沸点为-29.8℃，因此，要求整个制冷系统密封良好，否则制冷剂就会泄漏，影响制冷效率。所以，需要经常检查制冷系统有无泄漏。当拆装或检修汽车空调制冷系统管道、更换零部件之后，都需在检修及拆装部位进行泄漏检查。

1）氟利昂电子检漏仪。图 2-59 所示为电子检漏仪工作原理，它由一对电极组成，阳极由铂金做成，铂金被加热器加热，并带正电，在它附近放一个阴极，使它带负电。若放在空气中，就会有阳离子射到阴极并产生电流。如果有氟利昂气体流过，回路中的电流就明显增大，根据此信号即可检测出制冷系统的泄漏情况。

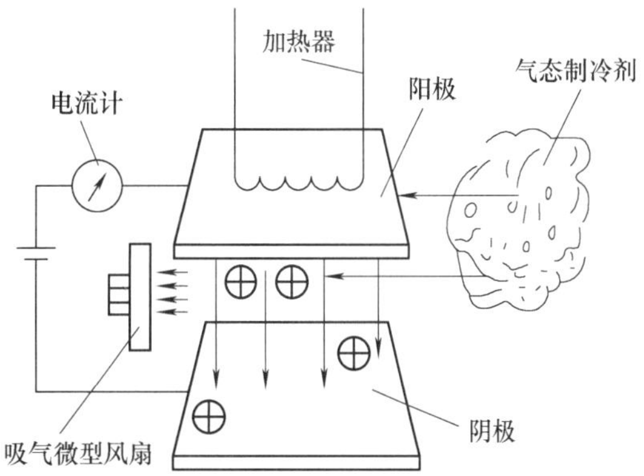

图 2-59 电子检漏仪工作原理

图 2-60 所示为电子检漏仪外形及结构。在圆筒状铂金阳极设有加热器，并可加热到 800℃左右，在阳极外侧装有阴极，在阳极和阴极之间加有 12V 直流电压，为使气体在电极间流动，设有吸气孔和小风扇。当有卤族元素的阳离子出现时，就会产生几个微安的电流，由直流放大器放大，使电流计指针摆动或使音频振荡器发出不同的声响，以示系统制冷剂泄漏程度的大小。

2）卤素检漏灯。当检修或拆装汽车空调制冷系统管道，更换零部件之后，需在检修及拆装部位进行制冷剂的泄漏检查。目前使用的检漏灯主要有卤素检漏灯和电子检漏仪两种，其中电子检漏仪最为常用。

卤素检漏灯是一种丙烷（或酒精）燃烧喷灯，利用制冷剂气体进入安装在喷灯的吸气管内，会使喷灯的火焰颜色改变这个特性来判断系统的泄漏部位和泄漏程度。卤素检漏灯的结构如图 2-61 所示。当喷灯的吸气管从系统泄漏处吸入制冷剂时，火焰颜色会发生变化，当泄漏量少时，火焰呈浅绿色；当泄漏量较多时，火焰呈浅蓝色；当泄漏量很多时，火焰呈紫色。

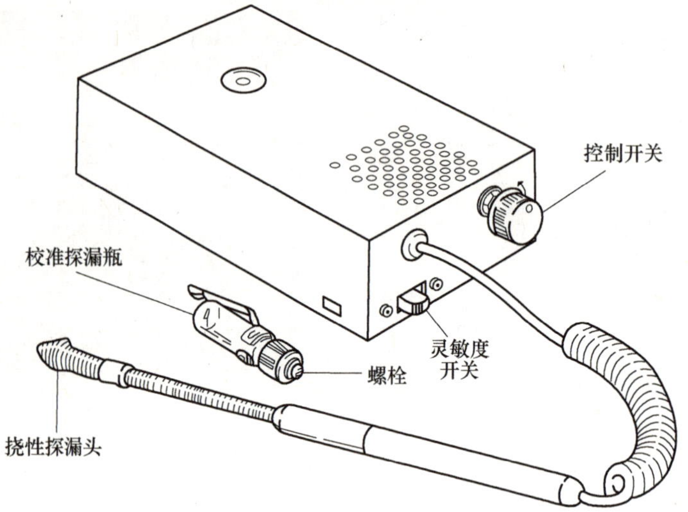

a)

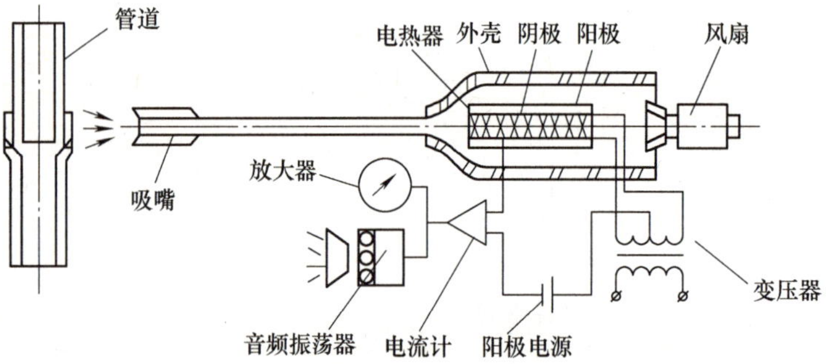

b)

图 2-60　电子检漏仪外形及结构

a）外形　b）结构

卤素检漏灯的操作如下：

①向检漏本体和检漏灯上加液态丙烷或无水酒精。

②将点燃的火柴插入检漏灯点火孔内，按逆时针方向慢慢旋转调节把手让丙烷气体逸出，遇火就能点燃。

③将燃烧的火焰调节到尽量小，火焰越小，对制冷剂泄漏反应越灵敏。

④把吸气管末端靠近各个有可能泄漏的部位。

⑤细心观察火焰的颜色，判断出制冷系统泄漏的部位和泄漏程度。

若没有泄漏发生，空气中不存在制冷剂蒸气时，火焰为无色。当出现极轻微的泄漏时，吸气管将泄漏的制冷剂蒸气吸入到丙烷灯燃烧室内，并在 600~700℃的燃烧区发生制冷剂分解，产生的气体在接触到烧红的铜时，会把火焰变成绿色并增加火焰高度。因此，可根据卤素检漏灯火焰颜色来判断制冷剂泄漏量，见表 2-6。

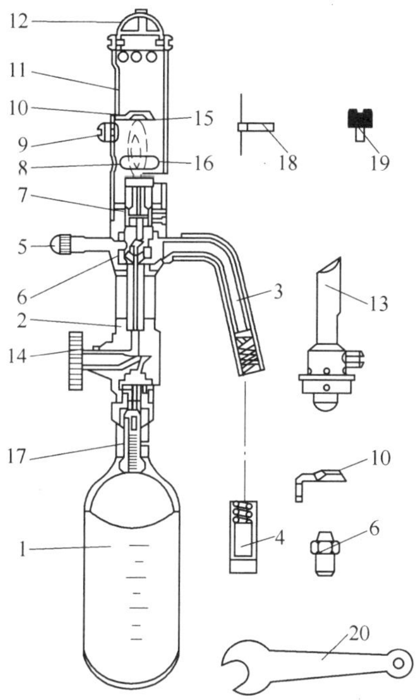

图 2-61 卤素检漏灯的结构

1—检漏灯储气瓶 2—检漏灯主体 3—吸气管 4—滤清器 5—燃烧筒支架 6—喷嘴 7—火焰分离器 8—点火孔 9—反应板螺钉 10—反应板 11—燃烧筒 12—燃烧筒盖 13—栓盖 14—调节把手 15—火焰长度（上限） 16—火焰长度（下限） 17—喷嘴 18—喷嘴清洁器 19—调节扳手 20—扳手

表 2-6 卤素检漏灯故障诊断表

燃烧物质	火焰颜色	故障诊断
酒精	变成浅绿色 变成深绿色	有少量泄漏 有大量泄漏
丙烷	变成浅蓝色 变成蓝色 变成紫色	有较少泄漏 有较多泄漏 有大量泄漏

（3）冷媒回收、加注设备 该设备用于检查、抽取、抽真空和加注制冷剂及制冷剂的再利用，该设备可以满足车上空调设备的保养、检查和调试的要求。设备中包含多个单独装置或配件：压力表、真空泵、开启阀、低压（蓝色）/高压（红色）加注软管，还有用于制冷剂回路高压区和低压区的快速连接接头等，如图 2-62 所示。

冷媒回收加注机具有冷媒回收、加注、抽真空、自动模式、循环再生模式等五大主要功能，另外具有参数设置、报警提示、信息查询、系统功能、冷冻润滑油排放、冷媒自动补充功能等多种附加功能。

2. 空调制冷系统检漏

当汽车空调制冷系统各部件安装完毕后，或当有故障的制冷系统维修完毕之后，应对制冷系统进行泄漏检查，排除系统内的空气和水汽，充注制冷剂和冷冻润滑油。制冷系统工作过程中，应能正确存储制冷剂或从制冷系统中排出制冷剂。这些都是汽车空调维修的基本操作技能。

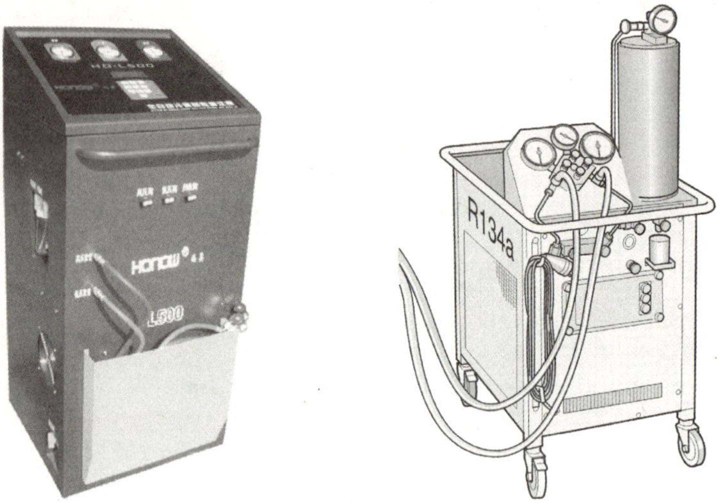

图 2-62　冷媒回收、加注设备

汽车空调系统常用的泄漏检查方法有以下几种。

（1）肥皂水泡沫法检漏　制冷剂泄漏部位会同时渗出冷冻润滑油，因而若发现在某处有油迹，应用手直接触摸检查或用清洁棉丝擦拭，如果擦去以后还有油渗出，就可判定汽车空调系统有泄漏。如果擦去以后没有油渗出，可用肥皂水检查，把肥皂水均匀、完整刷在可能的泄漏部位，然后仔细地观察，如果有气泡，就可判定汽车空调系统有泄漏。注意，肥皂水检查法不能检查压缩机、冷凝器及蒸发器等不宜涂肥皂水和不好观察部位的泄漏，主要可检查管路部位泄漏，高压管路检漏在空调运行和不运行时均可检查，但低压管路检漏在空调不运行时才可检查。

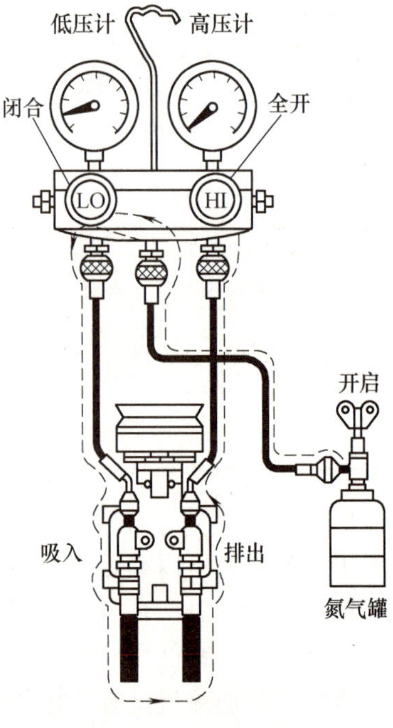

图 2-63　压力检测时管道连接

（2）加压法检漏　首先按如图 2-63 所示将高压软管接在高压检修阀上，低压软管接在低压检修阀上。由于压缩空气中的水分会在膨胀阀造成冰堵现象，所以不可用来检漏，常用工业氮气，其优点是无腐蚀性、无水分，且价格便宜。检漏工艺是将瓶装高压氮气用减压表减压，向制冷系统中灌注 1.5MPa 左右氮气后，用肥皂水均匀地涂在系统的各接头和焊接处，仔细观察是否有气泡、渗漏的声音等。发现渗漏处应做出标记并进行及时的处理，然后检查其他接头和焊接处。检查必须仔细，并反复检查 3~5 次，直至完全消除渗漏。检查完后，还要试漏，方法是空调制冷系统保压 24~48h，若压力不降低，则说明制冷系统密封合格；若压力降低明显，则说明还有未查到的地方，必须再次进行检漏，直至完全消除渗漏。

（3）真空法检漏　真空法检漏是在对制冷系统抽真空以后，保持系统真空状态一段时间（至少 60min），然后观察系统中的真空压力表指针是否移动（即指针是否发生变化）的一种检漏方法。如果真空指示值没有变化，则说明系统无泄漏；如果真空指示值有回升，则说明系统有泄漏。

要说明的是，采用这种方法检漏只能检查制冷系统是否泄漏，而不能确定泄漏的具体部位。

（4）充氟检漏　在前几种检漏以后就要充氟检漏。充氟检漏的方法是将歧管压力表分别连接在压缩机的高、低压检修阀，中间连在制冷剂瓶上，然后打开手动高、低压阀和制冷剂瓶，向制冷系统加入氟利昂制冷剂，当压力达到 0.1MPa 时，分别关好手动高、低压阀和制冷剂瓶，对系统保压几小时。若系统压力不变，则说明系统没有泄漏；若系统压力下降，则说明系统存在泄漏，此时要先用卤素检漏灯或电子检漏仪找出泄漏部位，然后进行补漏。

（5）紫外线检漏仪荧光检漏　紫外线光能引起在紫外激光染料中的荧光分子发出黄色或黄绿色荧光。紫外线检漏仪荧光检漏检测方法是将一种荧光泄漏探测染料压入制冷系统中，用紫外线灯照射（图 2-64），如果系统有泄漏，泄漏处就会发黄色或黄绿色光。荧光分子可保持两年有效。

（6）染料溶液检漏　将染料溶液放入汽车空调系统，在渗漏处染料会显现而且零件会着色。有些制造厂商供应含有红染料的制冷剂，这种制冷剂也是用正常方法装入汽车空调器。其他的染料溶液还有浅黑色的。

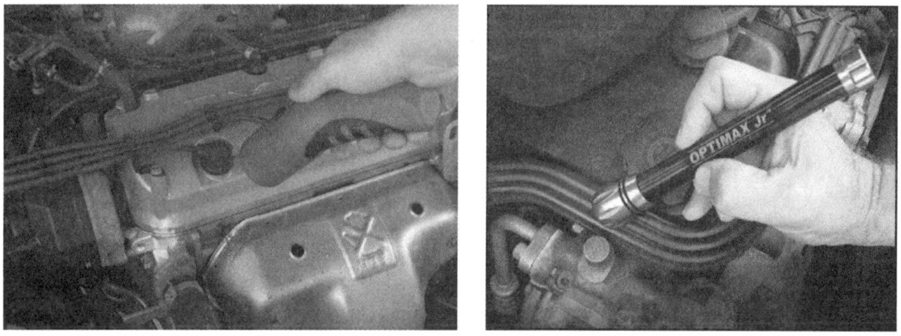

图 2-64　紫外线检漏仪荧光检漏

染料或示踪液可帮助准确地确定小的泄漏，会围绕泄漏点着上一层有色薄膜染料。依据所使用的染料，薄膜可以是橘红色或黄色。染料一旦被吸入汽车空调系统，它就可以保持到系统被清洗为止，而丝毫不会影响系统的运行。

3. 汽车空调系统制冷剂的排放

由于制冷系统中的某个部件修理、更换或是其他的原因，就要排放制冷系统中的制冷剂，制冷系统卸压后才能进行修理和更换。有两种排放的方法，第一种是将制冷剂直接排放到大气中，会造成环境污染，排放时应在通风良好的场地，最好不在室内进行，且不能接近明火；第二种是回收制冷剂，此法是利用回收装置进行回收。

传统的排放到大气中的具体操作工艺如下：

1）关闭歧管压力表的高、低压手动阀，按图 2-65 所示进行连接。高、低压软管与压缩机高、低压检修阀的管道连接，中间软管的出口包上一块洁净工作棉布。

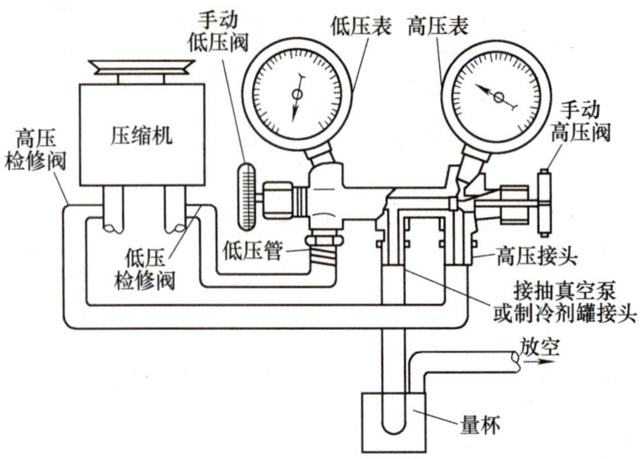

图 2-65　制冷剂排放管路连接

2）慢慢打开手动高压阀，缓慢排放制冷剂，注意阀不能开得太大。在操作时，注意观察中间软管的出口工作棉布，当看到有冷冻润滑油流出时，减小高压手动阀的开度。

3）当高压表的读数降到 340kPa 时，慢慢打开低压手动阀，开度不要太大，也要注意观察中间排放软管的出口工作棉布，以布块没有冷冻润滑油流出为准，使制冷剂从制冷系统的高低压两侧管道同时排出。

4）观察歧管压力表的指示值，随着系统内的压力下降，慢慢增大高、低压手动阀的开度，直到高、低压侧压力表的指示值下降到零时，说明制冷剂排放干净，马上关闭歧管压力表的高、低压手动阀。

5）在制冷剂排放时不慎流出大量冷冻润滑油，若流出冷冻润滑油的量超过 14.2g 时，那么应在加注制冷剂之前加入等同量冷冻润滑油；若流出冷冻润滑油的量少于 14.2g 就不需要加注冷冻润滑油。

4. 汽车空调制冷系统的抽真空

抽真空是为了排除制冷系统内的空气和水汽，是空调维修中一项极为重要的程序。因为对制冷系统进行维修或更换元件时，空气会进入系统，且空气中含有一定量的水蒸气（湿空气），抽真空并不能直接把水分抽出制冷系统，而是产生真空后降低了水的沸点，水汽化成蒸汽后被抽出制冷系统。因此，当系统抽真空时，时间越长，系统内残余的水分就越少。为最大限度地将系统内的空气及湿气抽出，必须采用重复抽真空法，即第一次抽真空完毕后，再连续抽 30min 以上。图 2-66 所示为抽真空管路连接方法。抽真空操作过程如下：

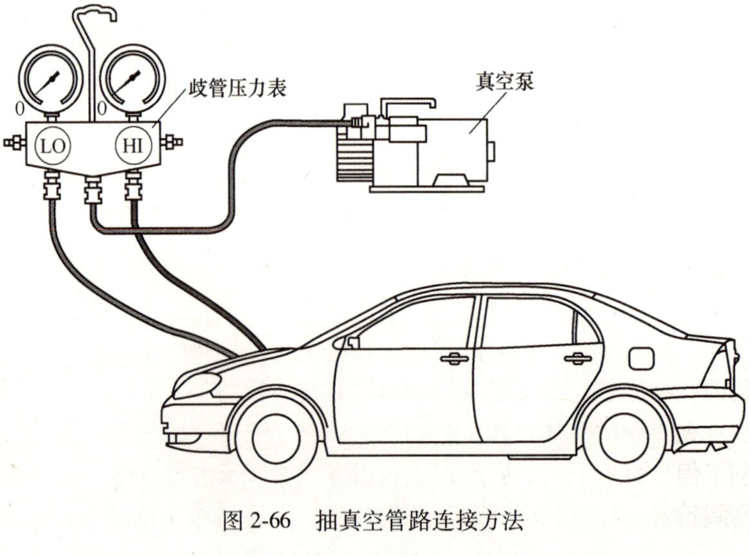

图 2-66　抽真空管路连接方法

1）连接歧管压力表、真空泵与制冷系统。将歧管压力计上的两根高、低压软管分别与压缩机或空调管路（图2-67）上的高、低接口相连，将歧管压力计上的中间软管与真空泵相连。也可以在中间接口的软管上接上一个三通阀，将真空泵、制冷剂瓶、中间接口接到三通阀上，后一种的优点是在抽真空加入制冷剂时空气进入制冷系统的机会小。

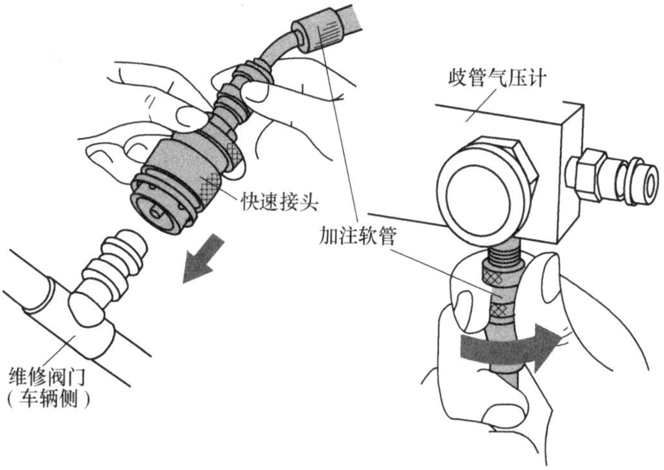

图2-67 歧管压力表的连接

2）抽真空。开动真空泵，打开歧管压力表的高、低压手动阀，起动真空泵（图2-68）。观察歧管压力表真空度大于95kPa后，持续10min后停止抽真空。起动真空泵，观察歧管低压压力表真空度不低于300kPa，高压表不能低于零，说明系统有堵塞，应修复后再抽真空。

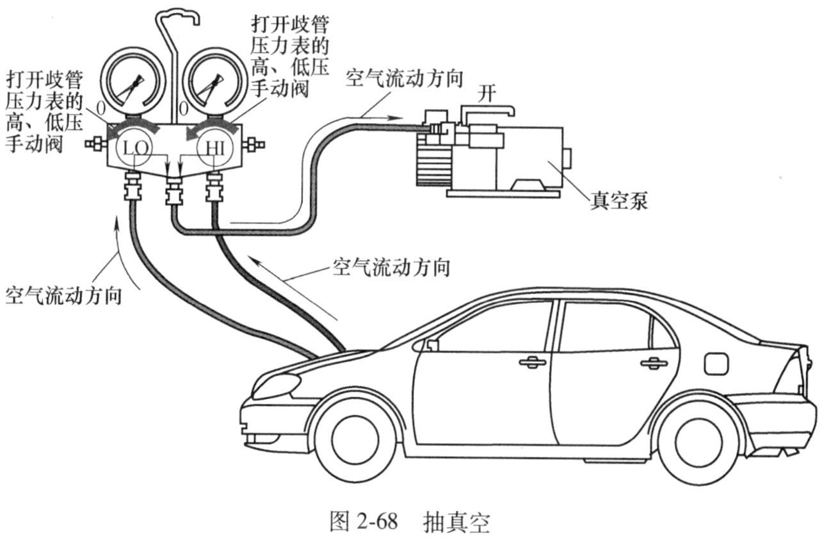

图2-68 抽真空

3）真空试漏。关闭高、低压手动阀，其真空度应在10min内不得回升，如图2-69所示，低压表真空度在100~200kPa范围内。若在抽真空时系统达不到低压表真空度在100~200kPa，或达到了但在10min内表针有回升，则说明制冷系统有泄漏的地方。

4）检漏。系统内的真空度在10min内没有回升，低压表真空度在100~200kPa范围内，还要进行制冷剂检漏。方法是从低压端注入少量气态制冷剂。当压力达到100kPa时，迅速关闭制冷剂瓶和低压手动阀。用电子检漏仪或肥皂水检查方法查漏，发现后修理。

5）第二次抽真空。再次开动真空泵，打开歧管压力表的高、低压手动阀，继续抽真空不少于30min，可以更长时间保证抽真空的效果，结束时要先关闭高、低压手动阀，再关闭真空泵。这时就为系统加注制冷剂做好了准备。

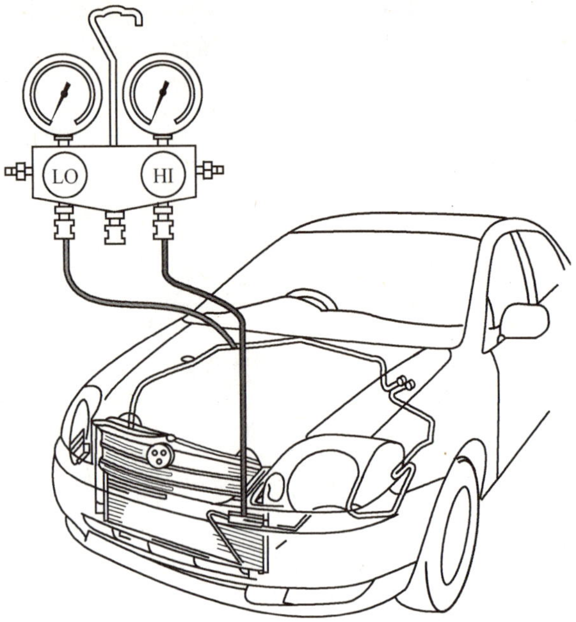

图 2-69　检查空调管路的密闭性

5. 汽车空调系统制冷剂的加注

当制冷系统抽真空达到要求，且经检漏确定制冷系统不存在泄漏部位后，即可向制冷系统充注制冷剂。充注前，先确定注入制冷剂的数量，每种压缩机加注制冷剂的量都有严格规定，加注量过多或过少都将影响压缩机的使用寿命和空调系统的制冷效果。

充注制冷剂的方法有3种，第一种是制冷系统的高压端的气门阀充注，称为高压端充注，充入的是液态制冷剂，其特点是安全、快速，但用该方法时要注意充注时不可开启压缩机（发动机停转），且制冷剂罐要倒立，这种方法最好用专用的设备充注；第二种是从制冷系统的低压端的气门阀充注，充入的是气态制冷剂，其特点是充注速度慢，可在系统补充制冷剂的情况下使用；第三种是先从高压端气门阀充注一定量制冷剂后，起动发动机，空调制冷系统工作，再从低压端气门阀吸入制冷剂，这种方法充注制冷剂的速度较快，不需要其他的专用仪器，一般汽车修理厂都采用这种方法。

（1）加注罐的安装

1）连接阀门和加注罐（图2-70、图2-71）。

①检查加注罐连接部件的盘根，逆时针转动手柄升起针阀，逆时针转动阀盘升起阀盘。注意：要在针阀升起前安装加注罐，否则针阀会插进加注罐从而导致制冷剂泄漏。

②把阀门旋进加注罐直到和盘根紧密接触，然后紧固阀盘以卡住阀门。注意：不要顺时针转动手柄，否则针将插进加注罐，从而导致制冷剂泄漏。

2）把加注罐安装到歧管气压计上，如图2-72所示。

①完全关闭歧管气压计低压侧和高压侧的阀门。

②把加注罐安装到歧管气压计中间的绿色加注软管。

③顺时针转动手柄直到针阀在加注罐上钻个孔。

④逆时针转动手柄退出针阀。

⑤按下歧管气压计的空气驱除阀放出空气，直到制冷剂从阀门释出。

注意：如果用手按下气体驱除阀，释放出的空调气体就会沾到手上等处，从而冻伤，因此要用螺钉旋具等按住阀门。

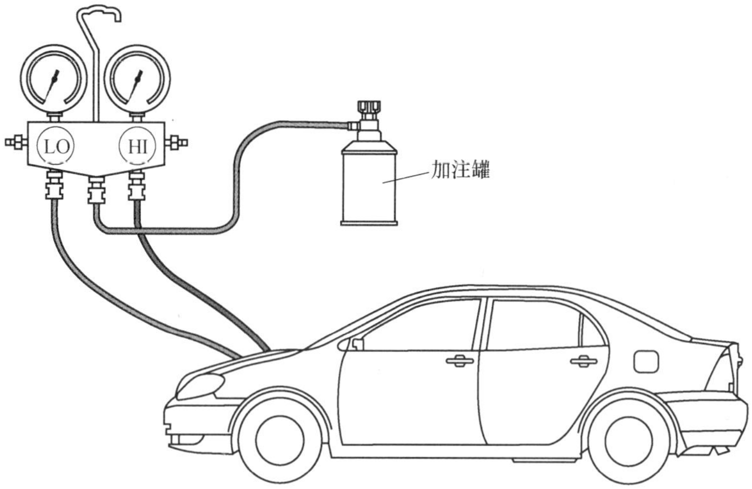

图 2-70　安装加注罐

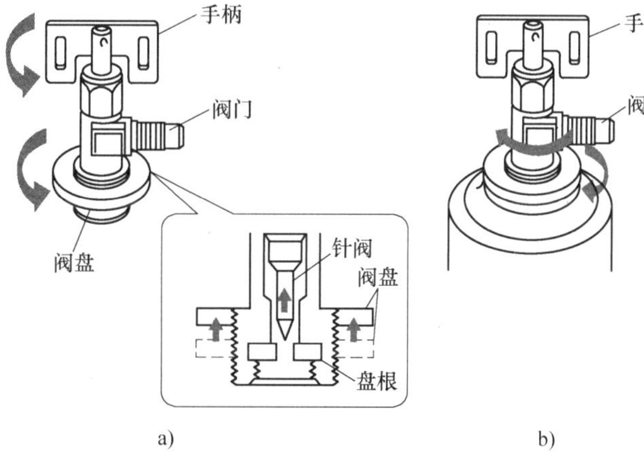

图 2-71　加注阀的安装方法

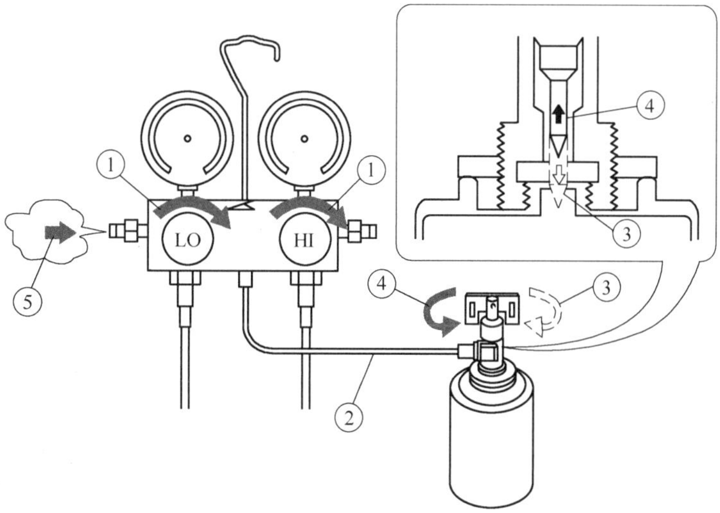

图 2-72　把加注罐安装到歧管气压计上

（2）高压端加注　高压端加注是通过歧管压力表高压手动阀端向系统加注液态制冷剂的方法，操作步骤如下：

1）当系统抽真空后，关闭歧管压力计上的高、低压手动阀。

2）将中间软管的一端与制冷剂罐加注阀的接头连接，如图 2-73 所示，打开制冷剂罐开启阀，再拧开歧管压力计软管一端的螺母，让气体逸出几分钟，然后拧紧螺母。

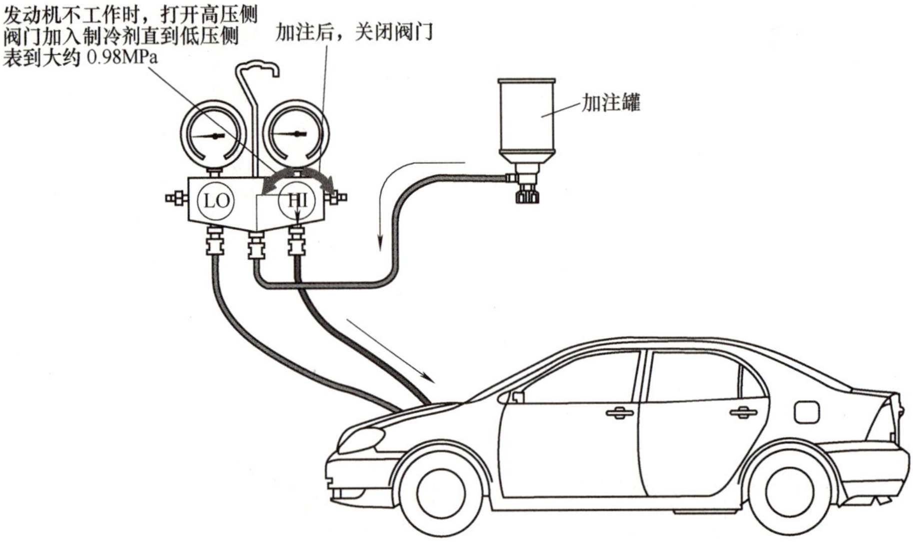

图 2-73　高压端加注液态制冷剂

3）拧开高压侧手动阀至全开位置，将制冷剂罐倒立。

4）从高压侧注入规定量的液态制冷剂。关闭制冷剂罐注入阀及歧管压力计上的高压手动阀，然后将仪表卸下。当从高压侧向系统加注制冷剂时，发动机处于不起动状态（压缩机停转），不要拧开歧管压力计上的低压手动阀，以防产生液压冲击。

（3）低压端加注　低压端加注是通过歧管压力表低压手动阀端向系统加注气态制冷剂的方法，操作步骤如下：

1）将歧管压力计与压缩机和制冷剂罐连接好，如图 2-74 所示。

2）打开制冷剂罐，拧松中间注入软管在歧管压力计上的螺母，直到听见有制冷剂蒸气流动声，然后拧紧螺母，从而排出注入软管中的空气。

3）打开低压手动阀，让制冷剂进入制冷系统。当系统的压力值达到 0.4MPa 时，关闭低压手动阀。

4）起动发动机，将空调开关接通，并将鼓风机开关和温控开关都调至最大。

5）打开歧管压力计上的手动阀，让制冷剂继续进入制冷系统，直至加注量达到规定值。

6）在向系统中加注规定量制冷剂之后，从视液窗处观察，确认系统内无气泡、无过量制冷剂。随后将发动机转速调至 2000r/min，鼓风机风量开到最高档，若气温为 30～35℃，则系统内低压侧压力应为 0.147～0.192MPa，高压侧压力应为 1.37～1.67MPa。

7）加注完毕后，关闭歧管压力计上的低压手动阀，关闭装在制冷剂罐上的注入阀，使发动机停止运转，将歧管压力计从压缩机上卸下，卸下时动作要迅速，以免有过多制冷剂泄出。

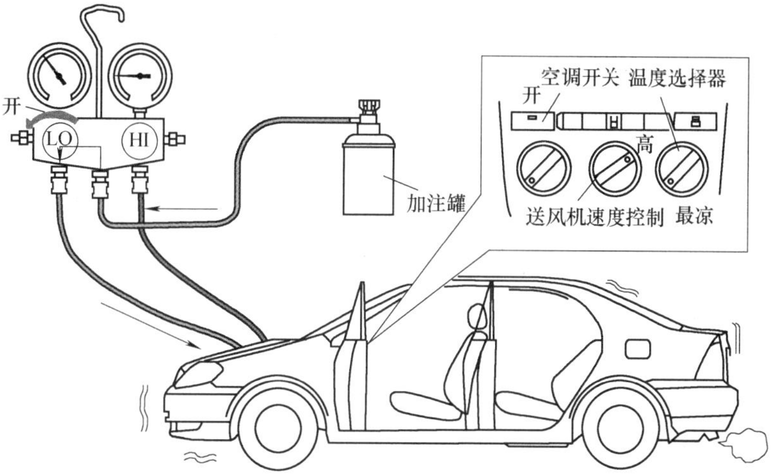

图 2-74 低压端加注气态制冷剂

（4）从高压端注入液态制冷剂，再从低压端补足制冷剂

1）当系统抽真空后，关闭歧管压力表上的高、低压手动阀。

2）将中间软管的一端与制冷剂罐注入阀的接头连接起来，打开制冷剂罐开启阀，拧开歧管压力表软管一端的螺母，让气体逸出几分钟，把空气赶走，然后拧紧螺母。

3）从高压侧注入液态制冷剂一段时间后，制冷剂罐重量不再下降，则关闭高压手动阀，将制冷剂罐竖立。

4）起动发动机，转速保持在 1250~1500r/min，打开空调 A/C 开关，风扇开到最大档，并打开低压手动阀，让气态的制冷剂进入系统的低压端。

5）若进气速度慢，则可以把制冷剂罐放在热水中加热，加快进气速度。

6）从视镜玻璃、高低压力表中检查制冷剂量，其方法同上述检查方法一致。加足量后，关闭制冷剂罐，然后关闭低压手动阀，停止空调器的工作，停止发动机的运转。

（5）注入制冷剂时的注意事项

1）注入人员应遵守操作规范、戴好防护眼镜，避免制冷剂与皮肤直接接触。

2）制冷剂罐应放在 40℃以下的无太阳直射的通风处。

3）在系统抽完真空后，应立即关闭歧管压力计上的手动高、低压阀，然后关闭真空泵。两者顺序千万不能颠倒，否则会导致管道与外界相通，无法保持系统的真空状态。

4）注入制冷剂后，应及时检查制冷剂的注入量。如果注入量适当，制冷剂在流动中仅有极少量的气泡，当发动机转速提高到 1500r/min 时气泡应完全消失，且制冷剂呈透明状；如果注入过量则制冷剂在流动中完全看不到气泡；而注入量不足时，制冷剂在流动中会出现明显的气泡。

6. 制冷系统润滑油的加注

通常汽车空调制冷系统的冷冻润滑油消耗很少，可每两年更换一次，每次应按规定数量加注（一般压缩机的铭牌上标注润滑油的型号和数量）。加注时，一定要使用同一牌号的冷冻润滑油，不同牌号的冷冻润滑油混用会生成沉淀物。

制冷系统内制冷剂若泄漏很慢，对冷冻润滑油泄漏影响不大。若系统内制冷剂泄漏很快，冷冻润滑油也会很快泄漏。

汽车空调压缩机是高速运转装置，其工作是否正常取决于润滑是否充分，但过多的润滑油会影响制冷效果。当更换压缩机和制冷系统某一部件时，需检查压缩机内的油量。

维修汽车空调制冷系统时通常不需加注冷冻润滑油，但在更换制冷系统部件以及发现系统严重泄漏时，必须加注冷冻润滑油。

（1）压缩机冷冻润滑油油量的检查　压缩机冷冻润滑油油量的检查方法有以下两种：

1）观察油尺。如图 2-75 所示，卸下加油塞，通过加油塞孔查看并旋转离合器前板；将油尺用棉纱擦干净，然后插到压缩机内，直到油尺端部碰到压缩机内壳体为止；取出油尺，观察油尺浸入深度，当加油合适时，压缩机内油面应在前 4～6 格范围内，若少则加注，若多则放出，然后拧紧加油孔塞。

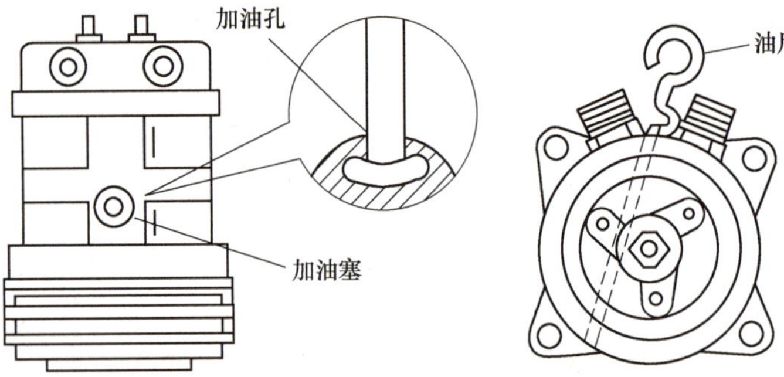

图 2-75　空调压缩机冷冻润滑油油量的检查

2）观察视镜。通过压缩机上安装的视镜玻璃可观察冷冻润滑油油量。如果压缩机冷冻润滑油油面达到观察高度的 80%位置，一般认为是合适的；如果油面在这个界限以下，则应该添加；如果油面在这个界限以上，则应该放出多余的冷冻润滑油。

（2）冷冻润滑油的加注量　新的空调系统，只有压缩机内装有冷冻润滑油，其他各个部件中没有冷冻润滑油。压缩机内冷冻润滑油数量为 120～150mL，不同型号的汽车略有不同。空调系统工作后，冷冻润滑油流动到达蒸发器、储液干燥器和冷凝器内各个部件。更换系统部件时应补充相应同量的冷冻润滑油，其加注量见表 2-7。

表 2-7　更换制冷系统部件时冷冻润滑油的加注量

更换的系统部件	冷凝器/mL	蒸发器/mL	储液干燥器/mL	系统管道/mL
冷冻润滑油补充量	40～50	40～50	10～20	10～20

（3）冷冻润滑油的加注　若压缩机的冷冻润滑油少于标准值，就要进行冷冻润滑油的加注。冷冻润滑油的加注方法有两类，一类在系统抽真空之前，主要有以下 3 种方法：

1）直接加入法。不需用专用设备。用量筒量好需加注的油量，卸下加油塞，旋转离合器前板，使活塞连杆正好在加油塞孔的中央位置，直接从压缩机的加油塞口注入。此法较简单。

2）利用压缩机本身抽吸作用，将冷冻润滑油从低压阀处吸入，此时发动机一定要保持低速运转。

3）利用抽真空加注冷冻润滑油。

①对制冷系统抽真空。

②选用一个有刻度的量筒，盛入比要加注的冷冻润滑油多的冷冻润滑油。

③将连接在压缩机上的低压软管从歧管压力计上拧下来，并将其插入盛有冷冻润滑油的量筒内，如图 2-76 所示。

④起动真空泵，打开歧管压力计上的高压手动阀，加注的冷冻润滑油就从压缩机的低压侧进入压缩机中。当冷冻润滑油量达到规定量时，停止真空泵的抽吸，并关闭高压手动阀。

⑤按抽真空法加注冷冻润滑油后，还应继续对制冷系统抽真空、加注制冷剂。

另一类在系统抽真空之后，其加入工艺如下：

①将歧管压力表、真空泵、注油器上的加油塞和放油阀连接起来，如图 2-77 所示。

②开动真空泵，打开高压手动阀和低压手动阀，关闭放油阀。

③打开注油器的加油塞，从加油塞孔中加入足量的冷冻润滑油，然后将加油塞拧紧。

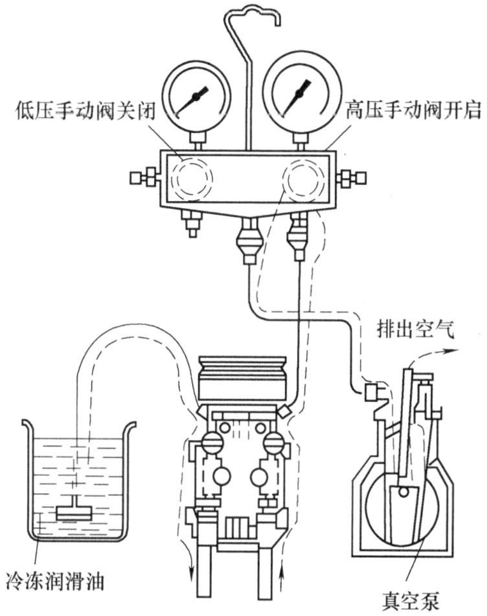

图 2-76　抽真空法加注冷冻润滑油

④观察低压表，真空压力应大于 98kPa，目的是将冷冻润滑油内的水分蒸发汽化以便和空气一起被抽走。

⑤真空泵继续运行 5min，目的是将冷冻润滑油内的水分完全蒸发汽化被抽走。关闭高压手动阀及真空泵，并拆下中间软管，稍微打开低压手动阀，开启放油阀。这时冷冻润滑油被注入制冷系统的低压侧。

⑥当注油器油量减到要加的刻度时，马上关闭放油阀。

⑦冷冻润滑油加入完毕后，关闭低压手动阀，就可加注制冷剂了。

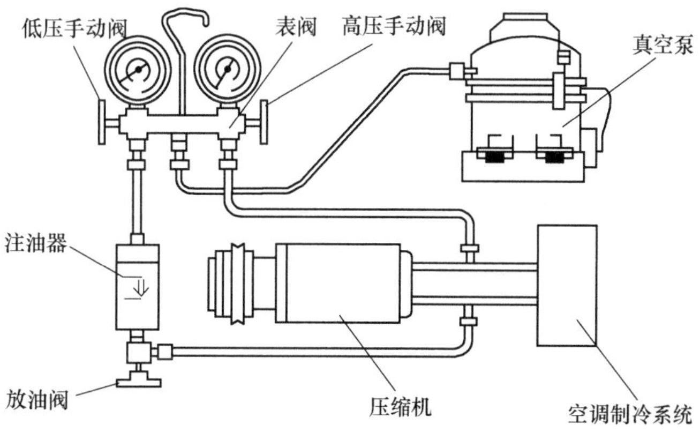

图 2-77　冷冻润滑油加注专用装置的管路连接

模块三　汽车防碰撞与导航系统

任务一　认识汽车防碰撞系统

一、任务引入

目前道路上汽车越来越多，行驶速度越来越快，驾驶人在行车时稍有不慎就可能发生交通事故。汽车防碰撞系统可以直观地显示出周围障碍物的情况，帮助驾驶人前进、倒车或泊车，提高了驾驶的安全性。

二、任务目标

1）了解汽车防碰撞系统的功能。

2）掌握测距系统的结构及工作原理。

3）掌握防碰撞系统的结构与工作原理。

三、相关知识

1. 汽车防碰撞系统的功能

汽车防碰撞系统是一种主动安全系统，是一种可向驾驶人预先发出视听警告信号的探测装置，其作用主要是解决汽车行驶的安全距离问题。当汽车行驶时超过了安全距离，汽车雷达防碰撞系统立即报警以至自动采取减速措施，使车辆处于安全状态。

在正常行驶的情况下，防碰撞系统处于非工作状态；当车辆行驶接近前车车尾时，防碰撞系统立刻发出警告；在发出警告后，若驾驶人没有采取制动、减速等措施，则防碰撞系统便起动紧急制动装置，使车辆减速，以免发生追尾事故。汽车防碰撞控制系统如图 3-1 所示，

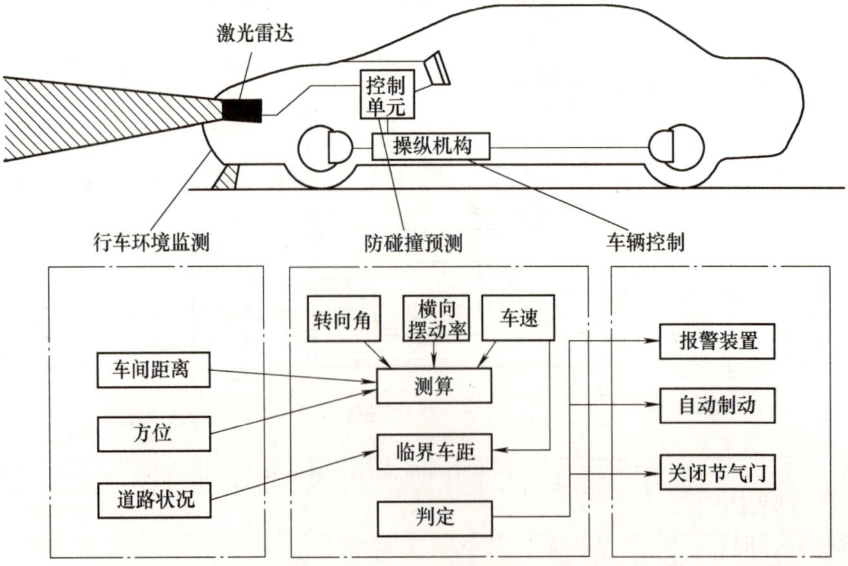

图 3-1　汽车防碰撞控制系统

它具有行车环境监测、防碰撞预测和车辆控制功能。

（1）行车环境监测功能　位于车辆前部的激光扫描雷达能够判定车辆前方物体的距离和方位，并与路面情况传感器共同承担环境监测功能。

（2）防碰撞预测功能　防碰撞分析系统对前后障碍物的距离和方位以及路面信号进行分析，提取有用数据，进行危险性判断，输出必要的警告信号或应急车辆控制信号。

（3）车辆控制功能　根据防碰撞系统输出信号的控制，可实现对防抱死制动系统（ABS）或转向系统的自动操作。当自动操作系统处于工作状态时，如果驾驶人的操作制动力大于自动控制系统提供的制动力，则驾驶人的操作有效，这样可保证自动操作系统失灵时驾驶人控制的制动系统仍然起作用。

测定汽车行驶安全距离的主要方法有超声波测距、激光雷达测距、电磁波测距和 CCD（光电耦合器）摄像元件测距。

2. 测距系统的结构及工作原理

（1）超声波测距　超声波（声呐）作为一种特殊的声波，同样具有声波传输的基本物理特性，即反射、折射、干涉、衍射、散射等。超声波测距就是利用其反射特性，超声波发射器不断地发射出 40kHz 超声波，超声波遇到障碍物后反射回反射波，超声波接收器接收到反射波信号，并将其转换为电信号，测出发射与接收到反射波的时间差 t，即可求出障碍物到汽车的距离 s（$s=\frac{1}{2}ct$，式中 c 是超声波声速），并将距离用数字显示出来，如图 3-2 所示。

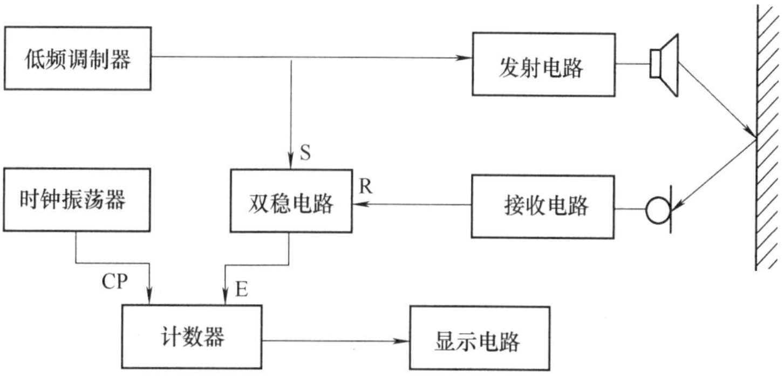

图 3-2　超声波测距原理

一般情况下，可以认为声速是基本不变的，如果测距精度要求很高，可以通过温度补偿的方法加以校正。几种温度下的声速见表 3-1。

表 3-1　几种温度下的声速

温度/℃	-30	-20	-10	0	10	20	30	100
声速/(m/s)	313	319	325	332	338	344	349	386

图 3-2 中的发射电路在发射受低频调制的超声波的同时，使双稳电路置位，此时计数器的闸门 E 被打开，时钟信号开始进入计数器，而当接收电路接收到反射波时，双稳电路复位，计数器闸门 E 被关闭，时钟信号被切断，数据被锁存，然后经译码驱动在显示器上被

锁存的数值。假设声速为 343m/s，则时钟振荡器的频率为 343kHz 时，即可认为显示器上的读数只需要 170.15kHz，因为要考虑超声波来回的双倍时间。

因声波速度小于光速，超声波测距多在车速较慢的倒车测距时使用。倒车时，要求对水平方向更大宽度范围内的障碍进行预测，因而接收传感器一般使用长轴在水平方向的椭圆形扬声器，如图 3-3 所示。

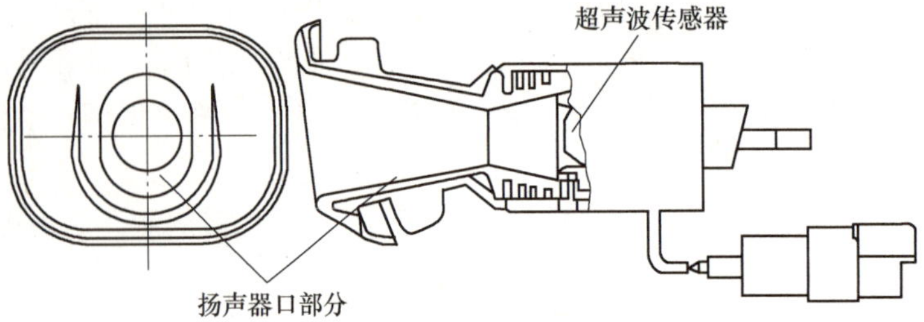

图 3-3　超声波传感器及扬声器

（2）激光雷达测距　早期的激光雷达测距利用车辆发出多支激光束，根据被障碍物反射回来的时间差来计算车与障碍物的距离。目前使用的扫描式激光雷达不单能确定前方障碍物的距离，而且能确定其方位。它一般安装在车辆前端的中央位置，将测得的前面车辆的距离及方位信号送入防碰撞预测系统。

激光雷达的扫描角和视域如图 3-4 所示。激光束的视域窄并呈肩形，即水平面上较薄，垂直面上呈肩形；激光束可在较宽的范围内快速扫描，并通过激光束的能量密度消除因车辆颠簸引起的误差。

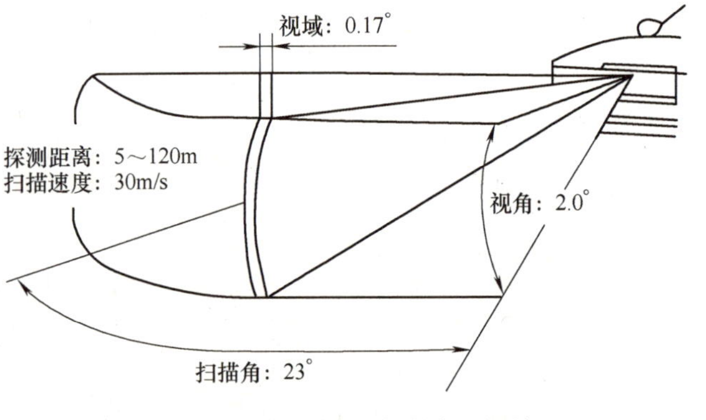

图 3-4　激光雷达的扫描角和视域

通常，激光雷达扫描监测范围为 5~120m，以保证在潮湿路面上，后车减速制动后，不至于碰撞前面暂停的车辆。采用扫描式激光雷达防碰撞系统的工作流程如图 3-5 所示。其防碰撞的判断是从激光雷达所获得的车距与方位的数据组中抽取有用的数据，依据后车的动力学特性进行车辆路径的估算。行车路径估算的半径 R 是根据车速和转角第一次估算的半径 R_1，以及车速和横向摆动速率第二次估算的半径 R_2 来确定的，通常选用估算半径 R_1 和 R_2 的较小值。

在进行追尾危险程度的判定时，根据路面干湿情况、后车车速及相对车速计算出临界车距。计算出的临界车距与实测的车距进行比较，当实测车距接近临界车距时，报警触发信号就会产生；当计算出的临界车距等于或大于实测车距时，便产生紧急制动信号。

（3）电磁波测距　汽车电磁波测距防碰撞系统利用电磁波发射后遇到障碍物反射的回波，对其不断地进行检测，计算与前方或后方障碍目标的相对速度和距离。经分析判断，对构成危险的目标按程度不同进行报警，控制车辆自动减速，直到自动制动。

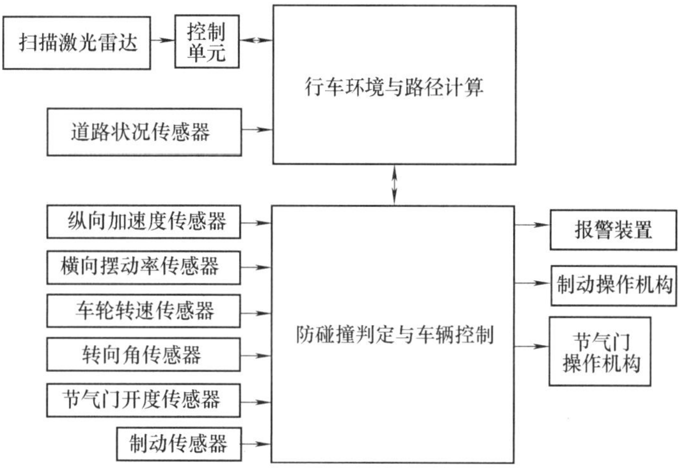

图 3-5　采用扫描式激光雷达防碰撞系统的工作流程

1）电磁波测距防碰撞系统的组成及工作原理。汽车电磁波测距防碰撞系统主要由发射机、天线、收发开关、接收机、信号处理与微处理器、控制电路等组成，如图 3-6 所示。

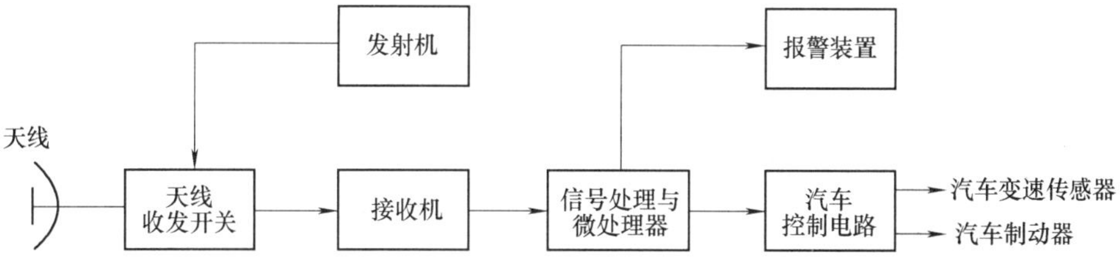

图 3-6　汽车电磁波测距防碰撞系统的组成及工作原理

当发射机采用微波调频连续波调制时，在车辆行进中，雷达窄波束向前发射调频连续波信号，经天线向空间辐射电磁波（其传播速度就是光速）。当发射信号遇到目标时，被反射回来被同一天线接收，经混频放大处理后，可用其差频信号间的相差来表示雷达与目标的距离，把对应的脉冲信号经微处理器处理计算后得到距离数值，再根据差频信号相差与相对速度关系计算出目标对雷达的相对速度。微处理器将上述两个物理量代入危险时间函数数学模型后，即可算出危险时间。当危险程度达到各种不同级别时，分别输出报警信号或通过车辆控制电路控制车速或制动。

2）汽车电磁波测距系统的功能。

①测速测距。

②对前方 100m 内危险目标提供声光报警。

③兼备汽车黑匣子功能。

④自动巡航系统（行驶过程中自动保持与前面行驶车辆之间的距离）。

⑤紧急情况下启动制动系统。

3. 汽车防碰撞系统的组成

汽车倒车防碰撞系统由超声波传感器（俗称探头）、控制单元和显示器（或蜂鸣器）等组成。奥迪 A6 轿车超声波防碰撞系统分为两种类型：四通道式，装有 4 个超声波传感器，均匀安装在汽车后保险杠上未喷漆的部位内，其控制原理如图 3-7 所示，在车上的安装位置如图 3-8 所示；八通道式，在前、后保险杠上都有传感器，其防碰撞控制单元安装在行李箱内的车轮罩上方，卡在挂车识别控制单元下方的一个框架内，声响信号是由车辆前部的一个发声器和后部的一个发声器（四通道式的只有后部的）发出的，可以通过停车辅助开关来手动激活或关闭停车辅助功能，控制原理如图 3-9 所示。

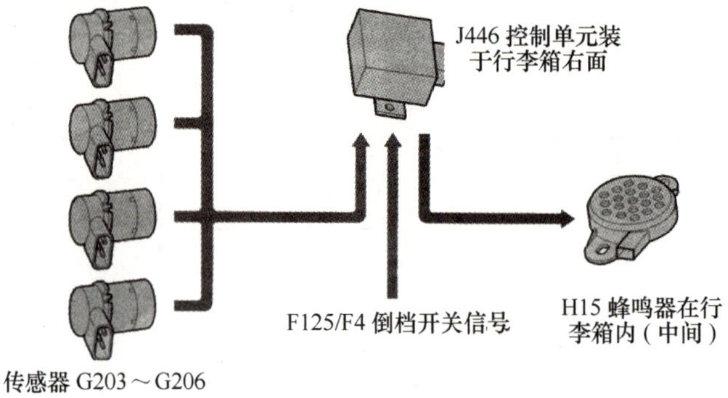

图 3-7　奥迪 A6 轿车四通道倒车防碰撞系统控制原理

奥迪 A6 轿车的超声波传感器主要由一个无线电收发机和一个整理器构成，既是执行元件，又是传感器；既发射信号，也接收信号。控制单元向 4 个超声波传感器中的一个发出命令，该传感器即发出超声波，4 个传感器都接收超声波的回波。在超声波传感器内，整理器将回波信号转换成数字信号，并将其传递到控制单元。控制单元根据回波的传播时间计算出与障碍物之间的距离。

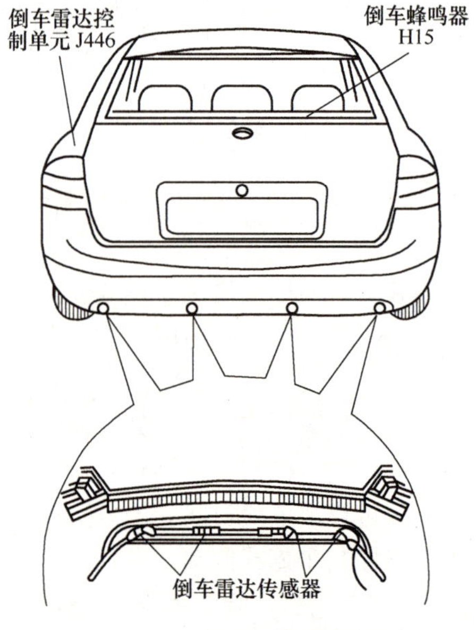

图 3-8　奥迪 A6 轿车四通道倒车防碰撞系统在车上的安装位置

当挂上倒档时，超声波倒车防碰撞系统即开始工作，发出“嘟嘟”的声音，表明该系统状态良好。

当车辆与障碍物相距 1.6m 时，可听见间歇报警声。离障碍物越近，声音越急促。如果距离小于 0.2m，则连续发出报警声。超声波防碰撞系统报警区域如图 3-10 所示。报警声间隔及音量用故障诊断仪 VAG 1551 设定。

由于超声波在空气中会逐渐衰减，离车较远的障碍物反射强度弱，不易被检出。为了能使障碍物的位置分辨得更清楚，超声波传感器将车后方划分成左、中、右 3 个检测区，系统带有故障自诊断功能。

4. 倒车防碰撞系统的工作原理

倒车防碰撞系统一般采用超声波测距原理，在控制单元的控制下，由超声波传感器发射超声波信号，当超声波遇到障碍物时，产生回波信号，传感器接收到回波信号后经控制单元进行数据处理，判断出障碍物的位置，由显示器显示距离并发出其他警告信号，使驾驶人及时得到警告。障碍物的大小、方向、形状等也可以通过超声波测量出来，但受体积大小及实用性的限制，目前其主要功能仅为判断障碍物与车辆间的距离。高档汽车的倒车雷达一般都带显示器，比如液晶显示彩屏倒车雷达、图像加数字显示倒车雷达等，其原理是把倒车雷达主机的信号送到显示器。

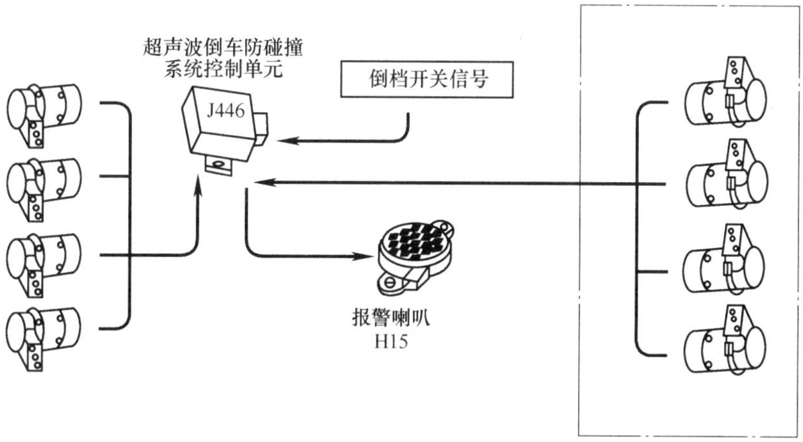

图 3-9　八通道式倒车防碰撞系统的控制原理

5. 多媒体倒车雷达

多媒体倒车雷达的组成主要有：4 颗雷达探头、一个摄像头、一台倒车雷达主机（主要是倒车雷达模块）、一个液晶显示屏等。这种多媒体倒车雷达可以使驾驶人在不回头的情况下，实时了解车后的信息和监测车辆尾部的情况。不过，驾驶人能得到的信息与传感器和摄像头的安装位置和偏向的角度有关。4 颗雷达探头安装在汽车尾部保险杠的左右和中间部分。每个雷达探头的作用夹角是左右各35°。数码摄像头的安装位置一般在高处，并根据实际情况调校角度，以使探测到的视野在合适的范围内，克服侧面可能会形成的盲点。如果调整合适，那么液晶显示屏幕完全可以作为辅助倒车镜。但倒车雷达在变速杆拨到倒档时才接通，因此还有一套转换开关来控制。数字显示给驾驶人提供一个处理后的有关障碍物距离的客观数据，避免由于依靠感觉而导致失误。

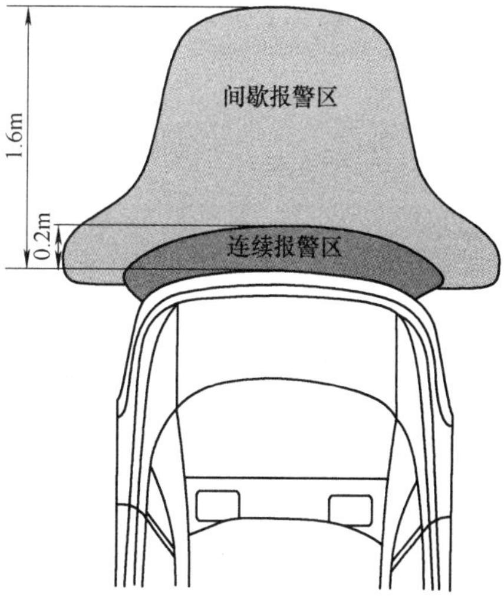

图 3-10　超声波防碰撞系统报警区域

总体来说，这种倒车雷达的实用性很强，精度较高，适合在复杂条件下辅助倒车，例如，夜晚、旁边车辆排列较密集、车位较小的情况。

任务二　别克林荫大道防碰撞系统检修

一、任务引入

别克林荫大道轿车的防碰撞系统又称为物体检测系统（驻车辅助系统）。物体检测系统的配置取决于车型，别克林荫大道轿车装备了双物体检测系统。双物体检测系统能检测和显示车辆前部和后部的物体。

二、任务目标

1）了解别克林荫大道轿车的防碰撞系统的组成。

2）掌握别克林荫大道轿车的防碰撞系统故障码的诊断。

三、相关知识

1. 别克林荫大道轿车防碰撞系统的认识

别克林荫大道轿车防碰撞系统的组成及安装位置如图 3-11 所示，电路如图 3-12～图 3-14 所示，主要包括汽车前、后保险杠上的物体检测传感器，控制单元和后窗台上的扬声器及信息娱乐单元上的扬声器。

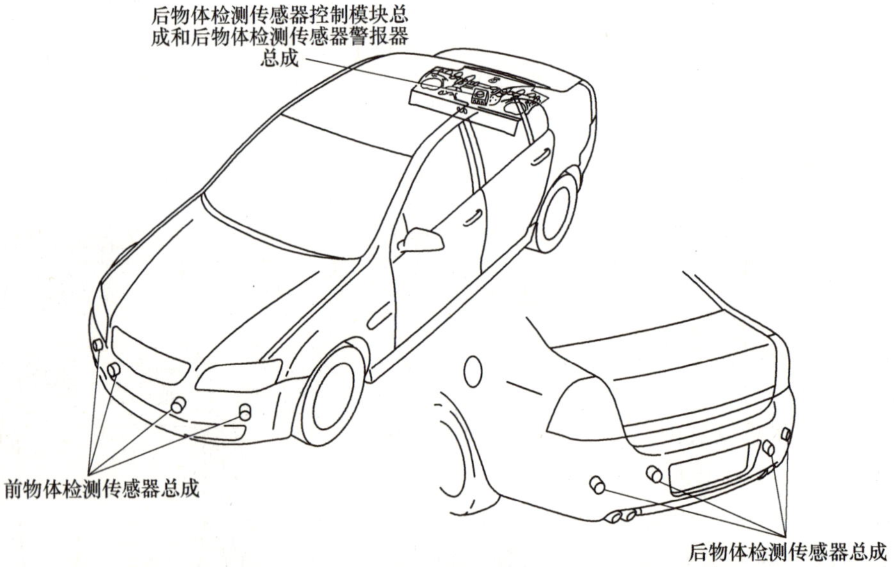

图 3-11　别克林荫大道轿车防碰撞系统的组成及安装位置

后物体检测系统警报提示音和前物体检测系统警报提示音的规范见表 3-2。物体检测系统的工作状态如下：

点火开关置于 ON 位置，选择前进档，只有前传感器启动，并且只从前扬声器发出确认的声音；点火开关置于 ON 位置，选择倒档，只从后扬声器发出一声短暂的声音。否则说明系统有故障。

当车辆的前进速度超过 25km/h 时，双物体检测系统自动禁用。

当选择倒档且前、后传感器同时检测到物体时，会同时指示两个物体。

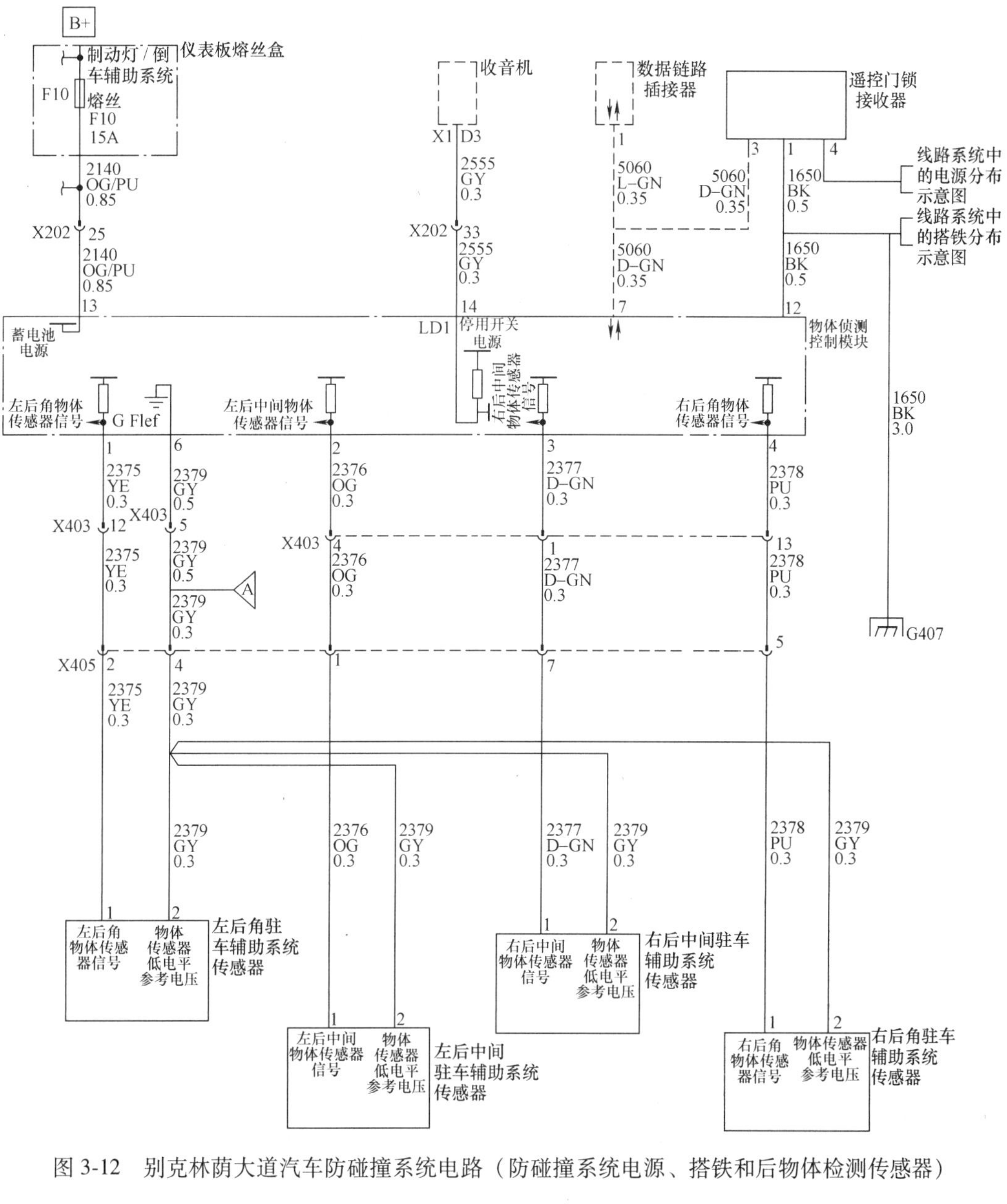

图 3-12 别克林荫大道汽车防碰撞系统电路（防碰撞系统电源、搭铁和后物体检测传感器）

当传感器启动时，物体检测的动画（若装备）会显示在信息娱乐屏幕上。前、后物体检测的检测范围见表 3-2。如果物体进入传感器范围，显示屏上的相应区域会以绿色显示。当物体更加接近时，将显示附加区域，并且这些区域的颜色会变成黄色，然后变成橙色，最后变成红色。

要在操作时听到警报声，当物体检测运行时音响系统将自动静音。

如果检测到固定在车辆上的物体，物体检测系统将在车辆的前进速度达 25～35km/h 后自动完全禁用。当物品拿去或点火开关置于 OFF 位置，然后再置于 ON 时，物体检测系统会自动重新启用。

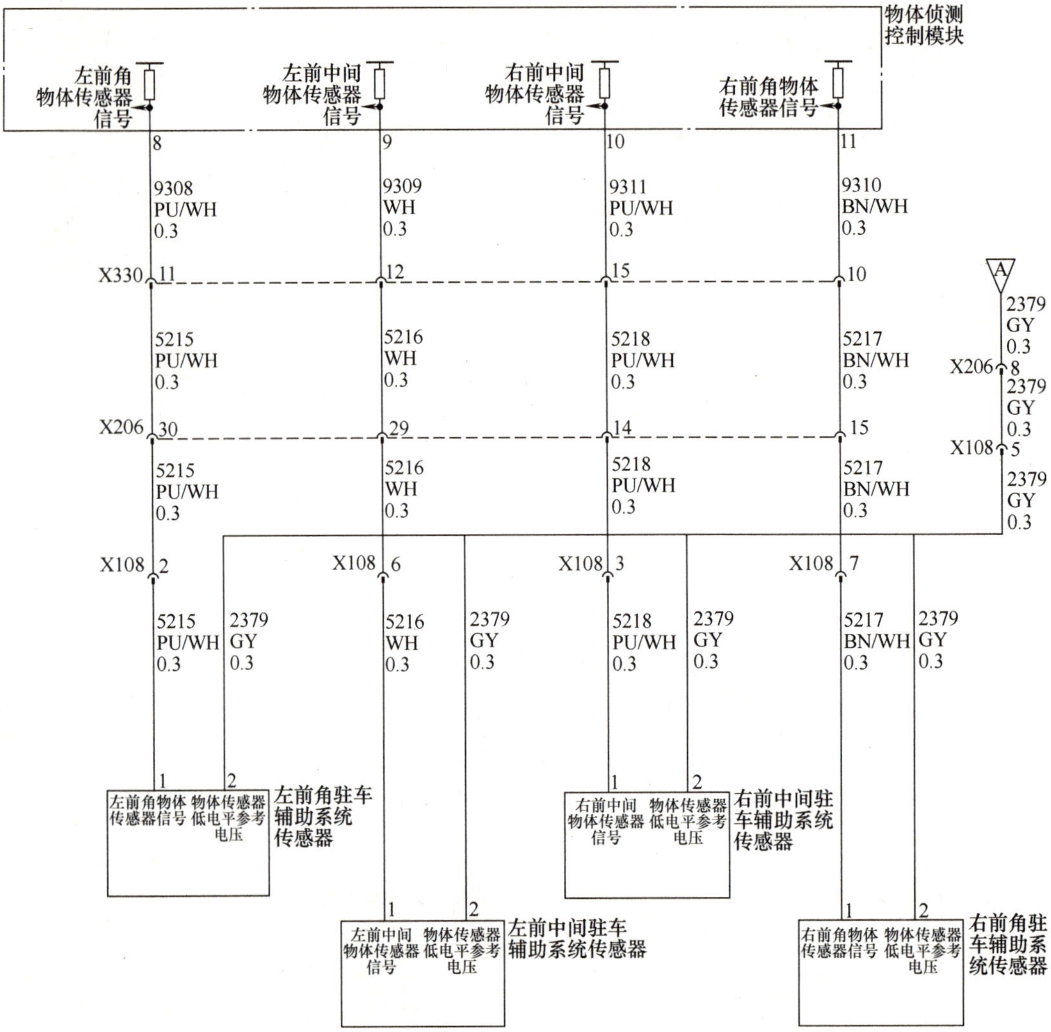

图 3-13　别克林荫大道汽车防碰撞系统电路（前物体检测传感器）

表 3-2　后物体检测系统警报提示音和前物体检测系统警报提示音的规范

	距离/mm	持续鸣响时间/ms	持续静音时间/ms
后物体检测系统警报提示音	小于 400	持续	
	400～800	100	100
	800～1200	100	200
	1200～1500	100	300
前物体检测系统警报提示音	小于 400	持续	
	400～600	100	100
	600～800	100	200
	800～1200	100	300

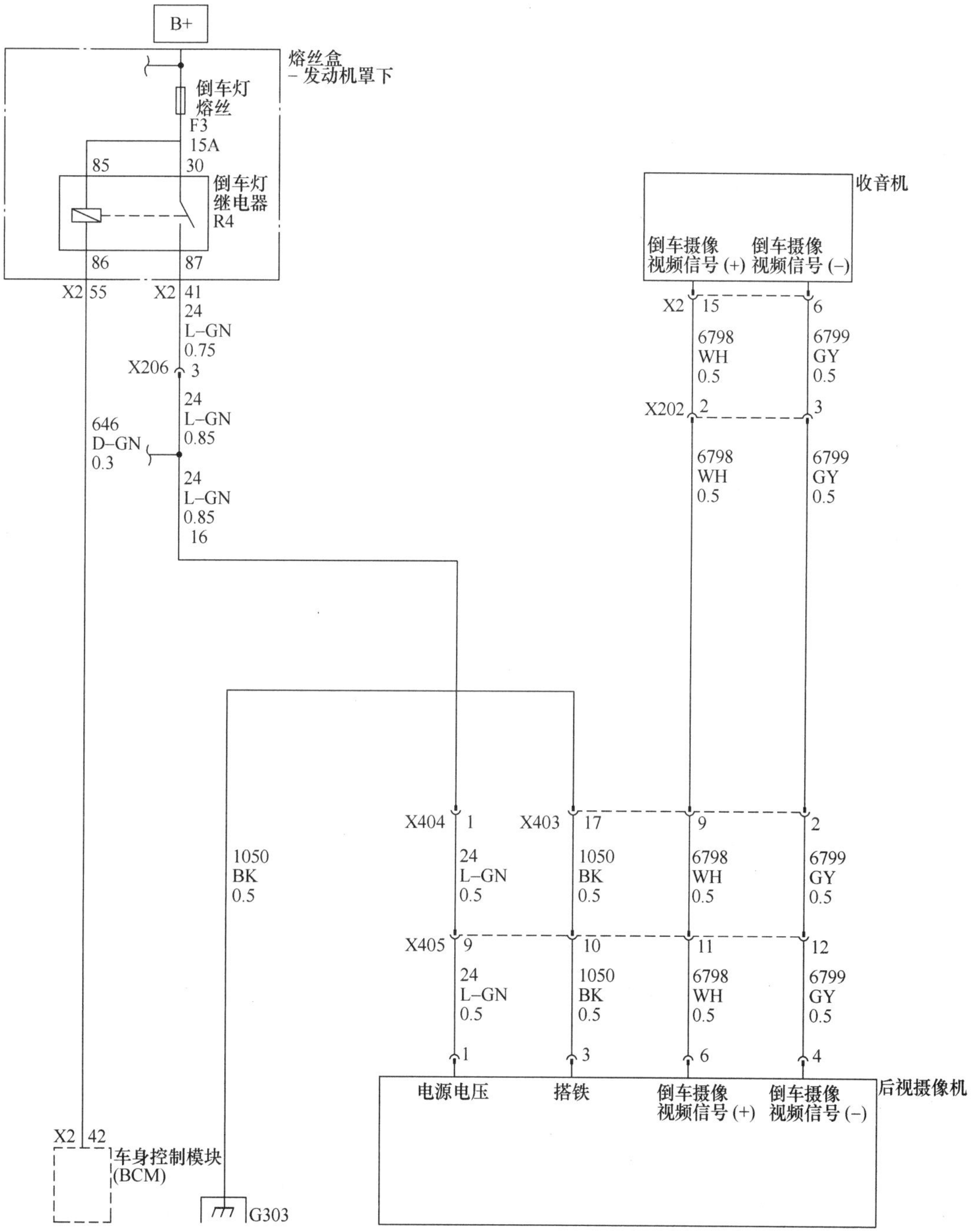

图 3-14　别克林荫大道汽车防碰撞系统电路（后视摄像机）

2. 别克林荫大道轿车防碰撞系统故障码的诊断

注意：在使用本诊断程序前，务必执行“诊断系统检查”。在检查中拆下插接器时，首先检查插接器是否损坏或腐蚀，若有损坏，应修理或更换受影响的部件或插接器。

（1）DTC B0954、B0955、B0956、B0957、B0958、B0959、B0960、B0961 的故障诊断

1）故障诊断信息。DTC B0954、B0955、B0956、B0957、B0958、B0959、B0960、B0961 故障诊断信息见表 3-3。

表 3-3　DTC B0954、B0955、B0956、B0957、B0958、B0959、B0960、B0961 故障诊断信息

故障码	DTC B0954、B0955、B0956、B0957 和 DTC B0958、B0959、B0960、B0961
故障码说明	B0954 06：驻车辅助系统传感器左前外部电路故障 B0955 06：驻车辅助系统传感器左前中间电路故障 B0956 06：驻车辅助系统传感器右前中间电路故障 B0957 06：驻车辅助系统传感器右前外部电路故障 B0958 06：驻车辅助系统传感器左后外部电路故障 B0959 06：驻车辅助系统传感器左后中间电路故障 B0960 06：驻车辅助系统传感器右后中间电路故障 B0961 06：驻车辅助系统传感器右后外部电路故障
故障诊断说明	保险杠上的 4 个超声波传感器检测车辆和物体之间的距离，当汽车以低于 17km/h 的速度驶近物体时，物体检测系统将通知驾驶人，使驻车更容易并帮助避免碰撞
运行故障码的条件	点火电压在 10~15.5V 范围内
设置故障码的条件	物体传感器控制模块至物体传感器警报传感器电路断路、电阻过高、对搭铁短路或对电源短路
设置故障码时的操作	物体检测警报模块设置一个故障码 物体检测警报模块指令驻车辅助启用/停用开关 LED 灯熄灭

2）故障诊断方法。DTC B0954、B0955、B0956、B0957、B0958、B0959、B0960、B0961 故障的诊断方法如图 3-15 所示。

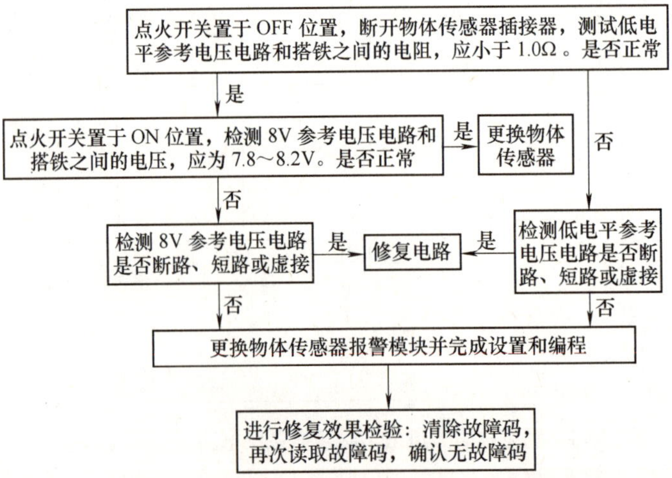

图 3-15　DTC B0954、B0955、B0956、B0957、B0958、B0959、B0960、B0961 故障的诊断方法

（2）DTC B0967 的故障诊断

1）故障诊断信息。DTC B0967 故障诊断信息见表 3-4。

表 3-4　DTC B0967 故障诊断信息

故障码	DTC B0967
故障码说明	DTC B0967 02：驻车辅助开关电路对搭铁短路
故障诊断说明	驻车辅助系统启用/停用开关允许驾驶人在要求时启用/停用驻车辅助系统。驻车辅助开关从物体传感器警报模块得到电源电压，该电源电压通过驻车辅助系统启用/停用开关搭铁
运行故障码的条件	点火电压在 10~15.5V 范围内
设置故障码的条件	物体传感器警报模块检测到启用/停用开关电路对搭铁短路超过 10s
设置故障码时的操作	物体检测警报模块设置一个故障码 物体检测警报模块指令驻车辅助启用/停用开关 LED 灯熄灭

2）故障诊断方法。DTC B0967 故障的诊断方法如图 3-16 所示。

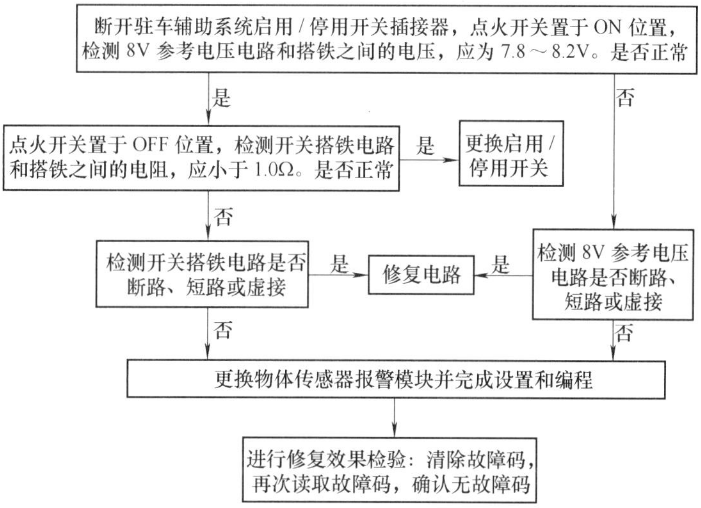

图 3-16　DTC B0967 故障的诊断方法

（3）DTC B1015 的故障诊断

1）故障诊断信息。DTC B1015 故障诊断信息见表 3-5。

表 3-5　DTC B1015 故障诊断信息

故障码	DTC B1015
故障码说明	DTC B1015 00：车辆识别号（VIN）信息错误
故障诊断说明	当点火开关置于 ON，物体检测警报模块执行自检以诊断自身的关键性故障。当物体检测警报模块系统完成加电模式时，物体检测警报模块将通过串行数据通信电路与车身控制模块（BCM）建立通信。车身控制模块随后把车辆识别号发送到物体检测警报模块。物体检测警报模块将接收到的信息与存储器中的数据进行对比。如果存储器中的数据与车身控制模块发送的信息不匹配，物体传感器警报模块会设置一个故障码并指令驻车指示灯熄灭
运行故障码的条件	点火电压在 10~15.5V 范围内
设置故障码的条件	物体检测模块存储的车辆识别号数字与存储在车身控制模块中的车辆识别号数字不匹配 存储于车身控制模块中的车辆识别号与车辆的车辆识别号不匹配
设置故障码时的操作	物体检测警报模块设置一个故障码 物体检测警报模块指令驻车辅助启用/停用开关 LED 灯熄灭

2）故障诊断方法。DTC B1015 故障的诊断方法如图 3-17 所示。

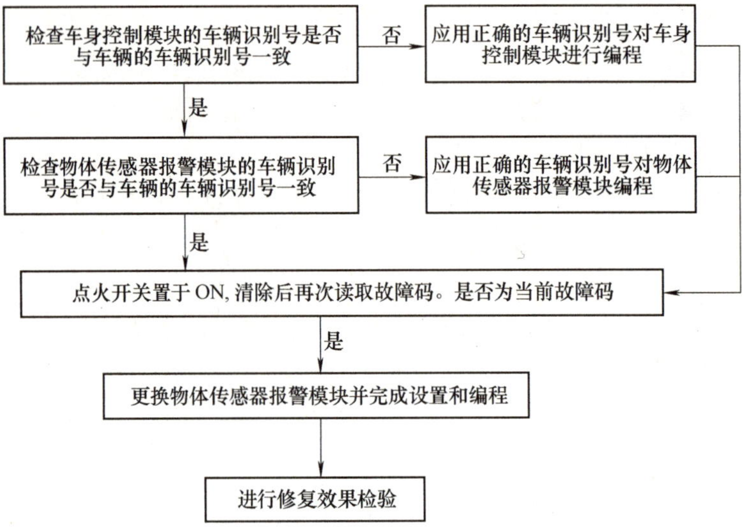

图 3-17　DTC B1015 故障的诊断方法

（4）DTC B1325 的故障诊断

1）故障诊断信息。DTC B1325 故障诊断信息见表 3-6。

表 3-6　DTC B1325 故障诊断信息

故障码	DTC B1325	
运行故障码的条件	点火电压在 10～15.5V 范围内	
故障诊断说明	物体传感器警报模块监视至物体传感器警报模块的输入电压，如果电压高于或低于预定的阈值，设置故障码	
设置故障码时的操作	物体检测警报模块设置一个故障码 物体检测警报模块指令驻车辅助启用/停用开关 LED 灯熄灭	
故障码	故障码说明	设置故障码的条件
B1325 03	装置电源电路电压低于阈值	物体传感器警报模块检测到电源电压电路电压低于 9V
B1325 07	装置电源电路电压高于阈值	物体传感器警报模块检测到电源电压电路电压高于 16V

2）故障诊断方法。DTC B1325 故障的诊断方法如图 3-18 所示。

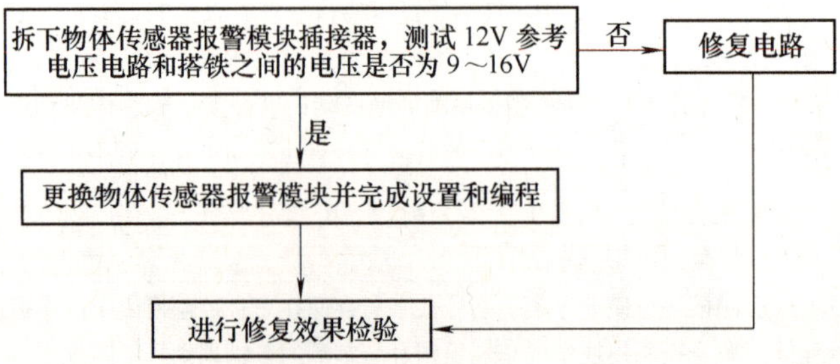

图 3-18　DTC B1325 故障的诊断方法

3. 别克林荫大道轿车防碰撞系统数据流的诊断

别克林荫大道轿车防碰撞系统数据流可以参考维修手册，读取相关数据流可以检查系统各部件工作是否正常。

任务三　认识汽车导航系统

一、任务引入

当驾驶汽车在陌生区域行驶，特别是在难以看清道路标志和周围景色的夜间行车时，会迷失方向。即使白天，明确目的地及行车路线的情况下，在交通比较拥挤的城市中驾车时，也需要根据市内各地区、各街道的汽车堵塞情况进行及时的导向指引，需要各种导向行驶系统来确定其本身的方向和位置，才能到达目的地。为此世界各国先后开发了各种各样的导向行驶系统，即汽车导航系统。

二、任务目标

1）了解 GPS 的发展历史及分类。

2）掌握汽车导航系统的组成及部件结构、工作原理。

3）掌握汽车导航系统的功能。

三、相关知识

1. GPS 的发展历史

全球卫星定位导航系统最初是美国发明和建立的。卫星定位导航即利用卫星给目标进行定位，严格地讲是利用卫星定位导航系统提供的位置、速度及时间等信息来完成对各种目标的定位、导航、监测和管理等。它在野外勘探、陆路运输、海上作业以及航空航天等诸多行业中占据了重要位置。GPS 的发展经历了以下几个阶段：

（1）基础技术研究阶段（1938~1973）　1954~1956 年，扎奇里亚斯与松下公司制作出第一个自足式便携原子钟。1957 年，麻省理工学院开始研究卫星跟踪项目。1958 年，美国开始研制卫星定位系统（子午仪系统）（Transit）。1961 年，航空公司开始了 GPS 系统的发展工作，用于满足军事需要。

（2）计划实施发展阶段（1973~1993）　GPS 实施计划共分三个阶段。第一阶段为方案论证和初步设计阶段。从 1973~1979 年，共发射了 4 颗试验卫星，研制了地面接收机及建立地面跟踪网。第二阶段为全面研制和试验阶段。从 1979~1984 年，陆续发射了 7 颗试验卫星，研制了各种用途接收机。试验表明，GPS 定位精度远远超过设计标准。第三阶段为实用组网阶段。1989 年 2 月 4 日第一颗 GPS 工作卫星发射成功，表明 GPS 系统进入工程建设阶段。1993 年底实用的 GPS 网即（21+3）GPS 星座建成。

（3）技术发展成熟阶段（1994~2008）　1994 年，美国全面建成具有在海、陆、空进行全方位实时三维导航与定位能力的卫星导航与定位系统。1995 年，俄罗斯全球导航卫星系统（GLONASS，Global Navigation Satellite System）组网成功并投入运营。2008 年 1 月 17 日，中国北斗卫星导航定位系统启动。

2. 汽车定位导航系统的分类

汽车定位导航系统的分类见表 3-7。

表 3-7　汽车定位导航系统的分类

分类方式	名称			特征
按功能	单一功能导航			只能显示航行的方向及到达目的地的距离，无任何“导向”功能
	导航综合系统			具有导航、监控、防盗、旅游、交通控制与调度等功能的综合系统
按车辆信息的反馈情况	汽车开环导航系统			从控制中心或电台、卫星传感器等得到定位、方位、方向等信息，根据这些信息和电子地图可以确定起点到终点的最短行驶距离，但汽车行驶信息不能反馈给控制中心
	汽车闭环导航系统			具有开环导航的所有导向功能，且驾驶人可以把行车的实时信息不断向控制中心进行反馈。控制中心掌握的交通及气候等综合信息能及时通知给驾驶人
按有无引导功能	无引导功能			简单的电子地图。驾驶人可以从车上存储器中调出本国城镇的方位、主干道、高速公路、桥梁等交通信息
	有引导功能	内部信息导航	地磁导航	汽车导向行驶系统。主要部件是罗盘传感器
			惯性导航	主要部件是电子陀螺仪
		无线电导航	GPS 导航	通过接收卫星信号，配合电子地图数据，适时掌握车辆的行驶方位、速度、到达目的地的直线距离和已经行驶的里程，以及附近的餐馆、加油站等信息
			固定电台导航	一般是集导向、车辆监控、防盗、差分 GPS 的应用为一体的综合系统，并具有闭环导航系统的功能。一般几十到几百千米为半径设一个中心站，可以把任一车辆的实时轨迹显示在显示器上

3. 汽车导航系统的组成

汽车导航是借助 GPS 及车载电子地图，在电子地图上给驾驶人规划出到达目的地的最佳行车路线，并配有专业导航语言及文字导航信息，引导驾驶人正确驾驶至目的地。汽车导航系统主要由 GPS 接收天线、GPS 接收机、导航 ECU、可视显示器及位置检测装置等组成，如图 3-19 所示。车辆营运管理系统结构如图 3-20 所示。

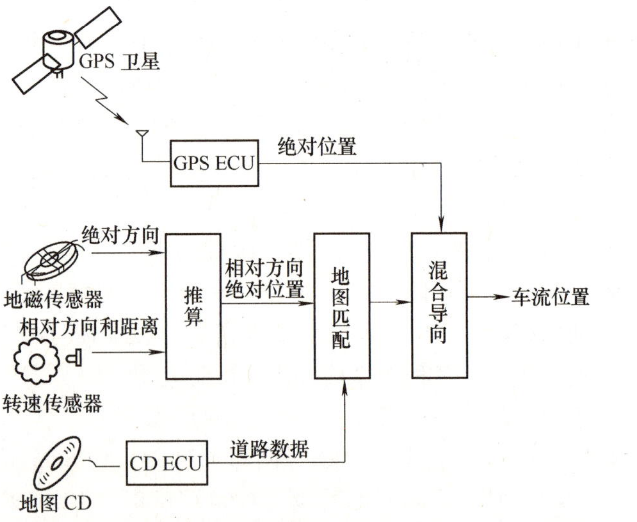

图 3-19　汽车导航系统的组成

汽车导航系统在车上的安装位置如图 3-21 所示。绝对位置的检测采用 GPS，相对位置的检测采用方向传感器（罗盘传感器通过检测地球的磁场，确定汽车的行驶方向；光纤陀螺仪通过测定汽车转弯速度，确定汽车行驶方向），并利用车轮转速传感器根据汽车转弯时方向上的变化，测量车辆的行驶距离。其原理框图如图 3-22 所示。

GPS 导航系统包括三大部分：空间部分——卫星及星座，地面控制部分——地面监控系统，用户设备部分——GPS 信号接收机。

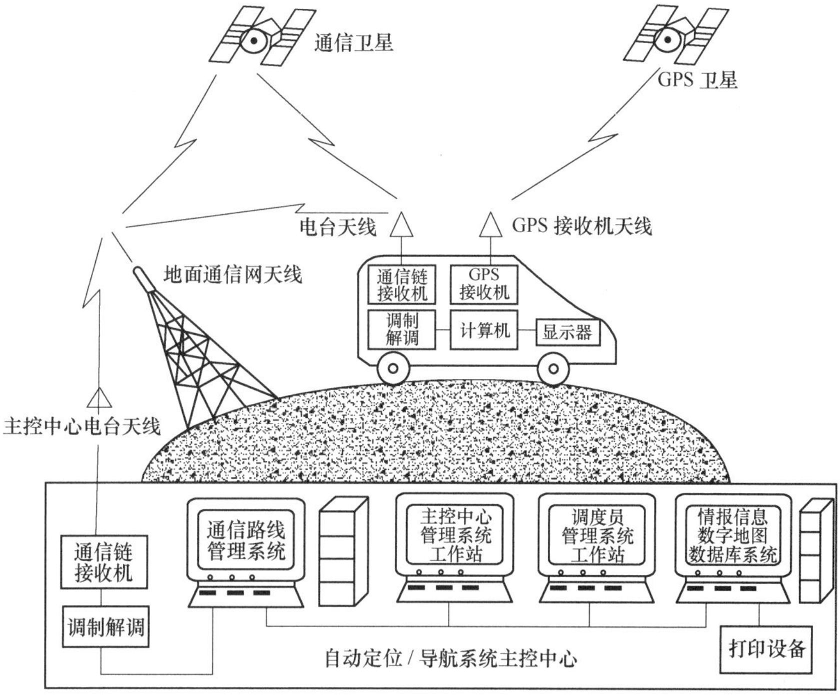

图 3-20 车辆营运管理系统结构

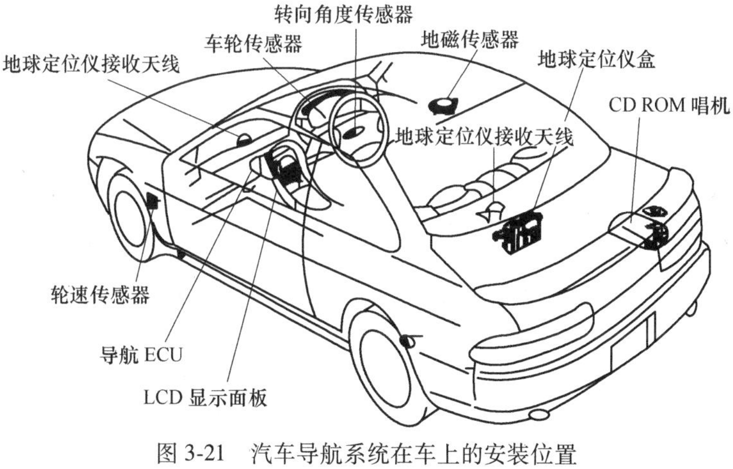

图 3-21 汽车导航系统在车上的安装位置

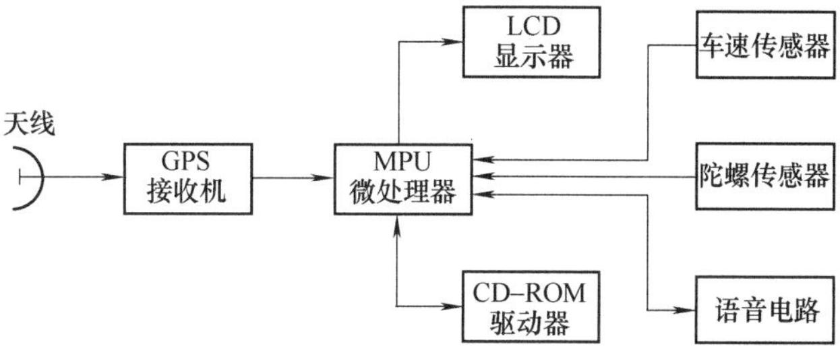

图 3-22 汽车导航系统原理框图

（1）卫星及星座　GPS 导航系统由 21 颗工作卫星和 3 颗在轨备用卫星组成 GPS 卫星星座，记作（21+3）GPS 星座，均匀分布在 21000km 的 6 条地球同步轨道上，每 12h 绕地球转一周，如图 3-23 所示。

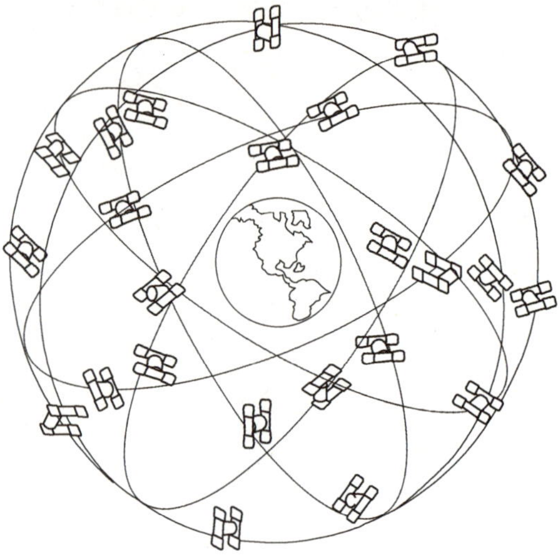

图 3-23　GPS 卫星配置图

（2）地面监控系统　对于导航定位来说，GPS 卫星是一个动态已知点。卫星的位置是依据卫星发射的星历（描述卫星运动及其轨道的参数）算得的。每颗 GPS 卫星所播发的星历是由地面监控系统提供的。卫星上的各种设备是否正常工作，以及卫星是否一直沿着预定轨道运行，都要由地面设备进行监测和控制。地面监控系统另一重要作用是使各颗卫星保持处于同一时间标准——GPS 时间系统。这就需要地面站监测各颗卫星的时间，计算出时钟差后由地面注入站发给卫星，卫星再用导航电文发给用户设备。GPS 工作卫星的地面监控系统包括 1 个主控站、3 个注入站和 5 个监测站。主控站采集数据，编辑导航电文，控制和协调、调整卫星；3 个注入站分别设在大西洋、印度洋和太平洋的 3 个美国军事基地上接收主控站编辑的卫星电文，并将其注入飞越其上空的各个卫星，然后由 GPS 卫星发送给广大用户；5 个监测站分布在主控站和 3 个注入站以及夏威夷岛，可对每颗卫星进行观测，通过注入站及时修正卫星的有关参数，并向主控站提供观测数据。

（3）GPS 信号接收机　GPS 信号接收机的任务是：捕获到按一定卫星高度截止角所选择的待测卫星的信号，并跟踪这些卫星的运行，对所接收到的 GPS 信号进行变换、放大和处理，以便测量出 GPS 信号从卫星到接收机天线的传播时间，解译出 GPS 卫星所发送的导航电文，实时地计算出观测点的三维位置，甚至三维速度和时间。接收机硬件和机内软件以及 GPS 数据的后处理软件包构成完整的 GPS 用户设备。GPS 接收机的结构分为天线单元和接收单元两大部分。对于测地型接收机来说，两个单元一般分成两个独立的部件。观测时，将天线单元安置在测站上，接收单元置于测站附近的适当地方，用电缆线将两者连接成一个整机。也有的接收机中将天线单元和接收单元制作成一个整体，观测时将其安置在观测点上。

4. 汽车导航系统部件结构与工作原理

（1）地磁导航系统　地磁导航系统利用地磁作为导向的基准，如图 3-24 所示，它有一个双线圈发电机型地磁矢量传感器，作为方位传感器（罗盘传感器）。当励磁线圈加载交流电压时，磁场中心的磁力线发生变化。无磁场时，磁场中心电压互相抵消。当外部磁场变化时，磁力线不对称，输出电压成比例变化，从而确定汽车的行驶方向。罗盘传感器一般安装在内后视镜中，并用 LED 显示 8 个方向。这种汽车罗盘在使用中，由于人造强磁场和磁屏蔽等作用，需要经常校正和调整。

（2）惯性导航系统　惯性导航系统实际上是通过电子陀螺仪测定汽车转弯角速度，来确定汽车行驶方向变化的，因此又称为偏航速率传感器。图 3-25 所示为其组成框图，传感器内封入氦气，由气泵压出氦气，并使气体通过装有两个金属加热线圈的检测器。当汽车直线行驶时，氦气同时通过两个加热金属线圈，使其均匀冷却，达到热平衡，电路的输出电压为0。

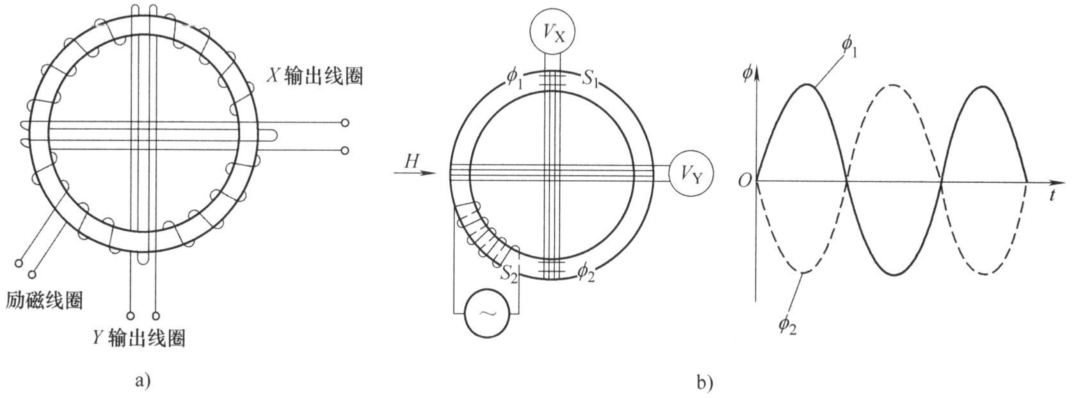

图 3-24　罗盘传感器
a）结构　b）原理

当汽车的行驶方向发生变化时，则产生复合力，如图 3-26 所示，通过金属线圈的气流发生变化，热线圈冷却失衡，在电桥电路中产生输出电压，由此电压即可确定汽车行驶的角速度。在明确汽车行驶速度和行驶时间的情况下，就可检测出汽车的方位和转弯行驶距离。如果与地图结合，再加上显示装置，就可进行汽车导航并描绘汽车行驶的路径。

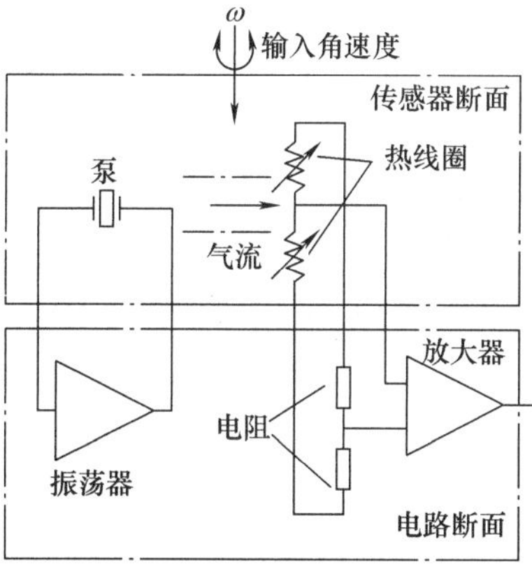

图 3-25　陀螺仪传感器组成框图

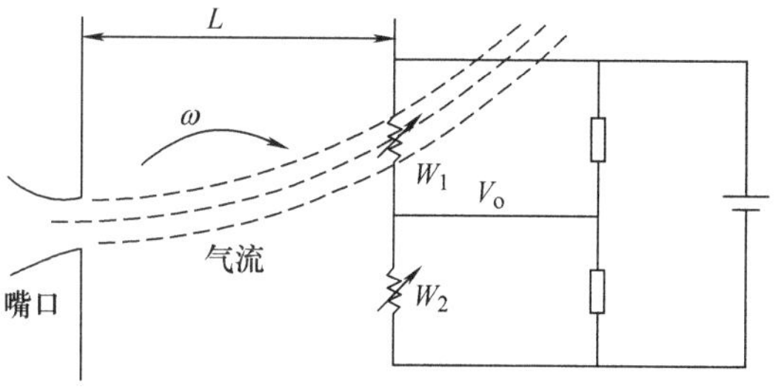

图 3-26　陀螺仪检测原理

这种导航是相对导航，其精确性虽然不受信号影响，但与车速计算、道路倾斜度计算和存入地图是否正确有直接关系，并在下列情况下会造成车辆定位错误：

1）发动机停止后，移动车辆（用渡轮或拖车移动车辆，车辆在回转台上旋转）。

2）轮胎打滑造成行驶偏差。

3）轮胎滚动直径变化（胎压异常、轮胎规格不正确）造成行驶偏差。

4）在笔直或几乎没有弯道的高速公路上连续行驶造成导航发生偏差。

产生的上述错误会不断积累放大，因而需要经常重新定位校正，基本是每次出发前都要进行定位——选择出发地和目的地。

(3) 自行导航　如图 3-27 所示，当汽车行驶在地下隧道、高层楼群、高架桥下、高山群间、密集森林等地段与 GPS 卫星失去联系，中断信号的瞬间，机内可自动导入自行导航系统。

图 3-27　车辆与 GPS 失去联系

自行导航系统是利用在汽车上安装的角速度传感器（陀螺传感器）和车速传感器，根据车辆的行驶轨迹计算车辆的相对位置，从而测定汽车当前位置的检测方法。

1）陀螺传感器。陀螺传感器直接检测出车辆前进方向的变化和行驶状态（即汽车前进的角速度变化值），例如汽车行驶在沟状山道、发夹式弯路、环状盘形桥上或雪道原地打滑、更换轮胎、轮渡过河等情况时，所有这些曲线的距离都与卫星导航的经纬度坐标产生了误差，必须通过陀螺传感器的检测和导航 ECU 的运算才能得到汽车正确的位置。

陀螺传感器安装在汽车电子导航的 ECU 内。目前，常用的陀螺传感器主要有振动传感器、光纤传感器和气体传感器 3 种。

陀螺传感器是利用科里奥利（对振动的物体加以角速度，其振动方向为垂直移动的动力学现象）力学原理设计出的角速度传感器。它由振动器和贴附在其上的压电陶瓷片组成，如图 3-28 所示。

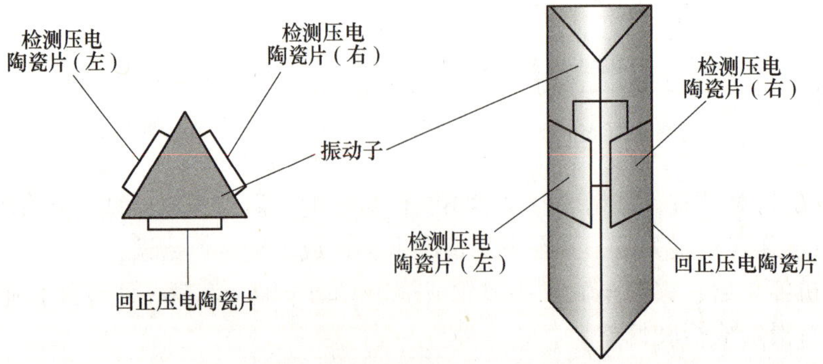

图 3-28　陀螺传感器的结构示意图

陀螺传感器的工作原理是对振动子通以交流电使其振动，振动子的振动使压电陶瓷片产生交流电压。车辆在直行状态时，左、右的压电陶瓷片产生的电压相等，如图 3-29a 所示。当车辆转弯时，由于科里奥利力学原理使振动子起作用，使左、右的压电陶瓷片输出的电压产生差异，根据这个差异测量出车辆的转弯方位和转弯角度，如图 3-29b 所示。

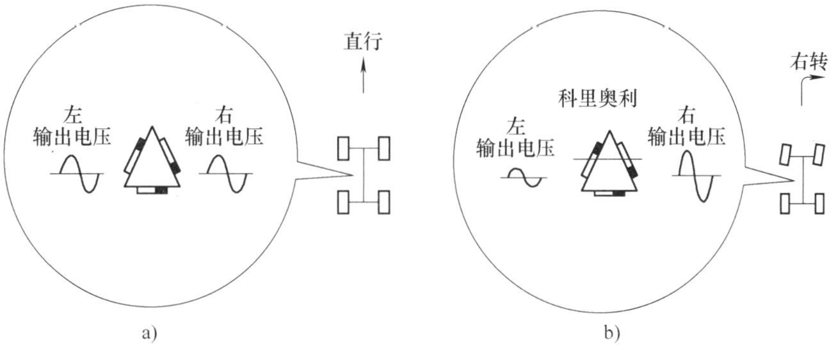

图 3-29　陀螺传感器的工作原理

2）车速传感器。车速传感器从汽车前进的速度中检测出车速脉冲（不同车型的车速脉冲值不同），再通过汽车导航系统 ECU 的数据处理，从速度和时间直接求出车辆前进的距离。导航系统采用了和 ABS 相同的车速传感器。汽车转弯时方向上的变化可以通过左、右车轮转速传感器的输出脉冲差进行检测，如汽车以 R 为转弯半径转 θ 角时，每个车轮按同一个中心进行旋转，如图 3-30 所示，汽车的前内、外车轮分别行走距离的 L_i 和 L_o，可通过下式计算出来：

$$L_i = R_i\theta$$

$$L_o = R_o\theta$$

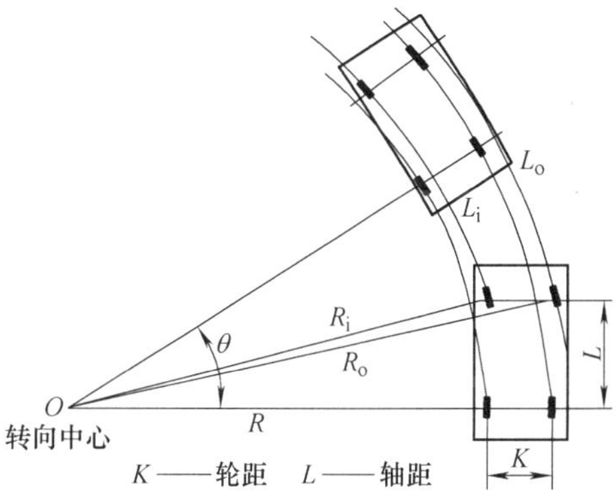

图 3-30　汽车转弯时的车轮路线

此时，车速传感器从汽车前进的速度中检测出车速脉冲（不同车型，车速脉冲值不同，要注意修正），通过汽车导航 ECU 的数据处理，从速度和时间中直接求出前进距离。陀螺传感器直接检测出前进方向的变化和行驶状态（即汽车前进的角速度变化值）。例如，汽车行驶在沟状山道、发夹式弯路、环状盘形桥上、原地打滑雪道、轮渡过河等地段时，所有这些曲线距离与卫星导航的经纬度坐标产生了误差，通过陀螺传感器的检测和微处理器的运算才能得到汽车正确的位置。

（4）地图匹配器　由 GPS 导航与自行导航（包括车速传感器、陀螺传感器）所测到的汽车坐标位置数据及前进的方向，与实际行驶的路线轨迹在电子地图上都存在一定误差。为修正这两者的误差，确保两者在电子地图上路线坐标相统一，必须采用地图匹配技术，即在导航系统控制电路中增加一个地图匹配电路，对汽车行驶路线（各处传感器检测到的轨迹）与电子地图上的道路误差进行实时数字相关匹配，做出自动修正。经过导航 ECU 的整理程序进行实时快速处理，得到汽车在电子地图上指示出的正确位置路线。

由于汽车行驶中接收到的 GPS 信息、陀螺传感器检测到的正确前进方向和车速传感器检测出的前进距离这 3 组数据经过电子地图匹配器得到自动修正，从而完成高精度导航。地图匹配器修正路线如图 3-31 所示。

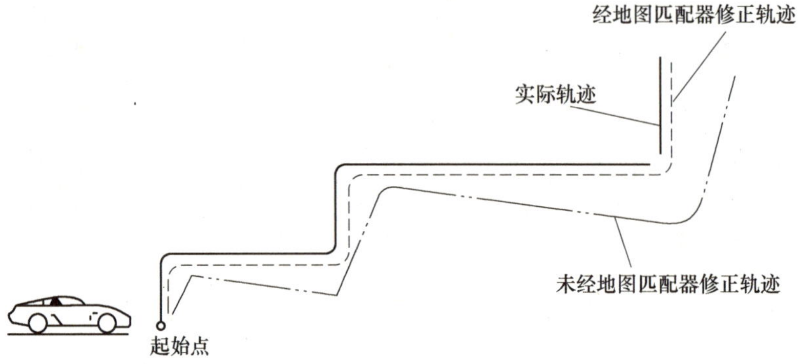

图 3-31　地图匹配器修正路线

在以下情况或者难以接收 GPS 信息的驾驶情况下，汽车位置可能是错误的，此时显示器的当前位置标记需要手动修正：

1）在地图匹配中，判断了汽车当前行驶道路并重新定位后，将显示到达目的地的可选线路及其优先顺序，如果距离或方向有误差，到达目的地的可选线路将以不同的优先顺序显示，从而避免错误线路。

2）当新的道路没有记录在地图中时，或者由于道路维修使所记录的道路分布与实际不相符时，地图匹配不能正常工作。当所行驶的道路不在地图中时，地图匹配功能可能找到另外的道路和位置，并在其上做出当前位置标记。

（5）RF 调制解调器和 RF 天线　使用 RF 调制解调器和 RF 天线接收主控中心发出的信息，同时可反控汽车，实现动态导航。通过 RF 调制解调器建立与交通信息系统（VICS）的联系，得到交通堵塞、道路障碍、施工、停车场情况及交通规则变化等实时交通信息，使驾驶人做出快速反应，解决城市交通堵塞问题。

5. 汽车导航系统功能

汽车导航系统一般由两部分组成：一部分由安装在汽车上的 GPS 接收机和显示设备组成，如图 3-32 所示；另一部分由 ECU 控制中心组成，两部分通过定位卫星进行联系。ECU 控制中心是由机动车管理部门授权和组建的，它负责随时观察辖区内指定监控的汽车动态和交通情况。

汽车导航系统主要有两大功能：一个是汽车踪迹监控功能，只要将已编码的 GPS 接收装置安装在汽车上，该汽车无论行驶到任何地方，都可以通过 ECU 控制中心的电子地图指示出它的所在方位；另一个是驾驶指南功能，车主可以将各个地区的交通线路电子图存储在软盘上，只要在车上接收装置中插入软盘，显示屏上就会立即显示出该车所在地区的位置及目前的交通状态。既可输入要去的目的地，预先编制出最佳行驶路线，又可接受 ECU 控制中心的指令，选择汽车行驶的路线和方向。当汽车行驶在地下隧道、高层楼群、高架桥下、高山群间、密集森林等地段与 GPS 卫星失去联系，中断信号的瞬间，机内可自动导入自行导航系统。此外汽车 GPS 导航还具有以下功能：

（1）对目的地进行最佳路线检索功能　该系统可以直接输入地名、经纬度、电话号码等进行路线检索，并能快捷地提供一条到达目的地的最佳路线，还能实时获得汽车自身所在位置和目的地的坐标，以及全部行驶的直线距离、速度、时间及前进方向。

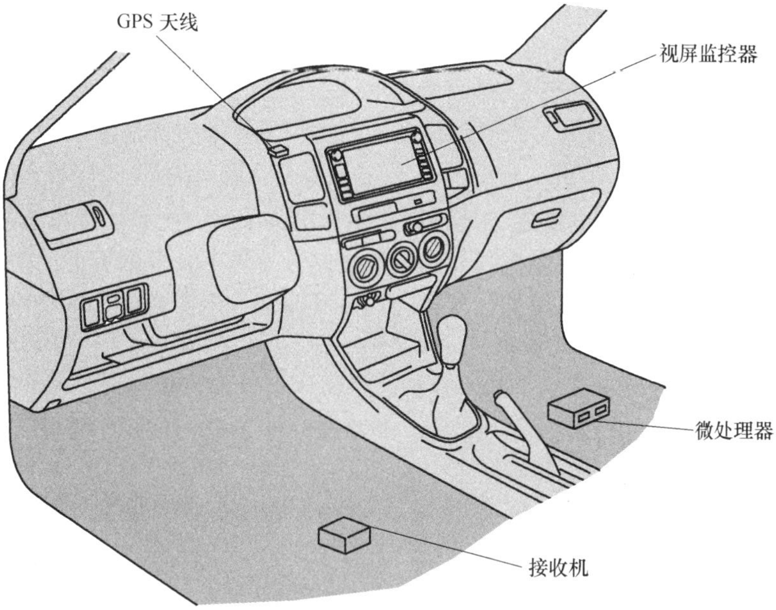

图 3-32　汽车导航系统车上部件示意图

（2）具有瞬时再检索功能　由于道路堵塞、路段施工或走错了路等意外情况，系统推荐的最佳路线行不通时，要有瞬时自动再检索功能，舍去因车辆堵塞、道路施工、走错路等路线，而提供出新的路线可行性。因为该功能是在行驶中进行的，要求快速检索，所以 CPU 应具有高速运算能力。

（3）为检索方便，应提供丰富的菜单和记录功能　整个系统必须建立十分丰富的地名索引，大约应记录 1000 万个住所地名，30 万人口以上城市的电子地图应分 10 层表示，可以用街道、胡同、门牌号数检索。电话号码可根据不同局号、类别，应记录 1100 万件以上，提供比例尺为 25m 的街道增强型地图（还应留有用户自行设置电话号码的地址空间，供用户随时调用存取）。

（4）在适当时间内提供实时语音提示　为使驾驶人事先了解行驶中路面变化情况，该系统在适当时间内做出语音提示。例如，一般道路在 300~700m 之前，高速公路在 2000m、1000m、500m 之前（按当前行驶速度）分别向驾驶人说明前方路面情况及可更改的方向、十字交叉路口名称、高速公路分支点、进出口、禁止左拐、禁止驶入的单行线等提示，同时，应有中英文两种语音供选择。目前已有配备语音识别单元的系统，用语音来指导道路的检索。例如，用会话形式呼出“××区××街道××胡同”，电子地图上立即显示出汽车位置、到达目的地时间、前进方向等信息，不过这种语言需事先登录，还要增加语音识别单元的硬件。

（5）扩大十字路口周围建筑物和交通标志功能　凡行驶在交叉十字路口前 300m 处，高速公路进、出口前 300m 处，都要自动显示扩大了的十字路口附近的全画面图，指出汽车位置、交叉点的名称、到交叉点的距离、拐弯后的道路名称及方向。这种通过开窗程序自动表示交叉路口全画面的扩大图是汽车导航中的一项最主要功能。

（6）扩展功能　为了及时了解路面车辆情况，该系统设有多种扩展接口，以便与交通管理部门、邮电部门、建筑部门的 VICS、ATIS、IIS 联网。

（7）电子导航系统和娱乐系统部件共用　汽车电子设备的迅速发展，许多复杂电路被集成到车辆结构中，例如，许多导航部件与娱乐设备集成为一体。电子导航系统中的导航信号接收机、控制系统、存储器、可视显示设备、声音设备可同时支持导航和娱乐。

6. GPS 最新发展趋势

1）车载导航系统的最新发展趋势是利用蓝牙（Bluetooth）技术，接收车载 GPS 传送过来的信号。这样，车载系统只需要接收和处理卫星信号，显示装置则负责地图的存储和位置的重叠。因此，如果已经有了掌上型计算机，只需要购买一个信号接收器和成图软件就可以了，掌上计算机就做到了一机多用。

2）车载导航系统除了可以用来指路导航之外，还可以发展出许多其他的用途，如寻找附近的加油站、自动提款机、酒店或者其他一些商店，有的还可以提示驾驶人避开危险地区或是交通堵塞。

3）有的车载导航系统还可以有不同的语言显示。有的还可以提示当地的限速、路况和车辆平均速度，估计达到目的地的时间。

4）车辆向交通管理及监控中心逆向传播信息。

任务四　汽车导航系统检修

一、任务引入

汽车导航系统工作是否正常，直接影响汽车舒适性能的好坏。下面以别克林荫大道轿车导航系统和日产颐达轿车为例介绍导航系统的检修。

二、任务目标

1）掌握别克林荫大道轿车导航系统的检修。

2）掌握日产颐达（TIIDA）轿车车载导航系统的检修。

三、相关知识

1. 别克林荫大道轿车导航系统的检修

别克林荫大道轿车 GPS 使用 GPS 卫星发送的信号定位车辆当前所在位置。GPS 天线位于车顶。向导航单元传送信号的同轴电缆同时也向 GPS 天线供电。如果信号被高楼或大树阻挡，则系统可能出现干扰。别克林荫大道轿车导航系统电路如图 3-33 所示，部件的安装位置如图 3-34 所示，常见的故障症状有以下几种：

（1）导航系统 DVD 读出故障　导航系统不能启动或没有可行的输入目标。导航系统 DVD ROM 数据的处理是一个相当复杂的技术过程，不能和音乐 CD 直接比较。因此，数据面上的指印或积灰会导致读盘故障。只有光盘的外部边缘或中心孔可以触碰。应该用一块软布从中心孔向外部边缘轻轻地擦去数据面上的指印或灰尘，导航功能应该恢复正常。在这种情况下，不必更换设备。

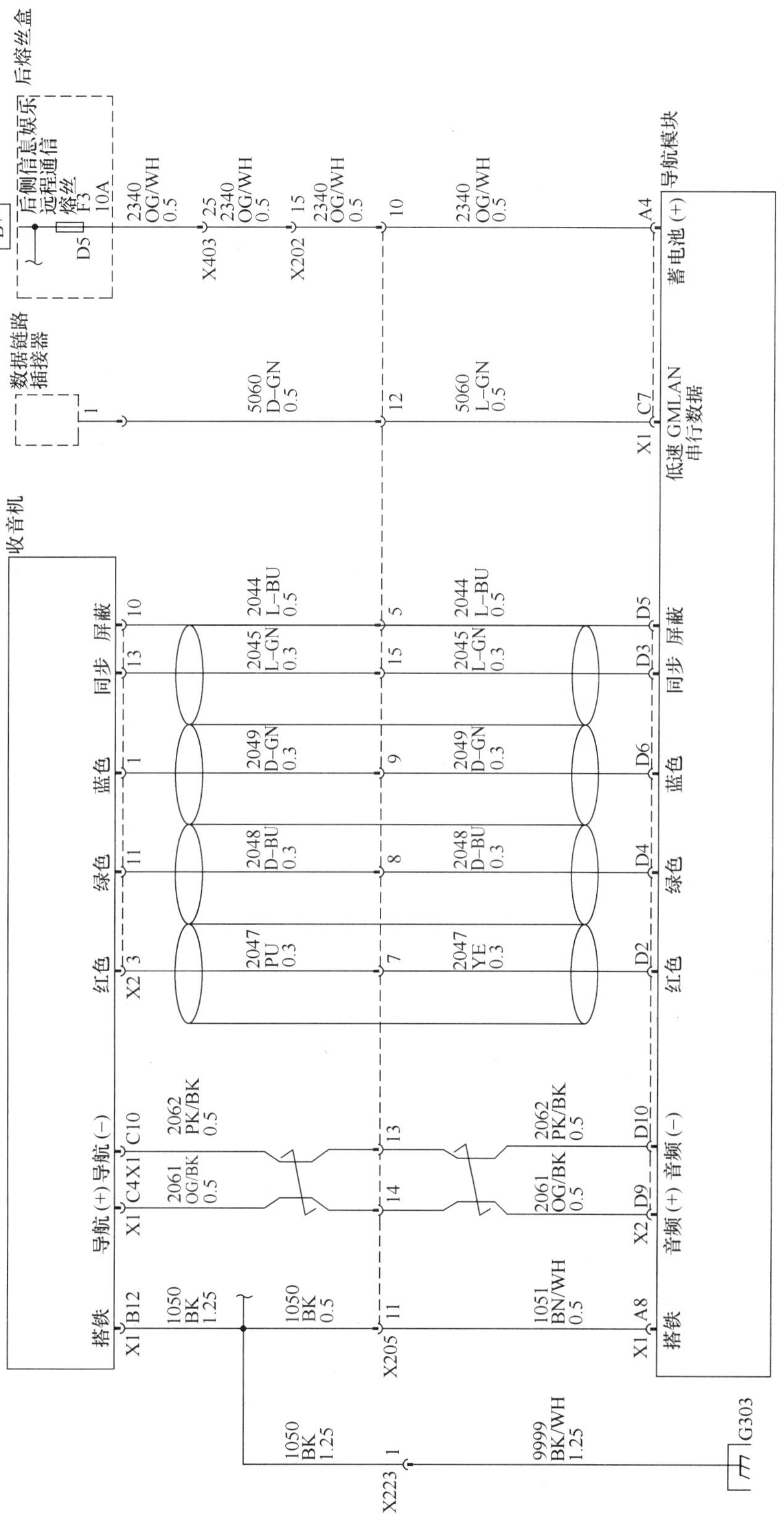

图 3-33　别克林荫大道轿车导航系统电路

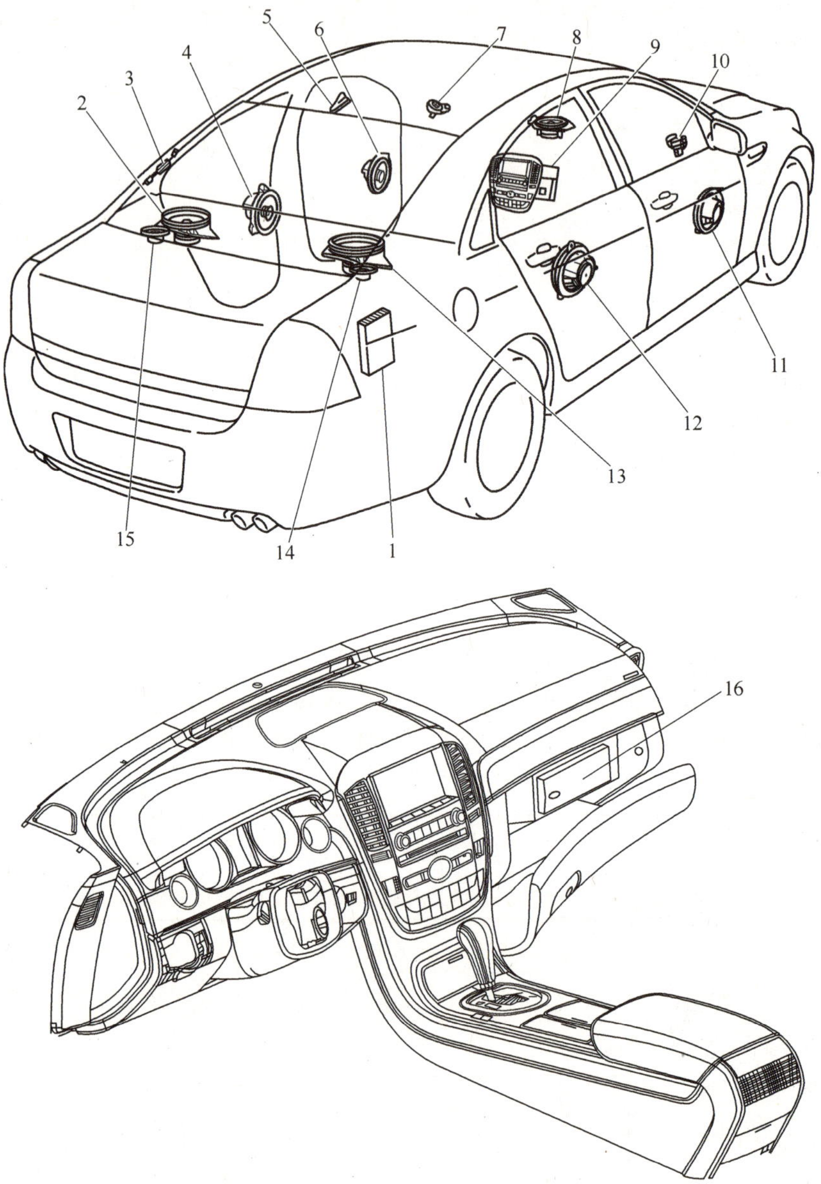

图 3-34　别克林荫大道轿车导航系统部件的安装位置

1—超低音扬声器放大器　2—左后超低音扬声器　3—分集式天线模块　4—左后车门扬声器
5—车顶导航天线　6—左前车门扬声器　7—左前仪表板高音扬声器　8—仪表板中央扬声器
9—信息娱乐总成　10—右前仪表板高音扬声器　11—右前车门扬声器　12—右后车门扬声器
13—右后超低音扬声器　14—右后环绕声扬声器　15—左后环绕声扬声器　16—导航模块

（2）暂时性的导航系统 DVD 读出故障　在外界温度低或空气湿度非常大的情况下，在导航系统 DVD 激光头上可能产生露珠。在这种情况下，系统将需要用稍微长的时间来计算路线。在结露的情况下，音响系统不能聚焦激光读取光盘数据。一旦受热，露珠将在短时间内蒸发，系统也将正常运行。

（3）导航系统偏离道路　有时 GPS 卫星也可能发送错误的数据或变化的信号值，也会由于多路径接收情况造成反射导致 GPS 接收发生故障。

（4）无法选择预期目的地，或者在路线指导过程中系统暂时偏离道路 导航系统可能偏离道路，例如，客户使用了新建的道路，但它在导航系统 DVD 上还找不到。在停车库中或者在隧道或峡谷中行驶也可能出现这种暂时性的偏离道路情况。因为这种情况下导航系统无法正确接收卫星信号，而且停车库是非数字化区域。故障的其他原因可能是使用了陈旧的 DVD 数据盘。

（5）客户没有得到所需的导航路线指南 对于初次使用导航系统的客户来说，如驾驶人选择了一个著名的目的地，他期望系统给出的路线与他平时使用的路线完全一样。但是，导航系统使用复杂的数学算法可能计算出一条和客户预期有差别的路线。系统将提供几种不同的路线计算选项：推荐的路线、优先选择高速公路、无通行费路线、选择最短的可行路线、个人设置路线等选项。有关到达目的地的路程和时间的路线计算结果，取决于所选择的路线选项。

（6）输入的目的地（街道名称）与邮政编码不匹配 在使用邮政编码选择目的地时，系统将只列出那些带有选定的邮政编码的街道作为目的地。可能会发生客户输入了错误的邮政编码，导航单元在地址目录表中将找不到选择的街道，因此，无法提供路线指南。在与客户交谈时，请在“必须确认预期目的地的邮政编码正确”下面画线。另一种方法是，将城市名称也以字母数字方式输入（请注意：在大城市中，同样的街道名称可能被用在不同的行政区）。

（7）导航系统路线指南中断 导航系统路线指南中断可能是由于导航 CD/DVD 的积灰或者光盘的划伤，使导航系统无法读出所需的数据。

（8）自刻录的导航 DVD 引起的导航系统故障 由于市售的 DVD 质量不同和采用的刻录标准不同（DVD-R/DVD-RW/DVD+R/DVD+RW/DVD-RAM），导航数据不能 100%地被存储在自刻录的光盘上，导航模块无法正常读取数据。只有原版的 DVD 数据盘才能使路线计算更为安全可靠，从而产生完美的导航效果。

2. 日产颐达（TIIDA）轿车导航系统的检修

（1）日产颐达（TIIDA）轿车导航系统组成 颐达（TIIDA）轿车导航系统主要由 NAVI 控制单元、后视照相机控制单元、后视照相机、显示器、GPS 系统、GPS 天线等组成。其安装位置如图 3-35 所示，导航系统控制电路如图 3-36 所示。

1）NAVI 控制单元。

NAVI 控制单元包括陀螺仪（角速度传感器）、GPS 调谐器和 DVD-ROM 驱动等。汽车位置由陀螺仪、汽车角度传感器、GPS 卫星和地图 DVD-ROM 的信号计算得到，然后把地图图像信号传输到显示器。显示器的运行信号通过通信线路，从显示器传输到 NAVI 单元。

2）GPS 天线。GPS 天线从 GPS 卫星接收无线电波并将其放大，然后把 GPS 信号传输到 NAVI 控制单元。

3）显示。

①采用了与导航系统操作开关相集成的显示器。

②以显示器边部的面板开关运行导航系统，并触摸显示在屏幕上的开关。

③显示器的操作信号通过通信线路，从显示器传输到 NAVI 单元。

④地图窗口，倒车时的后视影像及时间会显示在屏幕上。

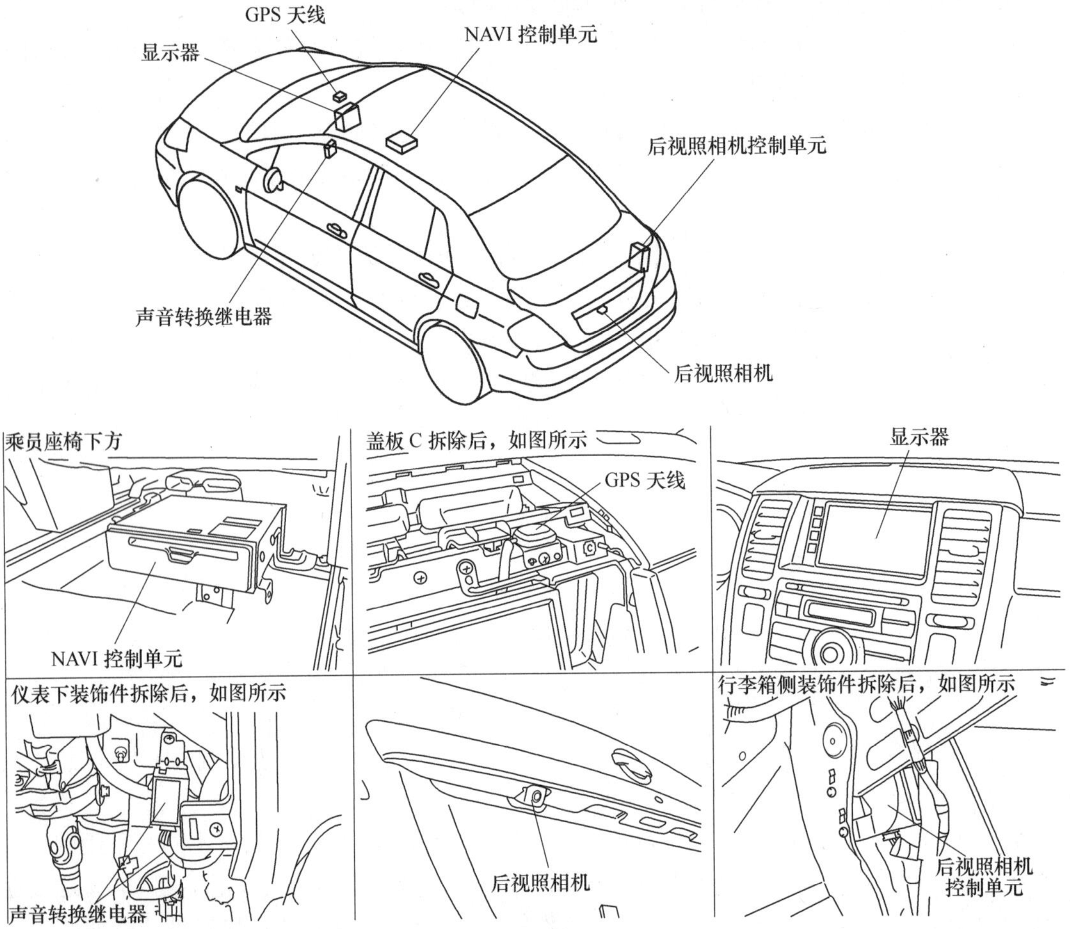

图 3-35　颐达（TIIDA）轿车导航系统安装位置

4）音量变化继电器。音量变化继电器将从音响单元传来的声音信号以及从 NAVI 控制单元传来的声音导向信号进行转换，然后将声音信号和声音导向信号输出到驾驶人端的扬声器。

（2）NAVI 控制单元自诊断　当 NAVI 控制单元、显示器、GPS 天线、地图 DVD-ROM 和检查 NAVI 控制单元和显示器之间的通信信号出现故障时，NAVI 控制单元自诊断功能可以诊断出故障部件。启动自诊断时应按下 MENU 开关-DEST 开关，然后同时按下 MAP 开关和 DISP 开关。

1）在诊断检查屏幕上触摸 MENU 开关即会出现诊断菜单屏幕，然后触摸 Service Check，当在诊断检查屏幕上显示 GPS NG 时，应检查 GPS 系统。

2）在维修检查模式屏幕上读取诊断结果，当 DISP 和 NAVI 同时显示 OK 时，转至步骤 3)；当显示 EXCH 或 CHEK 时，转至步骤 4)；当显示 NCON 或 NRES 时，转至步骤 6)。

3）在维修检查模式屏幕上触摸 LAN Mon 时，可以读取诊断结果。如果 No Err 同时显示在 DISP 和 NAVI 上，则诊断结果为正常；当显示 CHEK 时，转至步骤 5)；当显示 NCON 或 NRES 时，转至步骤 6)。

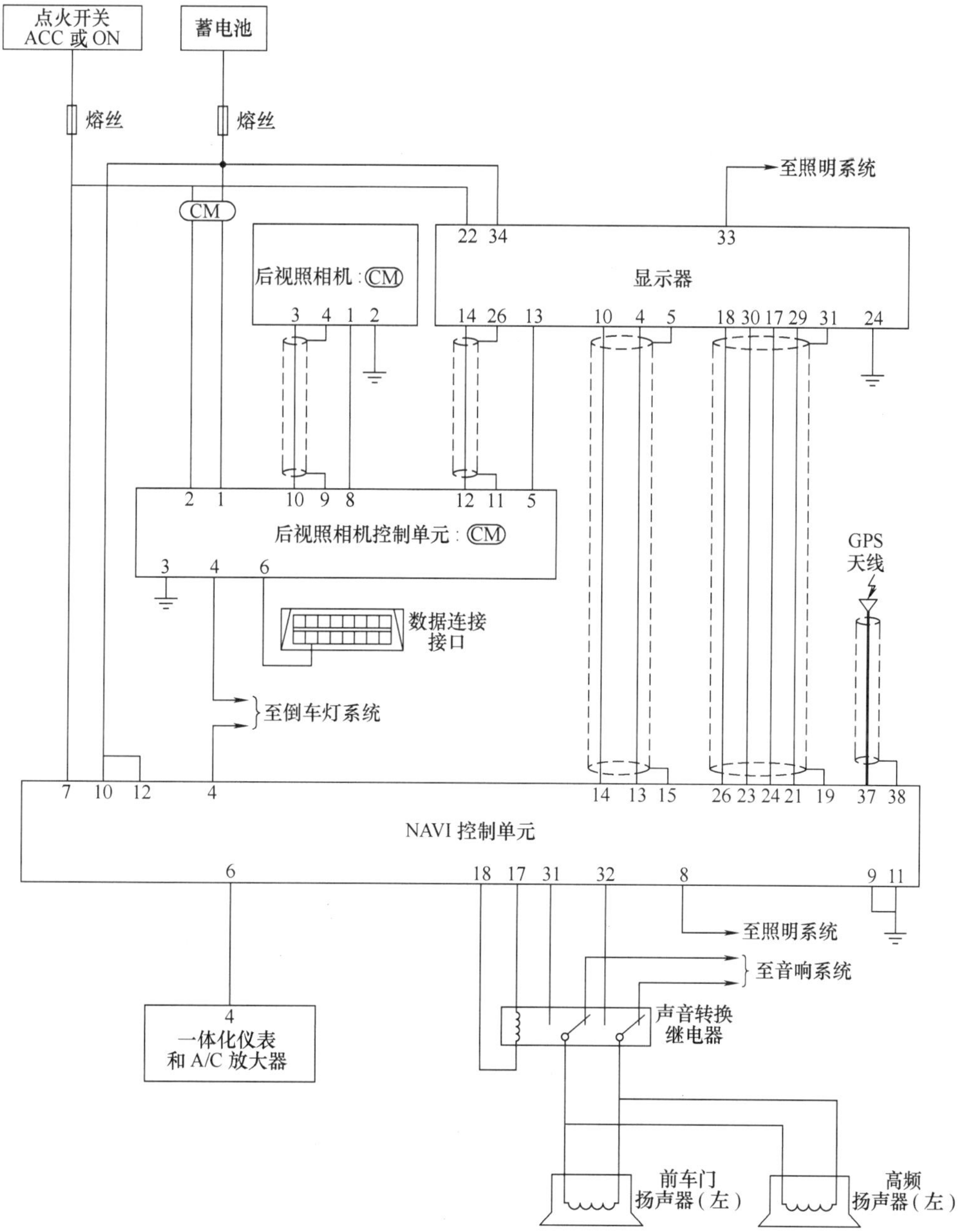

图 3-36　颐达（TIIDA）轿车导航系统控制电路

4）在维修检查模式屏幕上触摸 EXCH 或 CHEK 时，即显示单元检查模式屏幕。读取故障诊断代码，然后根据故障诊断代码（表 3-8）进行诊断。

5）在维修检查模式屏幕上触摸“CHECK”，显示详细屏幕，读取诊断代码，然后用诊断代码清单执行诊断。

6）检查适合设备的电源和接地电路，NAVI 控制单元和显示器之间的通信信号导通性，然后维修有故障的零部件。如果正常，清除记录并再次执行自诊断。如果自诊断结果没有改变，更换合适的设备。

表 3-8　导航系统故障诊断代码表

单元代码	诊断代码	诊断项目	说明	采取措施
01	D6	没有主设备	当点火开关在 ON 位置时，记录该代码的设备可能未连接。当代码被记录时，主设备被拆卸了	①检查诊断代码记录设备的电源和搭铁电路 ②检查 NAVI-DISP 与 DISP-NAVI 通信电路是否没有断路和短路 ③上述检查后如果没有发现任何故障，更换 NAVI 控制单元或显示器，然后启动 NAVI 控制单元自诊断来清除诊断代码 ④清除诊断代码后，重新启动 NAVI 控制单元自诊断。如果没有检测到相同的诊断代码，则诊断结束。如果检测到相同的诊断代码，则更换其他设备
01	D7	连接检查故障	发动机起动后，存储该代码的设备可能没有连接；或在存储该代码后，主设备被断开	
01	DC	传输故障	此代码所显示设备的传输以前没有正常工作	
01	DD	主设备重置（短暂开启）	发动机起动后，主设备已被断开	
01	DF	主设备故障	显示器发生故障	
01	E0	登记结束提醒故障	没有接收到主设备完成登记的提醒命令	即便正常也会记录这些代码，不需要特殊的措施
01	E2	ON/OFF 指示器参数故障	主设备控制 ON/OFF 的命令有故障	更换显示器
01	E3	登记请求传输	由辅助设备输出的登记请求命令	即便正常也会记录这些代码，不需要特殊的措施
01	E4	多路结构失效	在线路上有多路结构传输	
58	10	陀螺仪故障	检测到陀螺仪故障（传感器输出电压指示超过限定时间的异常值）	① 检查汽车传感器屏幕的陀螺仪输出状况 ② 如果陀螺仪输出电压超过标准值，更换 NAVI 控制单元
58	11	GPS 接收器故障	检测到 GPS 接收器故障	
58	12	GPS 接收器故障	GPS 接收器的 RTC 故障	更换 NAVI 控制单元
58	40	GPS 天线故障	GPS 天线插头断开或故障	
58	41	GPS 天线电源故障	GPS 天线信号电路异常电压或短路	
58	42	地图 DVD-ROM 故障	地图 DVD-ROM 数据不能读入	
58	43	车速信号故障	GPS 信号的输入状况与车速信号不一致	① 检查汽车传感器屏幕的汽车速度信号 ② 如果经过以上检查后没有发现任何故障，则更换 NAVI 控制单元
58	44	播放器故障	检查到地图 DVD-ROM 插入/退出故障	① 检查地图 DVD-ROM 插入/退出 ② 如果插入/退出工作异常，则更换 NAVI 控制单元 ③ 如果插入/退出工作正常，启动 NAVI 控制单元自诊断，并且清除诊断代码 ④ 清除诊断代码后，重新启动 NAVI 控制单元自诊断。 如果没有检测到相同的诊断代码，则诊断结束。如果检测到相同的诊断代码，则更换 NAVI 控制单元

（续）

单元代码	诊断代码	诊断项目	说明	采取措施
58	45	高温检测	NAVI控制单元在高温情况下	① 点火开关置于OFF位置，搁置一段时间 ② 启动NAVI控制单元自诊断，并且清除诊断代码 ③ 清除诊断代码后，重新启动NAVI控制单元自诊断。如果没有检测到相同的诊断代码，则诊断结束。如果检测到相同的诊断代码，则更换NAVI控制单元

任务五　汽车导航系统的使用

一、任务引入

汽车电子导航系统可以使驾驶人方便地在陌生地区行车，尤其在难以看清道路标志和周围景色的夜间行车时，能够指示方向，使驾驶人顺利地到达目的地。汽车电子导航系统如图3-37所示。

图3-37　汽车电子导航系统

二、任务目标

1）了解凯立德移动导航系统的功能。

2）掌握凯立德移动导航系统的操作使用方法。

三、相关知识

1. 系统界面介绍

凯立德移动导航系统的界面如图3-38所示，导航界面中各符号的名称及含义见表3-9。

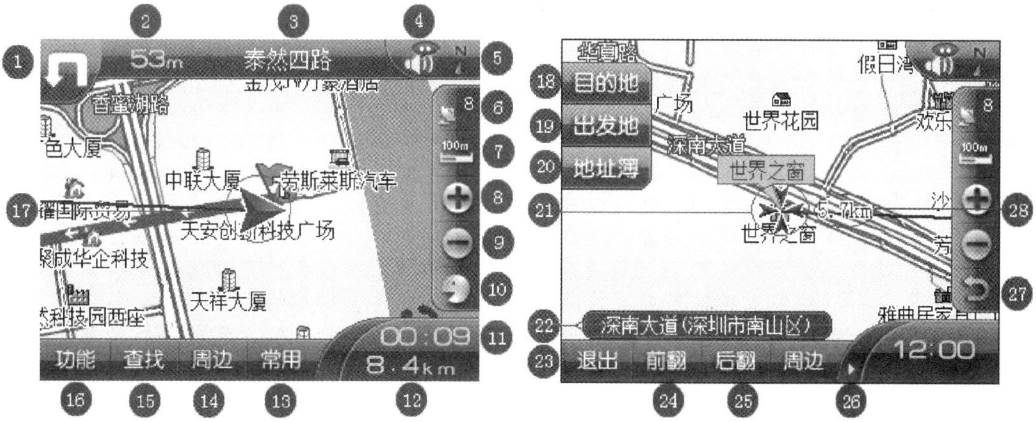

a)　b)

图3-38　凯立德移动导航系统的界面

a）导航地图界面　b）浏览地图界面

表 3-9　导航界面中各符号的名称及含义

序号	名　称	含　义
1	转弯方向	下一转弯方向
2	转弯距离	当前点离下一转向点的路程
3	下一路名	转入下一道路的名称
4	情景模式	点击可以切换语音提示模式，调节音量大小和设置静音。表示安全提示模式、表示标准提示模式，表示简明提示模式
5	地图视图图标	点击图标可切换地图视图模式（表示地图正北，表示图随车转，表示鸟瞰模式）
6	GPS 状态标	显示卫星信号接收状态。表示 GPS 设置不正确，表示暂未收到信号，表示收到信号
7	地图比例尺	显示当前地图比例尺。点击图标可在“1：5km”“1：1km”“1：100m”之间快速切换
8	放大图标	点击图标放大地图比例尺
9	缩小图标	点击图标缩小地图比例尺
10	语音提示	点击图标播放导航语音提示
11	时间	导航状态时显示离目的地的参考剩余时间，非导航状态且收到卫星信号时显示卫星时间
12	路程	导航状态时显示离目的地的参考剩余路程
13	常用功能按钮	点击进入常用功能操作界面。在导航界面中，停止界面操作 10s 后，该按钮自动隐藏
14	周边操作按钮	点击进入智能周边查找界面，查找当前点周边分类设施。在导航界面中，停止界面操作 10s 后，该按钮将自动隐藏
15	查找按钮	点击进入查找界面。在导航界面中，停止界面操作 10s 后，该按钮将自动隐藏
16	功能按钮	点击进入系统功能界面。在导航界面中，停止界面操作 10s 后，该按钮将自动隐藏
17	车标	当前所在地图位置或出发地位置，车标方向表示行驶方向
18	设置目的地按钮	点击按钮将浏览标所在地设置为目的地
19	设置出发地按钮	点击按钮将浏览标所在地设置为出发地
20	存入地址簿按钮	点击按钮将浏览标所在地存入地址簿
21	浏览标	浏览的目标地点在地图上的位置
22	地点名称显示栏	显示地图上当前地点的行政区域、道路名称
23	退出	退出当前操作并返回地图界面
24	前翻	定位前一个兴趣点
25	后翻	定位后一个兴趣点
26	显示、隐藏按钮	当浏览地图界面时，点击按钮显示或者隐藏“功能、查找、周边、常用”功能操作按钮
27	返回	返回到上一步操作界面。如返回到导航界面时返回图标由变成语音提示图标
28	离出发地距离	当前浏览标离出发地的距离

2. 查找兴趣点

在地图主界面上点击“查找”，进入查找输入界面，如图 3-39 所示。输入兴趣点的拼音首字母或关键字，系统将查找出所有含有该拼音首字母或关键字的地点名称。点击“手写”按钮可切换其他输入法或快拼查找。点击行政区显示栏如可设置行政区范围。

注意：如果在“功能/系统/查找相关”中设置了“查找时自动获取当前区域”选项，并且系统接收到有效卫星信号时，行政区域显示栏将自动显示当前城市。

图 3-39　查找主界面

点击“其他查找方式”，则进入其他查找方式界面，如图 3-40 所示。

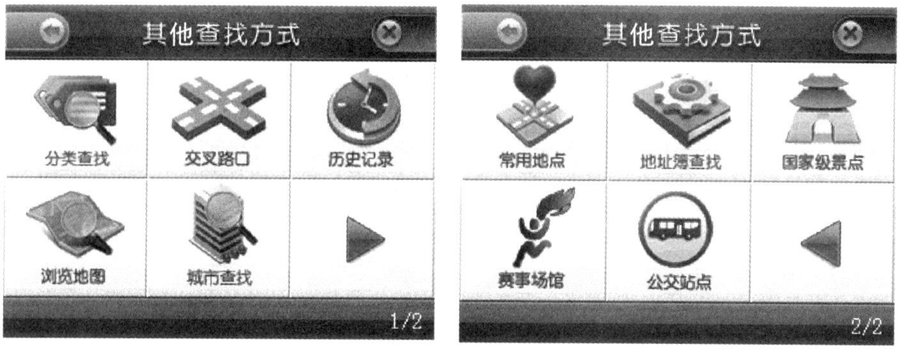

图 3-40　其他查找界面

系统中所用到的查找方式简介见表 3-10，可以根据实际情况选择合适的方法查找兴趣点。

表 3-10　系统中所用到的查找方式简介

查找方式	简　　介
一般查找	一般查找包括快拼查找和关键字查找。依次输入所需查找兴趣点的两个或两个以上拼音首字母，或直接输入所含关键字（输入法包括手写、笔画、数字符号输入法），系统将查找出含有此拼音首字母或关键字的地点名称
分类查找	按类型查找该行政区域内的某种类别兴趣点
交叉路口	查找两条相交道路的路名，系统将查找到这两条路的交叉路口位置
历史记录	在含有先前目的地、经由地和最后一次设置的出发地的历史记录文件夹中快速便捷地查找到兴趣点
城市查找	在行政区域列表中查找某一确定的行政区（如北京市）
常用地点	在常用地点中查找曾经设置好的兴趣点
地址簿查找	当需查找的兴趣点在地址簿中已存储，在地址簿文件夹中快速查找兴趣点

（续）

查找方式	简　介
国家级景点	所查找的兴趣点属于国家级景点。在国家级景点范围中查找兴趣点
赛事场馆	所查找的兴趣点属于2008年奥运会赛场，在奥运会赛场范围中查找兴趣点
智能周边	确定所需查找设施兴趣点的类别（如餐馆、加油站等），系统将快速地查找到某一地点周边的相应设施
公交站点	所查找的兴趣点属于公交站点。在公交站点范围中查找兴趣点
浏览地图直接查找	浏览地图，直接在地图主界面上查找兴趣点

3. 行程管理

（1）规划行程　在地图主界面上点击“功能”>“行程”，进入行程规划界面，如图3-41所示。

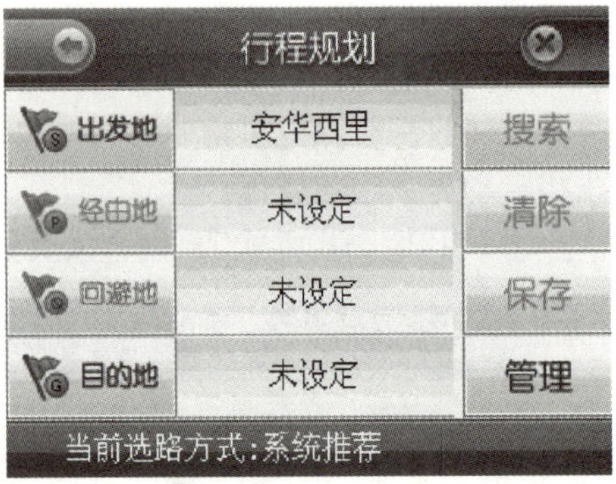

图3-41　行程规划界面

设置出发地：点击出发地显示栏如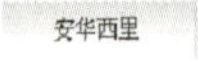

进入查找界面，查找到出发地，进入地图主界面，点击“设定”。设置目的地：点击目的地显示栏如

，进入查找界面，查找到目的地，进入地图主界面，点击“设定”。点击经由地或回避地显示栏如

可设定经由地或回避地，也可略过不设定。

出发地、目的地设定完成后，点击“搜索”，系统将计算出导航路径。点击“清除”则清除先前所设置的经由地、回避地、目的地。点击“保存”可将规划好的行程保存起来，在下次使用时，直接将行程调用出来，不需要再重新设置。如果需要设置其他选路方式，可点击左下角的

进入选路方式界面，选择所需选路方式，点击“确定”即可，如图3-42所示。

（2）管理行程　在行程管理界面中，可以对已经保存过的行程进行载入地图、删除、改名、导入、导出等操作。在地图主界面上点击“功能”>“行程”>“管理”，进入行程管理界面，如图3-43所示。

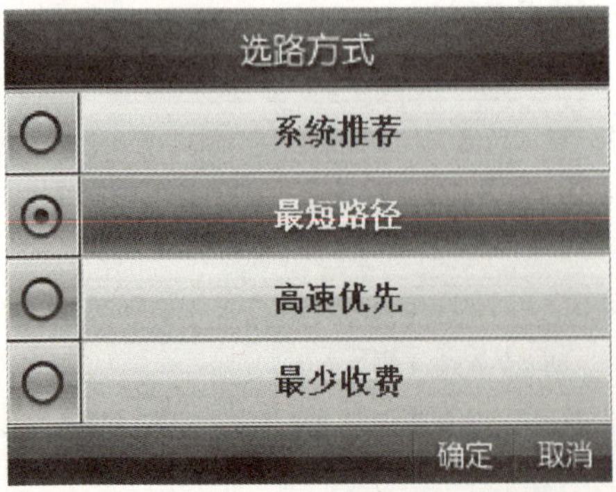

图3-42　选路方式

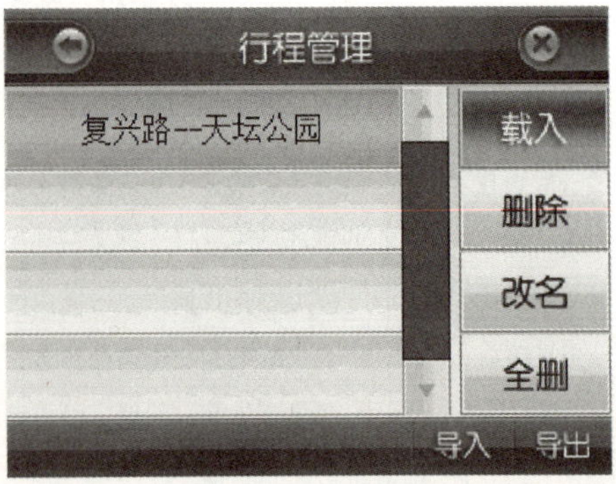

图3-43　行程管理界面

行程管理中的各项功能介绍如下：

“载入”将所保存的行程载入到行程规划中，以进行下一步的导航等功能操作。

“删除”将所保存的行程从系统中删除。

“改名”修改所保存的行程名。

“全删”将所有的行程从系统中一次性删除。

“导入”将 Navione/Route 文件夹内的 RouteList. cld 文件中的行程添加到系统的行程管理中。

“导出”将行程文件导出到 Navione/Route 文件夹中，系统自动生成一个以 RouteList. cld 命名的文件（如果是第二次导出，则新导出的文件将覆盖原存文件，原存文件中的行程就会被覆盖，请谨慎使用导出功能）。如果将该文件拷贝至其他同系统的导航仪存储卡（如 SD 卡）的相同目录下，就可在另一台导航仪上通过导入功能使用已保存的行程。

注意：请不要删除 Navione 文件夹下 Route 文件夹；一旦删除，会导致行程导出功能无法正常操作；如果误删了，请重新建立 Navione 文件夹下 Route 文件夹，导出功能即可恢复。

4. 常用功能

在地图主界面上点击“常用”，进入常用功能界面，如图 3-44 所示。

（1）模拟导航　点击“模拟导航”可预先感受整个导航过程。在地图主界面上点击“常用”>“模拟导航”，进入模拟导航界面，如图 3-45 所示。模拟导航界面功能见表 3-11。

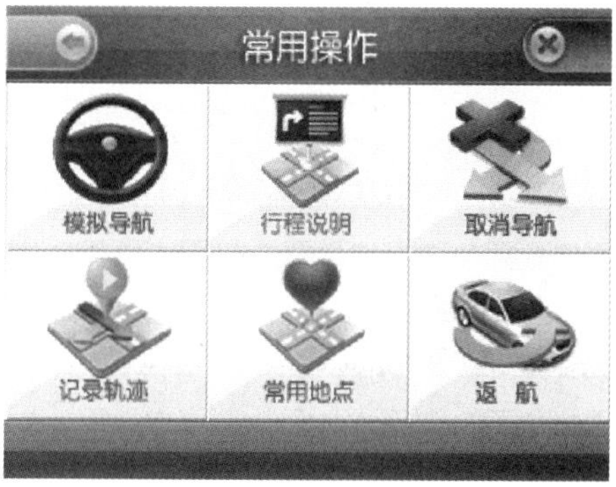

图 3-44　常用功能界面

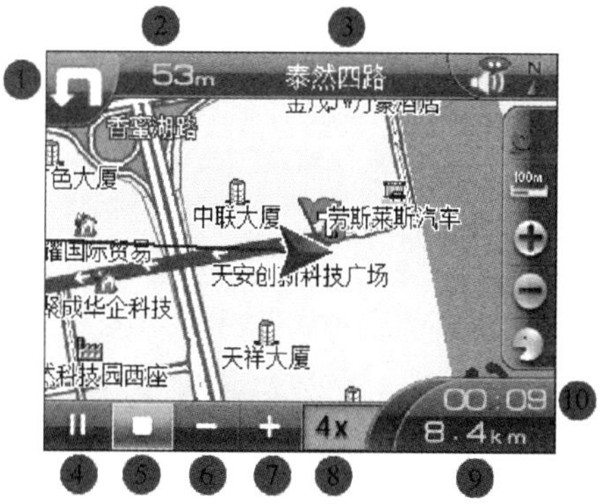

图 3-45　模拟导航界面

表 3-11　模拟导航界面功能

序　号	名　　称	含　　义
1	转弯方向	模拟导航中，下一转弯方向
2	转弯距离	模拟导航中，当前点离转弯点的路程
3	下一路名	模拟导航中，转入下一道路的名称
4	暂停/开始	点击切换暂停或者开始模拟导航。暂停按钮状态为：，开始按钮状态为：
5	停止	点击可停止模拟导航状态，返回导航地图界面
6	减速按钮	模拟导航中，点击可降低一个行驶速度级别，最低可降到 1x
7	加速按钮	模拟导航中，点击可提升一个行驶速度级别，最高可提升到 16x
8	速度级别	模拟导航中，当前行驶速度级别，速度级别分为 1x、2x、4x、8x、16x 共 5 个级别
9	剩余路程	模拟导航中，车标所在位置离目的地的路程
10	剩余时间	模拟导航中，从车标所在位置行驶至目的地的时间

（2）查看行程说明　设置好路径后，点击“常用”>“行程说明”，可以查看行程说明，充分了解行程。

（3）取消导航路径　在地图主界面上点击“常用”>“取消导航”，可取消导航路径。

（4）记录行驶轨迹　点击“常用”>“记录轨迹”。当系统收到有效卫星信号时，实际行驶轨迹将被记录下来。

（5）停止记录轨迹　点击“常用”>“停止轨迹”，所记录的轨迹将被保存下来。

（6）常用地点　通过此功能，可以设置4个使用率较高的地点（如家的地点、单位的地点等），用以快速便捷地查找这4个地点。如图3-46所示。在地图主界面上点击“常用”>“常用地点”，即进入常用地点界面。

直接点击常用地点条栏，可快速将该点设置为目的地，规划导航路径。点击“设置”，即进入常用地点设置界面，如图3-47所示。

点击地点标签右侧的空白显示栏可设置具体地点，如设置“国家海洋局”为“单位”的地址。点击常用地点标签，可设置该标签名称（系统标签不可设置，“家”和“单位”属系统标签），如将“常用地点3”设置为“学校”。

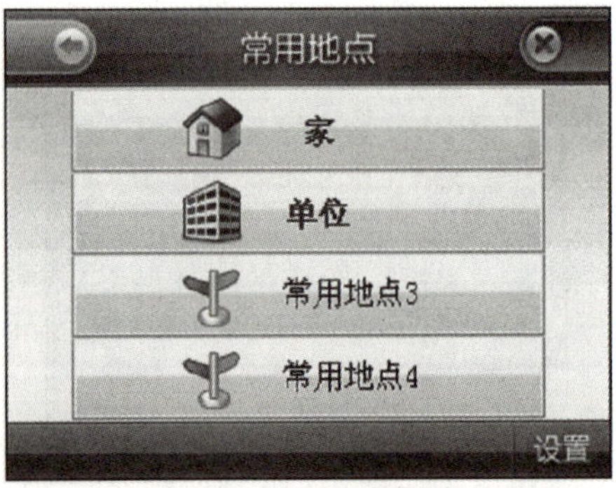

图3-46　常用地点界面

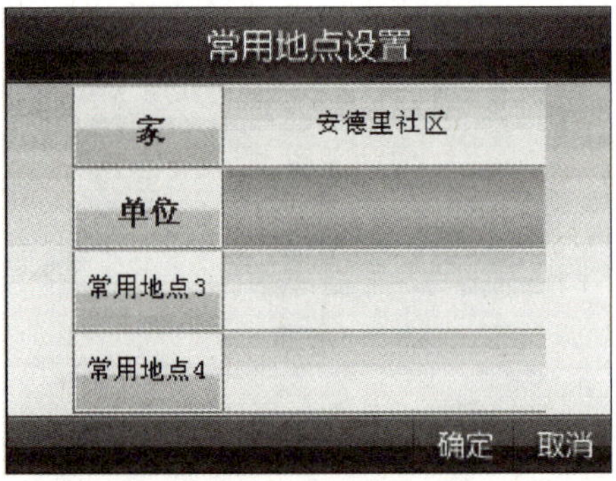

图3-47　常用地点设置界面

（7）返航　在当前导航路径下将出发地与目的地调换，以实现沿原路径返航的目的。在地图主界面上点击“常用”>“返航”即可。

模块四　夜视系统与平视显示系统

任务一　认识夜视辅助系统

一、任务引入

长久以来，黑夜和恶劣气候环境一直困扰着驾驶人和汽车领域的科研人员。在黑夜情况下驾驶频频有事故发生，而能见度较低的恶劣天气同样导致事故频发。受气候变化以及大气污染的影响，近两年来大雾对我国的交通影响呈上升阶段，对人民生活及国家财产造成很大的损失。大雾天气容易引发交通事故，交通事故发生几率是其他灾害性天气的2.5倍，引起的事故伤亡人数在交通事故中所占比率较高。此外，由于恶劣天气影响还会造成大量的间接经济损失和社会问题。

二、任务目标

1）了解夜视系统产生的背景。

2）掌握红外夜视系统的工作原理及优点。

三、相关知识

1. 产生的背景

视觉不良是交通事故发生的最主要根源之一。视觉不良主要分为两种情况，一种是能见度低下，包括照明条件差、恶劣天气环境等；另一种是光照污染，如会车时远光灯互射等情形。利用先进的红外成像原理，获取图像信息，经过特殊处理，最终将其反映给驾驶人，由于红外具有昼夜无差别、可透浓烟、大雾、粉尘等恶劣环境的特点，并且能够与其他视觉技术一样提供可视化信息，进行事前告知、过程记录和事后重现，可以提早防患于未然，大大地提高了汽车在特殊天气行驶的安全性。因此，国际上越来越多的汽车安全研究计划和方案中开始涉及红外。随着红外产品性能不断提高、价格不断下降，已经具备了在民用汽车上使用的条件。目前，在宝马、奔驰、凯迪拉克等部分高端车型上已有实际应用。

图4-1　微光技术成像效果

2. 提高黑夜和能见度低情况下观察能力的技术手段

（1）微光技术　微光技术是把可能存在的微弱自然光放大，此项技术产生于20世纪40年代，采用图像增强器将星光加以放大，采用高灵敏度可见光CCD进行成像。微光技术成像效果如图4-1所示。其主要特点是完全被动工作、作用距离短，一般可视距离小于 100m。目前，在军事用途上逐步被红外热成像技术所取代，但仍有大量现存装备在使用。

（2）红外辐射技术　红外辐射是一种电磁波，位于可见光的红光之外直至毫米波段，波长为 0.7~1000μm，如图 4-2 所示。

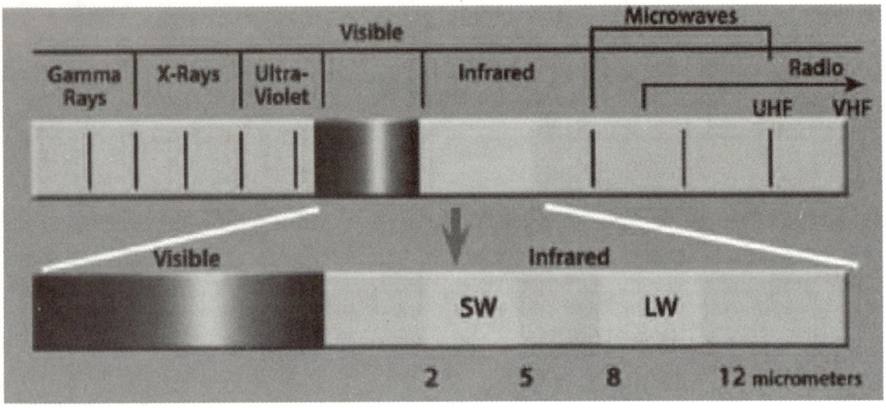

图 4-2　红外光谱波长范围示意图

自然界中一切温度高于绝对零度（即-273℃）的物体均可向外辐射红外线，物体的温度不同，发出的红外波长不同，并且不能被人眼感知。目前在军事用途上，红外辐射技术逐步取代微光技术。

3. 红外夜视系统

从运用方面，红外夜视系统主要分为近红外主动照明（主动红外）和远红外热成像（被动红外）两种。

（1）工作原理

1）主动红外夜视系统工作原理。采用红外光源发出的近红外线主动照射目标，依靠多套照射系统和摄像机来识别红外反射波，红外 CCD 或 CMOS 探测器接受目标反射的红外光线，通过 ECU 处理后输出到显示装置上。近红外照明系统中采用的是人造光源（LED、激光器等），利用自己发出的主动红外光源对视场进行主动照明，因此不发出热信号的物体也可以被发现。

2）被动红外夜视系统工作原理。利用热成像相机接收人、动物等发热物体发出的不同红外辐射（远红外线）影射的图像，基于远红外技术的感测接收系统，进行放大和处理后输出到显示装置上，对物体自身发出的电磁辐射进行探测成像。被动夜视系统只对温度明显高于环境温度的物体做出反应。物体与环境温度的温差越大，图像显示越明显。

（2）红外夜视系统在不同环境下的优点

1）照明条件。夜视系统能使驾驶人辨别出距离 210m 左右的路旁身着浅色衣服的试验假人，比使用氙气前照灯的距离远 41m 左右；而在行人身着黑色衣服时，远 92m 左右。同时，由于对于潜在危险信息的充分掌握，也能够使驾驶人在夜间行驶过程中的心理压力稍微缓解，进而使驾驶过程更为舒适放松。

2）恶劣天气环境。由于红外波长较长，对烟、雾的穿透能力远强于可见光，通常薄雾和中雾对成像基本上不造成影响。因为波长较长，相应地衍射能力也较强，所以镜头上出现污渍或者镜头前方出现遮挡时，基本不会对红外成像效果造成影响。

3）光照污染。由于远红外是利用热成像原理工作，以探测到的物体和行人的热辐射作为影像数据的来源，则在会车的时候，逆向汽车的灯光不会对前方的影像产生影响，驾驶人可以非常容易地对前方情况进行判断。近红外虽然为主动工作，若相关的光源采用特制的卤素灯泡，并在前面安装一个滤光器只允许红外光线通过，在逆向相遇时就不会被“眩光”干扰。

（3）主动、被动红外夜视的优缺点

1）系统组成。

①主动红外夜视系统。主动红外夜视系统由红外摄像机、显示屏、卤素白炽灯、滤光器（只让波长为780~1100nm的红外线通过）、透镜（负责光线的分配）和双氙气灯组成。此系统需频繁开启和关闭远光灯，增加了驾驶人的操作压力，但红外摄像机体积小。由系统的组成可知，系统需要提供额外的红外光源，增强了光照污染的特性。

②被动红外夜视系统。被动红外夜视系统由红外摄像机和显示屏组成，无需频繁开启和关闭远光灯，但由于每一个夜视镜有唯一的二维码，红外摄像机体积大，摄像机内部系统复杂。而系统针对目标有固定的属性，与外界是否存在光源无关，在昼夜、有无照明的情况下均可工作，性能完全一致。

2）探测距离。在目前的实际应用车系中，例如宝马轿车的夜视系统可以探查到300m距离内的物体，若是在平均车速100km/h行驶的情况下，有了这套系统，驾驶人可以提前10s发现前方的行人，从而保证了行车的安全。奔驰轿车的夜视系统在最佳气候条件下的探测距离为210m。宝马轿车的夜视系统采用的是远红外热成像原理，奔驰轿车的夜视则采用近红外主动照明原理。

3）环境适应、抗干扰能力。主动红外夜视系统由于采用了滤光技术可大幅减少普通灯光对射的影响，但无法避免两部同样近红外主动照明设备对射造成的眩光。被动红外夜视系统由于是全被动工作，不会受到外界干扰。

4）成像品质。

①主动近红外夜视系统的成像较被动红外系统的成像清晰、自然，能显示道路的详细信息（如人、车辆、车道标志线、交通信号、道路上散落的物体等），即使不发热的物体也能清晰可见。对图像的所有内容进行放大（包括不关心的目标和噪声），同时可提供较高的对比度。但当两辆装有主动夜视系统的车辆逆向相遇时，在显示屏上图像会出现短时间的亮白，图像被双方向的红外线彼此淹没了。主动红外成像效果如图4-3所示。

图4-3　主动红外成像效果

②被动远红外夜视系统的成像中，像人或动物这样带有热源的物体在图像中特别突出，图像对比度高，但是详细的道路信息，如车道标线和边界，由于是“无生命”的冷目标而探测不到。成像的目标具有天然的选择性，即图像信息简洁化，只显示重要的信息，成像图片上被探测的物体看起来像照相机的底片。热成像摄像头直接以探测到的物体和行人的热辐射作为影像数据的来源，不会受到逆向车道灯光的影响。被动红外成像效果如图4-4所示。

5）图像可理解程度。

①主动红外夜视系统的成像与人眼视觉效果不同，容易造成视觉疲劳。

②被动红外夜视系统的成像与人眼视觉效果显著不同，但当用户熟悉后，就会发现比可见光更容易理解和发现目标，如图 4-5 所示。

图 4-4　被动红外成像效果

图 4-5　被动红外成像可理解程度分析图

4. 红外技术在汽车上的运用

目前，国内部分车型已运用红外技术，见表 4-1。

表 4-1　国内部分车型所采用的夜视红外技术类型

品牌	宝马	奥迪	奔驰	通用
车型	5 系、7 系	A6、A7、A8	E200、S350、S500、S600	凯迪拉克赛威
红外类型	被动红外	被动红外	主动红外	主动红外

任务二　宝马第二代夜视辅助系统

一、任务引入

车载夜视辅助系统给驾驶人带来了极大的安全感。据试验表明，一般汽车前照灯只能照射 100m 左右，而夜视辅助系统至少可看到 450m 的路况信息（图 4-6），耗电量却是前照灯的四分之一。此外，夜视辅助系统是全天候的电子眼，在雨雪、浓雾天气公路上及路旁的物体都能尽收眼底，大大提高汽车行驶的安全性。

目前，越来越多的汽车厂家开始开发和使用车载夜视辅助系统，这不仅能够提高驾驶安全性，还能够提高其豪华程度。但由于价格的原因，国外各大车厂只是在其顶级豪华车型中使用了车载夜视辅助系统，如宝马 7 系、奔驰 S 级、奥迪 A8 等。下面以应用在宝马 7 系上的第二代夜视辅助系统为例进行介绍。

二、任务目标

1）了解宝马第二代夜视辅助系统的优点。

2）掌握宝马第二代夜视辅助系统的功能。

图 4-6　夜视辅助系统的有效范围

3）掌握宝马第二代夜视辅助系统的部件结构。

三、相关知识

1. 第二代夜视辅助系统简介

（1）新技术应用　宝马第二代夜视辅助系统在控制显示 CD 或中央信息显示屏 CID 上以黑白图像形式显示车辆前方路况。宝马第二代夜视辅助系统是一种不具备主动式红外线照明功能的纯被动系统。车辆前方物体温度不同，显示亮度不同，因此，驾驶人能够识别出人、动物和车辆等不同散热物体。宝马第二代夜视辅助系统效果如图 4-7 所示。

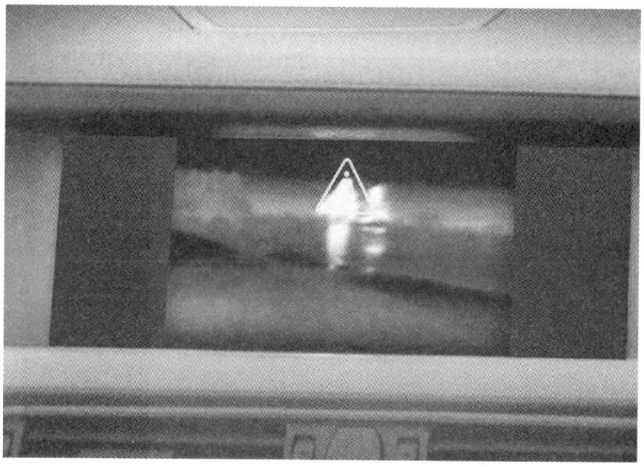

图 4-7　宝马第二代夜视辅助系统效果

远红外摄像机 FIR 通过识别特定波长范围红外线辐射的专用图像传感器接收这种红外图像。通过控制单元内的智能运算法则自动识别图像中的行人。估算距离和移动方向后，CID 或平视显示屏（HUD）中出现相应符号，以提醒驾驶人注意前方有行人。与具有红外线辐射功能的系统不同，宝马第二代夜视辅助系统具有较强的防眩功能、工作范围较大且图像清晰。

宝马第二代夜视辅助系统具有以下优点：①突显步行人、骑车人、车辆和动物等不发光的散热物体；②通过显示前照灯光束照射范围以外的道路情况更好地了解整体行驶状况；③改善光线阴暗时的视觉效果；④以符号形式提醒驾驶人，车辆前方有行人；⑤不会因对面来车的前照灯灯光造成屏幕显示眩目；⑥对光线阴暗处的庭院和车库入口进行探测。

（2）控制单元连接　宝马第二代夜视辅助系统的电路如图 4-8 所示，其控制单元和夜视

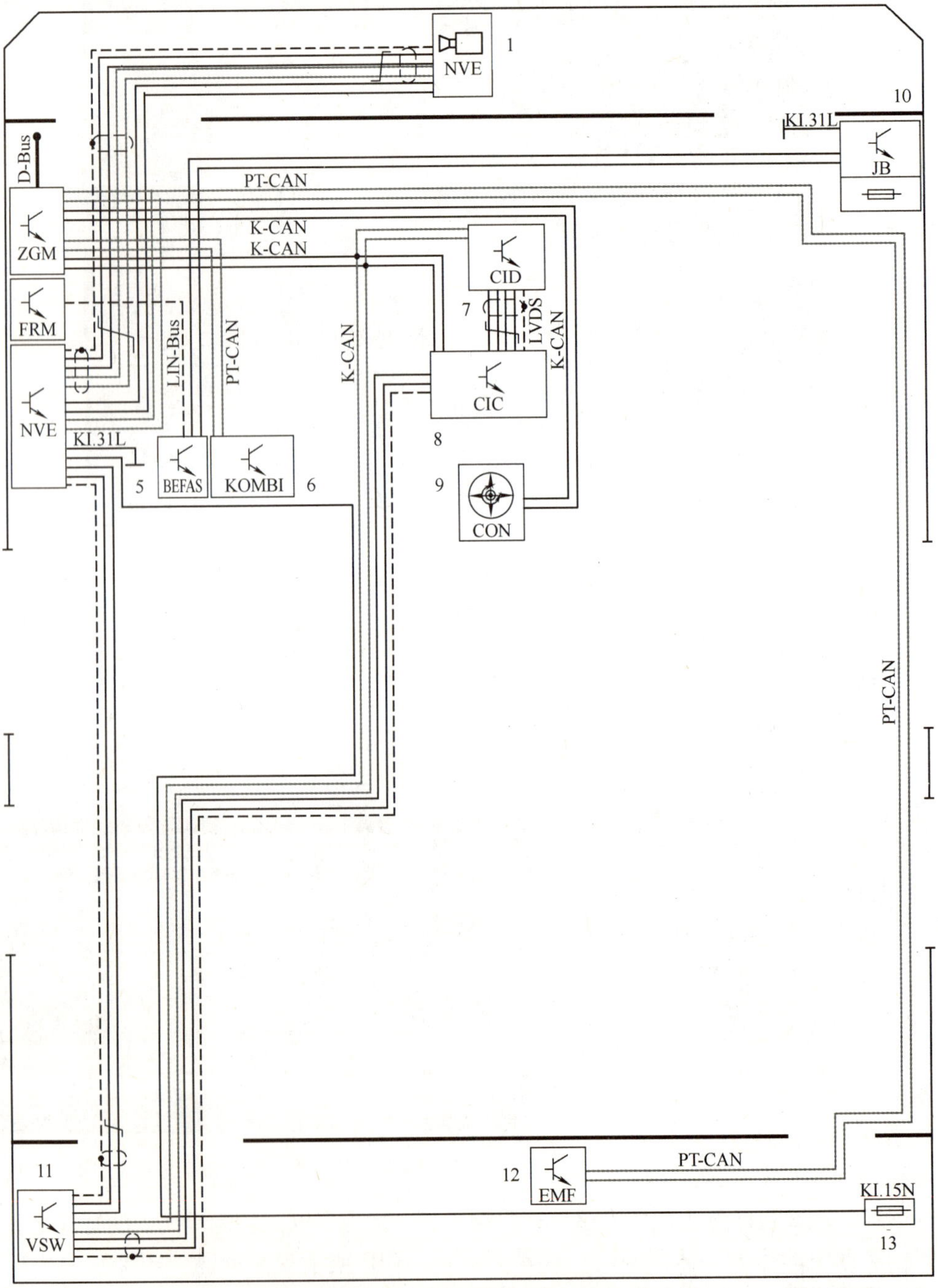

图 4-8　宝马第二代夜视辅助系统的电路

1—第二代夜视辅助系统摄像机　2—中央网关模块 ZGM　3—脚部空间模块 FRM　4—第二代夜视辅助系统控制单元 NVE
5—驾驶人辅助系统操作单元 BEFAS　6—组合仪表 KOMBI　7—中央信息显示屏 CID　8—车辆信息 ECU CIC
9—控制器 CON　10—接线盒 JB　11—视频开关 VSW　12—电动机械式驻车制动器 EMF　13—右后配电盒
PT-CAN—动力传动系统控制器区域网络　K-CAN—车身控制器区域网络　LIN-Bus—局域互联网总线
D-Bus—诊断总线　KI. 31L—总线端 31 搭铁　KI. 15N—总线端 15 继续运行（电压）

摄像机通过下列导线连接：①专用 CAN 总线，用于诊断、编程和摄像机控制；②LVDS 视频，用于摄像机视频信号；③CAM-POW 由控制单元为摄像机供电，用于加热摄像机镜头；④搭铁，摄像机和控制单元共同搭铁，以排除干扰影响。

摄像机与控制单元之间的视频信号通过一个屏蔽的 LVDS 导线传输。在控制单元中信号转换为 dFBAS 信号（d = 差分），然后根据配置型号传输至 CIC 或视频开关。当通过驾驶人辅助系统操作单元 BEFAS 上的按钮打开宝马第二代夜视辅助系统或晴雨传感器识别到光线阴暗时，为摄像机供电。宝马第二代夜视辅助系统控制单元由后部配电盒通过总线端 15N 供电。

第二代夜视辅助系统控制单元的 PT-CAN 连接用于传输诊断和编程数据及读取 RLS（亮度）、JB（行车灯状态、刮水器速度）和 ICM（车速和偏转率）信息。此外，还通过 PT-CAN 向控制单元提供总线端状态以及车辆识别号。

2. 宝马第二代夜视辅助系统的功能

（1）第二代夜视辅助系统的工作原理

1）摄像机的成像原理。宝马第二代夜视辅助系统摄像机是一种将热辐射转化为电信号的红外成像摄像机，其工作原理如图 4-9 所示。热成像首先经过传感器转化为电信号，然后通过一个图像处理软件转化为在控制显示或中央信息显示屏上可以看到的图像。传感器元件根据温度情况按比例改变电阻。温度越高，电信号越强，像素越白。

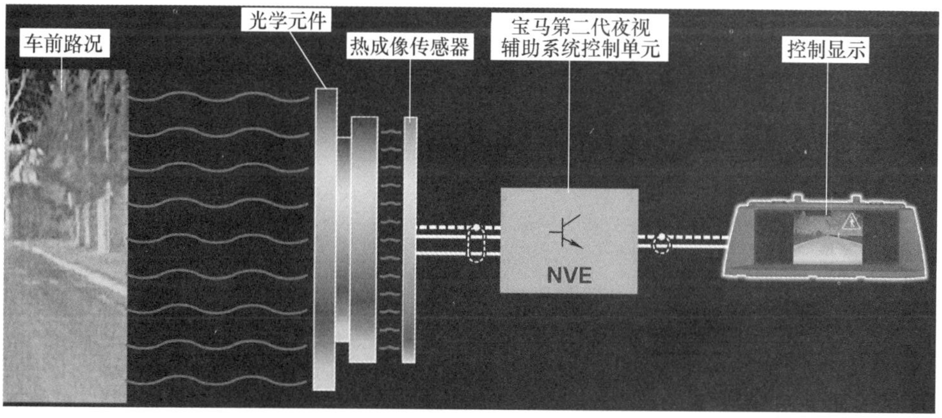

图 4-9　第二代夜视辅助系统摄像机的工作原理

2）行人识别原理。第二代夜视辅助系统控制单元有 3 个处理器，其软件除了处理图像以供显示外，还用于自动识别行人。该软件搜索与人体形状相似的物体图像并将其归类为行人。这些区域随车速提高而变化并根据当前转向角（偏转率）追踪行驶方向。为避免不必要地分散驾驶人的注意力，在此不通过符号显示所有在图像内识别出的行人，仅以信号形式显示那些直接处于车辆前方特定区域内的行人，随后确定其位置、移动速度以及与车辆的距离。然后，根据这些参数以及车速和偏转率分析危险程度并触发警报。在此通过 CID 或 HUD 显示相应的象形符号来提醒驾驶人注意前方有行人，如图 4-10、图 4-11 所示。

此外，行人位于车辆左侧和右侧延伸区域内且正向车辆正前方移动（有相撞危险）时，也会提醒驾驶人注意。只要行人位于车辆正前方区域内，就会发出警告信号。对于位于延伸区域的行人，只有向车辆正前方区域方向移动时才会发出警告信号。

图 4-10　CID 内的象形符号

图 4-11　HUD 内的象形符号

本系统在最佳条件下能够自动识别距离 100m 内的行人。当车速超过 100km/h 时，发出警告信号与行人通过之间的时间缩短，因此制动和避让绕行的反应时间缩短。应该注意的是，车速低于 10km/h 时系统停用行人识别功能。在 CID 和 HUD 两个显示屏内具有不同显示形式，见表 4-2。

表 4-2　夜视辅助系统在 CID 和 HUD 两个显示屏内具有不同显示形式

序　号	情　况	CID 显示	HUD 显示
1	危险区域内没有行人		
2	一个行人位于车辆前较远处		
3	一个行人位于车辆前较近处		

（续）

序　号	情　况	CID 显示	HUD 显示
4	一个行人从右向左穿越道路		
5	一个行人从左向右穿越道路		

3）CID 内可用性显示。大雨、温度极高或极低或者亮度波动很大等环境影响会限制第二代夜视辅助系统的可用性。图 4-12 所示为“行人识别”按钮功能不可用的提示。表 4-3 中列出了 CID 中的可用性显示可能出现的情况。

图 4-12　“行人识别”按钮功能不可用的提示

表 4-3　CID 中的可用性显示可能出现的情况

情　况	象形符号	显　示
驾驶人启用了行人识别功能且该系统可供使用		无

（续）

情　　况	象形符号	显　　示
驾驶人启用了行人识别功能，但是该系统不可用，依然显示第二代夜视辅助系统图像		
驾驶人停用了行人识别功能，依然显示第二代夜视辅助系统图像		

4）HUD 内的象形符号。探测到系统警告区域内较远距离处出现行人时，行人符号与其下面的道路符号明显分开，这种情况称为远距离警告，如图 4-13 所示。行人进入系统警告区域内较近范围时，行人符号位于道路符号上，这种情况称为近距离警告，如图 4-14 所示。

图 4-13　远距离警告的象形符号

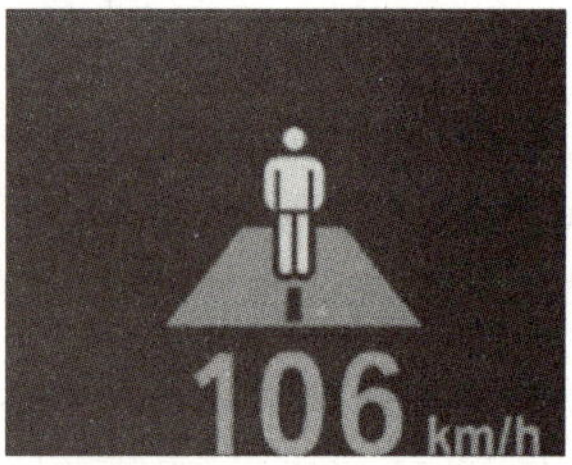

图 4-14　近距离警告的象形符号

（2）不带 HUD 车辆的警告信息　在不带 HUD 或 HUD 停用的车辆上，警告符号在 CID 上显示。此外，警告开始时 CID 以黄色闪烁 3 次，以提醒驾驶人注意。只要行人位于车辆正前方警告区域内或从左侧或右侧穿越道路时，就会显示警告信息。图 4-15 所示为警告信息的精确信号流程，结合后附表格阐明了其工作原理。

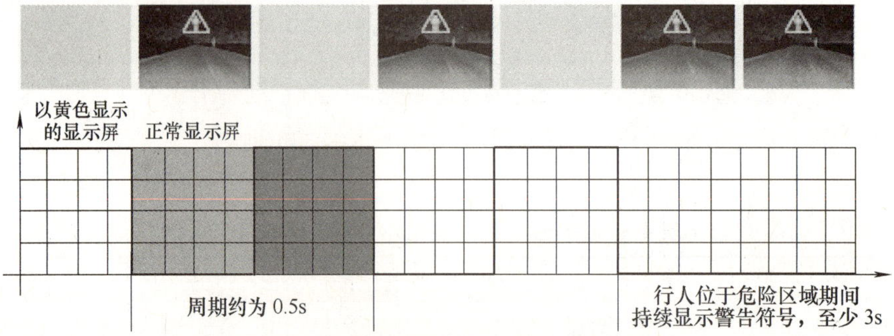

图 4-15　警告信息的精确信号流程

（3）夜视辅助系统的接通条件　按压驾驶人辅助系统操作单元 BEFAS 上的按钮（图 4-16）即可启用宝马第二代夜视辅助系统。当晴雨传感器识别到环境光线充足且行车灯关闭，按压 BEFAS 上的按钮约 2s 后，宝马第二代夜视辅助系统进入准备状态。在这 2s 内控制显示中出现一条提示信息。当晴雨传感器识别到环境光线不足且行车灯接通，按压按钮后宝马第二代夜视辅助系统立即进入准备状态。

当行车灯已关闭且晴雨传感器识别到环境光线不足，并且车速超过 5km/h 时无法启用宝马第二代夜视辅助系统。应该注意的是，启用宝马第二代夜视辅助系统后，控制显示内显示一条信息，提示在夜间不接通行车灯的情况下无法使用该系统。

（4）通过 iDrive 操作　在宝马 7 系 F01/F02 上通过 iDrive 可选择和启用亮度、对比度、行人识别功能和设置，如图 4-17 所示。

图 4-16　驾驶人辅助系统操作单元 BEFAS 上的夜视辅助系统按钮

图 4-17　第二代夜视辅助系统的功能和设备

调出菜单启用相关功能的步骤：通过按压驾驶人辅助系统操作单元 BEFAS 上的按钮启用该系统后，调出“宝马第二代夜视辅助系统”菜单。操作过程如下：①按压控制器，控制显示上出现“宝马夜视辅助系统”菜单；②通过旋转控制器选择所需菜单选项，例如“亮度”；③按压控制器，启用相关功能；④设置所需数值并按压控制器确认。

客户可以自行调节 iDrive 对比度和亮度，调节范围为 0～100%，如图 4-18 所示。启用或停用行人识别功能的方法如图 4-19 所示。

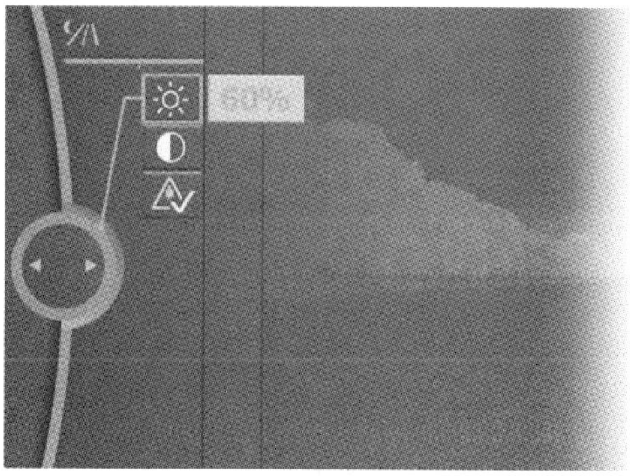

图 4-18　iDrive 对比度和亮度的调节

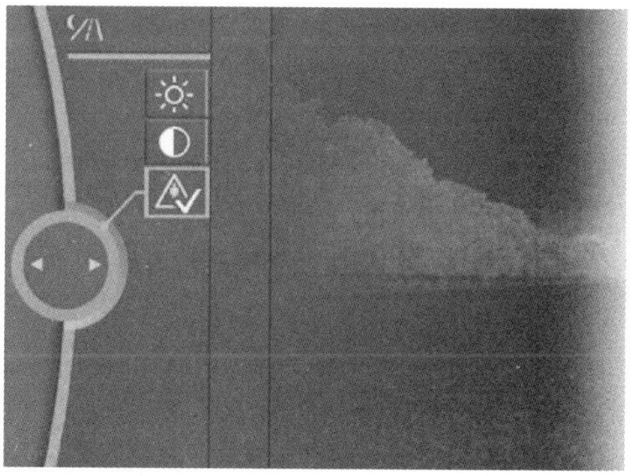

图 4-19　启用或停用行人识别功能的方法

（5）夜视辅助系统的视野范围　一般视觉辅助系统的视野范围（图 4-20）：①近光灯在

车辆前方的照射距离不超过 50m；②卤素远光灯的正常照射距离约为 100m；③氙气远光灯的照射距离约为 150m，但是在这个范围内只能看到穿着反光衣服的行人。当使用宝马第二代夜视辅助系统时，在图像中可识别到最远大约 300m 的散热物体，与衣物是否反光无关。自动行人识别的最大作用范围约为 100m，该距离由气候因素决定。例如，在浓雾或下大雨时，第二代夜视辅助系统图像中视野范围会减小。

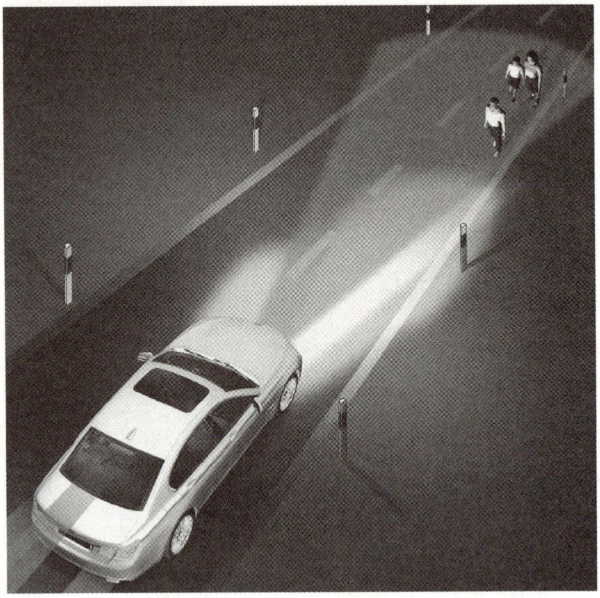

图 4-20　第二代夜视辅助系统和不同前照灯的视野范围

应该注意的是，宝马第二代夜视辅助系统是一种支持系统，无论何时都必须根据能见度情况控制车速。该系统根据驾驶人的驾驶方式使驾驶人更好地提前了解车辆前方的整体路况。

3. 宝马第二代夜视辅助系统部件组成

宝马第二代夜视辅助系统由带有摄像机支架（安装在肾形格栅内）和摄像机清洗喷嘴的第二代夜视辅助系统摄像机，第二代夜视辅助系统控制单元 BEFAS 上的按钮，传感器系统等部件构成。各部件在车上的安装位置如图 4-21 所示。

图 4-21　宝马 7 系 F01/F02 第二代夜视辅助系统在车上的安装位置

（1）第二代夜视辅助系统摄像机　热成像摄像机（图 4-22）由一个加热式保护窗、一个光学元件和热成像传感器构成。

摄像机装有一个可识别远红外辐射范围（波长为 8～14μm）内散热物体的传感器。摄像机的分辨率为 324×256 像素，最大视角为 24°。摄像机工作的环境温度范围是－40～+80℃。为了防止受到摄像机周围环境热量的影响，对图像传感器进行了隔热保护。

图 4-22　热成像摄像机

（2）宝马第二代夜视辅助系统控制单元　第二代夜视辅助系统控制单元安装在 A 柱区域内有盖板的杂物箱后，车灯开关中心下方，其外形如图 4-23 所示。控制单元将来自摄像机的 324×256 像素原始图像转化为以 720×480 像素显示的大图像。此外控制单元内还进行自动行人识别，诊断、编程和设码数据也通过控制单元传输给摄像机。摄像机和保护窗口加热装置由控制单元供电。摄像机的原始图像数据通过 LVDS 导线传输至控制单元。控制单元的输出图像以 dFBAS 信号的形式提供给主控单元。摄像机壳体盖板上带有 6 芯插接连接件，如图 4-24 所示。

图 4-23　第二代夜视辅助系统控制单元的外形

图 4-24　6 芯插接连接件

4. 维修信息

（1）摄像机轴向位置调节（图 4-25）　在宝马新 7 系 F01/F02 上可通过支架上的调节螺栓调节摄像机轴向位置。其调节步骤如下：

1）打开发动机室盖。

2）取下前盖板上的唇形密封条。

3）翻开前照灯盖板。

4）在车辆前固定好带有水平仪的前照灯调节装置。

5）将内六角扳手插入前盖板上的开口内并将摄像机调到所需要的位置。

图像中出现的线条必须平行于水平仪。按照与拆卸相反的顺序进行组装。

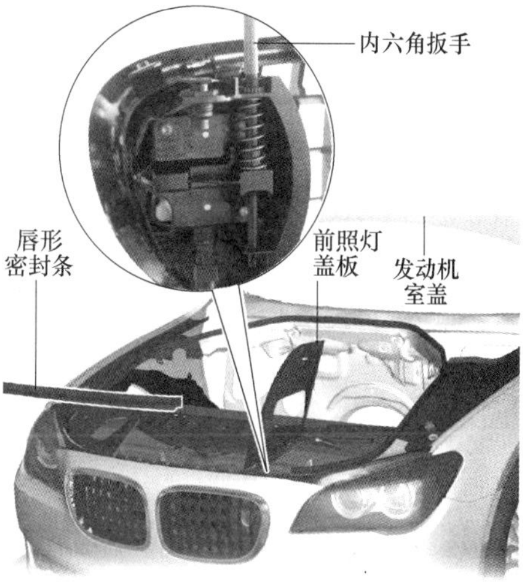

图 4-25　摄像机轴向位置调节

（2）摄像机的保护窗及清洗喷嘴的更换　因

硬物撞击等造成损坏时，可以在宝马授权的维修车间更换保护窗（图 4-26），更换快速、简单且费用较低。摄像机垂直调节只能通过宝马诊断系统进行摄像机垂直调节。摄像机上装有一个用于清洗保护窗的清洗喷嘴，如图 4-27 所示，该喷嘴与前照灯清洗装置直接连接。更换清洗喷嘴的步骤如下：

1）拆卸保险杠饰板。

2）取下左侧肾形格栅的装饰格栅。

3）松开两个十字槽螺栓，如图 4-27 所示。

4）松开前照灯清洗装置连接软管上的软管卡箍，并将清洗喷嘴向前拉。

安装时，按照与拆卸相反的顺序进行。

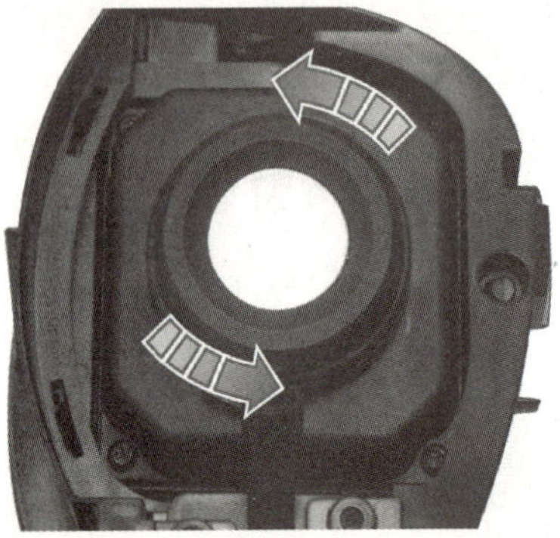

图 4-26　摄像机的保护窗更换

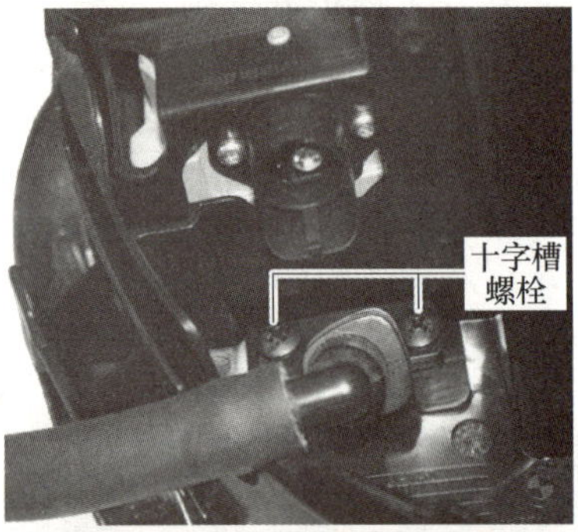

图 4-27　摄像机清洗喷嘴

（3）系统损坏时的显示　在宝马 7 系 F01/F02 上系统损坏时，向驾驶人显示以下警告信息：在组合仪表内的 CC 信息上显示警告信息，如图 4-28 所示，在安装了 HUD 的系统中，HUD 中也会显示同样的 CC 信息。

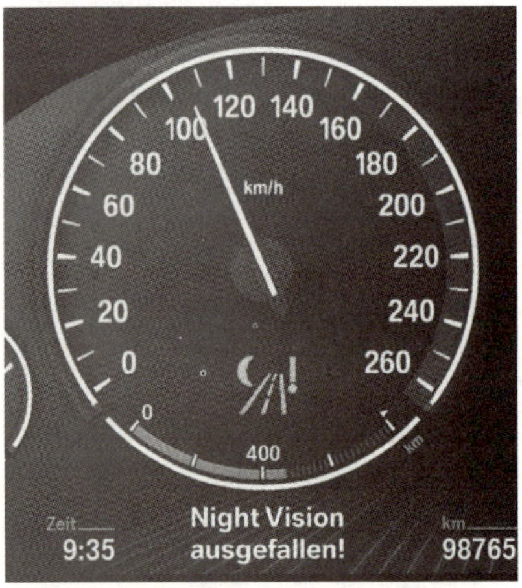

图 4-28　系统损坏时的显示组合仪表中的显示信息

（4）软件初始化　更换摄像机时，必须通过输入一个授权代码 FSC 进行软件初始化。订购新摄像机和新控制单元时，必须提供底盘编号。摄像机通过控制单元进行编程，控制单元通过 FA-CAN 接收摄像机的编程数据。控制单元通过“专用 CAN 总线”将这些数据继续传输给摄像机。

5. 第三代夜视系统

在 2013 年的日内瓦车展上，宝马带来了升级版的第三代夜视技术，这套技术不仅能够识别行人并单独照射行人，还加入了识别动物的功能（图 4-29）。夜视系统能够自动识别行人并在仪表盘、HUD 抬头显示中发出警告。这套系统搭载了“动态光点”的灯光技术，能够以单独的高亮度光束照亮行人，使驾驶人更容易注意到行人，减少夜间车辆与行人发生碰撞的危险。位于雾灯位置的 LED 灯组在未激活“动态光点”照明时，亮度与远近光一致，用来辅助车辆前照灯的照明效果。

图 4-29　第三代夜视系统的动物识别功能

任务三　宝马平视显示屏（HUD）技术

一、任务引入

车辆在高速行驶时，特别是夜间高速行车时，驾驶人可能会低头观看仪表显示或观看中控台的音响等显示，此时如果前方遇有紧急情况就有可能因来不及采取有效措施而造成事故。为避免这种情况发生，有些高档车辆上装配了抬头显示系统，它可以将有关信息显示在前风窗玻璃的驾驶人平视范围上，且显示位置、显示亮度可调，这样可以避免低头看仪表，从而缩短眼球对前方的视觉盲区时间。对减少因低头走神引起的交通事故有着重要的价值。

二、任务目标

1）了解 HUD 的功能。

2）掌握 HUD 的部件结构。

3）掌握 HUD 的维修及更换方法。

三、相关知识

1. HUD 的功能

新款宝马 7 系的 HUD 可提供多种可提高交通安全性和驾驶舒适性的功能。HUD 可显示定速巡航控制系统（DCC）、导航系统、检查控制以及车速等方面的信息。在驾驶人的直接视野范围内显示相关信息可提高驾驶安全性，因为驾驶人可始终关注前方路况。宝马 7 系 F01/F02 HUD 如图 4-30 所示。

宝马 7 系 HUD 的电路如图 4-31 所示，各输入信息的功能见表 4-4。

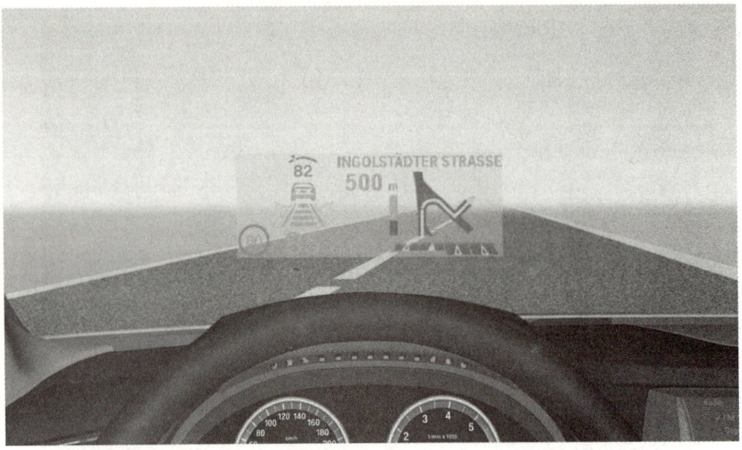

图 4-30　宝马 7 系 F01/F02 HUD

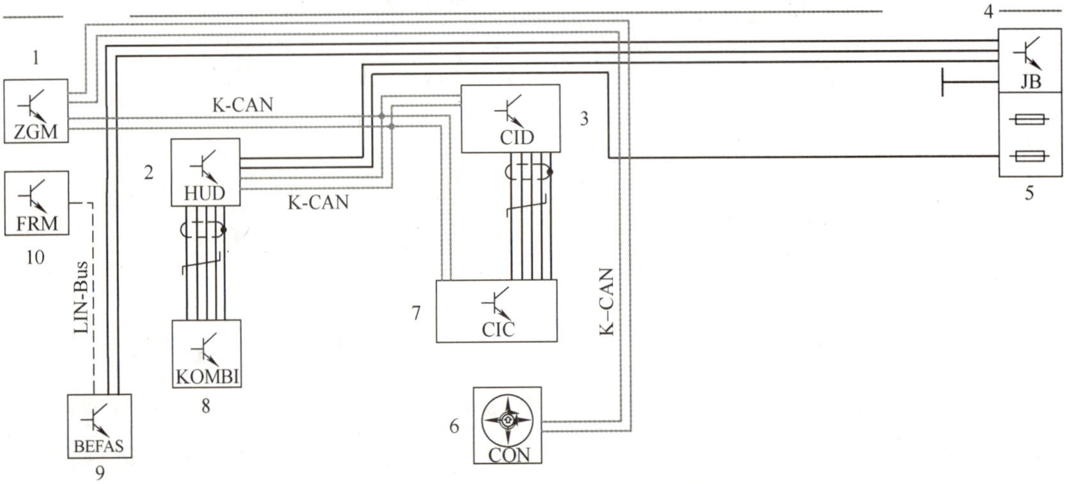

图 4-31　宝马 7 系 HUD 的电路

1—中央网关模块 ZGM　2—平视显示屏 HUD　3—中央信息显示屏 CID　4—接线盒 JB　5—前部配电盒
6—控制器　7—车辆信息 ECU CIC　8—组合仪表 KOMBI　9—驾驶人辅助系统操作单元 BAFAS
10—脚部空间模块 FRM　K-CAN—车身控制器区域网络　LIN-Bus—局域互联网总线

表 4-4　各输入信息的功能

输入/输出	信　　息	来源/汇集点	功　　能
输入	车速	组合仪表	HUD 显示
输入	检查控制信息	组合仪表	HUD 显示
输入	调光/亮度	晴雨传感器 RLS 信号通过车顶功能中心 FZD 传输	调节亮度
输入	调节高度	CIC	校准高度
输入	亮度偏差	CIC	调节亮度
输入	DCC	EHB3	HUD 显示
输入	功能选择	CIC	HUD 显示内容
输入	打开/关闭按钮	BAFAS	打开/关闭 HUD
输入	导航	CIC	HUD 显示

（1）HUD 的工作原理　HUD 相当于一部投影装置，其工作原理如图 4-32 所示。它需要一个光源来投射 HUD 信息，使用红色和绿色两个 LED 灯组作为光源，通过 TFT 投影显示屏产生图像内容。TFT 投影显示屏相当于一个滤波器，允许或阻止光线通过。由一个图像光学元件确定 HUD 显示图像的形状、距离和尺寸。图像看起来就像漂浮在道路上方，风窗玻璃的作用相当于偏光镜。HUD 投射图像内容距离观察者的眼睛大约 2.7m，如图 4-33 所示。

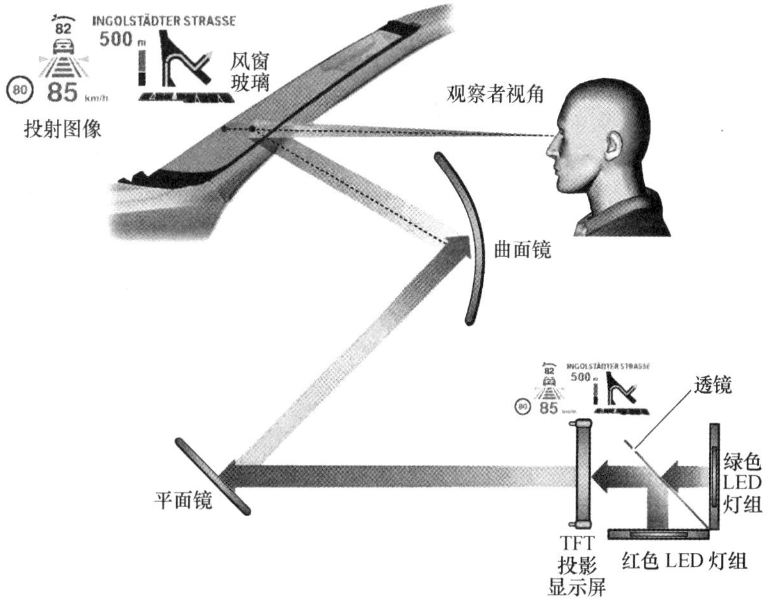

图 4-32　HUD 的工作原理

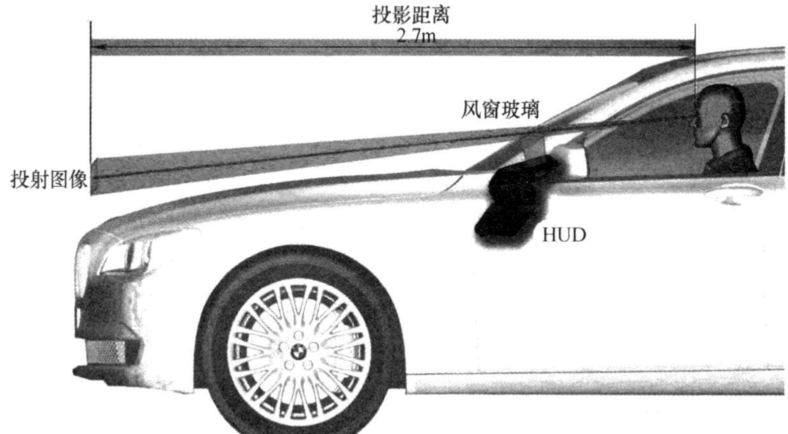

图 4-33　HUD 的投影距离

（2）接通条件　当 HUD 的总线端 15 接通并且按压驾驶人辅助系统操作单元 BEFAS 上的按钮（HUD）时（图 4-34），HUD 接通，允许有光线通过。

1）接通状态。HUD 通过 K-CAN 接收总线端 30 接通状态信号。总线端 R 接通后，HUD

在一定程度上处于准备就绪状态。即 HUD 可通过 K-CAN 与车载网络的其他连接设备进行通信，TFT 投影显示屏进行初始化并变为黑屏，LED 熄灭。

HUD 通过 K-CAN 接收总线端 15 接通状态信号。总线端 15 接通后，HUD 进入准备就绪状态。此时可以通过 BAFAS 上的按钮接通背景照明装置，调节 HUD 的高度和亮度，通过 HUD 显示信息。

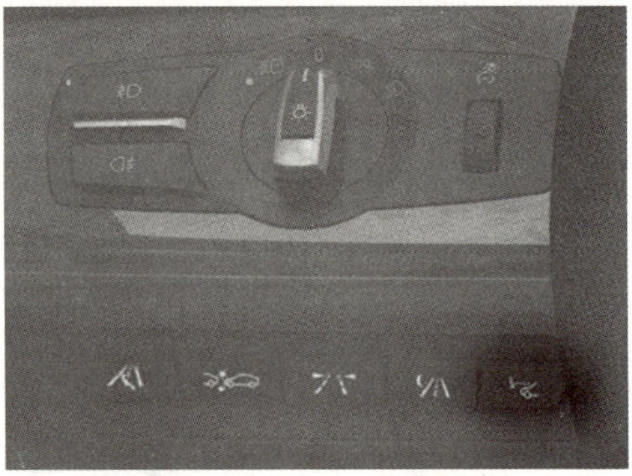

图 4-34　驾驶人辅助系统操作单元 BAFAS 上的打开/关闭按钮

当车辆起动时，车辆处于总线端 50 状态。在总线端 50 状态期间（即车灯关闭时），HUD 进入保持状态。这种保持状态会一直延续到总线端 50 状态结束。

2）关闭条件。当总线端 R 关闭时，按压 BAFAS 上的按钮就会关闭 HUD。

3）亮度偏差。亮度偏差是一项个性化配置功能 PIA。驾驶人可通过“亮度偏差”功能自行调节并存储 HUD 亮度设置，如图 4-35 所示。每次接通 HUD 时都会执行 HUD 亮度偏差设置。通过控制器在 CID 内进行亮度设置。可选择 -10 ~ +10 的设置值，中间值为 0。设置值通过 K-CAN 发送至 HUD。

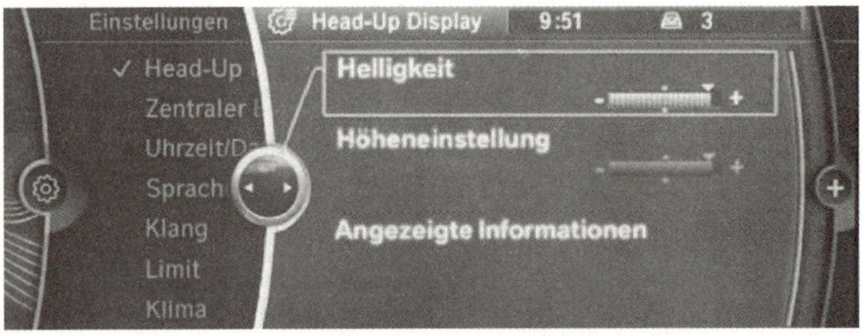

图 4-35　HUD 的亮度设置

为了针对不同光线效果进行补偿，自动进行亮度调节，根据晴雨传感器的信号进行调节。自动调节亮度时不会出现 HUD 亮度跃变情况。HUD 产生不同光线效果的原因如下：

①环境条件，例如白天、夜晚、阳光、乌云、雨、雪、雾等。

②建筑情况，例如隧道、地下车库等。

③驾驶人通过滚花轮调节仪表照明的亮度。

④自总线端 58g 车灯亮起后，根据仪表照明亮度设置确定 HUD 亮度。

HUD 的亮度大小取决于调光轮设置、亮度偏差以及晴雨传感器 RLS。HUD 内集成了一个用于 HUD 和 LED 灯组的运行计时器。

4）HUD 的显示范围。HUD 尺寸约为 200mm ×100mm，显示屏分辨率为 480×240 像素。HUD 分为两个显示区域，如图 4-36 所示。为了便于区分，下图明确划分了两个区域。上部区域以符号、显示条和文字形式显示导航信息和 CC 信息。下部区域以单位、当前车速和定速巡航控制形式

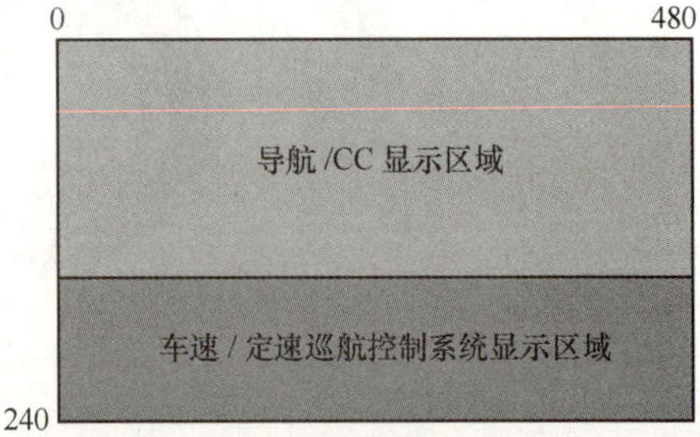

图 4-36　HUD 的显示区域

显示与车速有关的内容。

5）HUD 颜色选择。由不同的控制单元规定相应的显示符号，例如警告符号。组合仪表针对 HUD 显示内容执行相关颜色规定。为了达到最佳的符号可视效果，使用 2D“平面符号”，橙色为标准色，红色或黄色用于警告信息，绿色用于定速巡航控制系统，HUD 背景为透明色。

2. HUD 部件安装位置及结构

HUD 安装在转向柱上方，紧靠在组合仪表后部，通过 3 个六角头螺栓将其固定在前围板支撑结构上，如图 4-37 所示。HUD 由玻璃盖板、反射镜、两个 LED 灯组、TFT 投影显示屏、主印刷电路板及壳体等部件构成，同时还包括风窗玻璃、车灯模块和 BEFAS、晴雨传感器、车顶功能中心和接线盒、HUD 挡板等附属部件。同时，HUD 通过 BEFAS 上的打开/关闭按钮、车灯开关中心内的车灯开关、仪表照明调光器以及控制器等部件进行操作。

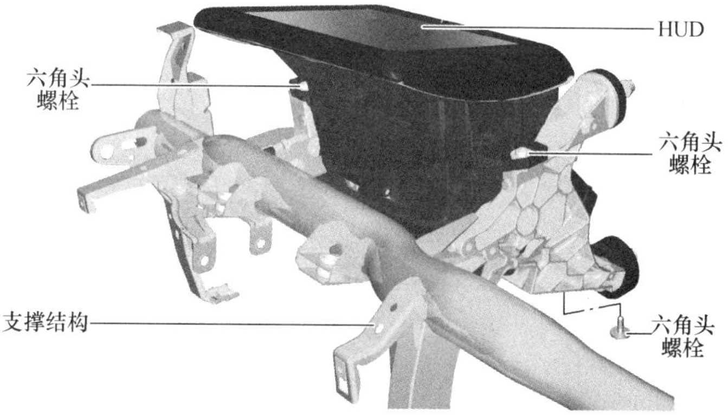

图 4-37　HUD 的安装位置

（1）组成部件

1）玻璃盖板。玻璃盖板由防划涂层聚碳酸酯（PC）材料制成（图 4-38），它是 HUD 的上部盖板。玻璃盖板可防止灰尘和无意放到显示屏上的物体进入 HUD 内部。玻璃盖板和 HUD 挡板都采用曲面设计，以免无法将射入的光线反射给驾驶人。此外，还通过散光效果等方式确保顺利将显示屏上的信息投射到风窗玻璃上。

2）反射镜。HUD 内装有两个反射镜，如图 4-39 所示。反射镜将显示屏上的信息反射到风窗玻璃上。曲面镜负责对风窗玻璃上的图像进行补偿调节，即调节图像尺寸和距离。平面镜是负责确保光线在特定空间内传输的偏光镜。曲面镜由塑料制成，平面镜由玻璃制成。

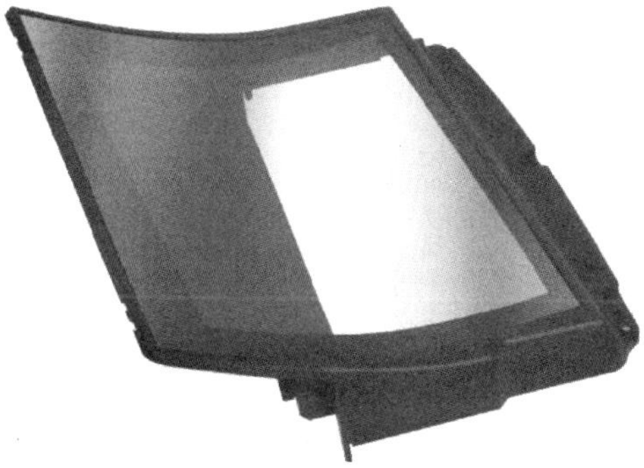
图 4-38　HUD 玻璃盖板

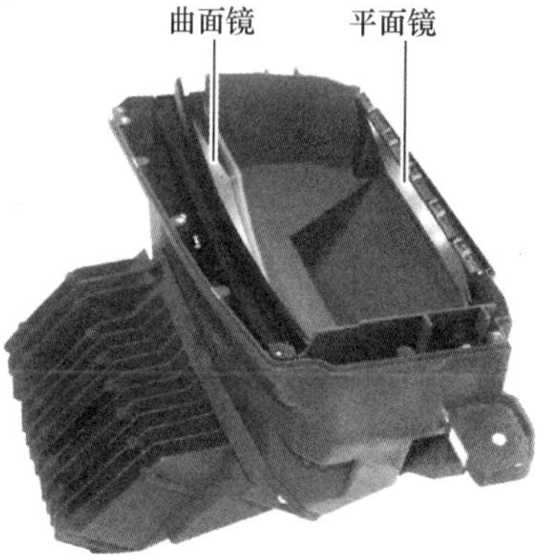

图 4-39　HUD 内的反射镜

3）LED灯组。HUD使用两个LED灯组。LED灯组在一个平面内布置了8个LED。LED灯组为TFT投影显示屏提供背景照明。LED灯组负责产生达到HUD亮度所需的灯光。LED灯组内安装红色和绿色LED。LED根据主印刷电路板的控制情况达到所需HUD亮度。

4）主印刷电路板。主印刷电路板（图4-40）上安装了K-CAN接口、处理器（CPU）、LVDS控制器、EEPROM存储器以及供电装置等组件。组合仪表通过LVDS导线将图像信号发送到显示屏上。

5）壳体。壳体（图4-41）由铝合金制成，包括下端部件和塑料盖板。散热装置（铝合金散热片）和供电装置固定在下端部件上。玻璃盖板集成在盖板内。

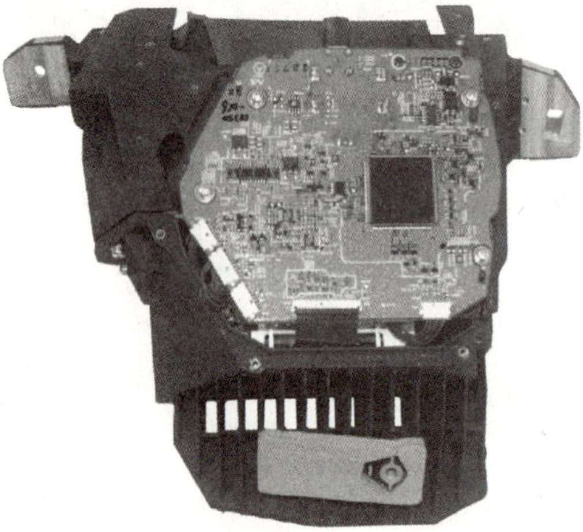

图4-40　主印刷电路板

图4-41　壳体

（2）风窗玻璃　所用风窗玻璃（图4-42）是一种特殊玻璃，它是反射显示内容的重要部件。与批量生产风窗玻璃一样，外层和内层车窗玻璃也粘有一层塑料膜，但该塑料膜并非以平行分布方式而是以楔形分布方式覆盖在整个风窗玻璃上。这种楔形分布方式可防止HUD显示内容重影。楔形尖端向下，从距离风窗玻璃下边缘大约10cm处开始向上加厚。楔形末端大约位于风窗玻璃高度2/3处。在风窗玻璃上部1/3区域内，外层和内层车窗玻璃间的塑料膜平行分布。楔形尖端的厚度为0.8mm。楔形末端的厚度为1mm。风窗玻璃下边缘的总厚度为4.5mm。风窗玻璃上边缘的总厚度为4.7mm。

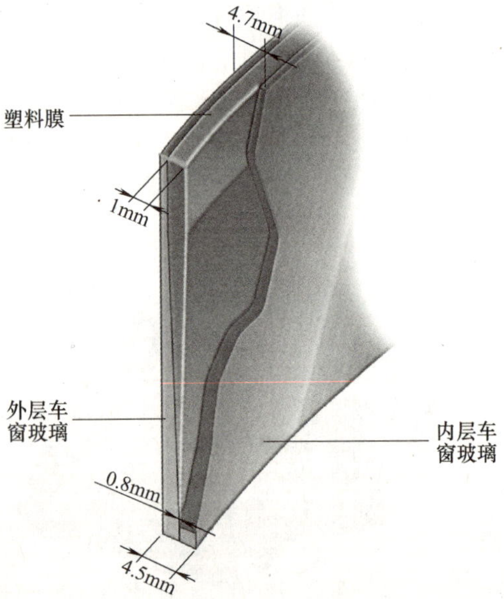

图4-42　风窗玻璃

1）未安装正确风窗玻璃。正常风窗玻璃的成像，反射到HUD风窗玻璃上的两个图像会在楔角作用下相互重叠，因此驾驶人只会看到一个图像，其机理如图 4-43 所示。HUD 图像始终反射到风窗玻璃的内侧和外侧。由于批量生产风窗玻璃存在倾斜角度，因此两个反射图像会彼此错开而形成重影的图像，如图 4-44 所示。

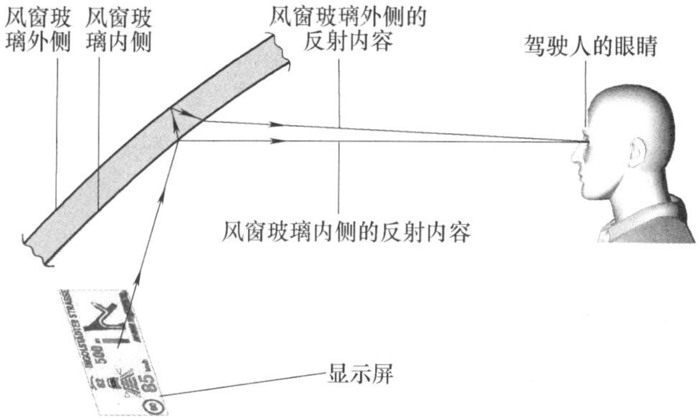

图 4-43　风窗玻璃的成像机理

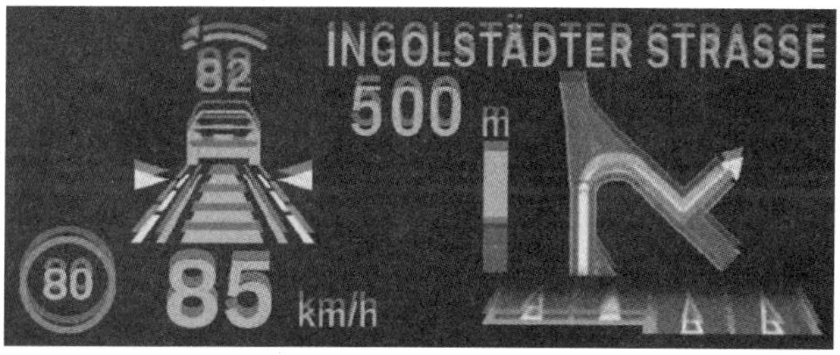

图 4-44　HUD 显示重影

2）有效视线范围。有效视线范围指驾驶人可以自由移动而且不会影响 HUD 图像可视效果的移动空间。在有效视线范围内的自由移动空间大致为：130mm 水平移动距离（图 4-45），70mm 垂直移动距离 ±30mm 调节范围（图 4-46）。超出有效视线范围时，将无法看到完整的 HUD 显示内容。

（3）组合仪表　为了选择车速进行显示，分为加速、制动和滑行阶段。当车辆处于滑行阶段时，取 3 个连续数值的平均值并更新车速读数。所有 CC 信息都显示在 HUD 内。组合仪表针对这些信息执行主控功能。符号和相关文字由组合仪表传输。CC 信息先于其他显示内容显示，例如导航信息等。一条 CC 信息显

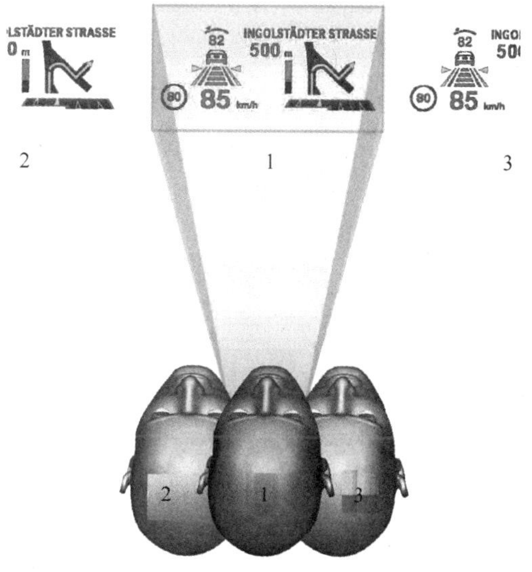

图 4-45　HUD 的有效视线范围（向左/向右偏移）

1—位于有效视线范围内，图像获得最佳照明效果

2—向左偏移，图像左侧截断　3—向右偏移，图像右侧截断

示 8s。同时显示多条 CC 信息时，每条 CC 信息显示 3s。

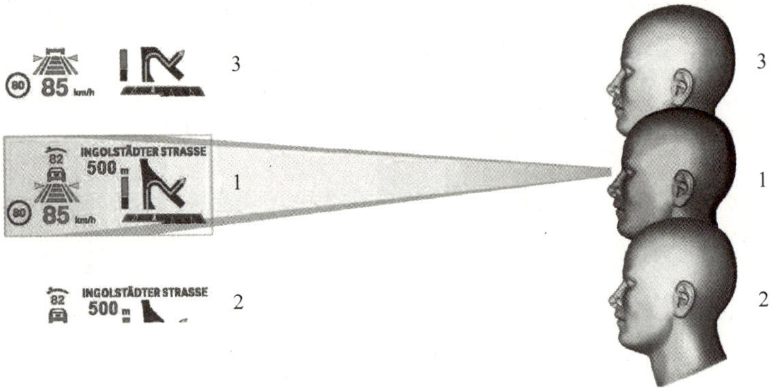

图 4-46　HUD 的有效视线范围（向上/向下偏移）

1—位于有效视线范围内，图像获得最佳照明效果　2—向下偏移，图像下部截断

3—向上偏移，图像上部截断

（4）操作元件　HUD 通过 BEFAS 内的打开/关闭按钮，车灯开关中心内的调光轮以及控制器进行操作控制。

1）驾驶人辅助系统操作单元 BEFAS。HUD 打开/关闭按钮位于 BEFAS 内。该按钮以电阻方式设码，直接连接至 HUD。HUD 可根据电阻设码识别出按钮信号或按钮故障。

2）仪表照明调光。启用行车灯时会针对 HUD 执行调光器设置，如图 4-47 所示。由车灯模块发出调光器信号。

3）控制器。可在 CID 内使用控制器调节 HUD 的亮度和高度。亮度调节又称为亮度偏差。也可以使用控制器在“功能选择”菜单内设置导航等功能。这些设置会间接影响到 HUD 显示效果。

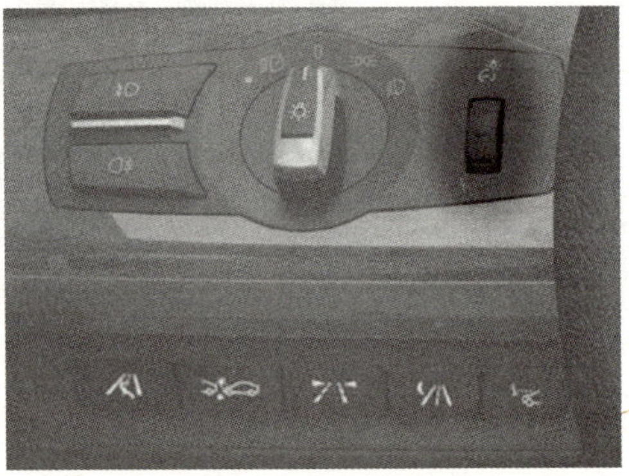

图 4-47　仪表照明调光器

四、任务实施

1. 维修信息

（1）调节 HUD 亮度　可单独调节 HUD 的亮度。CID 是亮度调节的显示仪表，控制器是亮度调节的操作元件。按照以下方式调节亮度，其步骤如下：

1）通过按压菜单按钮调出主菜单。

2）按压控制器，调出“设置”菜单选项。

3）转动控制器直至选中菜单栏内的“平视显示屏”，随后按压控制器进行确认。

4）转动控制器直至选中“亮度”，随即进行确认。

5）通过转动控制器设置所需亮度并按压控制器进行确认。

（2）调节 HUD 水平高度　宝马 7 系 F01/F02 的驾驶人可根据需要使用 iDrive 控制器调节图像位置和有效视线范围。有效视线范围最多可上下偏移±30mm。按照以下方式调节高度，操作界面如图 4-48 所示，其步骤如下：

1）通过按压菜单按钮调出主菜单。

2）按压控制器，调出“设置”菜单选项。

3）转动控制器直至选中“平视显示屏”，随后按压控制器进行确认。

4）转动控制器直至选中“调节高度”，随后按压控制器进行确认。

5）转动控制器设置所需高度并按压控制器进行确认。

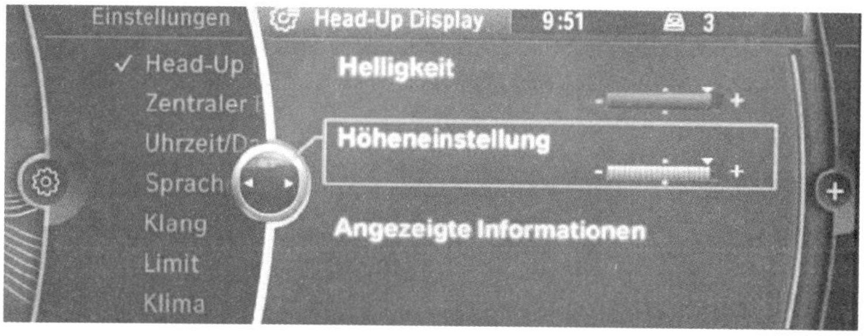

图 4-48　操作界面

（3）使 HUD 垂直旋转　HUD 出厂时使用规定的基本设置。维修人员可在进行更换风窗玻璃等工作时，通过垂直旋转功能使 HUD 图像水平转动，可通过电动机在-3°~+3°范围内调节显示屏。

（4）调出/退出测试功能　某些测试功能可按照以下方式直接通过 HUD 调出，无须使用 BMW 诊断系统，步骤如下：

1）按住 BEFAS 上的按钮约 20s 后放开。

2）通过再次按压按钮调出其他测试功能。

3）当需要结束这项功能时，按住 BEFAS 上的按钮 20s 以上。

2. HUD 的更换

如果未按规定安装 HUD 或风窗玻璃，可能会投射出有问题的 HUD 图像。图 4-49 所示

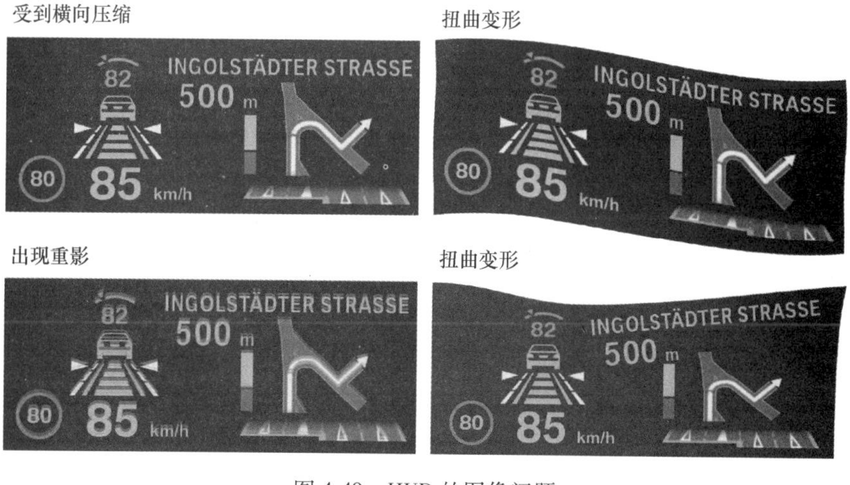

图 4-49　HUD 的图像问题

为可能会在更换 HUD 或风窗玻璃时出现的图像问题。在不利光线条件下，光线照射到风窗玻璃或 HUD 上会造成图像反白，HUD 过热时也会造成图像反白，如图 4-50 所示。校正图像失真情况（扭曲变形），如果更换风窗玻璃后图像扭曲变形，可通过校正扭曲变形功能改善图像显示情况。

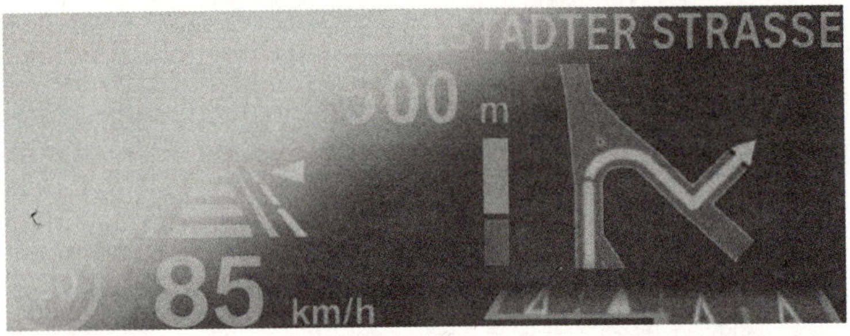

图 4-50　光线照射或 HUD 过热时的图像问题

模块五　驾驶人辅助系统

任务一　换道辅助系统

一、任务引入

在变换行车道所导致的交通事故中，大多是由于在换道过程中未注意到相邻车道上有近在咫尺的同向行驶的车辆而引起碰撞所致。换道辅助系统（SWA）也称为变道辅助系统，是近几年出现在高档轿车上的一项实用性很强的驾驶人辅助系统，能大大减少因盲目变道而导致的交通事故。

换道辅助系统通过对相邻车道，尤其是对汽车后方区域的持续监控（图 5-1），为驾驶人在超车和换道过程中提供信息支持。换道辅助系统利用雷达传感器检测车辆后方和两侧的环境（包括“视野盲区”），并在驾驶人准备换道时提供参考信息。当换道辅助系统识别到变换行车道有危险时，系统将进行提示。此时相应的车外后视镜内的警告灯闪烁或快速闪烁（根据实际情况而定），警告驾驶人如果现在换道可能存在危险。

图 5-1　换道辅助系统的探测范围

二、任务目标

1）了解换道辅助系统的组成。

2）掌握换道辅助系统的结构与工作原理。

3）掌握换道辅助系统的诊断。

三、相关知识

1. 组成

换道辅助系统主要由雷达传感器、控制单元、车外后视镜内的警告灯、系统操纵开关等组成。

（1）雷达传感器和控制单元　换道辅助系统有两个控制单元：主控制单元 J769 和从控制单元 J770。主控制单元与右侧雷达传感器组合在一起，而从控制单元与左侧雷达传感器组合在一起。两个控制单元结构完全相同，如图 5-2 所示。两个控制单元均安装在后保险杠处的端板上，保险杠罩板遮住了这两个控制单元（图 5-3），所以从车外无法看到。由于保险杠罩板是塑料制成的，所以不会对雷达射线的传输产生影响。

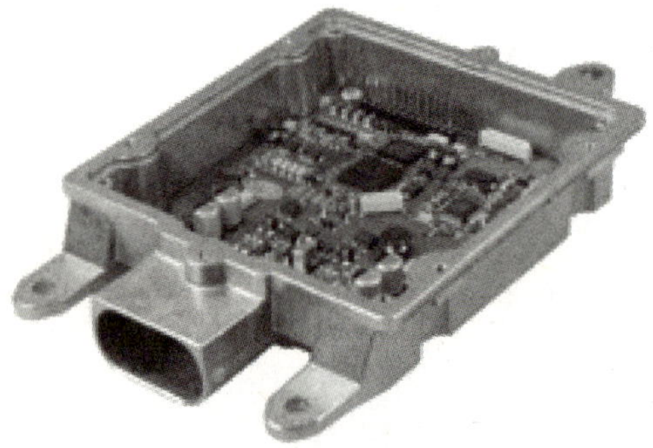

图 5-2　换道辅助系统控制单元

图 5-3　换道辅助系统控制单元位置

两个控制单元通过它们的发射天线发射雷达射线，发出的雷达射线被物体反射。反射回来的射线将由两个控制单元内的 3 个接收天线进行接收。控制单元通过处理这些信息就可以计算出物体的当前位置、速度和运动方向。每个控制单元都可以独立地识别静止的反射物体，比如公路护栏或静止的车辆，由于这些物体不会导致警告，它们不会被控制单元继续跟踪，而被识别移动的物体将被主控制单元继续跟踪。图 5-4 所示为换道辅助系统工作流程。

该控制单元还会把非直线的行驶道路转化为直线行驶道路。这样通过警告运算方法可以更加便捷地完成对当前情况的分析。这样处理的数据通过专用 CAN 总线提供给从控制单元，并在那里按照警告运算的方法进行处理。如果从控制单元在变换行车道时根据规定的警报标准识别到碰撞危险，那么它将使相应一侧的警告灯亮。如果驾驶人仍然操纵该侧的转向信号灯，那么警告灯将闪烁。

（2）雷达传感器的监控区域　车辆每一侧的监控区域都由一个后部区域和侧面区域组成。后部监控区域从车辆后部向后延伸约为 50m，如图 5-5 所示的 AB 区域。侧面区域从车辆后边缘延伸到 B 柱为止，如图 5-5 所示的 BC 段，侧面区域的监测宽度约为 3. 6m。

此传感器的监测是针对直线行驶的车辆，如果车辆转弯并且转弯时曲率半径大于 170m 时，换道辅助系统仍起作用，但如果小于 170m 时，系统将自动关闭不起作用，因为此时发出的雷达波不可能监测到车后 50m 内的实际情况。这一关闭限值具有 30m 的滞后性，也就是说下一次系统激活的条件是弯道的曲率半径必须到 200m 以上。换道辅助系统控制单元根据 ABS 控制单元 J104 的偏航角速率和各个车轮的速度计算弯道的曲率。

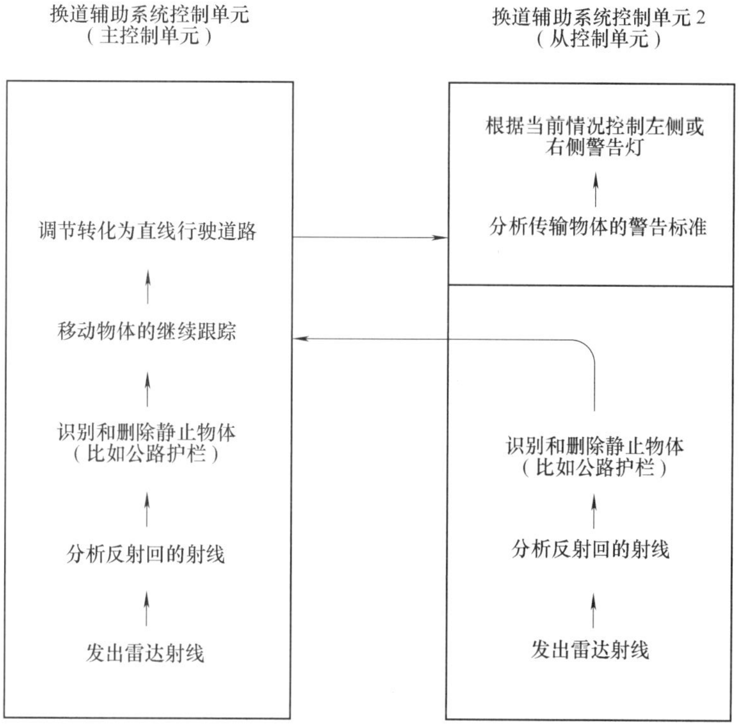

图 5-4　系统工作流程

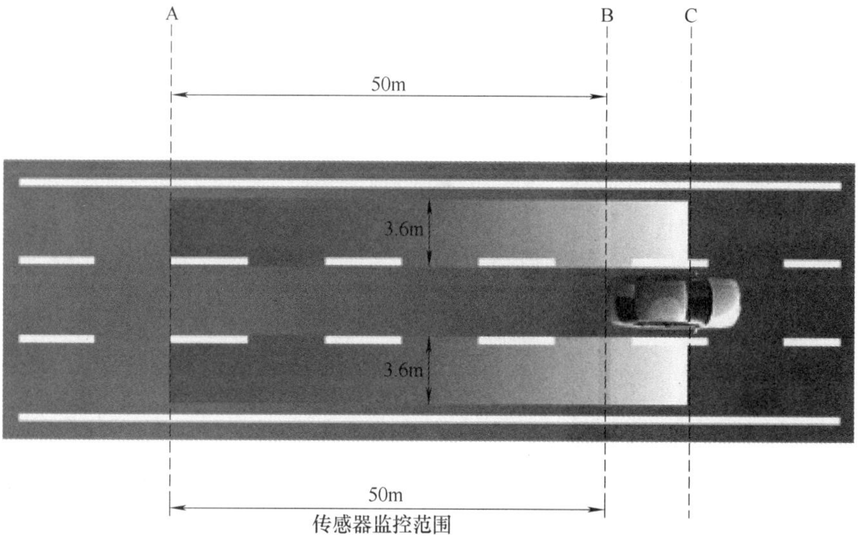

图 5-5　监控区域

（3）车外后视镜内的警告灯　换道辅助系统利用集成在车外后视镜内的警告灯，提示驾驶人换道时存在的危险。两个警告灯分别是驾驶人侧车外后视镜内的换道辅助系统警告灯 K233 和副驾驶侧车外后视镜内的换道辅助系统警告灯 K234（图 5-6）。两个警告灯分别由 4

个黄色发光二极管组成，可以单独更换。警告灯直接由从控制单元控制而不是受控于主控制单元。

两个车外后视镜上的警告灯亮度应该这样来调整：在信息提示阶段，只有在看后视镜时能发觉到这个提示信号，在警报阶段，即使向前看也会注意到这个警告信号，如图 5-7 所示。

图 5-6　警告灯位置

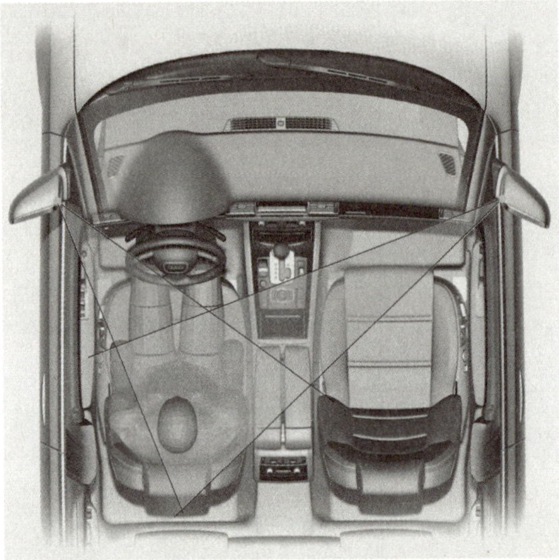

图 5-7　警告灯的探测范围

如果换道辅助系统识别到左、右两条行车道的某一条上有潜在危险，并且本车没有即将变换行车道的迹象时，相应的车外后视镜内的警告灯将会亮起，如果驾驶人通过操纵转向信号灯提示有换道意图并且相邻车道有车辆被监控到时，相应的后视镜内的警告灯将闪烁 4 次，以提示驾驶人注意这一情况。

（4）设定警告显示器的亮度　用户可以在多媒体界面（MMI）（图 5-8）上调节警告灯的亮度，在多媒体界面的汽车菜单中选择菜单项“奥迪换道辅助系统”，并按下旋转调节器激活选项。警告灯的亮度共有 5 个不同的等级（出厂时默认为第三等级），完成选择后，警告灯将亮起 2s。雨量与光线识别传感器 G397 也被用于确定警告灯的亮度。

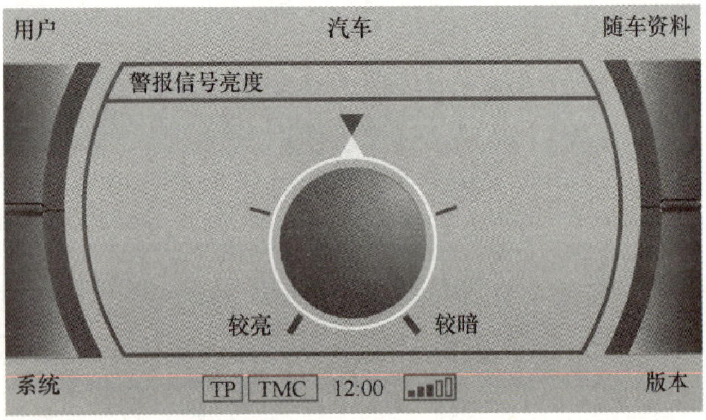

图 5-8　多媒体界面

值得注意的是，设置结束后，驾驶人所设置的警告灯亮度就存储在换道辅助系统的主控制单元中，并与此时所使用的汽车钥匙相对应，下一次使用这把钥匙时，系统将按这把钥匙激活相应的设置，实现操纵的人性化。

（5）系统操纵　换道辅助系统按钮 E530 位于驾驶人侧车门内部，中央门锁开关的右边（图 5-9）。利用该开关可以接通和关闭换道辅助系统。按钮内的红色发光二极管显示了当前换道辅助系统的状态。如果发光二极管亮起，说明系统已经接通；如果指示灯不亮，说明系统关闭或已经损坏。每次重新启动后，系统均会调用上次的有效系统设置。换道辅助系统接通时有两种状态：激活或停用。激活系统需要满足两个条件：车速大于60km/h 且当前道路的曲率半径必须大于170m。一旦有一个条件不被满足，换道辅助系统就切换到停用状态。当前是激活还是停用，驾驶人是不知道的。

图 5-9 操纵按钮

举例说明导致换道辅助系统发出警告的4 种典型情况：

1）行驶场景 1：有轿车缓慢地超过带有换道辅助系统的轿车，如图 5-10 所示。

①在中间车道上行驶的是换道辅助系统已经接通的奥迪Q7 轿车，左侧车道上有一辆轿车在靠近，该轿车速度比 Q7 车略快一些。这辆车速略快的轿车已经处于换道辅助系统的监控区域内了（就是图中绿色区）。由于当前 Q7 轿车从中间车道变换到左侧车道时还没有撞车的危险，所以左侧后视镜上的警告灯没有亮起。两车的速度差还太小。

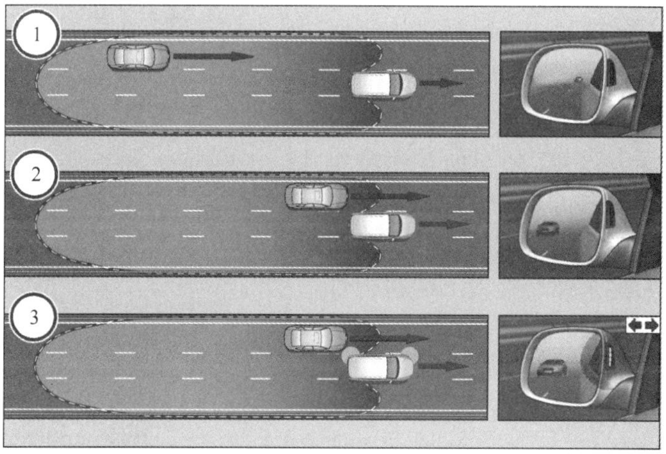

图 5-10 行驶场景 1

②这时速度略快的那辆轿车已经接近了 Q7 轿车，如果 Q7 轿车从中间车道变换到左侧车道上，就会有撞车的危险，所以这时左侧后视镜上的警告灯就会亮起。只要还有变道撞车的危险，该灯就一直亮着，以警示驾驶人。

③Q7 轿车的驾驶人打开左转向灯表示要变换到左车道，由于这么做马上会导致交通事故，所以左侧后视镜上的警告灯就开始以更亮一些的黄色来闪烁。这样就可将驾驶人向前看的注意力吸引到左侧后视镜上，从而警告驾驶人变换车道是危险的。接通危险一侧的转向灯就可以让提醒状态的灯常亮变为警告状态的灯闪烁。

2）行驶场景 2：有轿车快速地超过带有换道辅助系统的轿车，如图 5-11 所示。

①带有换道辅助系统的 Q7 轿车行驶在中间车道。由于监控区域内没有车辆在行驶（变换车道时就没有什么危险），所以车外后视镜上的警告灯不会亮起。

②左侧车道上有一辆轿车在快速接近本车。这时，这两辆轿车的速度差越大，那么 Q7 轿车上的警告灯亮起就越早。由于在此例中这个车速差较大，所以左侧车道上的轿车刚一进入监控区，Q7 轿车左侧外后视镜上的警告灯就亮起。

③接通左侧转向灯后，警告灯开始闪烁。以提醒驾驶人变道有危险。

导致警告灯被激活的两车间的最大距离取决于两车间的速度差。速度差越大，此距离范围越大。但是发出警告的最大距离限制为 50m，因为 50m 是雷达的监测极限。

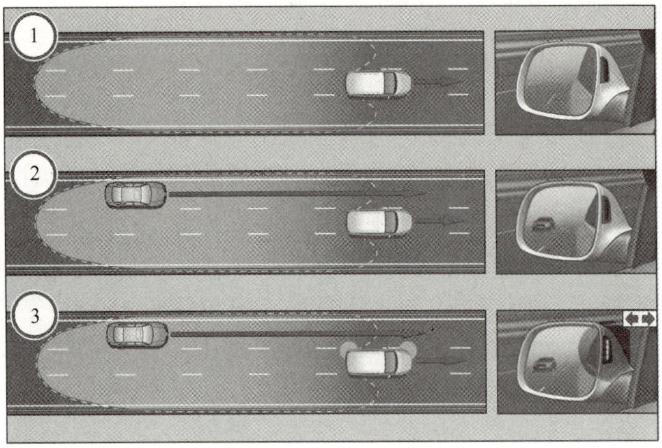

图 5-11　行驶场景 2

3）行驶场景 3：带有换道辅助系统的轿车缓慢超越别的轿车，如图 5-12 所示。

①Q7 轿车在中间车道行驶，想要超越右侧车道上的轿车，这辆 Q7 轿车上装有换道辅助系统，该系统已经接通工作了。该 Q7 轿车的车速略快于右侧车道上行驶的车辆。被超车辆还处于监控区之外，所以右侧车外后视镜上的警告灯没有亮起。

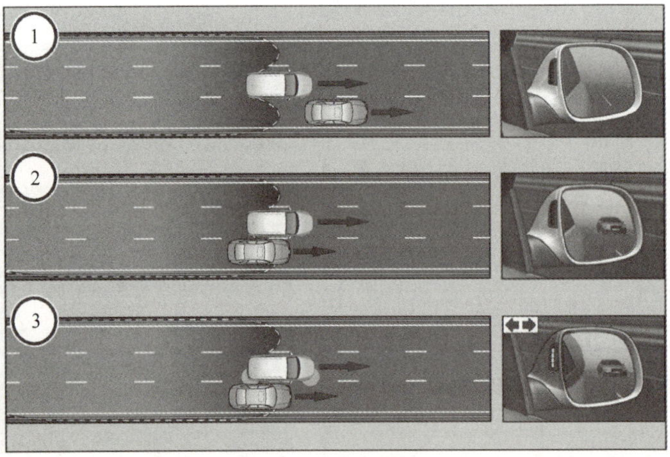

图 5-12　行驶场景 3

②右车道上的轿车进入了 Q7 轿车的死角。该轿车处于 Q7 轿车的换道辅助系统监控区内。Q7 轿车在从中间车道向右侧车道变道时，可能会引发事故，所以 Q7 轿车上右侧外后视镜上的警告灯会亮起（常亮）。

③如果 Q7 轿车的驾驶人打开右转向灯表示要变换到右侧车道上，则常亮的警告灯就转换到快速闪烁状态。

4）行驶场景 4：带有换道辅助系统的轿车快速超越别的轿车，如图 5-13 所示。

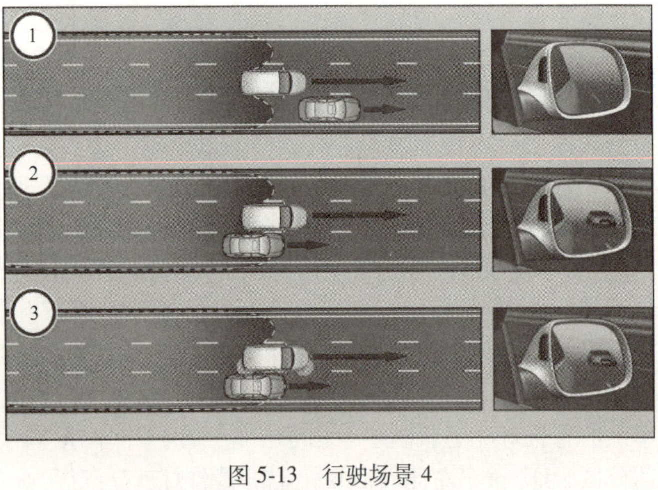

图 5-13　行驶场景 4

①Q7 轿车在中间车道行驶，想要超越右侧车道上的轿车，这辆 Q7 轿车上装有换道辅助系统，该系统已经接通工作了。Q7 轿车的车速比右侧车

道上的车快约25km/h。被超车辆还处于监控区之外，所以右侧车外后视镜上的警告灯没有亮起。

②右车道上的车进入了Q7轿车的死角。该轿车处于Q7轿车的换道辅助系统监控区内。由于车速差大于15km/h，警告灯就不接通（当换道辅助系统识别出被超车的车辆时，Q7轿车变换到右侧车道时已经没有危险了）。

③如果Q7轿车的驾驶人打开右转向灯表示要变换到右侧车道上，那么警告灯仍然保持关闭状态。只有在警告灯先前曾亮起或者识别出变道有危险时，该警告灯才会闪烁。

2. 系统原理

（1）主、从控制单元的任务分配　主控制单元和从控制单元通过一个专用CAN总线进行通信。同时，主控制单元通过扩展CAN总线与数据总线诊断接口（J533）连接，从而实现与其他总线上控制单元的信息交换（图5-14）。主控制单元也负责接收换道辅助系统按钮E530的信息，从控制单元负责控制左、右两个车外后视镜内的警告灯K233和K234。

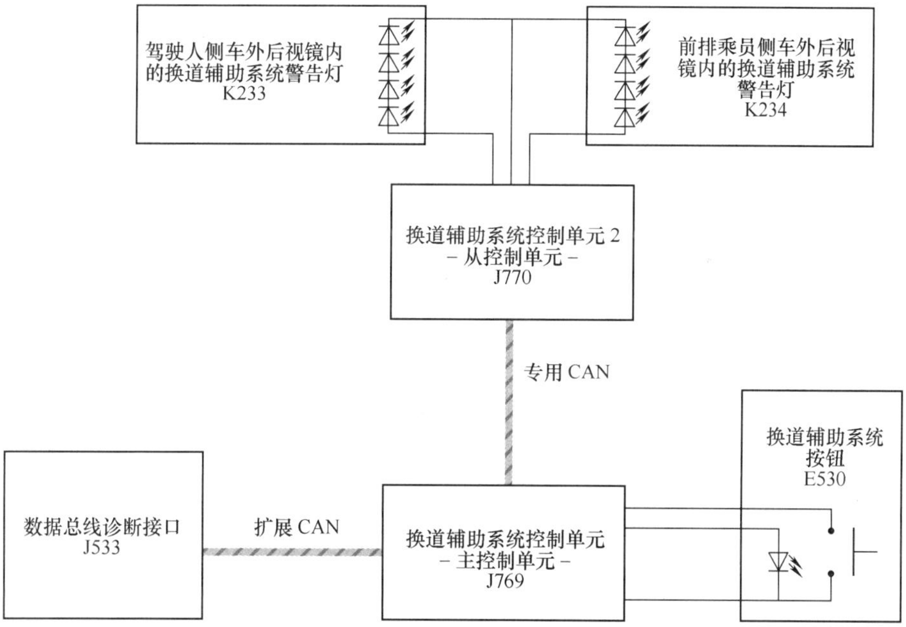

图5-14　换道辅助系统控制单元总线电路

（2）换道辅助系统的通信结构　换道辅助系统不仅需要通过本系统采集到的信息，还需要其他控制单元大量的信息。这些控制单元与不同的数据传输总线相连，最后通过网关（J533）处理后由扩展CAN总线传给主控制单元。图5-15所示为换道辅助系统通信结构。各控制单元的作用如下：

1）雨量与光线识别传感器G397。通过LIN总线向车载网络控制单元和换道辅助系统提供当前的环境，这样可以将警告灯的亮度根据外部环境调节到最佳。

2）仪表板内的控制单元J285。如果系统出现故障，控制单元内部的警告灯将亮起。同时，发出一个声音信号以提示驾驶人系统将关闭并等待维修。

3）ABS控制单元J104。向换道辅助系统提供当前的偏航角速率和车轮速度，根据这些参数计算当前的车速和行驶道路的曲率半径。

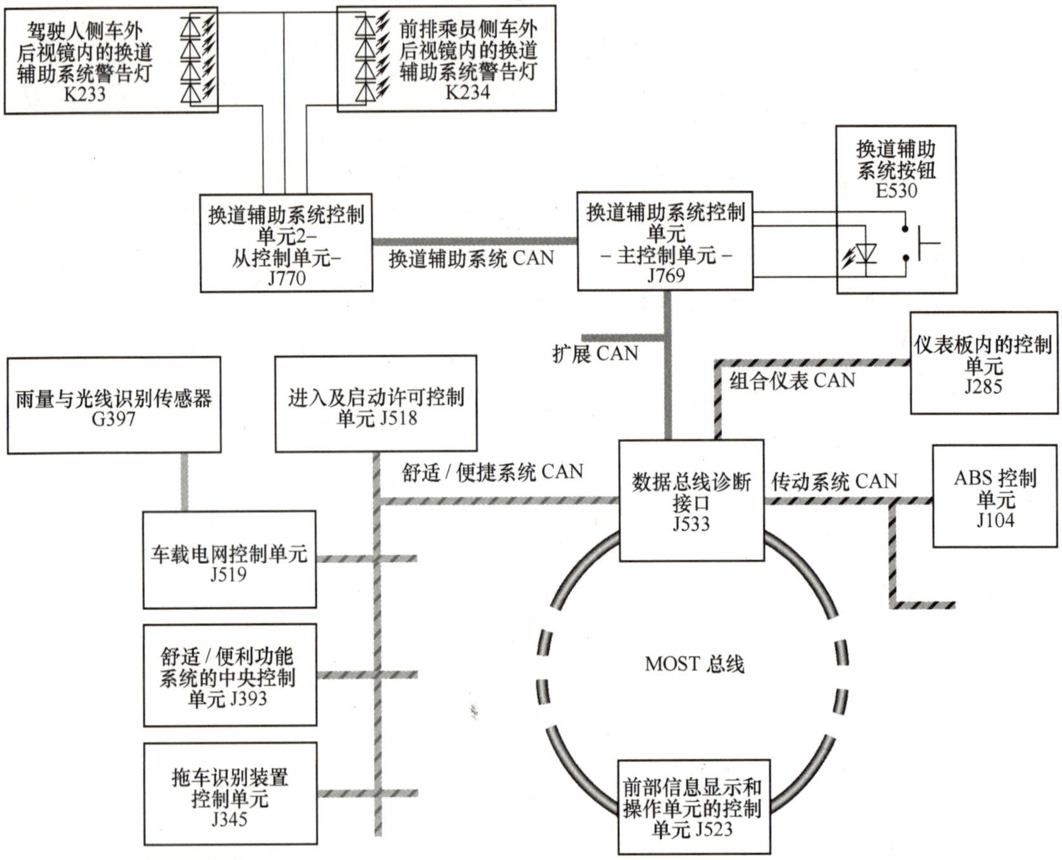

图 5-15　换道辅助系统通信结构

4）拖车识别装置控制单元 J345。通知系统车辆是否挂有拖车。如果挂有拖车，则由于雷达的监测区域有所影响，系统将关闭，此时组合仪表上将出现相应的提示。

5）舒适/便利功能系统的中央控制单元 J393。发送是否操纵了转向信号灯的信息给换道辅助系统，换道辅助系统由此推断驾驶人是否有换道倾向。同时，J393 监测是否是倒车状态，如果倒车，那么换道辅助系统将处于停用状态。

6）进入及起动许可控制单元 J518。发送当前钥匙的信息，即可以在接通点火开关后启用警告灯的个人亮度设置。

7）前部信息显示和操作单元的控制单元 J523。用户可以借此设置警告灯的亮度。此设置与当前所使用的钥匙相对应，并存储在换道辅助系统的主控制单元中。

（3）系统激活条件　如图 5-16 所示，当道路的曲率半径小于 170m 的限值时，换道辅助系统将自动切换到关闭状态（图 5-17），因为此时发出的雷达射线已经无法探测整个 50m 的后部监控区域。这一关闭限值具有 30m 的滞后。这意味着换道辅助系统因道路的曲率半径过小而关闭后，只有当道路的曲率半径增加到 200m 以上时，系统才会重新被激活。通过弯道时的工作情况见表 5-1。

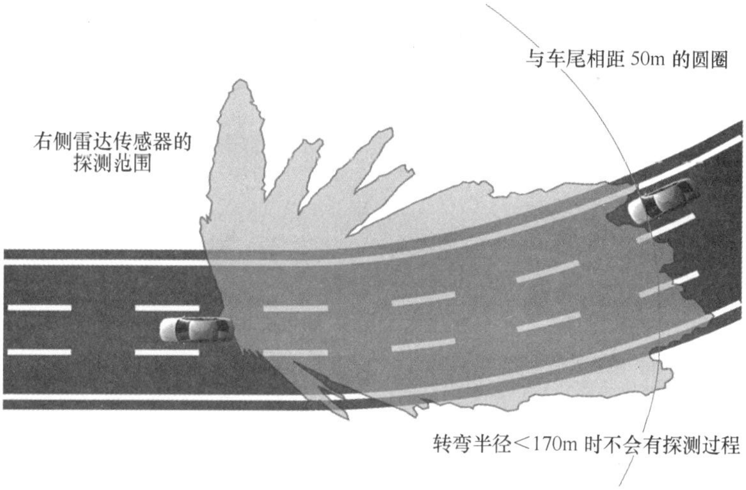

图 5-16　系统激活条件

表 5-1　通过弯道时的工作情况

换道辅助系统按钮 E530	当前车速 >60km/h	当前转弯半径 >170m	换道辅助系统的状态
已关闭	—	—	已关闭
已接通	否	否	已接通且不工作
已接通	是	否	已接通且不工作
已接通	否	是	已接通且不工作
已接通	是	是	已接通且工作

3. 诊断

在诊断系统中，换道辅助系统主控制单元被分配到的地址码是3C。换道辅助系统的从控制单元无地址码。换道辅助系统的故障存储器、测量数据块、编码、匹配通道、校准等均位于换道辅助系统主控制单元内，如图 5-18 所示。

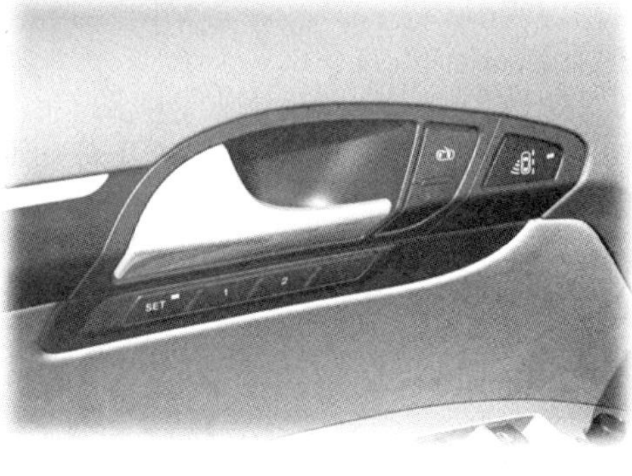

图 5-17　换道辅助系统将自动切换到关闭

（1）换道辅助系统的诊断项目

1）测量数据块内有以下参数可供读取：

①主控制单元和从控制单元的供电电压和内部温度。

②主控制单元和从控制单元之间的专用 CAN 总线的通信状态。

③当前的系统状态（接通/关闭）。

④由其他控制单元通过 CAN 总线发送的功能输入值。

⑤计算得出当前的道路曲率半径。

⑥换道辅助系统按钮的状态及其指示灯。

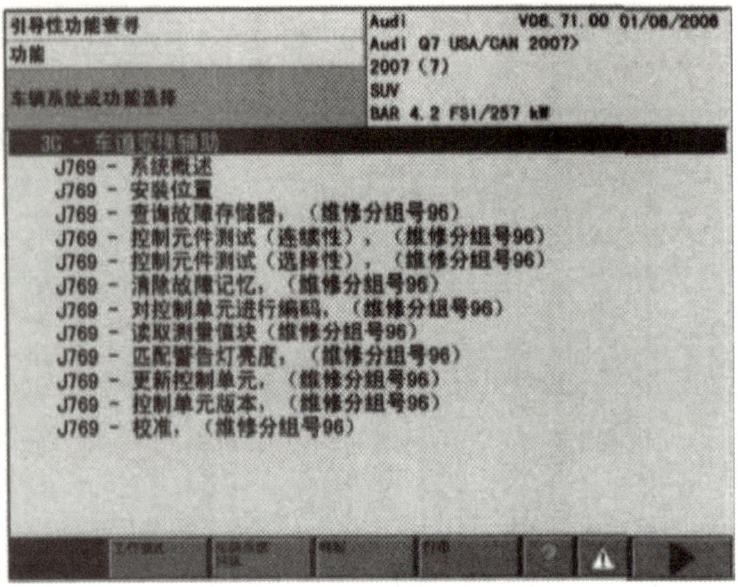

图 5-18　换道辅助系统控制单元诊断界面

⑦车外后视镜内两个警告灯的状态。

⑧左侧、中间和右侧行车道上最近物体的坐标。

⑨左侧、中间和右侧行车道上最近物体的相对速度。

⑩自动校准的当前状态：校准信息。

⑪参与整个功能的各个控制单元之间的通信状态。

2）编码中设置有如下信息：

①安装换道辅助系统车辆的车型。

②车辆行驶的所在国。

③左置还是右置转向盘。

④车辆内是否安装了拖车控制单元。

3）在匹配通道内可以匹配警告灯的亮度。

4）通过执行元件诊断功能可以诊断以下组件：

①换道辅助系统按钮内的发光二极管。

②驾驶人侧车外后视镜内的换道辅助系统警告灯。

③副驾驶人侧车外后视镜内的换道辅助系统警告灯。

（2）换道辅助系统的校准

1）需校准情况。在以下情况，务必要校准换道辅助系统：

①已经更新换道辅助系统主控制单元或换道辅助系统从控制单元。

②后保险杠已经损坏，例如由于停车撞击造成的损坏。

③后保险杠已经从车辆上拆下，并重新安装至车辆。

④换道辅助系统主控制单元，基本设置/匹配没有进行或错误（已存储在故障存储器中）。

⑤换道辅助系统从控制单元，基本设置/匹配没有进行或错误（已存储在故障存储器

中）。

2）校准顺序。校准按照以下顺序执行：

①校准专用工具，如图 5-19 所示，校准专用工具包括带有多普勒发电机的校准板 VAS6350、车轮中心接收器 VAS6350/1、电子距离测量仪 VAS6350/2。

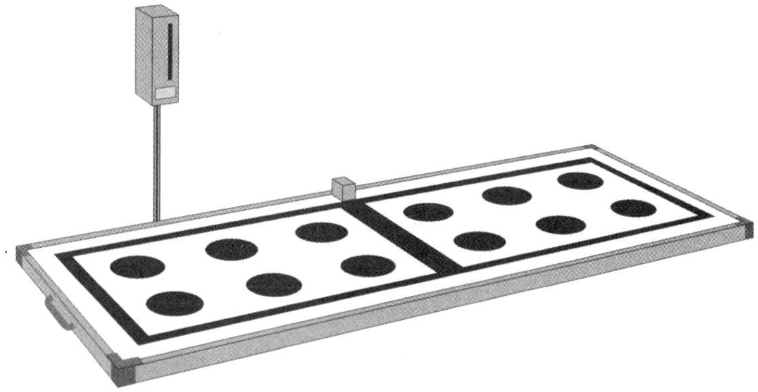

图 5-19　校准专用工具 VAS6350

②在校准装置已经设立并对准之后，运行测试程序主控制单元校准。

③首先校准位于保险杠右侧中的换道辅助系统主控制单元（按行驶方向）。

④换道辅助系统主控制单元校准成功后，必须按照维修手册转换校准装置。

⑤校准装置转换之后，校准位于保险杠左侧中的换道辅助系统从控制单元（按行驶方向）。

⑥换道辅助系统从控制单元成功校准之后，检查两个控制单元中的角度变化。

⑦如果角度变化在-4.99°~4.99°的极限范围内，则表明校准已成功完成。

任务二　视觉驻车辅助系统

一、任务引入

视觉驻车辅助系统（OPS）是对于原有奥迪驻车辅助功能的最新扩展。4 通道系统（仅后部驻车辅助）和 8 通道系统（前后驻车辅助）现在已经为人们所熟知。利用这些系统，驾驶人可以通过声音信号反馈了解汽车与障碍物的距离。

新型视觉驻车辅助系统是一种 8 通道系统。除了已有的声音传感器分析外，还在多媒体界面显示屏上向用户显示图像，以视觉方式显示每个驻车辅助传感器与障碍物之间的当前距离。此项功能扩展无需额外添加硬件。可以选购带或不带倒车摄像机的视觉驻车辅助系统。多媒体界面上的驻车辅助示意图如图 5-20 所示。

二、任务目标

1）了解视觉驻车辅助系统的组成。

2）掌握视觉驻车辅助系统的功能和操作。

3）掌握视觉驻车辅助系统的通信结构。

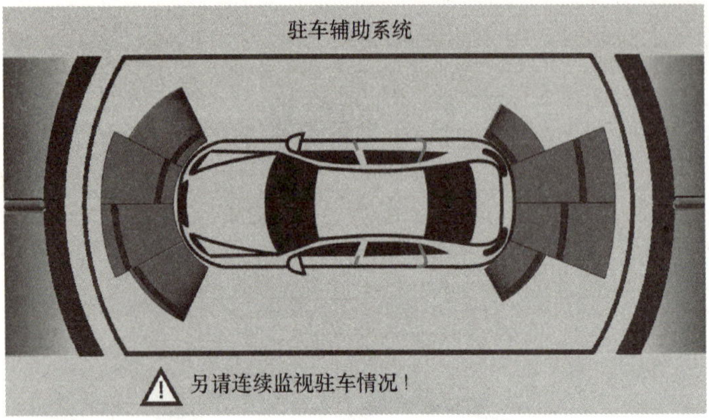

图 5-20　多媒体界面上的驻车辅助示意图

三、相关知识

1. 系统组成

（1）驻车辅助控制单元 J446　驻车辅助控制单元如图 5-21 所示。驻车辅助控制单元有以下任务：

图 5-21　驻车辅助控制单元

1）为驻车辅助传感器提供供电电压。

2）分析和处理来自驻车辅助传感器的信号。

3）控制驻车辅助的两个报警蜂鸣器 H15 和 H22。

4）向前部信息显示和操作单元的控制单元 J523 传输多媒体界面显示视觉驻车辅助系统图像的必要信息。

5）汽车锁止时保存相关无线遥控钥匙上的设置（后部/前部音量、后部/前部频率）。

6）系统诊断和管理故障存储器。

7）读取驻车辅助按钮 E266。

8）控制驻车辅助按钮 E266 内的功能照明。

9）为发送和接收信息内容与其他控制单元进行通信。

驻车辅助控制单元 J446 的电路如图 5-22 所示。驻车辅助控制单元 J446 安装在行李箱地板下面右后部，安装位置如图 5-23 所示。它可以利用诊断测试仪分配地址码，对应原地址代码为 76。

【说明】地址码 76——实际上就是大众原厂诊断设备的系统代码，76 = 驻车辅助控制系统。

（2）驻车辅助系统传感器　奥迪 Q7 中首次使用了第五代驻车辅助传感器。与上代相比，它们的尺寸明显减小，但驻车辅助传感器仍旧是超声波传感器。第 4 代和第 5 代奥迪驻车辅助传感器示意图如图 5-24 所示。奥迪 Q7 轿车视觉驻车辅助系统电路如图 5-25 所示。

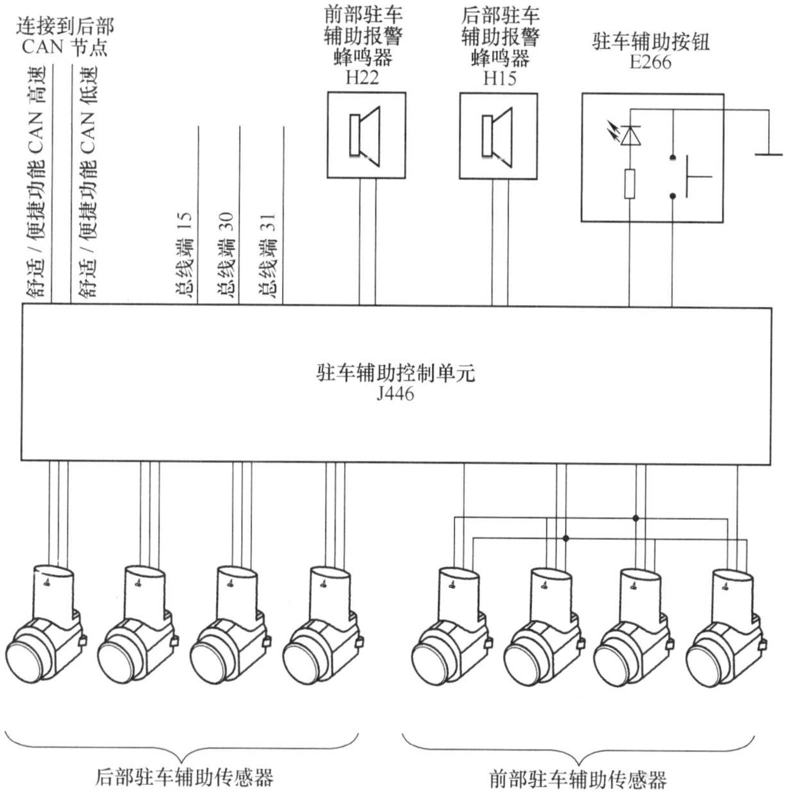

图 5-22　驻车辅助控制单元 J446 的电路

图 5-23　驻车辅助控制单元的安装位置

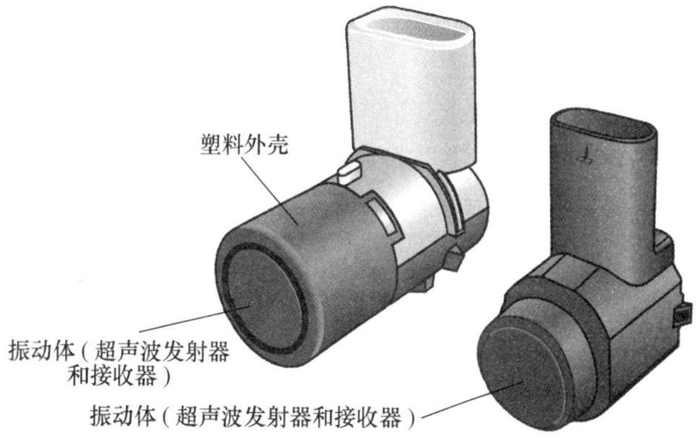

图 5-24　第 4 代和第 5 代奥迪驻车辅助传感器示意图

2. 视觉驻车辅助系统的功能和操作

(1) 驻车辅助系统的监控区域　视觉驻车辅助系统与原有的 8 通道系统一样，通过 4 个集成在前保险杠内的驻车辅助传感器和 4 个集成在后保险杠内的驻车辅助传感器监控汽车四周。声音信息通过车辆前部区域和后部区域内的报警蜂鸣器发出。图像显示在多媒体界面，基本版和高级版的多媒体界面都支持视觉驻车辅助系统。

1）驻车辅助传感器根据其安装位置分别识别如下区域的障碍物：

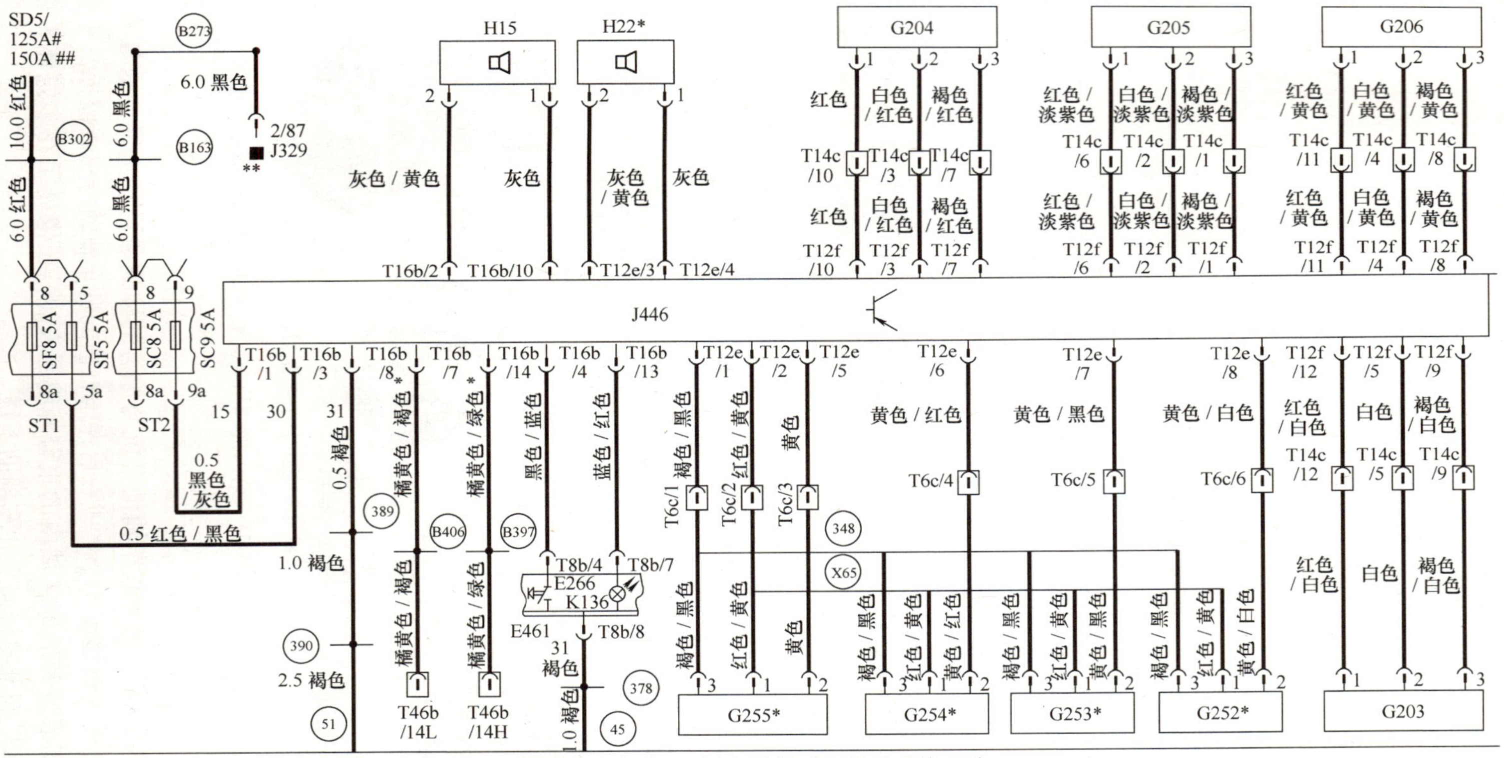

图 5-25 奥迪 Q7 轿车视觉驻车辅助系统电路

E266—驻车辅助按钮 E461—中控台前部操作单元 G203—左后驻车辅助传感器 G204—左后中部驻车辅助传感器 G205—右后中部驻车辅助传感器 G206—右后驻车辅助传感器 G252—右前驻车辅助传感器 G253—右前中部驻车辅助传感器 G254—左前中部驻车辅助传感器 G255—左前驻车辅助传感器 H15—后部驻车辅助报警蜂鸣器 H22—前部驻车辅助报警蜂鸣器 J329—端子 K1. 15 供电继电器 K136—驻车辅助指示灯 SC8—熔断丝架 C 上的熔断丝 8 SC9—熔断丝架 C 上的熔断丝 9 SD5—熔断丝架 D 上的熔断丝 5 SF5—熔断丝架 F 上的熔断丝 5 SF8—熔断丝架 F 上的熔断丝 8 T8b—8 芯黑色插头连接，在中控台前部操作单元上 T16b—16 芯棕色插头连接，在驻车辅助控制单元上 T46b—46 芯黑色插头连接，右侧 CAN 分离插头 T6c—6 芯黑色插头连接，在发动机舱内右前方 T14c—14 芯黑色插头连接，在保险杠右后 T12e—12 芯棕色插头连接，插头 B 在驻车辅助控制单元上 T12f—12 芯黑色插头连接，插头 C 在驻车辅助控制单元上 (45)—中部仪表板后面的搭铁点 (51)—行李箱右侧搭铁点 (348)—搭铁连接（驻车辅助），在前保险杠导线束里 (378)—搭铁连接 13，在主导线束中 (389)—搭铁连接 24，在主导线束中 (390)—搭铁连接 25，在主导线束中 (B163)—正极连接 1（15），在车内导线束中 (B273)—正极连接（15），在主导线束中 (B302)—正极连接 6（30），在主导线束中 (B397)—连接 1（舒适/便捷功能，高速 CAN 总线），在主导线束中 (B406)—连接 1（舒适/便捷功能低速 CAN 总线），在主导线束中 (X65)—连接（驻车辅助），在前保险杠导线束中

*—前辅助驻车系统 **—继电器，在驾驶人座椅下的熔断丝架上 #—至 2006 年 5 月 ##—从 2006 年 6 月起 线径未标注者皆为 0.35mm²

①后部侧面驻车辅助传感器：约为 60cm。

②前部侧面驻车辅助传感器：约为 90cm。

③后部中间驻车辅助传感器：约为 120cm。

④前部中间驻车辅助传感器：约为 160cm。

2）当驻车辅助传感器达到以下间距时，开始发出持续声音信号：

①前部：约为 25cm。

②后部无拖车挂钩：约为 30cm。

③后部带拖车挂钩：约为 35cm。

（2）驻车辅助系统的操纵　只有驻车辅助系统处于激活状态时，才会向驾驶人发出声音和图像反馈。挂入倒车档时，系统自动激活。当向前驻车或向前驶上障碍物时，必须通过按压驻车辅助按钮手动激活驻车辅助。当系统激活时，通常会有一个确认音提醒驾驶人。此外，还可以通过驻车辅助按钮内的 LED 灯是否亮起来识别驻车辅助系统的激活状态。

系统激活后，多媒体界面会自动切换到视觉驻车辅助系统显示。如果汽车内同时安装了倒车摄像机系统，那么可以在多媒体界面汽车菜单内的“奥迪驻车辅助系统”下选择在屏幕上使用哪个显示。驻车辅助系统操作按钮位置如图 5-26 所示。

图 5-26　驻车辅助系统操作按钮位置

激活的驻车辅助系统将在以下情况下关闭：①车速超过 15km/h（向前）；②关闭点火开关；③按压操纵驻车辅助按钮；关闭完成后，按钮内的 LED 灯熄灭，多媒体界面重新切换到系统激活前的显示状态。

（3）驻车辅助系统给驾驶人提供的反馈信息　当驻车辅助系统激活工作时，如果在报警区域内识别到障碍物，将会发出距离报警。随着与障碍物距离的减小，脉冲报警声的时间间隔缩短，直至达到临界距离时发出持续音。

视觉驻车辅助系统除声音报警外还会在多媒体界面显示屏上显示驻车辅助传感器的当前距离测量值。为此每个传感器都分配一个扇区，对于 8 通道系统来说，车前有 4 个扇区和车后有 4 个扇区。每个扇区内用一个红色线段表示障碍物至汽车或至测量传感器的当前距离。如果障碍物与汽车间的距离减小，那么图像中的线段也会靠近汽车。根据车辆装备的多媒体界面版本不同，显示的实际状态如图 5-27、图 5-28 所示。

（4）带有拖车的驻车辅助系统　如果驻车辅助控制单元根据编码识别到安装有拖车挂钩，那么持续音区域从 5cm 增加到 35cm。因为拖车挂钩使车辆后部的长度增加，所以这是必要的。带有拖车时的视觉显示界面如图 5-29 所示。

3. 视觉驻车辅助系统的通信结构

为了确保驻车辅助控制单元正常工作，需要获取其他控制单元的信息。它通过舒适/便捷功能 CAN 获得这些信息。来自其他总线系统用户的必要信息通过数据总线诊断接口传送到舒适/便捷功能 CAN 上，以供驻车辅助控制单元访问。视觉驻车辅助系统通信结构如图 5-30 所示。

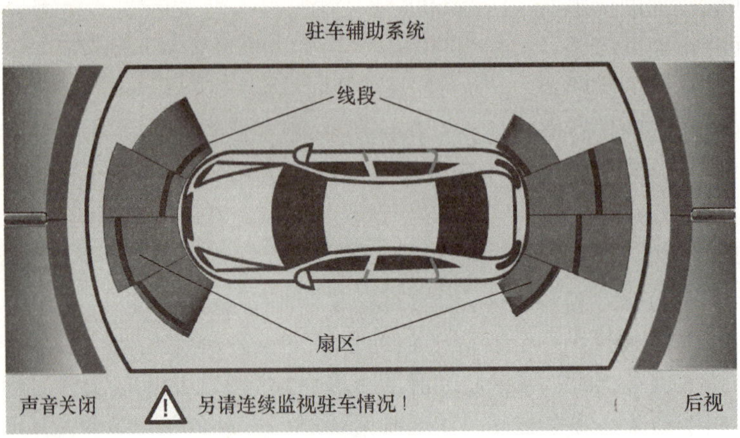

图 5-27　高级版多媒体界面上的视觉驻车辅助系统显示

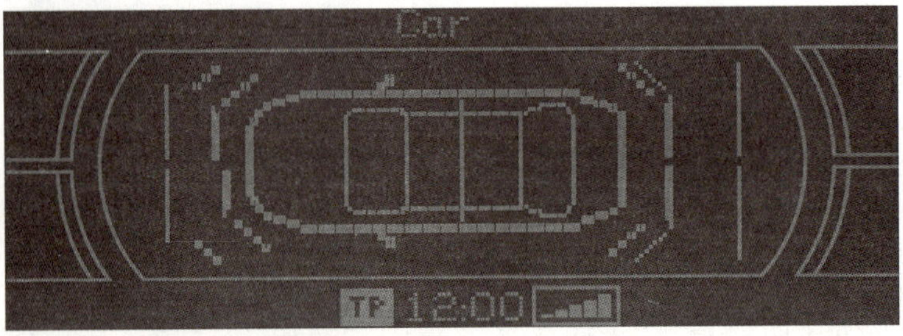

图 5-28　基本版多媒体界面上的视觉驻车辅助系统显示

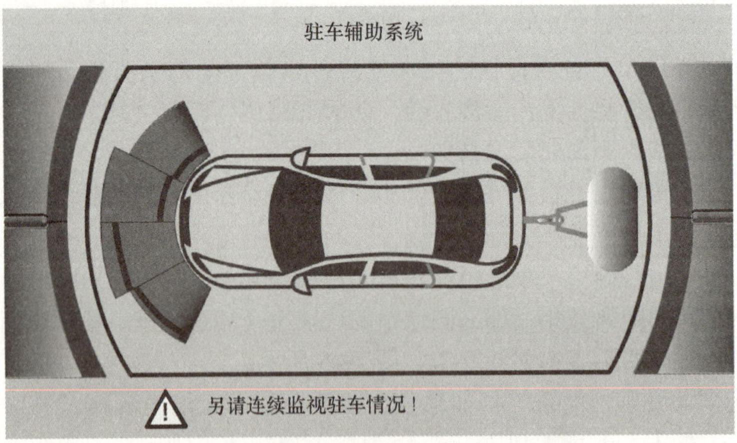

图 5-29　带有拖车时的视觉显示界面

驻车辅助控制单元 J446 从以下控制单元获得信息：

1）车载电网控制单元 J519。倒车灯亮起，由此可以判断已挂入倒车档，必须激活驻车辅助系统（CAN 信息只在带手动变速器的汽车上被分析）。

2）拖车识别装置控制单元 J345。当前识别到或未识别到拖车，如果当前识别到拖车，那么后部驻车辅助关闭。

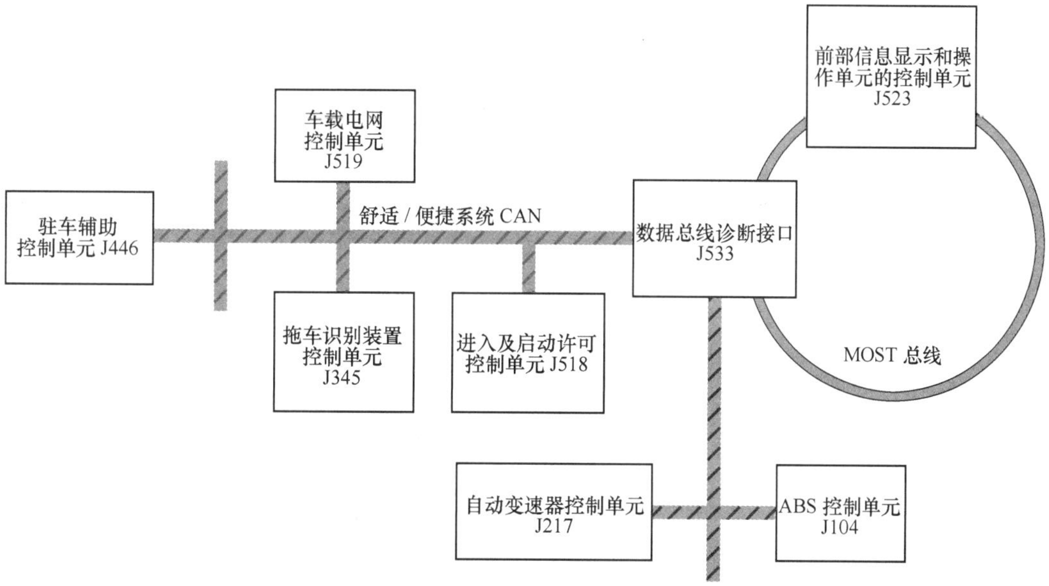

图 5-30　视觉驻车辅助系统通信结构

3）进入及起动许可控制单元 J518。发送当前的总线端状态和当前使用的钥匙编号。当前使用的钥匙编号用于激活个性化设置，例如声音报警的音量和频率。

4）ABS 控制单元 J104。把当前车速信息提供给驻车辅助控制单元。之所以需要该车速信息，是因为只有在车速小于 15km/h 的驻车辅助系统限值时，前部驻车辅助才能激活。一旦超出该限值，系统即被关闭。由于仅前部驻车辅助需要车速信息，所以该信息只在 8 通道系统上被 ABS 控制单元 J104 分析。

5）前部信息显示和操作单元的控制单元 J523。向保存有当前汽车钥匙设置的驻车辅助控制单元发送驾驶人个性化设置信息。此外，J523 也作为驾驶人显示屏用分段图形显示驻车辅助传感器确定的距离。

6）自动变速器控制单元 J217。发送变速杆是否处于 R 位的信息。如果处于该档位，则激活驻车辅助功能。

四、任务实施

视觉驻车辅助系统的诊断，在诊断测试仪中向驻车辅助控制单元分配地址代码 76。

在测量值块中可以找到以下参数：

1）各个后部传感器与障碍物间的距离。

2）各个前部传感器与障碍物间的距离。

3）4 个后部传感器的最小距离。

4）4 个前部传感器的最小距离。

5）车速。

6）驻车辅助传感器的供电电压。

7）是否已挂入倒车档。

8）是否挂有拖车。

9）功能按钮的操纵。

10）设置的音量和后部频率。

11）设置的音量和前部频率。

12）后部各个传感器的衰减时间。

13）前部各个传感器的衰减时间。

14）当前有效的汽车钥匙编号。

15）当前汽车钥匙存储的设置。

编码中设置有如下特性：

1）车型（轿车、旅行车、硬顶跑车……）。

2）美国或者世界其他国家。

3）安装的变速器类型（手动变速器/自动变速器）。

4）倒车摄像机的安装。

5）拖车挂钩的安装。

6）视觉驻车辅助系统或仅有 8 通道驻车辅助蜂鸣器。

在匹配通道内可以匹配如下参数：

1）驻车辅助接通/关闭激活时的确认音。

2）音量和频率复位到出厂设置。

利用作动器诊断可以控制以下组件：

1）后部驻车辅助报警蜂鸣器 H15。

2）前部驻车辅助报警蜂鸣器 H22。

3）驻车辅助指示灯 K136。

任务三　倒车摄像系统

一、任务引入

奥迪 Q7 轿车倒车摄像机能够探测汽车后方区域，并将探测到的信息显示在多媒体界面的屏幕上，从而向驾驶人提供更好的向后视野，使驾驶人倒车或倒车驻车的操纵变得更加容易。

利用倒车摄像机可以在尽可能的安全距离范围内更靠近障碍物。同时，驾驶人的目光可以主要向前方看，而不必在整个时间内不停转动头部。与多媒体界面屏幕视频图像一起显示的静态和动态参考线也使倒车驻车更加方便。

倒车摄像机是一种独立的驻车辅助系统，可以与后部驻车辅助蜂鸣器或视觉驻车辅助系统一起定购。但是能否提供该选装件，在很大程度上与所在市场有关。也就是说，并非每辆奥迪 Q7 都装备有倒车摄像系统。带有倒车摄像系统的驻车原理示意图如图 5-31 所示。

二、任务目标

1）了解倒车摄像系统的组成部件。

2）掌握倒车摄像系统的电路。

3）掌握倒车摄像系统的驻车工作模式及工作原理。

三、相关知识

1. 倒车摄像系统组成部件

（1）倒车摄像机　奥迪 Q7 轿车倒车摄像机是一台松下品牌的摄像机。由于摄像机的结构紧凑，它可以集成在行李箱盖的拉手内。倒车摄像机的具体安装位置如图 5-32 所示。

图 5-31　带有倒车摄像系统的驻车原理示意图

这是一台广角摄像机，水平方向探测角度达 130°，垂直方向探测角度达 95°。由于使用了广角镜头，摄像机图像有强烈失真，所以在显示到多媒体界面显示屏上之前必须校正图像。图像的校正是在倒车摄像系统控制单元 J772 上进行的。倒车摄像机的外形如图 5-33 所示。用于探测图像芯片的水平分辨率为 510 像素，垂直分辨率为 492 像素，总分辨率为 25 万像素。

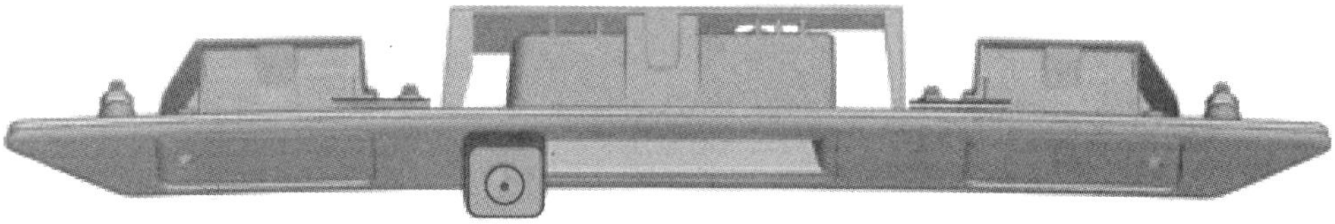

图 5-32　倒车摄像机的具体安装位置

摄像机镜头上有一层防污膜。摄像机镜头上是否存在污物不是由倒车摄像机系统控制单元诊断的，而是由驾驶人根据多媒体界面屏幕上的图像质量来确定的。一般由驾驶人负责清洁变脏的镜头。清洁时，建议用常用的酒精类玻璃清洁剂浸湿镜头，然后用一块干布清洁。

图 5-33　倒车摄像机的外形

（2）倒车摄像系统控制单元 J772

1）控制单元的任务。倒车摄像系统控制单元 J772 与舒适/便捷功能 CAN 相连。其具有以下任务：①向倒车摄像机提供供电电压；②校正摄像机的广角图像；③在摄像机图像中插入静态和动态辅助线；④为摄像机信号提供视频输入端；⑤为电视调谐器提供视频输入端；⑥利用集成的视频开关切换到所需要的视频信号上；⑦为收到的视频信号提供视频输出端；⑧控制单元的自诊断；⑨诊断收到的摄像机信号；⑩利用 VAS 测试仪和校准面板进行系统校准。

2）电视调谐器。电视调谐器作为特殊装备提供。如果汽车内没有安装电视调谐器，那么倒车摄像系统控制单元的第二个视频输入端将保持不被使用。电视调谐器的外形如图 5-34 所示。

3）倒车摄像机控制单元安装位置。倒车摄像系统控制单元位于车辆后部右侧靠近轮罩的地方。倒车摄像机通过一根屏蔽线将图像传输到控制单元。通过这根电缆传输整个视频信号，包括色彩、亮度、扫描和同步信息。倒车摄像控制单元安装位置如图 5-35 所示。

图 5-34　电视调谐器的外形

图 5-35　倒车摄像控制单元安装位置

2. 倒车摄像系统电路

倒车摄像机及其相关控制单元由 4 根电缆相互连接在一起。它们是一根供电电缆、一根附属的搭铁线以及一根屏蔽的视频信号电缆和一根搭铁的视频信号屏蔽线。

摄像机通过供电电压接通和关闭。摄像机的供电电压为 6. 5V，由倒车摄像系统控制单元中的一个开关式电源提供。它在运行时需要 500mW 左右的功率。摄像机的供电电压在车速达到 25km/h 起被关闭，因为在车速高于此限值时其功能不再激活。倒车摄像系统电路原理示意图如图 5-36 所示。

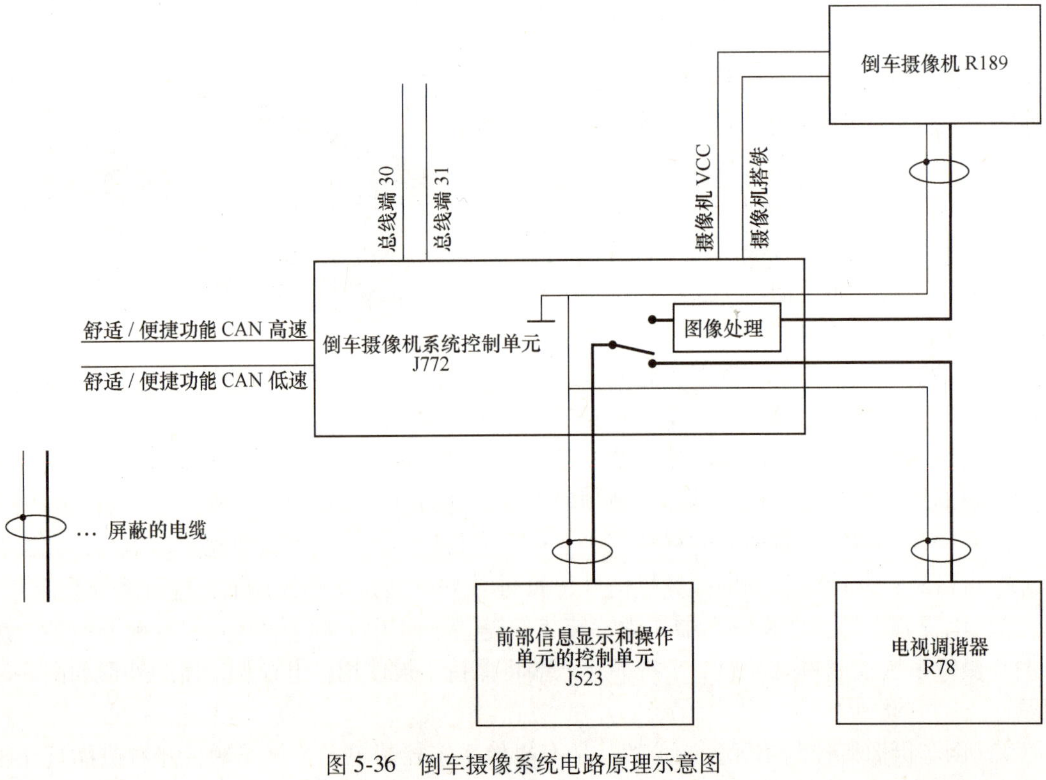

图 5-36　倒车摄像系统电路原理示意图

前部信息显示和操作单元的控制单元 J523 只有一个视频输入端，而汽车中可以有两个视频信号源：电视调谐器 R78 和倒车摄像机 R189。因此，倒车摄像系统控制单元 J772 提供了两个视频输入端和一个视频开关，它可以根据需要把电视调谐器的图像或倒车摄像机的图像切换到视频输出端上。倒车摄像系统控制单元 J772 的视频输出端与前部信息显示和操作单元的控制单元 J523 的视频输入端相连。

图 5-36 显示了 J772 中的视频开关的静止位置：它把电视调谐器的视频信号放置在视频输出端上。只有当多媒体界面内需要倒车图像时，视频转换器才会切换到倒车摄像机上。在通过视频开关和视频输出端把倒车摄像机的图像传输到前部信息显示和操作单元的控制单元 J523 之前，首先还需要在倒车摄像系统控制单元中处理图像。倒车摄像系统控制单元电路如图 5-37 所示。

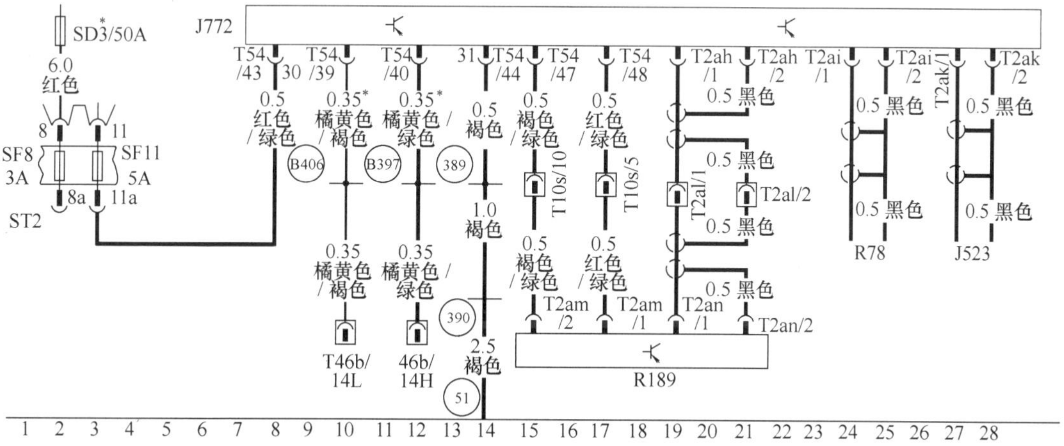

图 5-37　倒车摄像系统控制单元电路

J523—前部信息显示和操作单元的控制单元　J772—倒车摄像系统控制单元　R78—电视调谐器

R189—倒车摄像头　SD3—熔断丝架 D 上的熔断丝 3　SF8—熔断丝架 F 上的熔断丝 8　SF11—熔断丝架 F 上的熔断丝 11

T2ah—2 芯灰色插头连接，在倒车摄像系统控制单元上　T2ai—2 芯棕色插头连接，在倒车摄像系统控制单元上

T2ak—2 芯绿色插头连接，在倒车摄像系统控制单元上　T2al—2 芯棕色插头连接，后盖接口

T2am—2 芯黑色插头连接，在倒车摄像头上　T2an—2 芯灰色插头连接，在倒车摄像头上

T10s—10 芯粉色插头连接，后盖接口　T46b—46 芯黑色插头连接，右侧 CAN 分离插头

T54—54 芯黑色插头连接，在倒车摄像系统控制单元上　(51)—行李箱右侧搭铁点

(389)—搭铁连接 24，在主导线束中　(390)—搭铁连接 25，在主导线束中

(B397)—连接 1（舒适/便捷功能高速 CAN 总线），在主导线束中

(B406)—连接 1（舒适/便捷功能低速 CAN 总线），在主导线束中

·—CAN 总线（数据导线）　*—继电器，在驾驶人座椅下的熔断丝架上

3. 驻车工作模式及工作原理

奥迪轿车倒车摄像机有两个不同的驻车模式：横向驻车模式和纵向驻车模式。用户可以根据驻车情况选择两个模式中的一个。横向驻车模式被规定为标准模式。若要更改正处于激活的模式，必须在多媒体界面操作区内对显示的模式概念相对应的软键进行操纵。

如果车辆还配备了一个视觉驻车辅助系统，那么可以通过“图像”选项相对应的软键切换到视觉驻车辅助系统图像上。

【说明】软键是指多媒体界面功能选择菜单中的功能按钮，这些功能按钮是根据操作屏幕内容以及系统设置需要而不断变化的虚拟按钮。

（1）横向驻车模式　横向驻车演示图如图 5-38 所示，尤其适合用于倒车驻车，它也非常适合用于倒车穿过狭窄的道路，如较长的车库通道。阴影矩形区域为汽车轮廓向后延伸 5m 后的位置。如果在接下来的 5m 倒车时不转动转向盘，汽车就会驶上显示的阴影矩形区域。

不同深浅的颜色便于驾驶人更好地估计与障碍物的距离。从深颜色区域到稍浅色区域的第 1 个过渡线距离后保险杠大约 1m、下一个过渡线距离大约 2m，到后面的最浅色区域的距离大约 5m。深色区域顶端的箭头所指的红色线距离车尾大约 40cm。如果它碰到了障碍物，则不应继续倒车。由于参考区域的方向与转向角无关，而只跟当前的汽车位置有关，所以称为静态参考区域。

相反，参考线显示了汽车在接下来的 5m 倒车时，保持转向盘转向角度时汽车的行驶轨迹。由于线段的半径与转向盘转向角度有关，所以称为动态参考线。每隔 1m 左右在动态辅助线上添加一个侧标记。横向驻车模式工作视图如图 5-39 所示。

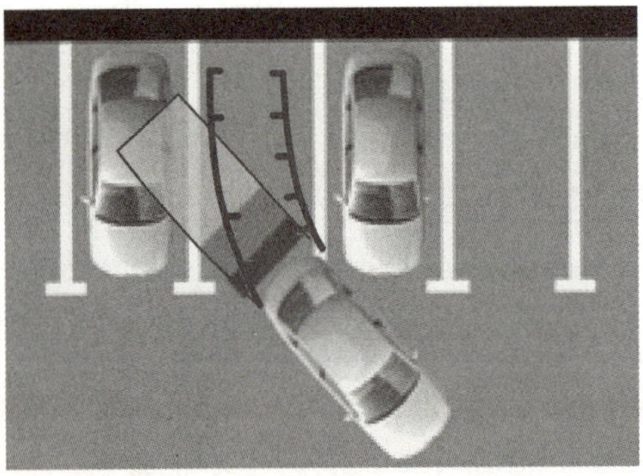

图 5-38　横向驻车演示图

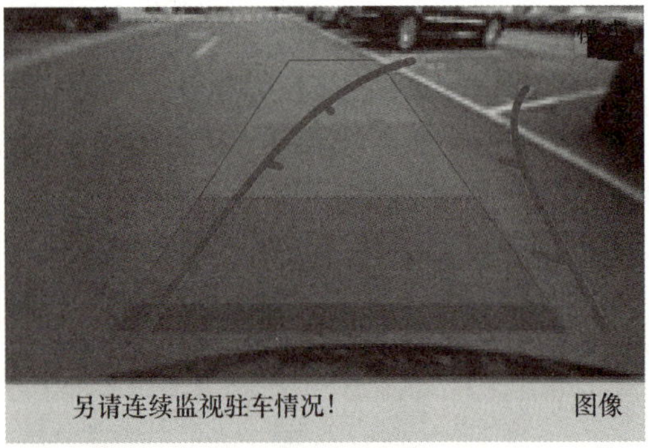

图 5-39　横向驻车模式工作视图

（2）纵向驻车模式　纵向驻车原理视图如图 5-40 所示。纵向驻车便于驾驶人沿道路边缘倒车驻车。它显示了两个区域：右侧倒车驻车的深色区域和左侧倒车驻车的浅色区域。显示的静态线提示驾驶人在哪个位置上改变转向角度最好。

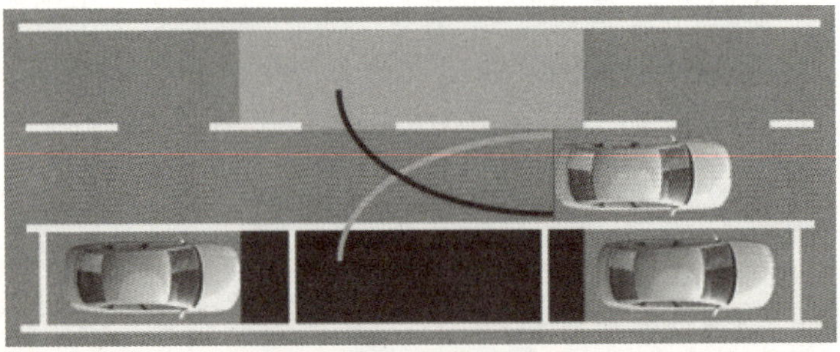

图 5-40　纵向驻车原理视图

倒车驻车时的操作方法：如果深色区域位于预期驻车位置的前、后两辆汽车之间，那么说明驻车空间足够大。现在笔直倒车，直到深色区域的末端碰到后面的汽车，如图 5-41 所示。

现在将转向盘向右打到极限位置倒车，同时驾驶人应确保不要碰到停在前面的汽车。当深色线条碰到路沿时（图 5-42），必须将转向盘向左打到极限位置，直到车辆与路沿平行。然后稍微向前移动一小段距离，此时汽车将停放到最佳位置。

图 5-41　倒车操作工作视图（一）

图 5-42　倒车操作工作视图（二）

4. 系统操作

（1）激活和关闭摄像系统

1）激活倒车摄像机。一旦激活总线端 15 并挂入倒车档，多媒体界面屏幕上就会自动显示倒车摄像机的图像。在带有视觉驻车辅助系统的汽车上，还需通过中控台内的驻车辅助按钮激活倒车摄像机显示。这可以在前进车速小于 10km/h 时进行。驻车辅助开关如图 5-43 所示。

2）关闭倒车摄像机。关闭总线端 15 后，或者操纵多媒体界面的其他按键或汽车的前进速度超过 10km/h，多媒体界面内的倒车摄像机显示熄灭。对于带视觉驻车辅助系统的汽车，操纵驻车辅助按钮也可以退出倒车摄像机的屏幕显示。

（2）多媒体界面内的设置选项　和其他带驻车辅助的奥迪轿车一样，用户可以分别设置前部和后部声音报警的频率和音量高低。为了能够方便地根据驾驶人的习惯进行灵活设置，在多媒体界面的汽车菜单中选择菜单项“奥迪驻车辅助系统”。多媒体界面显示屏功能选择界面如图 5-44 所示。

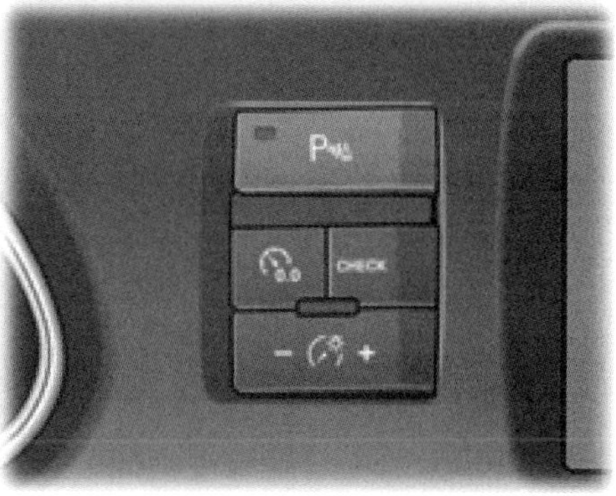

图 5-43　驻车辅助开关

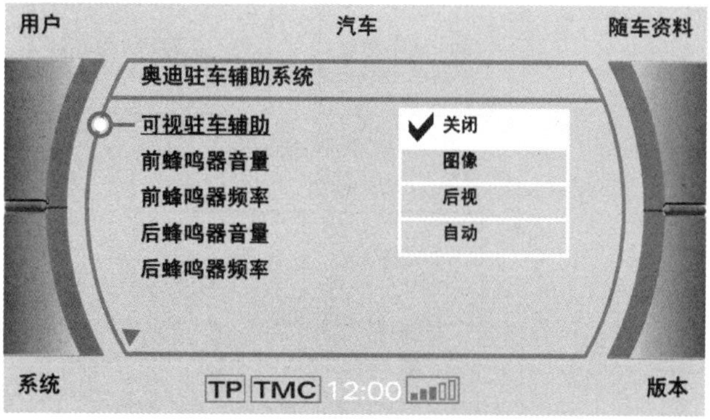

图 5-44　多媒体界面显示屏功能选择界面

由于带视觉驻车辅助系统和倒车摄像系统的汽车上提供了两种驻车辅助系统，所以可以在驻车周期开始时，在“可视驻车辅助”项目下对多媒体界面显示按照旁边表格中列出的内容进行设置，设置将在下次驻车周期时激活。多媒体界面显示屏功能选择设置界面如图 5-45 所示。

MMI（多媒体界面）显示器的设置

1	关闭	MMI 显示屏内不显示驻车辅助的功能
2	图像	MMI 显示屏内显示视觉驻车辅助系统（OPS）的图像
3	后视	MMI 显示屏内显示倒车摄像机的图像
4	自动	MMI 显示屏在倒车时显示倒车摄像机的图像，在前进时显示视觉驻车辅助系统的图像

图 5-45　多媒体界面显示屏功能选择设置界面

5. 倒车摄像系统通信

倒车摄像系统控制单元与多个控制单元交换信息。倒车摄像系统通信功能框图如图 5-46 所示。

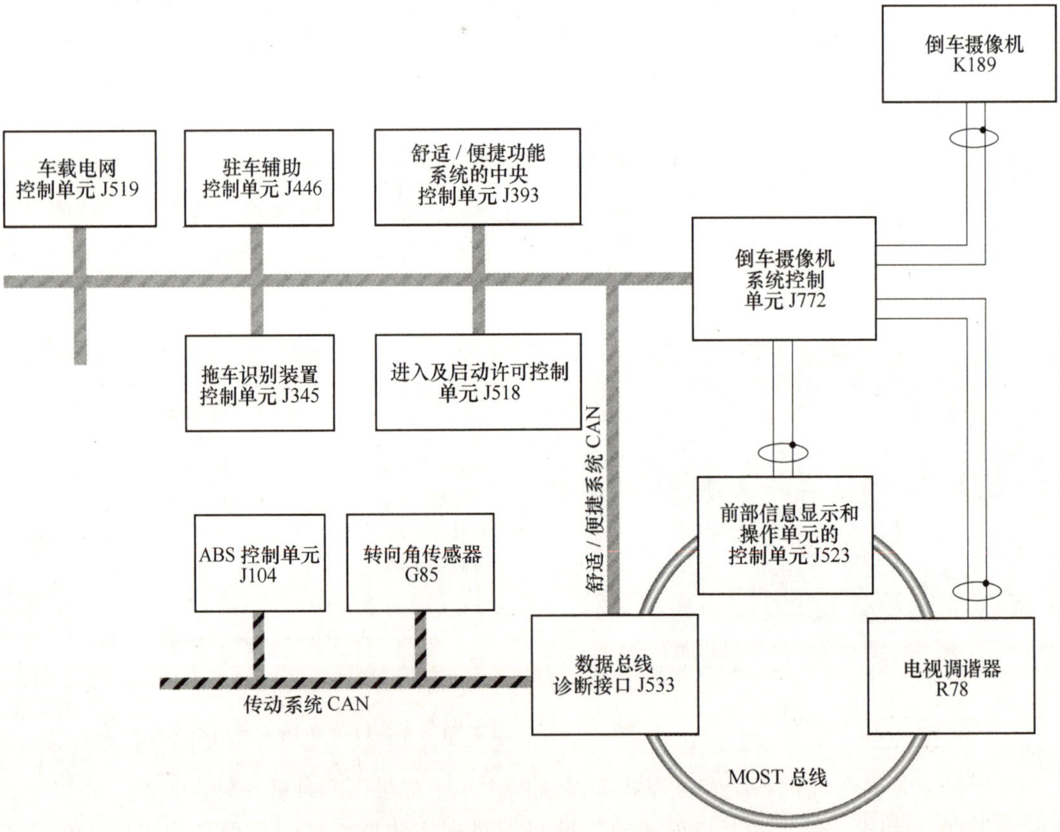

图 5-46　倒车摄像系统通信功能框图

倒车摄像系统总体功能正确执行所需的信息说明如下：

1）转向角传感器 G85 提供当前转向角，用于计算摄像机图像中的动态辅助线。

2）驻车辅助控制单元 J446 提供目前是否通过按钮或挂入倒车档激活驻车辅助的信息，以及驻车辅助控制单元是否损坏的信息。

3）拖车识别装置控制单元 J345 通知倒车摄像系统车辆上当前是否带有拖车。如果汽车带有拖车，则关闭辅助线和辅助区域。

4）舒适/便捷功能系统的中央控制单元 J393 发送尾门关闭或打开的信息。如果尾门打开，那么关闭辅助线和辅助区域。

5）进入及起动许可控制单元 J518 向倒车摄像机发送总线端 15 的当前状态。

6）前部信息显示和操作单元的控制单元 J523 在显示屏上显示倒车摄像机图像。另外，还能够进行倒车摄像机的系统设置。

7）车载电网控制单元 J519 发送倒车灯当前是否开启的信息。对于不带驻车辅助控制单元的汽车，由此可以判断当前是否已挂入倒车档，如果是，必须在多媒体界面屏幕上显示摄像机图像。

8）ABS 控制单元 J104 使用“当前车速”信息来探测倒车摄像机的接通和关闭条件。

9）数据总线诊断接口 J533 向舒适/便捷功能 CAN 提供来自其他总线系统的必要 CAN 信息。当倒车摄像系统控制单元内存在故障存储记录时，发送停帧信息。

【说明】驻车辅助控制单元 J446、拖车识别装置控制单元 J345 和电视调谐器 R78 是选装装备，并非安装在所有奥迪 Q7 上。

任务四　大众车系第三代自动泊车辅助系统

一、任务引入

舒适、便捷已经成为当代汽车发展的一个趋势，越来越多的辅助功能使得人们享受到驾驶的乐趣。原本让新手战战兢兢的停车入位，通过倒车雷达、模拟影像、倒车摄像头等功能已经变得越来越容易。

第三代自动泊车辅助系统 2.0 首次安装在 2011 款途安和夏朗上，与前两代自动泊车辅助系统 1.0 和 1.5 相比，2.0 版的系统在各方面有了显著的提高。新一代的自动泊车系统不仅能辅助车辆停入更小的平行于车道的车位（平行泊车），而且能将车辆停入横置于车道上的车位（垂直泊车）。这两种停车过程都是通过多次移位来实现的。

与前两代自动泊车辅助系统相比，第三代系统中植入了一个主动的制动干涉，以避免在泊车过程中可能出现的车辆损坏。此外，该功能还能辅助车辆驶出平行泊车位。

二、任务目标

1）了解第三代自动泊车辅助系统的结构及功能。

2）掌握第三代自动泊车辅助系统的泊车过程。

3）掌握第三代自动泊车辅助系统的电气部件结构。

三、相关知识

自动泊车辅助系统（PLA）可以在泊车时为驾驶人提供帮助，它能自主进行转向运动。驾驶人仅需控制加速踏板、制动以及挂档，并且可以随时接管转向盘，停止系统作用。自动泊车辅助系统 2.0 可以帮助车辆进入更短的平行泊车位。除了新增的垂直泊车功能，在平行泊车方面也增添了新功能，比如，可使车辆部分或全部停在路沿上，在其他障碍物（树、灌木丛或摩托车）之间停车，以及在弯道停车。此外还能帮助车辆驶出泊车位。

自动泊车辅助系统的功能包括：①泊车辅助，也称为泊车距离控制系统（PDC），也可单独使用泊车距离控制系统，但前提是要启动自动泊车辅助系统功能（如在前进泊车时）；②泊车过程中自动转向功能，其泊车功能如图 5-47 所示。

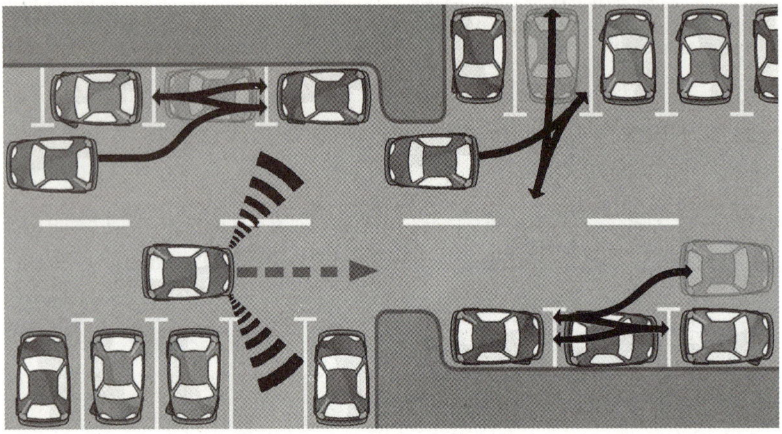

图 5-47　自动泊车辅助系统泊车功能

应该注意的是，自动泊车辅助系统 2.0 在舒适性能上的升级并不代表不会出现任何安全隐患，此系统不能代替驾驶人的判断。驾驶人在泊车过程中应保持控制及观察，而不能任由自动泊车辅助系统控制。

1. 三代自动泊车功能的比较

三代自动泊车功能的比较见表 5-2。

表 5-2　三代自动泊车功能的比较

部件及泊车类型	第一代自动泊车辅助系统 1.0	第二代自动泊车辅助系统 1.5	第三代自动泊车辅助系统 2.0
传感器	前端 6 个传感器 后端 4 个传感器	前端 6 个传感器 后端 4 个传感器	前端 6 个传感器 后端 6 个传感器
测量停车位	始终测量，即使自动泊车辅助系统关闭	始终测量，即使自动泊车辅助系统关闭	始终测量，即使自动泊车辅助系统关闭
平行泊车	1）平行泊车位 2）路沿 3）泊车位长度=车身长度+1.4m 4）泊车过程：一次移车入位 5）寻找车位时的最大限速为 30km/h	1）平行泊车位 2）路沿 3）泊车位长度=车身长度+1.1m 4）泊车过程。一次移车入位或多次移车入位 5）寻找车位时的最大限速为 30km/h	1）平行泊车位 2）全部或部分路沿 3）弯道 4）树或其他障碍物之间 5）泊车位长度=车身长度+0.8m 6）泊车过程：一次移车入位或多次移车入位 7）寻找车位时的最大限速为 40km/h

（续）

部件及泊车类型	第一代自动泊车辅助系统 1.0	第二代自动泊车辅助系统 1.5	第三代自动泊车辅助系统 2.0
垂直泊车	无	无	1）垂直泊车位 2）泊车位宽度=车身宽度+0.7m 3）泊车过程：一次移车入位或多次移车入位 4）寻找车位时的最大限速为 20km/h
驶出泊车位	无	无	1）从平行泊车位中驶出 2）泊车位长度=车身长度+0.5m 3）驶出过程：一次移车出位或多次移车出位
制动辅助	无	无	在泊车时速度过高或有碰撞隐患时启用 ESP（电子稳定程序）系统以减少损伤

2. 自动泊车系统示意图

要实现自动泊车这样一个复杂的功能，需要车辆的各个子系统协同工作。图 5-48 所示为第三代自动泊车辅助系统 CAN 数据总线中的联网关系。

3. 泊车过程

使用自动泊车辅助系统 2.0 倒车入位的过程可分为测量泊车位长度、启动自动泊车辅助系统、借助自动泊车辅助系统进行泊车几个阶段。

（1）测量泊车位长度　自动泊车辅助系统在向驾驶人提供转向帮助之前，必须先对泊车位进行测量，并识别车辆相对于泊车位的位置。在道路右边测量泊车位的过程如图 5-49 所示。

注意：关闭发动机（发动机停止）以后，存储在自动泊车辅助系统控制单元里的泊车位就会被删除，泊车位测量会重新开始。

1）测量泊车位相关参数。下列因素会影响泊车位的识别：①界定泊车位的物体类型（汽车、树、摩托车等）；②泊车位的长度与深度；③路沿；④车辆经过泊车位时的速度；⑤天气情况（如下雪、冰冻、暴雨、暴风等）；⑥地面情况（落叶、井盖、碎石路面等）。

①平行泊车位参数。当测量泊车位时，符合要求的平行泊车位长度应大于车身长度加上机动距离与安全距离（前、后至少各留有 0.4m）。驶过泊车位时的车速要低于 40km/h。车辆的最佳起始位置应在平行泊车位旁，处于行驶方向，且车辆侧面与已停放好的车辆之间的距离为 0.5~2.0m。平行泊车位参数如图 5-50 所示。

②垂直泊车位参数。当测量泊车位时，符合要求的垂直泊车位长度应大于车身长度加上机动距离与安全距离（左、右至少各留有 0.35m）。驶过泊车位时的车速要低于 20km/h。车辆所在的最佳位置应在垂直泊车位旁，处于行驶方向，且车辆侧面与已停放好的车辆之间的距离为 0.5~2.0m。垂直泊车位参数如图 5-51 所示。

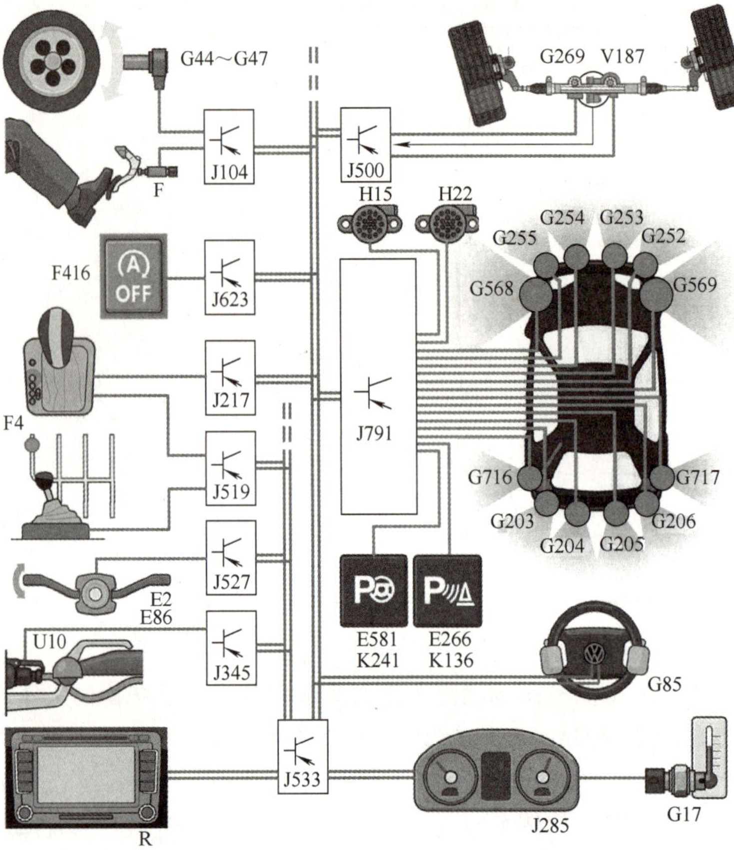

图 5-48　第三代自动泊车辅助系统 CAN 数据总线中的联网关系

自动泊车辅助系统：E266—泊车辅助系统按键　E581—自动泊车辅助系统按键　G203—左后泊车辅助系统传感器　G204—后部左中泊车辅助系统传感器　G205—后部右中泊车辅助系统传感器　G206—右后泊车辅助系统传感器　G252—右前泊车辅助系统传感器　G253—前部右中泊车辅助系统传感器　G254—前部左中泊车辅助系统传感器　G255—左前泊车辅助系统传感器　G568—左前自动泊车辅助系统传感器，车辆左侧　G569—右前自动泊车辅助系统传感器，车辆右侧　G716—左后自动泊车辅助系统传感器　G717—右后自动泊车辅助系统传感器　H15—后部泊车辅助系统警告蜂鸣器　H22—前部泊车辅助系统警告蜂鸣器　J791—自动泊车辅助系统控制单元　K136—泊车辅助系统指示灯　K241—自动泊车辅助系统指示灯

电控机械式助力转向系统：G85—转向角传感器　G269—转向力矩传感器　J500—助力转向控制单元　V187—电控机械式助力转向器的电动机

制动系统：F—制动灯开关　G44—右后车轮转速传感器　G45—右前车轮转速传感器　G46—左后车轮转速传感器　G47—左前车轮转速传感器　J104—ABS 控制单元

发动机和变速器管理系统：F4—倒车灯开关　F416*—起动/停止装置按键　J217**—自动变速器控制单元　J623—发动机控制单元　J519—车载电网控制单元

组合仪表和转向柱电子装置：E2—转向灯开关　E86—多功能显示器调用按键　G17—车外温度传感器　J285—组合仪表内的控制单元　J527—转向柱电子装置控制单元　J533—数据总线诊断接口

挂车识别装置＊＊＊：J345—挂车识别控制单元　U10—挂车运行插座

信息娱乐系统：R—收音机/导航系统

＊仅限配备起动/停止装置的车辆

＊＊仅限配备自动变速器的车辆

＊＊＊仅限配备挂车挂钩和挂车识别装置的车辆

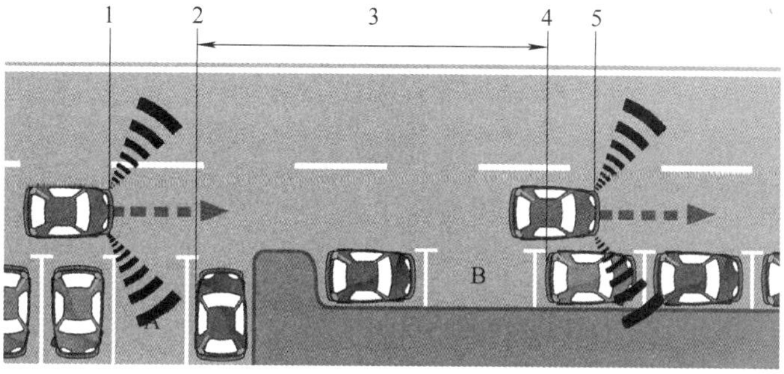

图 5-49 在道路右边测量泊车位的过程

1—未开启自动泊车辅助系统的车辆以低于 20km/h 的速度行驶（在 20km/h 速度下，平行泊车位和垂直泊车位都能被找到） 2—泊车位（A）将被暂存在控制单元中，如果此时驾驶人启动自动泊车辅助系统，就可进行泊车 3—泊车位（A）仍存在控制单元中 4—下一个可用泊车位（B）被测量并被暂时保存，泊车位（A）被删除 5—驾驶人驶过泊车位（B）并按下自动泊车辅助系统按键，泊车位（B）被存入控制单元并立刻在组合仪表显示屏上显示出来。车辆所在位置不足以完成泊车。系统要求驾驶人继续向前行驶

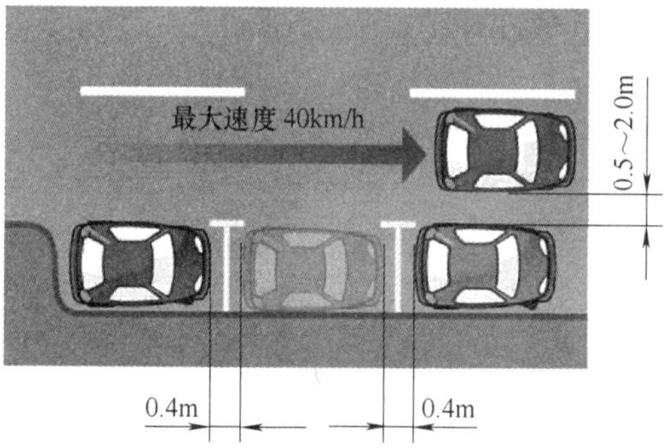

图 5-50 平行泊车位参数

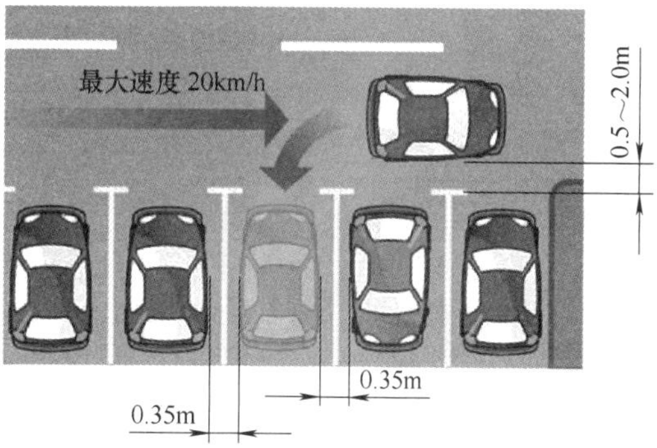

图 5-51 垂直泊车位参数

一旦泊车位被确定，自动泊车辅助系统就会通过组合仪表显示屏上的阴影部分要求驾驶人继续前行，驶过泊车位，直至达到一个适合泊车起始位置。

2）测量泊车位功能的关闭。当车速为 40～50km/h（针对平行泊车位）或 20～50km/h（针对垂直泊车位）时，自动泊车辅助系统切换至被动模式（待机模式），驾驶人可以在组合仪表显示屏上看到指示。当车辆速度再次低于 40km/h（针对平行泊车位）或 20km/h（针对垂直泊车位）时，无须重新按键启动系统，传感器就会开启并开始探测泊车位。

在车辆速度超过 50km/h 时，测量泊车位的传感器会完全关闭，并且之前保存的数据会被删去。自动泊车辅助系统必须重新启动。当车辆停止行驶超过 30s 时，传感器也会暂时关闭。一旦车辆再次起动，传感器会重新启动。

图 5-52 自动泊车辅助系统指示灯 K241

（2）启动自动泊车辅助系统 每次进行泊车过程前都需要通过按键 E581 来启动自动泊车辅助系统。亮起的自动泊车辅助系统指示灯 K241 表示系统已开启，如图 5-52 所示。组合仪表显示器上可能会显示已存在存储器里的泊车位，也可能还未确认和保存

任何泊车位，然后就会要求驾驶人继续行驶。

根据按键次数的不同，可以在要进行泊车时选择以下不同的功能：第 1 次按键，开启自动泊车辅助系统，并自动在显示屏上显示车辆右侧的平行泊车位；第 2 次按键，自动在显示屏上显示车辆右侧的垂直泊车位；第 3 次按键，关闭自动泊车辅助系统。

应该注意的是，如果驾驶人想在道路左侧泊车，只需在按下自动泊车辅助系统按键后，打开左转向灯来进行切换。原则上自动泊车辅助系统默认，左置转向盘车辆应在道路右侧停泊。在这种情况下驾驶人不需要给予车辆其他指令。

（3）借助自动泊车辅助系统进行泊车　在测量到合适的泊车位且确定车辆位置恰当后，便可以开始进行泊车。在驾驶人开始进行自动泊车之前，必须先挂入倒车档，并在静止约 0.5s 后开动车辆。静止时间指从挂入倒车档后到车辆真正开动的时间。在这段时间里，所有相关系统都会启动，并开始计算行驶路线。

在自动泊车过程中无须驾驶人操控转向盘。由自动泊车辅助系统来控制对方向的操作，并按照计算好的行驶路线驶入泊车位。在多次移车入位的过程中，驾驶人可以在组合仪表显示屏上看到前行或后退的操作提示。位于后部的两个轮速传感器 G44 和 G46 可以识别车辆是在前行还是后退。

此外，在倒车过程中还将额外用到 8 个泊车辅助系统传感器（4 前 4 后）和 4 个侧面自动泊车辅助系统传感器（2 前 2 后）来监控距离。当泊车过程结束后，组合仪表显示屏会提示自动转向辅助已完成。如果在自动泊车过程中识别到车辆所处位置有危险情况，或驾驶人介入了转向盘控制，自动泊车就会中止。

1）泊入平行泊车位。驾驶人按下自动泊车辅助系统键选择平行泊车功能。相应的图示会显示在组合仪表显示屏上。平行泊车可以通过多次移位完成。泊车时：从泊车起始位置到进入泊车位前的最高车速为 9km/h（直线行驶）；在驶入泊车位的过程中，最大速度为 7km/h（在转向盘转动后）。泊入平行泊车位如图 5-53 所示。

2）泊入障碍物之间。自动泊车辅助系统 2.0 不仅能识别车辆，还可以识别其他物体，系统可以对如房屋墙面、围墙或路沿等进行定位。另外，它还可以帮助驾驶人在如树木、垃圾桶、灌木丛或摩托车等障碍物间泊车。如果识别到路沿，则会在距离路沿边缘 15cm 处以“通过路沿定位”的方式进行泊车。如果识别不到路沿，则会将车辆与停泊在障碍物前的其他车辆停成一排，如图 5-54 所示。

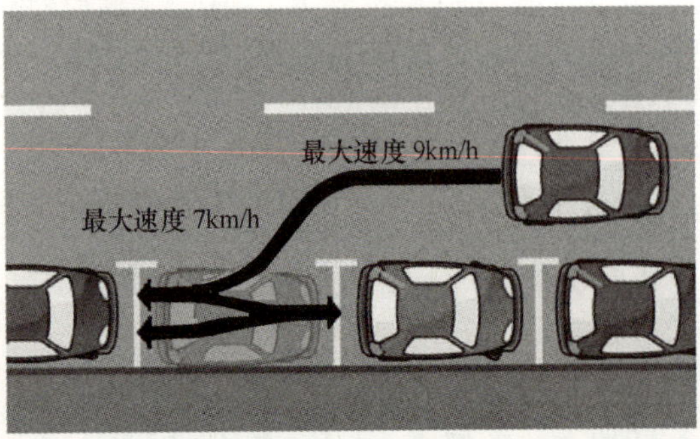

图 5-53　泊入平行泊车位

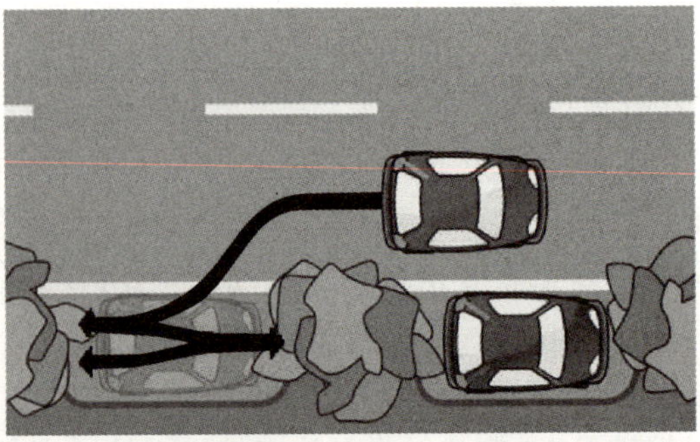

图 5-54　泊入障碍物之间

3）部分或全部泊在路沿上。系统首先识别出路沿的边缘以及车辆与路沿边缘之间的距离。此外，还要测量其他停着的车辆或物体，以此得出泊车位的长度与深度。在泊车过程中，系统总是以其他车辆的位置为基准（通过车辆定位）。如果停着的车辆有部分停泊在路沿上，那么待泊车辆也可部分停泊在路沿上。如果两辆车的停泊方式不同，如一辆车部分停泊在行车道上，而另一辆车全部停泊在人行道上，那么待泊车辆就与停在前面的车辆同排停泊，如图 5-55 所示。

4）泊于弯道上。系统还可以辅助在弯道上进行泊车。在其他条件不变的情况下，系统可在半径超过 20m 的曲折道路上或弯道上识别出泊车位，过程与在直路上没有区别。弯道的半径关系到行驶路线和最终停泊位置的计算，如图 5-56 所示。

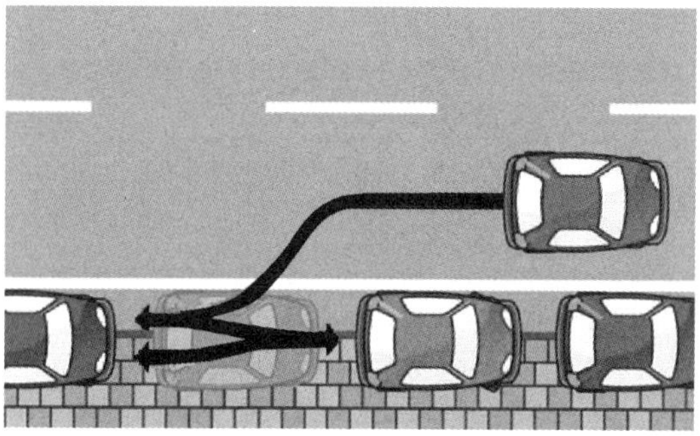

图 5-55 部分或全部泊在路沿上

图 5-56 泊于弯道上

5）泊入垂直泊车位。驾驶人通过自动泊车辅助系统按键，选择垂直泊车功能。相应的图示会在组合仪表显示屏上显示出来。垂直泊车过程可以通过多次移位来完成。为使两侧车门可以相同程度打开，系统会控制车辆停在车位的正中间。位于车辆后侧的传感器 G716 和 G717 就是主要用来控制车辆，使其位于在车位的中间的。这两个传感器的探测范围与其他用来感应障碍物的泊车距离控制系统传感器一致，如图 5-57 所示。

从泊车起始位置到进入泊车位前的最高车速为 9km/h（直线行驶）。在驶入泊车位的过程中，最高车速为 7km/h（在转向盘转动后）。

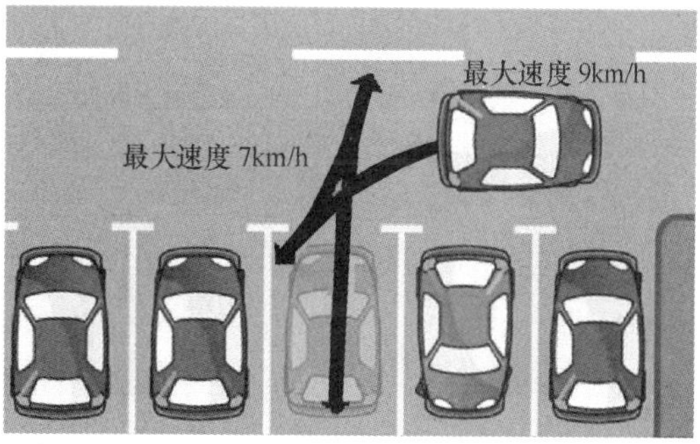

图 5-57 泊入垂直泊车位

（4）制动辅助 制动辅助有两个作用：在超过泊车限速时减速和在与障碍物有碰撞危险时，制动车辆至静止以避免损失。

1）在泊车过程中减速。在超过限速范围时，即 v>9km/h（直线行驶）或 v>7km/h（在驶入泊车位的过程中）时，自动泊车辅助系统会要求 ESP 系统执行减速。然后泊车过程会继续，也就是说自动泊车辅助系统始终保持开启状态，如图 5-58 所示。如果车辆继续加速至超过 10km/h，自动泊车辅助系统将停止工作。

2）制动至静止状态。开始自动泊车后，在行驶路线上发现有障碍物且驾驶人未能及时发现进行制动，或自动泊车辅助系统发现与障碍物有相撞危险时，系统会进行制动直至车辆停止。该功能只有在车速不超出限速上、下各 1.5km/h 的范围内时才可用。车辆被制动至静止状态后，自动泊车过程终止。再次启动自动泊车辅助系统后，必须重新识别泊车位，如图 5-59 所示。

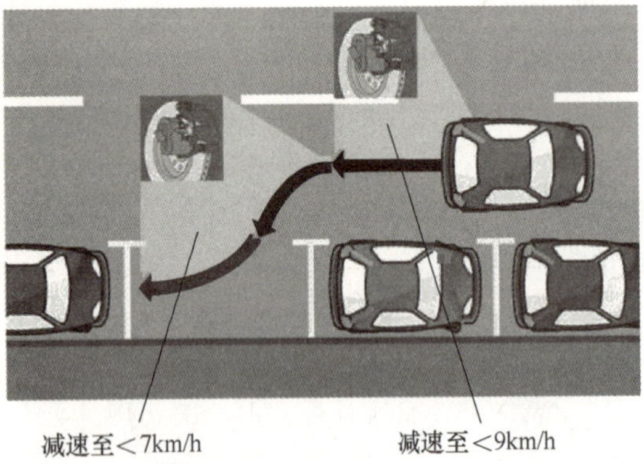

图 5-58　在泊车过程中减速

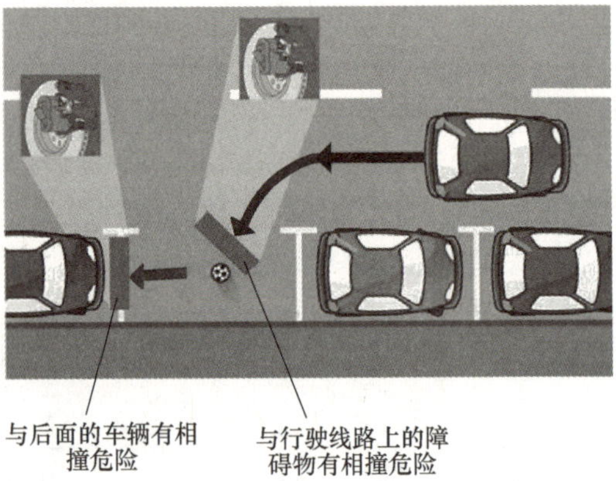

图 5-59　制动至静止状态

注意：以上自动泊车辅助系统的制动功能仅用于减少损失或减少事故危害，不能作为安全系统来使用。在理想条件下可以避免事故，但是不确保一定能在障碍物前停下。驾驶人仍然要注意对加速踏板、离合器和制动过程的控制。

（5）组合仪表显示屏上的图示　在自动泊车过程中驾驶人会得到多个提示。驾驶人根据泊车距离控制器的提示音和组合仪表显示屏上的驾驶指示将车辆泊入车位。在驾驶人泊车过程中显示屏显示内容及信息描述见表 5-3。

表 5-3　在驾驶人泊车过程中显示屏显示内容及信息描述

平行泊车	垂直泊车	描　述
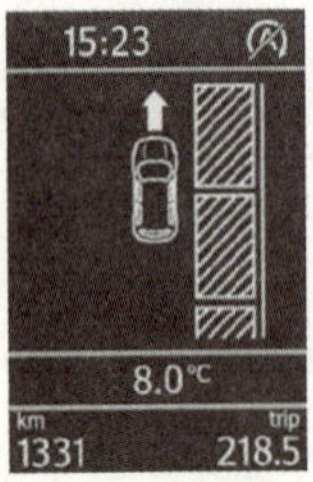	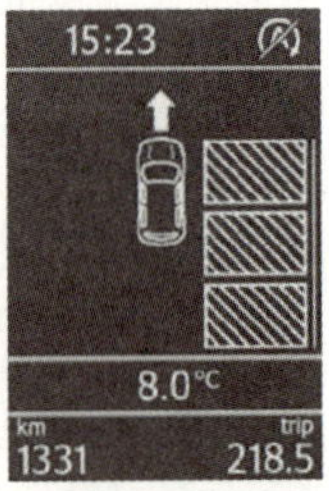	寻找泊车位：未找到任何泊车位，且自动泊车辅助系统内未存储任何泊车位。驾驶人被要求继续向前
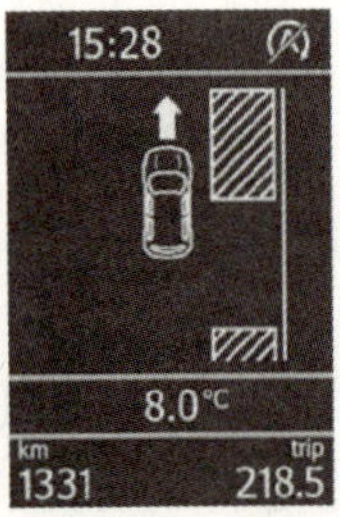	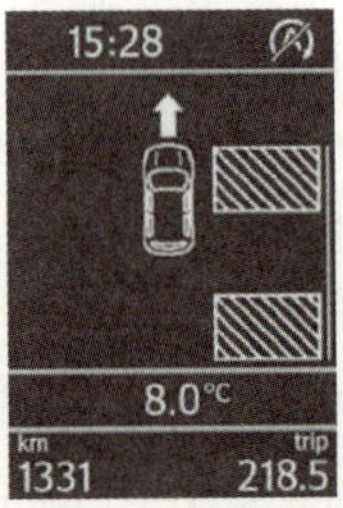	位置调整：找到一个泊车位，但是车辆所在的泊车起始位置不满足进行泊车的条件。驾驶人被要求继续向前行驶

（续）

平行泊车	垂直泊车	描　　述
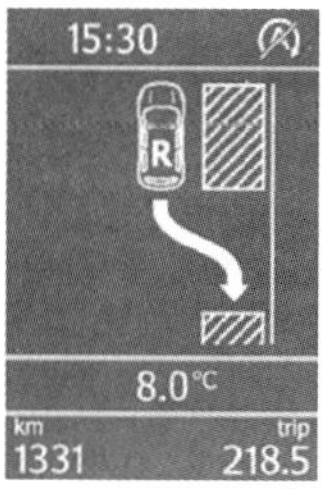	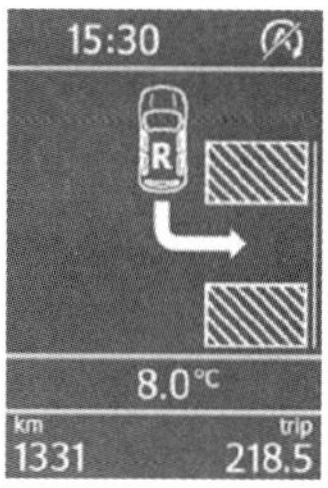	自动泊车辅助系统准备完毕：找到一个泊车位并且车辆处于最佳位置。现在系统要求驾驶人制动车辆至静止、挂入倒车档，并在静止 0.5s 后开动车辆
		自动转向已启动：组合仪表显示屏上显示的“自动转向已启动，请注意周围环境”提示驾驶人，自动转向干预已开始。驾驶人应注意周边环境，以便在不确定或有危险的情况下手动中止泊车过程
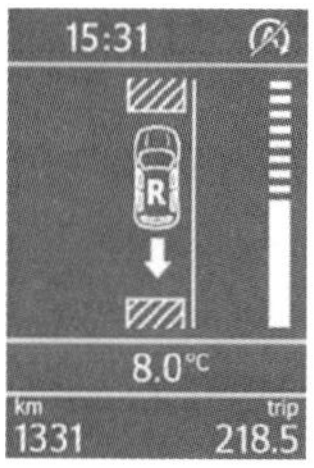	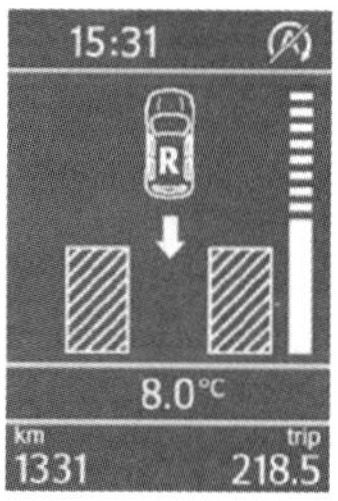	倒车提示：在挂入倒车档后，自动泊车辅助系统开始控制转向盘（自动转向），即系统会按照计算好的行驶路线帮助车辆驶入泊车位。侧边的行进条显示了车尾距离泊车位底线的距离
	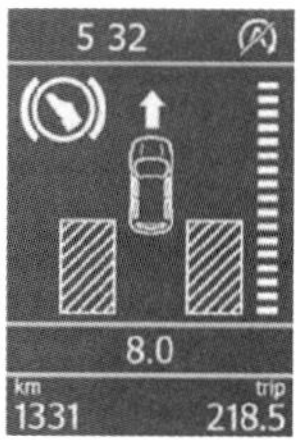	前行提示：如果系统响起持续音或行进条显示为空，制动图标就会出现，并要求将档位切换至前进档。因为在每次换档时，车轮都需要通过自动转向转至规定的角度，在这个过程中，系统会使制动图标亮起以提示驾驶人将脚置于制动踏板之上。驾驶人可以随时通过变换档位来改变行车方向
		结束自动转向：如果车辆已停入泊车位的最佳位置，则泊车过程结束，组合仪表显示屏上显示“自动泊车结束，请接管转向盘”。除提示信息外，系统还会发出提示音

4. 驶出泊车位

在自动泊车辅助系统 2.0 的帮助下向前驶出平行泊车位包括如下步骤：启动自动泊车辅助系统、测量泊车位、在自动泊车辅助系统帮助下驶出泊车位。

（1）启动自动泊车辅助系统　在每次驶出泊车位前，都需要通过按键 E581 来启动自动泊车辅助系统。为了进入驶出泊车位模式，车辆在点火之后不得开动，即车辆的位置不得发生改变。

根据按下自动泊车辅助系统按键的次数不同，可以在驶出泊车位时选择以下不同功能：第 1 次按键，启动自动泊车辅助系统（用于驶出泊车位），第 2 次按键，关闭自动泊车辅助系统。

通过使自动泊车辅助系统指示灯 K241 亮来显示功能已激活。在组合仪表显示屏上会出现提示：“请打开转向灯，挂入倒车档”。

（2）测量泊车位　驶出泊车位的过程中，只需用到保险杠上的泊车距离控制系统传感器（前后各 4 个）。它们可以感应出待泊车辆与前、后静止车辆或障碍物之间的距离。驶出泊车位需要的最小距离为车身长度加上前、后分别至少 0.25m 的机动安全距离。

（3）借助自动泊车辅助系统驶出泊车位　按下自动泊车辅助系统按键，在系统测量完泊车位中车辆的位置后，就可以开始驶出泊车位了。驾驶人在车辆处于静止的状态下打开转向灯，挂入倒车档后起步，系统就开始辅助车辆自动驶出泊车位。转向灯的方向告知系统，车辆将从哪个方向驶出泊车位。

接下来驾驶人就可按照组合仪表显示屏的提示（与泊入时相同）进行操作。系统完成数次前后移位后，再由驾驶人接管转向盘。如果自动泊车辅助系统认为经过下一段规定的行驶路线后车辆能够驶出车位，就会结束辅助过程并由驾驶人接管转向盘。如果在自动驶出泊车位过程中识别到会危及车辆安全的物体，或驾驶人介入了转向操作，自动泊车辅助就会中断，其过程如图 5-60 所示。

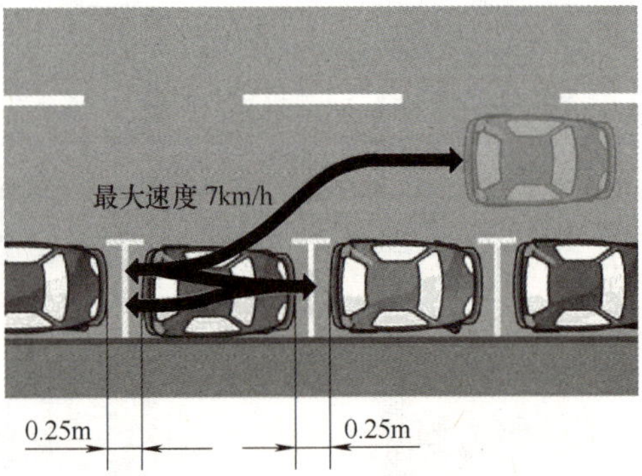

图 5-60　借助自动泊车辅助系统驶出泊车位

注意：由于技术原因自动泊车辅助系统 2.0 还不能辅助车辆从垂直泊车位中驶出。驾驶人在驶出泊车位时需注意道路交通情况。

（4）制动辅助　ESP 系统会介入车辆驶出泊车位的过程（与泊车入位时一样），当驶出泊车位的速度大于 7km/h 时实施减速制动，在探测到障碍物时会制动车辆至静止，以减少损失。

5. 系统限制及子系统的功能

（1）系统限制　测量泊车位以及之后的泊车过程可能会因为环境因素而受到影响。例如，系统不能识别以下物体：窨井盖、凹陷或松散的路肩、泊车位上较小的物体。超声波传感器的物理特性可能会受一些因素的影响，例如传感器脏污、传感器薄膜上有雨滴、传感器上有冰雪、大雨或大雪天气、大风天气。

如果树叶、垃圾或积雪覆盖在路沿上，会加大自动泊车辅助系统辨识的难度。这是因为，树叶或积雪对超声波信号的反射有较强的影响，会导致自动泊车辅助系统接收不到返回的超声波信号，造成系统运行错误。另一个关于系统限制的例子是在岔路口或建筑物入口处，系统可能误将附近大门关闭的庭院入口视作理想的泊车位。

（2）子系统的功能　自动泊车辅助系统需要与各种子系统协同工作，才能实现自动泊车功能。参与工作的子系统有：电控机械式助力转向系统、带 ABS 和 ESP 的制动系统、发动机和变速器管理系统、组合仪表和转向柱电子系统、挂车识别系统（若配备）、信息娱乐系统、电控推拉门。

1）电控机械式助力转向系统。配有电控机械式助力转向系统是安装自动泊车辅助系统的一个重要前提。该系统使得自动泊车辅助系统控制单元能够通过助力转向驱动装置，主动实施自动转向功能。助力转向控制单元 J500 主要用来控制转向装置。转向力矩传感器 G269 接收到驾驶人接管转向盘的信号后就能立刻终止自动泊车过程。

2）制动系统。ABS 控制单元 J104 传输车辆速度信号，并在车速过高时实施减速制动，直至车速低于 7km/h 或 9km/h。当有碰撞危险时 ESP 系统介入，制动车辆至静止并关闭自动泊车辅助系统。后轮的两个轮速传感器 G44 和 G46 还负责识别车轮运动的方向。通过这两个传感器，自动泊车辅助系统可以得到车辆位移信息，并确定车辆是在向前还是向后行驶。

3）发动机和变速器管理系统。自动变速器控制单元 J217 可识别当前挂入的档位。自动泊车辅助系统通过车载电网控制单元得到车辆挂入倒车档的信息。对于装有起动/停止装置的车辆，在自动泊车辅助系统启动状态下，发动机控制单元会控制发动机在车辆静止时不停止工作。

4）组合仪表和转向柱电子装置。组合仪表内的控制单元 J285 负责显示以图标形式显示出在道路左侧或右侧的平行泊车位和垂直泊车位、行驶方向提示、制动提示以及各泊车阶段的进程，并能发出信号音。车外温度由车外温度传感器 G17 测量并发送给组合仪表内的控制单元。它会影响到障碍物间距离的测量结果，因为温度会影响气压，进而改变超声波的扩散速度。通过转向灯 E2 可得知车辆要停泊在道路的哪一边。信号通过转向柱电子装置控制单元 J527 传递，并将相应的图像显示在组合仪表显示屏上。

5）挂车识别装置。如果挂车装置 U10 识别出挂车插口被占用，就不能启动自动泊车辅助系统。

6）信息娱乐系统。收音机/导航系统可以为泊车距离控制器或倒车摄像头提供图像显示，在使用自动泊车辅助系统泊车过程中也可显示障碍物。收音机音量可以在自动泊车辅助系统开启时通过编码调整。

7）推拉门。对于带电控推拉门的车辆，在操纵车门时，自动泊车辅助系统将被关闭。

6. 电气部件的结构

（1）传感器　装有自动泊车辅助系统 2.0 的车辆通过自动泊车辅助系统传感器和泊车辅助系统传感器配合工作。传感器在车上的位置如图 5-61 所示。

1）自动泊车辅助系统传感器。位于前保险杠上的两个侧面超声波传感器，用于探测泊车位。左前自动泊车辅助系统传感器 G568 位于车辆左侧，右前自动泊车辅助系统传感器 G569 位于车辆右侧。位于后保险杠上的左后自动泊车辅助系统传感器 G716 和右后自动泊车辅助系统传感器 G717 两个侧面超声波传感器，用于控制距离和在垂直泊车时调整车辆位置。

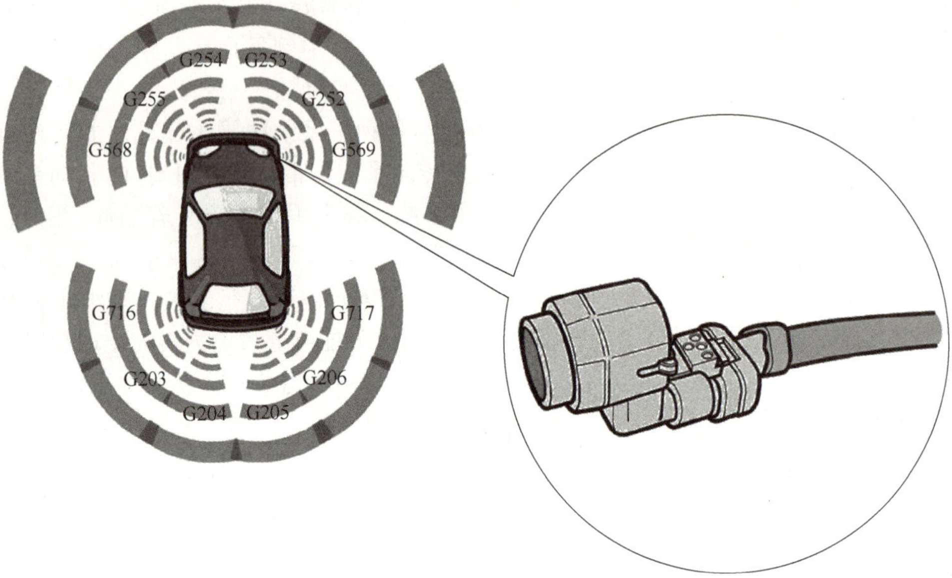

图 5-61　传感器在车上的位置

2）泊车辅助系统传感器。前后保险杠上各有 4 个控制泊车距离的超声波传感器，分别是：左后泊车辅助系统传感器 G203、后部左中泊车辅助系统传感器 G204、后部右中泊车辅助系统传感器 G205、右后泊车辅助系统传感器 G206、右前泊车辅助系统传感器 G252、前部右中泊车辅助系统传感器 G253、前部左中泊车辅助系统传感器 G254、左前泊车辅助系统传感器 G255。

3）带有自动泊车辅助系统指示灯 K241 的自动泊车辅助系统按键 E581。在途安车型中，自动泊车辅助按键 E581 位于变速杆前方的按键面板上，如图 5-62 所示，利用该键可以开启多个功能。自动泊车辅助系统的指示灯 K241 变为黄色时，表明自动泊车功能已开启。

4）带有指示灯 K136 的泊车辅助系统按键 E266。在途安车型中，泊车辅助系统按键 E266 位于变速杆前方的按键面板上，如图 5-63 所示，即自动泊车辅助系统按键的右边。泊车辅助系统指示灯 K136 变为黄色时，表示该功能已开启。

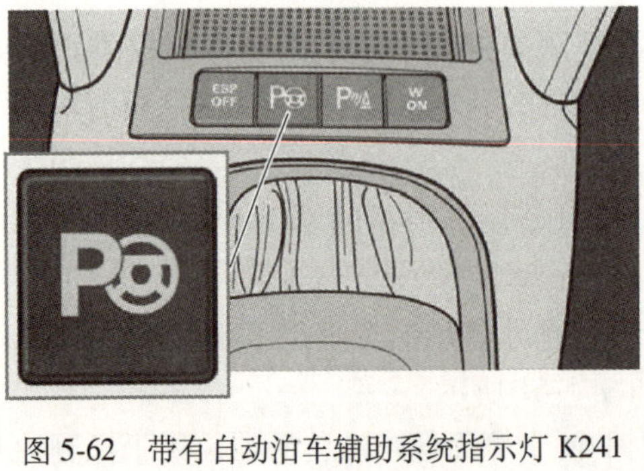

图 5-62　带有自动泊车辅助系统指示灯 K241 的自动泊车辅助系统按键 E581

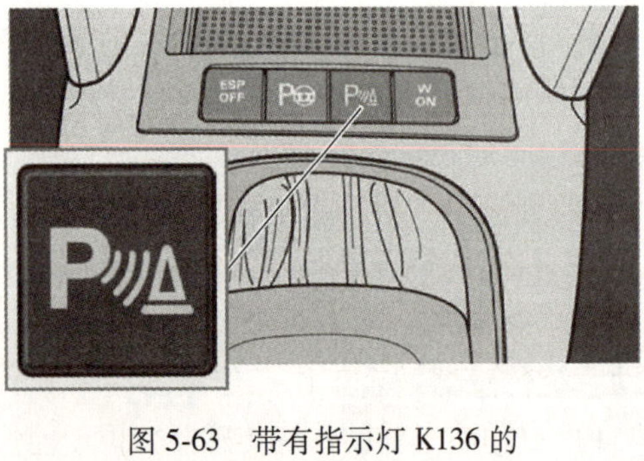

图 5-63　带有指示灯 K136 的泊车辅助系统按键 E266

（2）执行器　执行器包括后部泊车辅助系统警告蜂鸣器 H15 和前部泊车辅助系统警告蜂鸣器 H22（图 5-64）。泊车辅助系统通过蜂鸣器发出声音信号，驾驶人可以通过声音信号的时间间隔，获悉泊车入位时车辆与障碍物的距离。

（3）系统控制　自动泊车辅助系统控制单元 J791（图 5-65）主要掌管车辆泊入或驶出泊车位的过程，以及控制泊车距离（泊车辅助系统）。它协调来自可视泊车辅助系统和倒车摄像头的图像，并将它们显示在收音机/导航系统的显示屏上。如果车辆配备了自动泊车辅助系统，那么它的控制单元 J791 同时具有泊车辅助系统控制单元的功能。如果车辆配备了泊车距离控制功能，即装有泊车辅助系统控制单元，则不再加装自动转向功能。

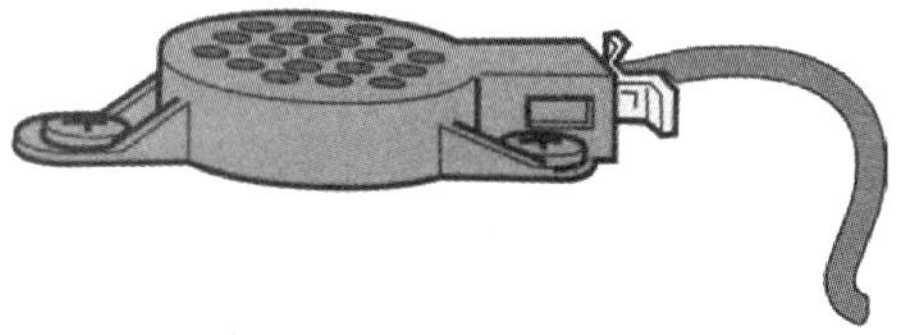

图 5-64　后部泊车辅助系统警告蜂鸣器 H15 和前部泊车辅助系统警告蜂鸣器 H22

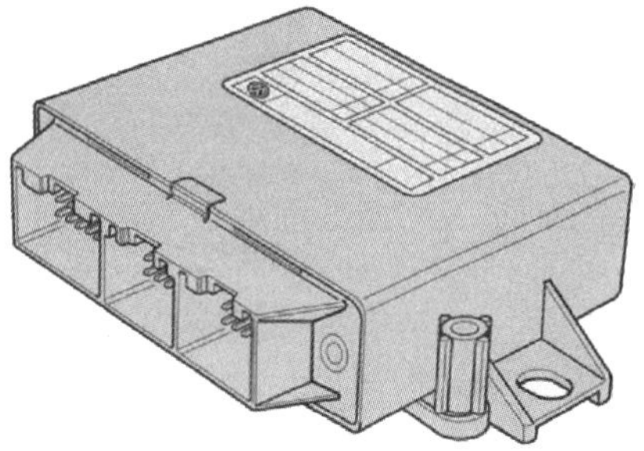

图 5-65　自动泊车辅助系统控制单元 J791

7. 系统故障自诊断

可使用车辆诊断、测量和信息系统 VAS5051、车辆诊断和服务信息系统 VAS052 以及 VAS5053（图 5-66）对该新型自动泊车辅助系统进行诊断。通过这些系统可以进行许多诊断作业，如在“读取测量值”功能中，与自动泊车辅助系统的控制单元 J791 进行诊断通信时，可调出单个传感器的测量值，还可显示出车辆距离障碍物的距离。通过模拟障碍物（如附近的围墙）可以轻松地测试出传感器的功能好坏。自诊断出的由于水、冰、雪等原因引起的物理故障，可以通过传感器薄膜的相应振荡时间来确定。

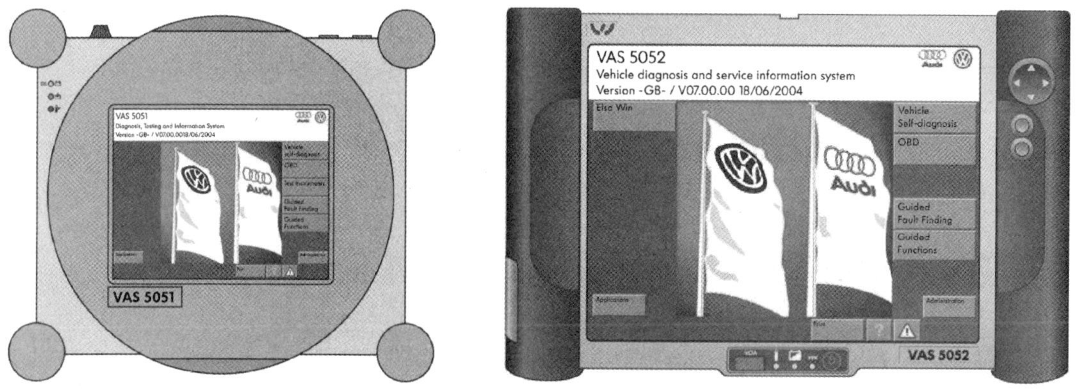

a)　b)

图 5-66　系统故障自诊断器

a）VAS5051　b）VAS052

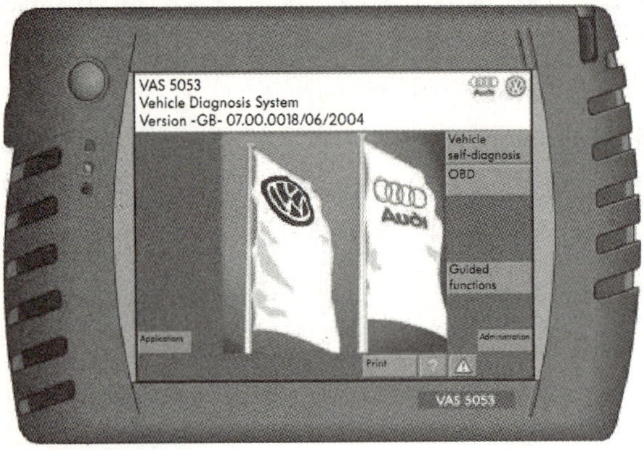

c)

图 5-66　系统故障自诊断器（续）
c）VAS5053

任务五　偏离车道警告系统

一、任务引入

偏离车道警告系统是一种通过报警的方式辅助驾驶人减少汽车因偏离车道而发生交通事故的系统。偏离车道警告系统提供智能的偏离车道警告，在驾驶人无意识（驾驶人未打转向灯）偏离原车道时，能在偏离车道 0.5s 之前发出警报，或转向盘开始振动以提醒驾驶人目前车辆偏离的状况，为驾驶人提供更多的反应时间，大大减少了因车道偏离引发的碰撞事故，其控制示意图如图 5-67 所示。

图 5-67　偏离车道警告系统控制示意图

据统计约有 50%的汽车交通事故是因为汽车偏离正常的行驶车道引起的，究其原因主要是驾驶人心神烦乱、注意力不集中或驾驶疲劳。

二、任务目标

1）了解偏离车道警告系统显示和操作方法。

2）掌握偏离车道警告系统的结构。

3）掌握偏离车道警告系统的功能。

三、相关知识

1. 偏离车道警告系统显示和操作

宝马 5 系采用的偏离车道警告系统是一种为驾驶提供支持的系统，其工作方式是通过使转向盘振动提前提醒驾驶人车辆无意中偏离了车道，并要求驾驶人校正行驶方向。

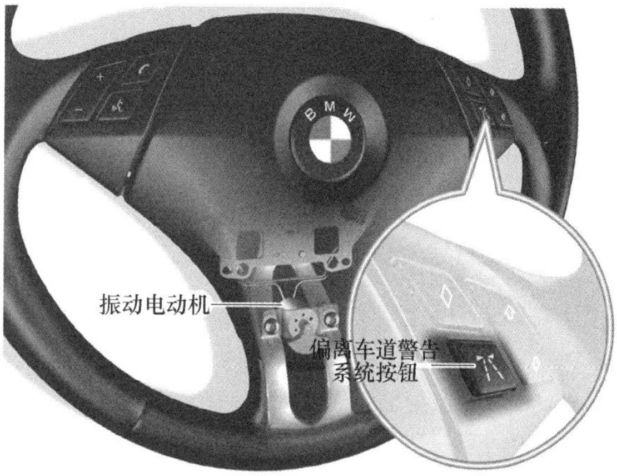

图 5-68　偏离车道警告系统的按钮

偏离车道警告系统通过多功能转向盘上的按钮（图 5-68）接通和关闭。每次按压按钮即可接通或关闭偏离车道警告系统。组合仪表内的系统功能显示表示状态见表 5-4。在装有平视显示系统的车上，表 5-4 所列状态显示与 HUD 的显示内容类似，HUD 的显示内容见表 5-5。HUD 内的偏离车道警告系统显示可用控制器在 CID 上选择接通或关闭。

表 5-4　组合仪表内的系统功能显示表示状态

偏离车道警告系统接通	识别出左侧、右侧车道或两侧车道且 $v>70km/h$	说　明
		无 ACC 系统时的状态
		ACC 处于停用状态时组合仪表内的显示 注意：如果车辆装有主动定速巡航控制 ACC 系统，偏离车道警告系统的显示内容就会与 ACC 符号组合在一起
		ACC 处于启用状态时组合仪表内的显示

表 5-5　HUD 的显示内容

偏离车道警告系统接通（不带 ACC 系统的车辆）	
识别出左侧、右侧车道或两侧车道且 v>70km/h （带 ACC 系统的车辆）	

从总线端 15 接通开始即可接通偏离车道警告系统。当车速超过 70km/h 时可执行该系统功能。当识别出车道时，偏离车道警告系统也会进入准备发出警告的状态。如果在车速不足 70km/h 的情况下接通系统，组合仪表内就会显示出一个说明车速超过 70km/h 才能使用系统的提示符号大约 3s，如图 5-69 所示。

图 5-69　表示偏离车道警告系统可运行的提示符号

通过控制器可启用或停用 HUD 内的偏离车道警告系统显示。当需要启用时，选择菜单项 HUD > HUD 显示，选择“ACC/偏离车道警告系统”并通过控制器进行确认，其控制界面如图 5-70 所示。

图 5-70　启用或停用 HUD 内的偏离车道警告系统控制界面

2. 偏离车道警告系统结构

偏离车道警告系统的结构如图 5-71 所示，偏离车道警告系统接收到很多输入信号。因此在偏离车道警告系统控制单元内，对摄像机的图像数据以及控制单元通过 PT-CAN 接收到的其他车辆数据进行分析。根据这些数据的组合情况发出偏离车道警告。组合仪表和 HUD 生成偏离车道警告系统的显示信号。多功能转向盘内的电动机负责通过一个平衡重块使转向盘产生振动。车身网关模块将来自偏离车道警告系统控制单元的 PT-CAN 信息发送到 K-CAN 上，或反向发送。

摄像机通过 LVDS 数据导线将图像数据发送到偏离车道警告系统控制单元上如图 5-72 所示。控制单元通过 PT-CAN 接收车辆数据。这些车辆数据包括例如转向信号灯组合开关的状态或偏离车道警告系统的按钮状态。组合仪表能够显示出偏离车道警告系统是否处于接通状态。偏离车道警告系统的准备发出警告状态以及可用状态同样通过组合仪表显示。通过控

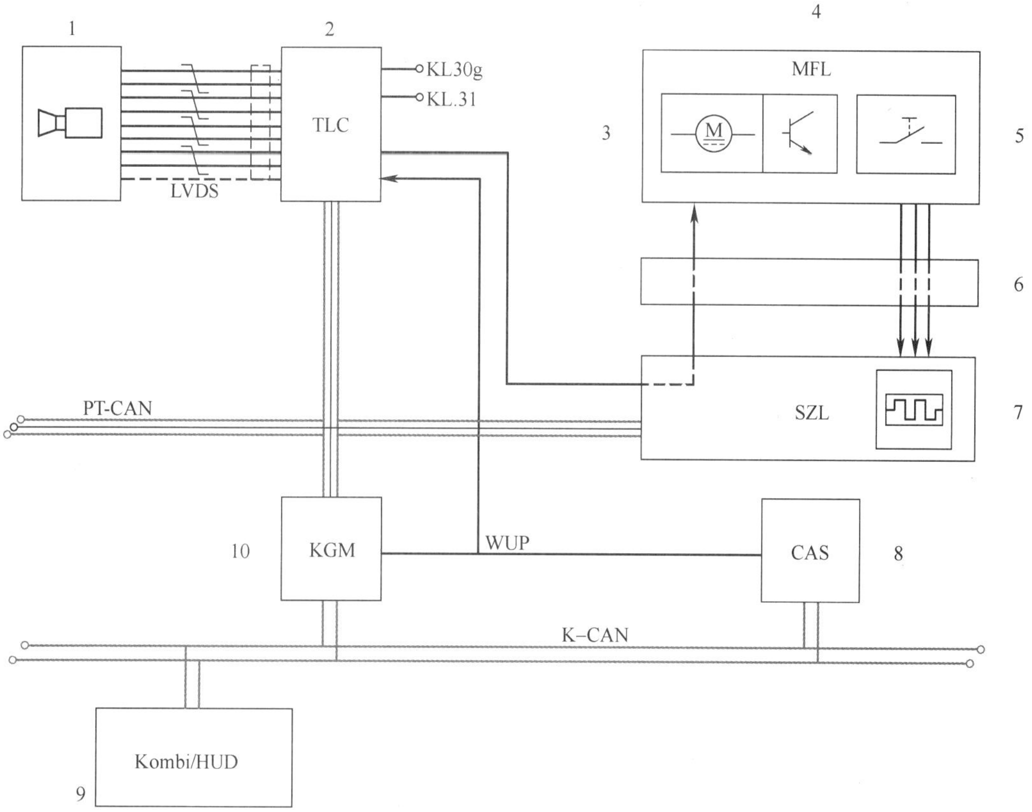

图 5-71　偏离车道警告系统的结构一

1—偏离车道警告系统摄像机　2—偏离车道警告系统控制单元　3—振动电动机　4—多功能转向盘　5—偏离车道警告系统按钮　6—卷簧盒　7—转向柱开关中心　8—便捷登车及启动系统　9—组合仪表/HUD　10—车身网关模块　K-CAN—车身 CAN　PT-CAN—动力传动系统 CAN　WUP—唤醒

制器可以选择在 HUD 上显示，为此会在 CID 上出现相应菜单。

3. 偏离车道警告系统的功能

偏离车道警告系统接收到很多输入信号。表 5-6 详细列出了通过偏离车道警告系统进行分析的输入和输出信号。

（1）车道识别　摄像机安装在车内后视镜区域内的风窗玻璃处。摄像机的拍摄范围包括至车辆前方最远大约 40m、至车辆左右两侧最远大约 5m。偏离车道警告系统控制单元通过图像处理技术在摄像机拍摄的图像中识别出道路标线。此外，还在控制单元内检查哪些道路标线是车辆当前所在车道的标线。随后根据识别出的道路标线计算车辆的偏离车道警告数据。

（2）道路标线及路况　当道路类型、环境条件或所在国家和地区不同时，图像中显示出的道路标线可能也会差异很大。系统可以识别出多种不同情况下的不同道路标线类型，如图 5-73 所示。偏离车道警告系统可应对各种不同路况，如图 5-74 所示。偏离车道警告系统可在各种不同环境条件下正常工作，如图 5-75 所示。

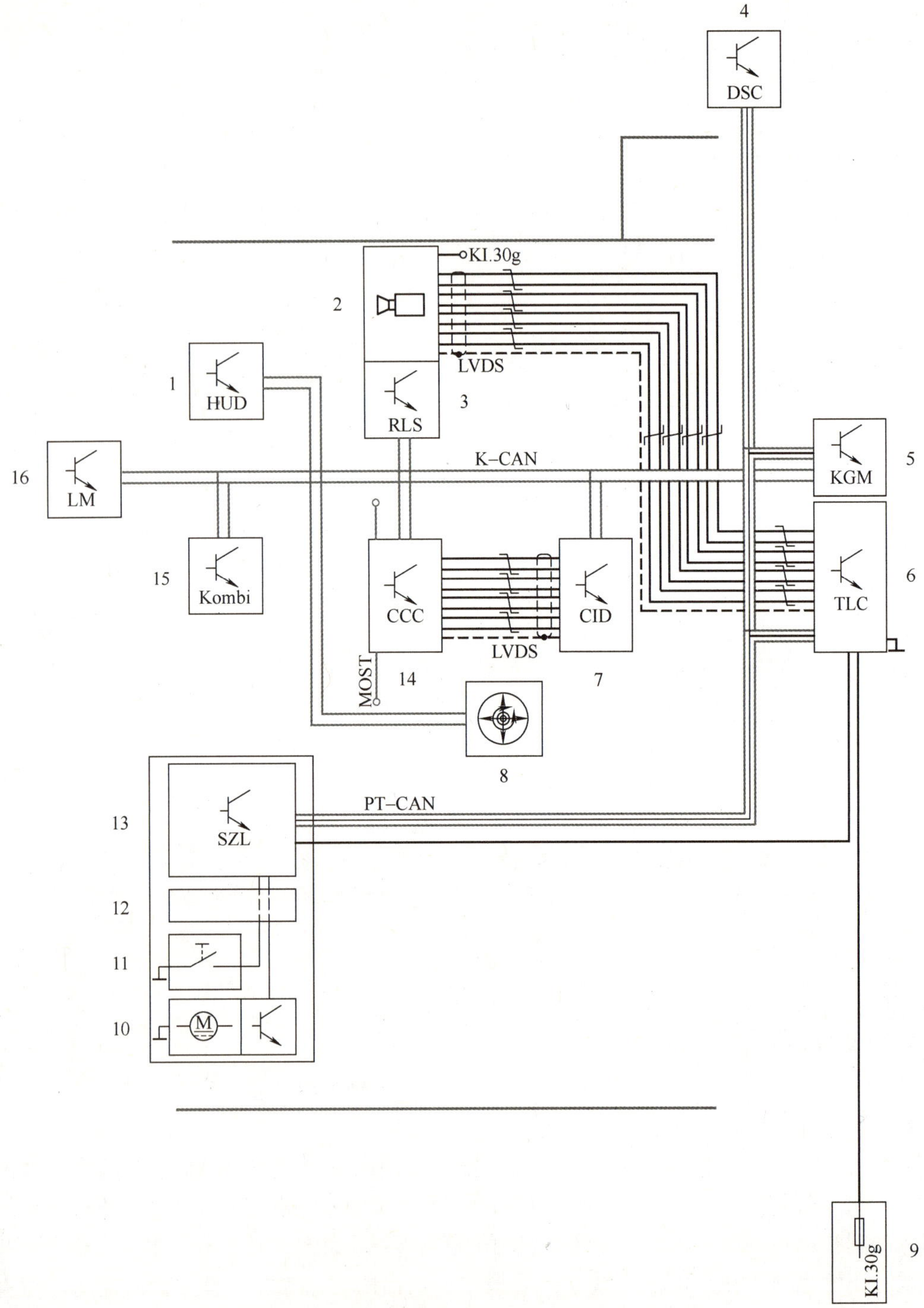

图 5-72 偏离车道警告系统的结构二

1—平视显示屏（HUD） 2—偏离车道警告系统摄像机 3—晴雨传感器 RLS 4—动态稳定控制系统 DSC 5—车身网关模块 6—偏离车道警告系统控制单元 7—中央信息显示屏 CID 8—控制器 9—后部配电盒内的熔丝 10—振动电动机 11—偏离车道警告系统按钮 12—卷簧盒 13—转向柱开关中心 SZL 14—车辆通信 ECU CCC 15—组合仪表 Kombi 16—车灯模块 LM K-CAN—车身 CAN PT-CAN—动力传动系统 CAN MOST—多媒体传输系统 LVDS—低压差动信号 KI. 30g—总线端 30 接通

表 5-6　输入和输出信号及功能

信号类型		传感器控制单元	说　明
输入信号	转向角	动态稳定控制系统 转向柱开关中心 转向角传感器	辅助识别车道
	制动压力	动态稳定控制系统	将制动压力限值作为警告终止标准
	车速	动态稳定控制系统	辅助识别车道
	车速	组合仪表	控制准备发出警告状态的显示
	总线端状态	便捷登车及启动系统	控制偏离车道警告系统控制单元的运行状态
	车辆识别号	便捷登车及启动系统	识别出所装控制单元和摄像机是否与车辆匹配
	发动机状态	数字式发动机电子系统/数字式柴油机电子系统	起动发动机后启用图像处理器
	偏离车道警告系统按钮	转向柱开关中心	接通和关闭系统
	转向信号灯	转向柱开关中心	禁止系统在驾驶人有意驶离车道时发出警告
	刮水器状态	转向柱开关中心	通过识别出车窗玻璃刮水器何时经过摄像机图像来辅助识别车道
	蓄电池电压	组合仪表	故障码存储
	里程数据	组合仪表	故障码存储
输出信号	偏离车道警告系统	组合仪表 HUD	在组合仪表或 HUD 内显示系统状态和准备发出警告状态
	检查控制信息	偏离车道警告系统控制单元	请求检查控制信息

a)　b)　c)　d)

图 5-73　道路标线的不同类型

a）虚线　b）实线　c）双线　d）车道分界反光点

图 5-74　不同的路况

a）只有中线的道路（不识别道路左侧路沿）　b）没有中线的道路　c）高速公路出口
d）高速公路入口　e）岔路　f）禁行区

图 5-75　各种不同环境条件

a）下雨/沥青未干　b）下雪　c）有雾　d）对面来车

（3）偏离车道警告系统的使用情况

1）没有出现系统故障。

2）偏离车道警告系统经过正确校准。

3）车速高于启用限值，见表 5-7。

4）系统至少已准确识别出一条道路标线。

5）车辆未处于可能存在多条道路标线的施工区域。

6）车辆所在道路的平均车道宽度超过 2.5m。

可以启用偏离车道警告系统功能的车速限值已根据不同国家的情况做出调整，为此引入了 3 种国家规格，见表 5-7。

表 5-7　不同国家启用偏离车道警告系统功能的车速限值

国家	启用限值	停用限值
美国	45mph（英里/小时）	42mph（英里/小时）
日本	50km/h	45km/h
欧洲	70km/h	65km/h

注：1mph = 1.609344km/h。

（4）发出警告　只有偏离车道警告系统已接通且可使用时才会向驾驶人发出警告。如果车辆逐渐靠近一条识别到的道路标线，系统就会向驾驶人发出警告，如图 5-76 所示。为此，系统计算出一个将要越过道路标线的预期时间（t）。系统会在车辆驶过标线前及时发出警告。由于在狭窄道路上可能会经常出现警告情况，因此在这些道路上会延迟发出警告。当出现车辆返回初始车道，完成更换车道的过程，车辆压线行驶超过 2.5s，接通了转向信号灯，用力踩下制动踏板（根据制动压力）等情况时，警告就会终止。应该注意的是，接近道路标线时仅发出一次警告。警告持续时间不超过 2.5s。如果车辆仍然压线行驶，不会再次发出警告。只有返回初始车道或更换车道后才能重新发出警告。

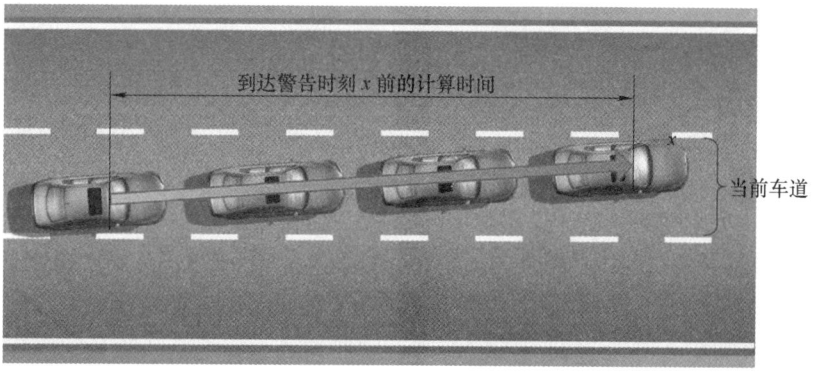

图 5-76　偏离车道警告系统发出警告

当满足在触发警告前接通了转向信号灯，使将要发出警告一侧的转向信号灯单独闪烁等条件时，即使已显示系统处于准备发出警告状态也会禁止发出警告。接通闪烁警告装置时不会禁止发出警告。

4. 偏离车道警告系统的重要组件

偏离车道警告系统重要组件的安装位置如图 5-77 所示。

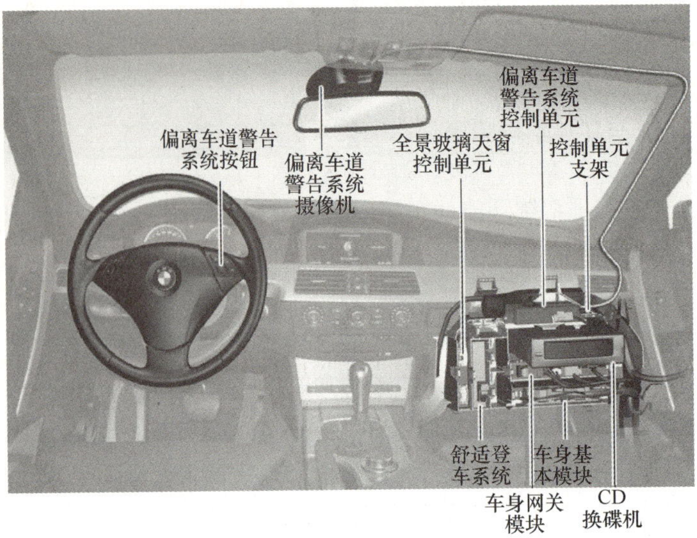

图 5-77　偏离车道警告系统重要组件的安装位置

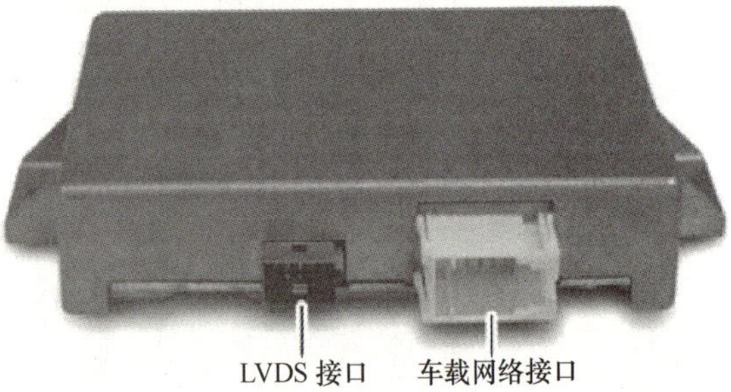

图 5-78　偏离车道警告系统控制单元外形

（1）偏离车道警告系统控制单元　控制单元安装在一个 2/3 壳体内。出于电磁相容性（EMV）考虑，该壳体完全由铝合金制成，其外形如图 5-78 所示。控制单元带有一个连接车载网络的 12 芯接口。LVDS 导线接口为 10 芯接口。

控制单元拥有两个处理器。一个处理器负责通过 PT-CAN 与车载网络进行通信。另一个处理器用于计算偏离车道警告数据。从总线端 30g 接通开始就会启用通信处理器，此时可以通过 PT-CAN 接收和处理相关信息。控制单元自身仍处于休眠模式。从总线端 15 接通开始，控制单元以周期形式在车载网络内注册。只有出现发动机运转信号时，控制单元才会进入准备状态。因为此时才会启用功能范围包括图像处理的高性能 ECU。

高性能 ECU 对摄像机的图像数据以及控制单元通过 PT-CAN 获得的其他车辆数据进行分析。根据这些数据的组合情况发出偏离车道警告。在刮水和清洗装置的运行过程中，刮水片也会经过偏离车道警告系统摄像机的探测区，因此偏离车道警告系统控制单元会接收到刮水和清洗装置是否接通或关闭的信息。

控制单元用一个支架固定在杂物箱上方的支撑管上。控制单元正常工作时的电压范围为 9.0~16.0V。通过 PT-CAN 上的控制单元唤醒信号唤醒偏离车道警告系统控制单元。在休眠模式下控制单元处于关闭状态。

（2）偏离车道警告系统摄像机　摄像机安装在风窗玻璃后方车内后视镜底座附近。偏离车道警告系统摄像机探测车辆前方区域，包括道路标线。摄像机的探测范围大约为车辆前方 4~40m。摄像机的水平照射角度大约为 50°，垂直照射角度大约为 30°，其探测范围如图 5-79 所示。

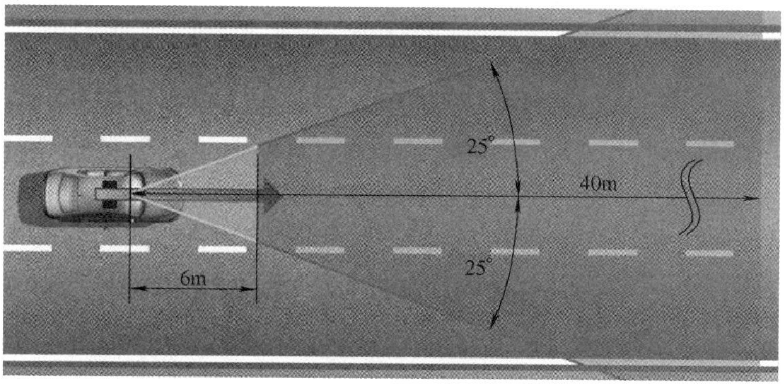

图 5-79　偏离车道警告系统摄像机的探测范围

该摄像机是一部数字黑/白 CMOS 摄像机。这意味着将以灰度图像形式再现所拍摄的环境影像。黄色、蓝色、红色或黑色道路标线也用灰度图像来表示。灰色路面在灰度图像上的显示效果很差，甚至无法看到。因此在某些情况下可能会导致系统无法识别车道的情况。如果没有识别出车道，偏离车道警告系统不会显示准备发出警告状态。因此驾驶人注意通过肉眼和摄像机识别出的车道情况，其区别如图 5-80 所示。

摄像机镜头有很多层玻璃透镜。这些透镜带有涂层，用于减少、甚至完全消除散光现象，从而提高摄像机的成像质量。摄像机的尺寸大小，通过摄像机与车辆遥控器尺寸对比，从而可以大致估算出摄像机的大小，如图 5-81 所示。

（3）振动电动机　振动电动机及其电子装置完全集成在转向盘内，其结构如图 5-82 所示。振动电动机安装在转向盘的“六点钟”轮辐内。为了产生振动效果，在振动电动机轴上装有一个小型平衡重块。振动电动机直接受控于控制单元。转向盘内的电子装置用于将控制单元提供的控制电压转化为电动机所需的电压值并稳定电压。控制电压等于车载电压。当车辆可能要离开当前车道时，带有平衡重块的电动机就会通过使转向盘产生振动来发出警告。

（4）风窗玻璃　使用偏离车道警告系统需要安装与系统相匹配的风窗玻璃。这种风窗玻璃上遮挡摄像机的黑色印刷更宽，而且带有粘接式摄像机支架。

（5）按钮　SZL 探测通过按钮施加请求，并将其通过 PT-CAN 发送至偏离车道警告系统控制单元。

（6）其他控制单元

1）转向柱开关中心。转向盘内的振动电动机通过 SZL 和卷簧与偏离车道警告系统控制单元直接相连。所有带有转向盘加热装置 LHZ 的转向盘都需要一个带有转向盘加热装置的 SZL。这些 SZL 与偏离车道警告系统兼容。当转向盘没有 LHZ 时，针对偏离车道警告系统使用特殊型号的转向柱开关中心。便捷登车及启动系统 CAS 控制单元控制唤醒导线，因此也负责唤醒偏离车道警告系统控制单元。

2）组合仪表/HUD。接通偏离车道警告系统后，在组合仪表和 HUD 内显示出接通状态。仅在组合仪表内显示表示偏离车道警告系统可运行的提示符号。当整个偏离车道警告系统出现故障时，就会显示出相应的检查控制信息。

a) b)

图 5-80 通过肉眼和摄像机识别出的车道的区别

a）通过肉眼识别出的车道 b）通过摄像机识别出的车道

3）车身网关模块。通过车身网关模块将来自偏离车道警告系统控制单元（PT-CAN）的信息发送到 K-CAN 上，同样也进行反向发送。

（7）其他组件（图 5-83）

1）后视镜盖罩、导线挡板、车顶内衬。偏离车道警告系统拥有较宽的后视镜盖罩（以便遮挡摄像机），车顶内衬开口加大且带有导线挡板。

2）带有远光灯辅助系统的后视镜底座。当车辆装有 FLA（远光灯辅助）时，

图 5-81 摄像机与车辆遥控器尺寸对比

出于套件要求，系统带有一个特殊的后视镜底座。

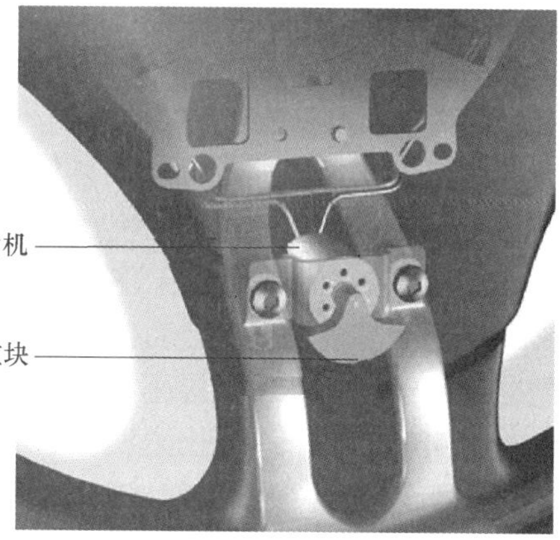

图 5-82　振动电动机的结构

5. 偏离车道警告系统的诊断

（1）偏离车道警告系统的校准　为了确保系统能够计算出与相应道路标线之间的距离，系统必须了解摄像机的准确安装位置以及摄像机的精确拍摄角度。由于存在安装公差以及摄像机内部公差，因此摄像机的视角位置可能会相差几度。进行系统校准时，应先确定摄像机的准确安装位置以及摄像机的安装角度，并将其存储在系统内。

在生产过程中使用一个针对上述过程的校准标准，该标准通过样板来确定测量参数，即将样板固定在一个相对于车辆的规定位置处。更换摄像机或风窗玻璃时需要进行系统校准，因为此时摄像机以及系统传感器的位置可能发生了变化。更换控制单元时无须进行校准。此时会将存储在摄像机内的校准数据传输到并保存在控制单元内。

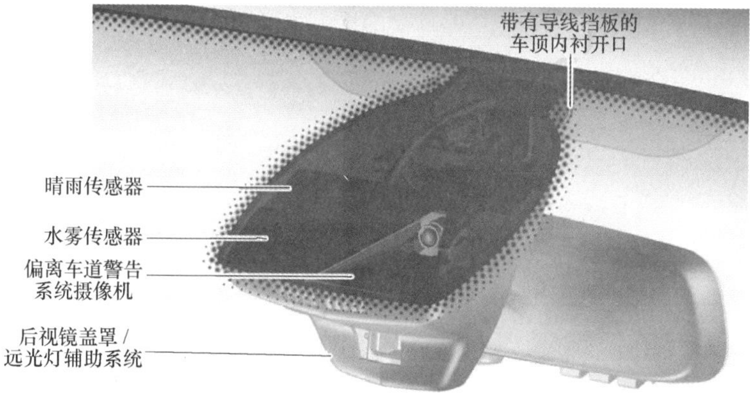

图 5-83　后视镜底座上的其他组件

原则上每次启动系统时都会检查，系统是否经过校准以及系统组件是否相互匹配、系统组件是否与车辆匹配。为此会将存储在控制单元内的车辆识别号与实际车辆识别号进行比较。通过这项可信度检查确定控制单元是否经过正确设码以及该控制单元是否属于本车。随后将存储在摄像机内的车辆识别号与存储在控制单元内的车辆识别号进行比较。如果比较结果存在差异，系统就会识别出安装了需重新校准的摄像机并输出一个相应的故障码。

在售后服务部门进行系统校准时，必须开始进行诊断工作。通过进行诊断工作检查摄像机是否可以正常工作以及拍摄视野是否清晰。通过观察摄像机前方的物体移动情况做出判断。例如通过让某人从摄像机前方经过来确定摄像机视野是否清晰。如果顺利完成上述测试步骤（摄像机图像符合要求），就会自动启动校准程序。通过进行校准行驶完成校准过程，可由客户进行驾驶。

如果摄像机测试失败，校准过程就会中断，必须在排除干扰因素后重新执行校准过程。

通过校准行驶进行系统校准时，使用一种专门开发的算法。该算法在图像中搜索所有直线边缘并根据这些边缘的方向确定摄像机视角。

只有车速超过 30km/h 时才会执行校准算法。该算法主要对直线行驶期间拍摄的图像进行分析。记录充足信息后就会计算拍摄视角并存储在控制单元内。上述过程通常持续几分钟。当能见度较差时，例如夜晚、下雨或转弯路段，校准过程可能会持续最多 20min。

不一定非要在开始诊断工作后的第一次驾驶过程中便完成校准行驶。该过程在每次切换总线端时都会复位并重新启动，直至顺利完成。在校准过程中可以接通和关闭系统。偏离车道警告系统经过校准后，接通偏离车道警告系统时就会显示准备发出警告状态。在此需满足车速超过 70km/h 及识别出道路标线两个条件。

（2）偏离车道警告系统诊断　对偏离车道警告系统控制单元进行诊断，可通过宝马诊断系统读取故障码存储器记录。出于测试目的，可以控制例如振动电动机或摄像机。

（3）检查控制信息　检查控制信息通过偏离车道警告系统或组合仪表输出。当偏离车道警告系统控制单元出现故障时，就会要求输出一条检查控制信息。如果偏离车道警告系统的信号失灵，组合仪表就会生成一条检查控制信息。输出检查控制信息时不再显示系统可用性，但仍会根据系统启用状态在组合仪表和 HUD 内显示接通状态。

模块六　智能刮水与限速显示系统

任务一　电控智能刮水系统检修

一、任务引入

随着科技的发展进步，人们对汽车的智能控制要求越来越高。刮水系统是汽车的重要组成部分，在雨天对汽车的安全性能起着非常重要的作用。汽车智能刮水系统正在逐步取代传统的机械结构刮水器，在中高档汽车上广泛应用。现代汽车上普遍采用雨滴感应式智能刮水系统，可以免除驾驶人手动操作刮水器的麻烦，有效提高雨天行车的安全性。

二、任务目标

1）了解智能刮水系统的结构及功能。

2）掌握别克凯越风窗刮水系统及洗涤系统的检修。

3）掌握日产天籁轿车电动刮水器系统的检修。

三、相关知识

1. 智能刮水系统的结构及功能

（1）组成　电控智能刮水系统由 ECU、雨量传感器、刮水器电动机、刮水器继电器和组合开关等组成。

（2）电控智能刮水组合开关　奥迪 A6 轿车电控智能刮水组合开关具有间歇、间歇分级、单触刮水、刮水 4 种功能，其外形如图 6-1 所示。根据雨量不同，雨量传感器具备 4 种功能：①自动启动刮水功能并以 7 种不同速度工作；②雨天会自动打开前照灯；③关闭刮水停止 5s 后再次刮水一次；④雨天车辆停止后自动关闭车门和车顶。当刮水拨杆位于间歇时，上述功能启用，雨量传感器有 4 种敏感程度可以选择。手动选择总是处于优先位置。

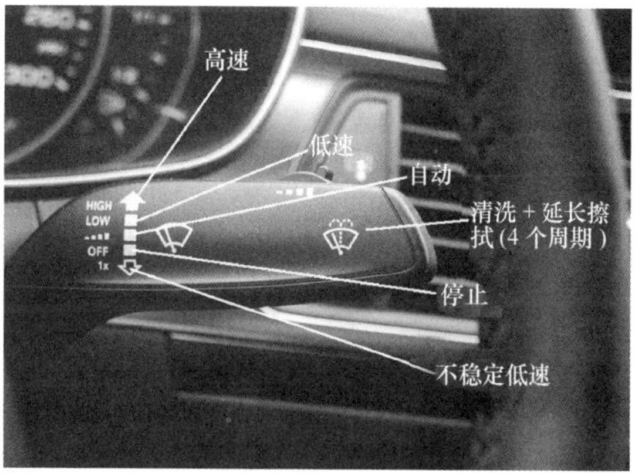

图 6-1　电控智能刮水组合开关的外形

（3）雨量传感器

1）传感器功能。雨量传感器的 ECU 可根据光强度识别传感器的信号自动接通及关闭行车灯、激活回家/离家功能、实现白天/夜晚识别。在拂晓、黄昏、黑暗中、驶入穿行隧道或在树林里行驶时，光强度识别传感器会发送信息到供电控制单元上，接通行车灯。

奥迪 A6L 采用组合雨量/光强度识别传感器（G397），包括一个光辅助控制功能，可免除驾驶人手动接通行车灯的工作，还具有根据前风窗玻璃雨量情况控制刮水器的功能。雨量传感器位于前风窗玻璃上车内后视镜的安装底座内，如图 6-2 所示。

为了能识别出诸如树林内的道路以及穿行隧道等环境状况，光强度识别传感器接收来自两个区域内的光强度信号。全区表示紧靠车附近的亮度，而前区表示车辆前部区域的光线情况，如图 6-3 所示。ECU 还可根据雨量传感器感应的前风窗玻璃的沾水湿润程度，实现刮水器 7 个速度档的自动接通和关闭，同时在下雨时自动接通行车灯。当刮水器开关置于“Interval”（间歇）时，雨量传感器即被激活。驾驶人也可以通过刮水器间歇工作调节器的 4 个灵敏度来设置雨量传感器，在这种模式下不再需要参考刮水动作（激活雨量传感器时的刮水动作），刮水开关就可以总是保持在间歇位置。出于安全考虑，只有在车速超过 16km/h 或通过刮水器间歇工作调节器来改变其工作灵敏度时，雨量传感器才会被激活。

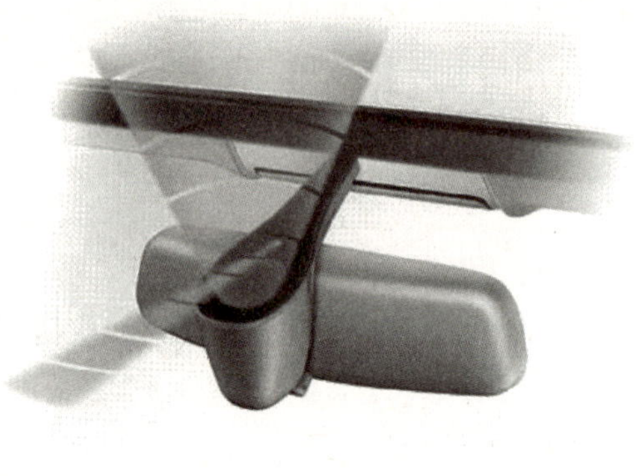

图 6-2　雨量传感器的安装位置

2）雨量传感器的工作原理。雨量传感器可根据光折射的原理来判断前风窗玻璃的湿度情况。该传感器内集成有环形的发光二极管，这个发光二极管在乘员舱内透过前风窗玻璃发射出红外线，如图 6-4 所示。如果玻璃处于干燥状态，那么红外线光由玻璃的表面反射回来，则集成在该传感器中央的光敏二极管能接收到较多的光，如图 6-5a 所示。

图 6-3　传感器的作用

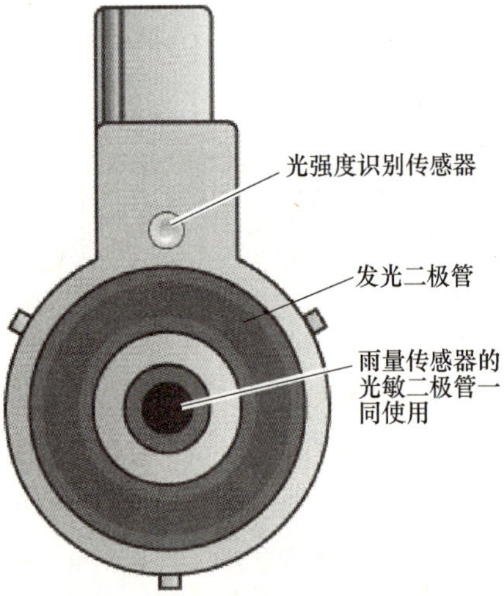

图 6-4　雨量传感器的安装位置及结构

如果玻璃浸湿了，玻璃表面因水滴的作用会发生散射，反射的光量就减少了，那么光敏二极管接收到的光也就减少了，于是信号电压就发生了改变，如图 6-5b 所示。

要使传感器的发光二极管发出光线，光敏二极管接收到光线后产生电压信号，就需要给发光二极管提供电流，即需要提供电源与搭铁回路，其信号是直接通过 LIN 总线发送的，该传感器电路连接如图 6-6 所示。

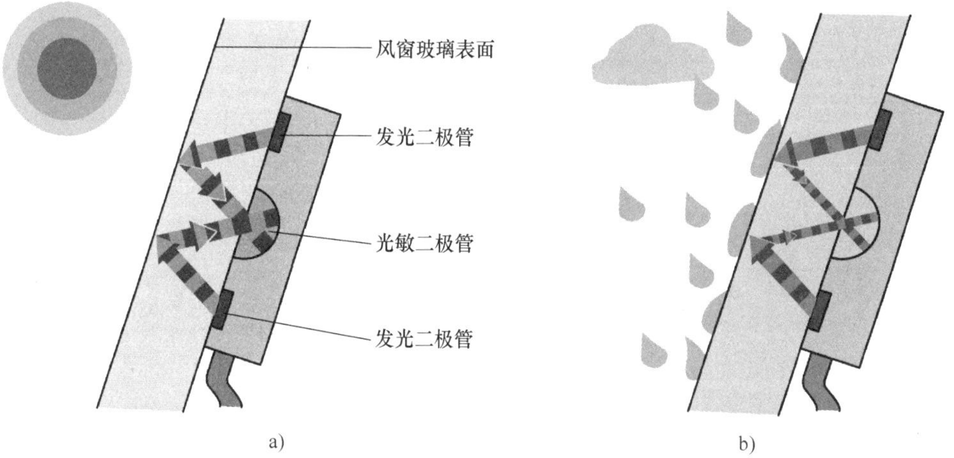

图 6-5　雨量传感器的工作原理
a）玻璃处于干燥状态　b）玻璃处于湿润状态

（4）刮水器电动机控制单元 ECU　新款奥迪 A6 轿车上的刮水器电动机控制单元与刮水器电动机集成在同一个元件内部。该控制单元是通过 LIN 总线与供电控制单元连接在一起的。刮水器控制单元实物图如图 6-7 所示。

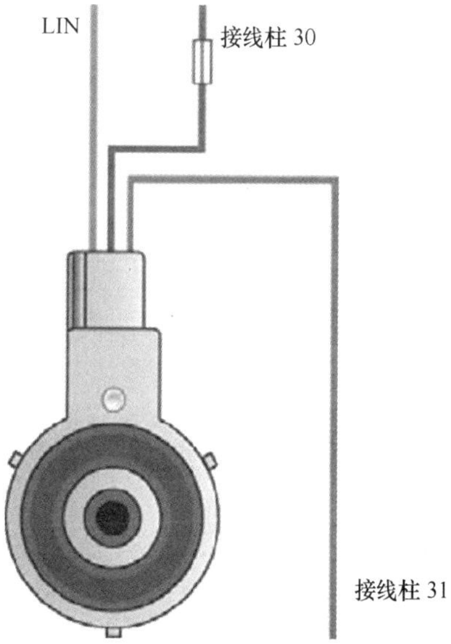

图 6-6　传感器电路连接

刮水器电动机控制单元可根据雨量传感器检测到的雨量信号控制刮水器自动工作，在完成清洗玻璃刮水过程 5s 后再刮一次水（仅在车速大于 5km/h 时），以防止玻璃上产生水滴，如图 6-8 所示。同时，刮水器电动机控制单元控制风窗玻璃清洗泵的工作，其电路连接如图 6-9 所示。

（5）供电控制单元　供电控制单元的实物如图 6-10 所示。供电控制单元的任务是读入开关的信息，控制刮水器电动机控制单元的功率输出，并通过 LIN 总线控制雨量传感器，如图 6-11 所示。

如果刮水器电动机正在工作时打开了发动机舱盖，那么刮水器电动机会立即停止工作。如果在风窗玻璃清洗泵工作时打开了发动机舱盖，那么该泵也会立即关闭。发动机舱盖是否打开由两个接触开关来识别，这两个开关信号被发送到供电控制单元上。

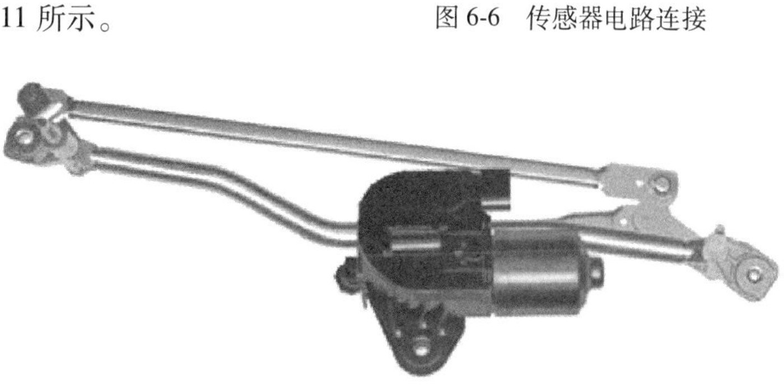

图 6-7　刮水器控制单元实物图

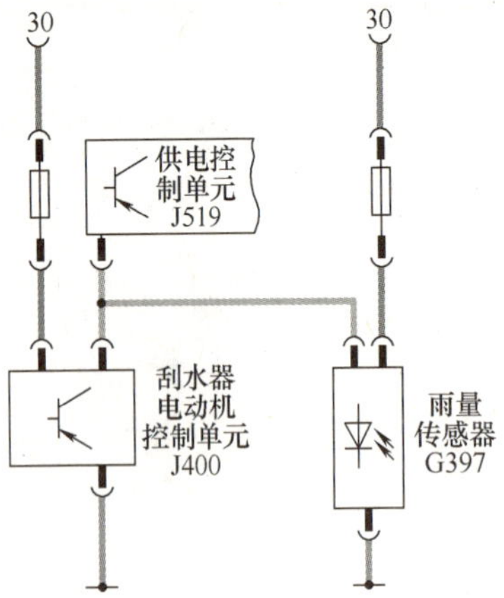

图 6-8　控制单元与传感器间的通信

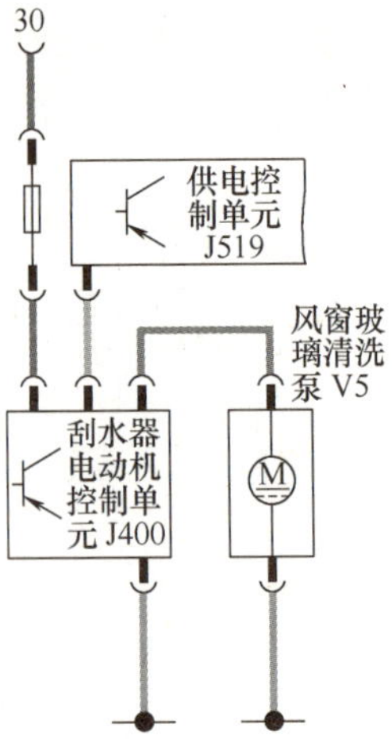

图 6-9　刮水器电动机控制单元控制电路连接

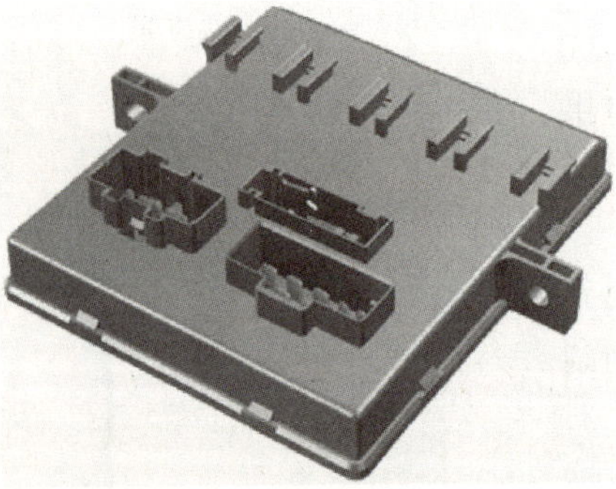

图 6-10　供电控制单元的实物

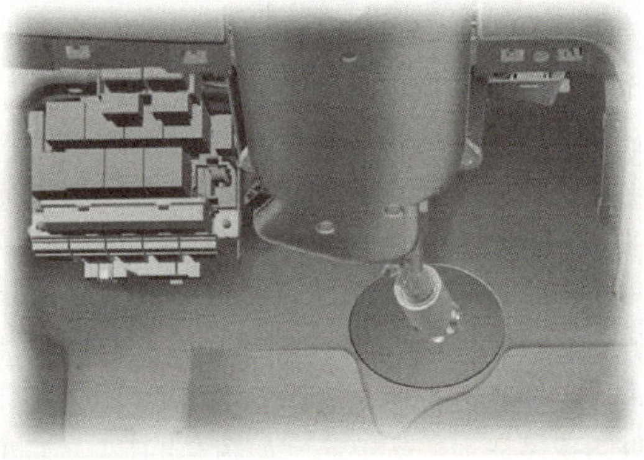

图 6-11　供电控制单元

供电控制单元通过 LIN 总线给刮水器电动机控制单元提供所需要的信息，以便执行刮水器的各种功能。用于起动风窗玻璃清洗泵的信息是由转向柱电气控制单元发送到舒适系统 CAN 总线的。供电控制单元在接收到信息后，通过 LIN 总线将信息继续传送到刮水器电动机控制单元，刮水器电动机控制单元随后起动风窗玻璃清洗泵，刮水器就开始工作，其控制信息传递如图 6-12 所示。

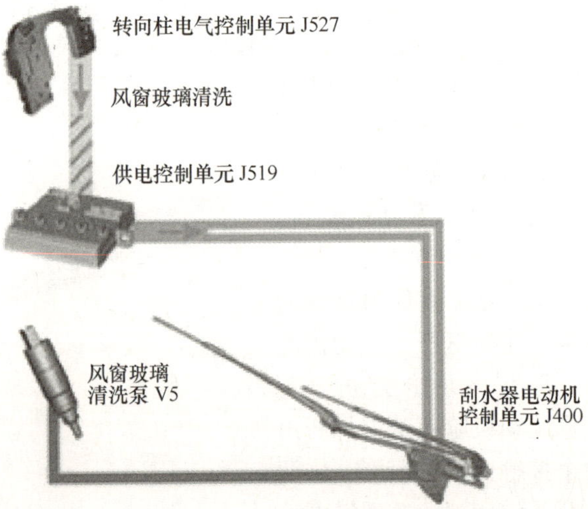

图 6-12　控制信息传递

刮水器功能的启动信号由转向柱电气控制单元通过舒适系统的 CAN 总线发送至供电控制单元。供电控制单元通过 LIN 总线将包含相应刮水器功能的信息发送到刮水器电动机控制单元，控制单元控制刮水器电动机工作，其电路连接如图 6-13 所示。

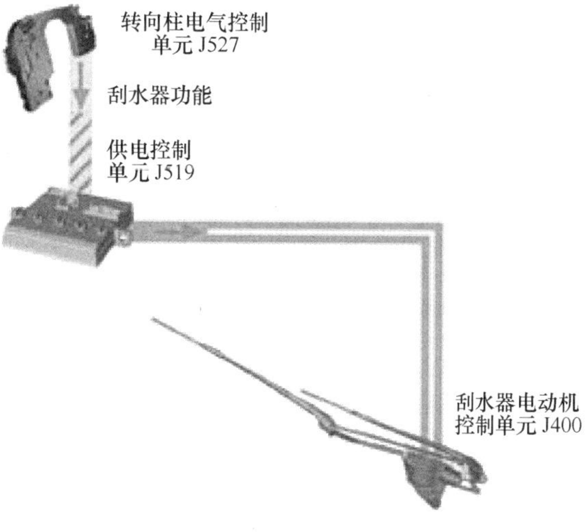

图 6-13　刮水器电动机的工作电路连接

如果舒适系统中央控制单元 J393 失效，那么供电控制单元就会替代它来实现主功能，供电控制单元会将转向信息发送到 CAN 总线上。供电控制单元的软件可以实现应急功能，如果识别出旋转式灯开关有故障，或该开关的导线断路，那么供电控制单元会自动接通行车灯。

另外，供电控制单元还可实现转向柱调节、脚坑照明、变速杆位置照明、前面和侧面转向信号、喇叭控制、风窗清洗泵控制、转向柱记忆等功能。供电控制单元装在仪表板左侧的后部，取下脚坑盖板就可看到，如图 6-14 所示。

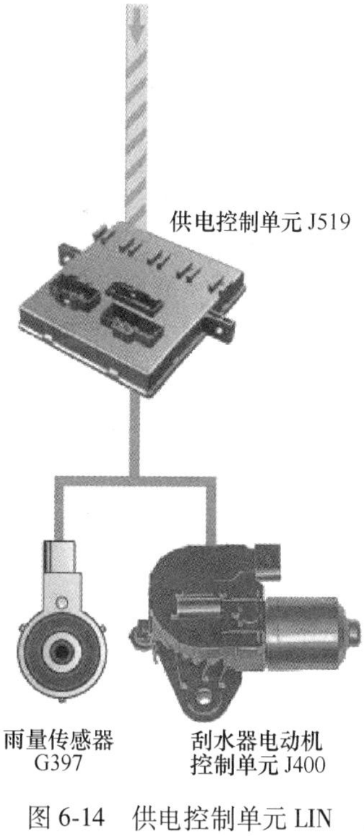

图 6-14　供电控制单元 LIN 控制电路示意图

（6）智能型刮水器控制功能　刮水器一般具有间歇、慢速、快速和点动刮水 4 档。当车速为零时会自动降速 1 档，起步之后恢复设定的刮水速度。如果在间歇档，间隔时间与车速成反比。刮水器操纵杆向下拨 1 下可短促刮水 1 次，如保持在该位置 2s 以上，刮水器开始加快刮水速度。

智能型刮水器具有根据雨量传感器检测到的雨量信号控制刮水器自动工作的功能，在完成清洗玻璃刮水过程后 5s 再刮 1 次水（仅在车速大于 5km/h 时），防止玻璃上产生水滴。同时，刮水器控制单元还控制风窗玻璃清洗泵的工作。向转向盘方向拉操纵杆，清洗器立即开始工作，刮水器随后开始刮水。如果车速超过 120km/h，清洗器同时工作。如果松开操纵杆，则清洗器停止工作，刮水器继续工作约 4s。

（7）智能型刮水器的其他功能

1）停车并关闭点火开关后 10s 内，起动刮水器间歇档，刮水器可停在风窗最上端，此时可将刮水器臂扳起进行维修以避免冬季下雪天气发生刮水器冻结。

2）刮水器在摆动过程中遇到障碍物或冻结在风窗上时，尝试推动 5 次，如果失败，刮水器停在此位置不动，可避免传统刮水器一直耗尽电源的弊端。

3）随车速、雨量的变化自动调整刮水器速度。

4）刮水器片停在发动机盖内，不干扰视野。

5）关闭刮水器 5s 后，再刮 1 次，以清除水滴。

6）发动机舱开启，刮水器自动停止。发动机舱盖打开的状态下，刮水器没有动作，防止发生干涉而损坏刮水器。

7）刮水器具有防盗功能，刮水器收到发动机舱盖下面后，无法将刮水器扳起盗走。

8）当挂倒档时，后风窗玻璃刮水器刮水 1 次，如刮水器操纵杆处于慢速或快速刮水位置并挂倒档，则后风窗刮水器动作。

9）向前推刮水器操纵杆，后风窗玻璃约隔 6s 刮水 1 次。

10）软停止功能使得刮水器片磨损小，为了防止刮片变形损坏，在每次开关关闭时刮水器臂都会轻柔地回到风窗玻璃的下沿，每次的停止位置不同，每隔 1 次在停止位置稍许退回，将刮水器片翻过来，这样可以延缓橡胶刮片的老化。

11）每次起动发动机时，两只刮水器臂都会轻轻地跳动一下，将刮水器片翻转，此项动作能延缓橡胶刮片老化。

2. 别克凯越轿车风窗刮水系统及洗涤系统的检修

别克凯越轿车配备的风窗刮水系统有无雨量传感器和有雨量传感器两种。下面分别介绍这两种风窗刮水系统及洗涤系统。

（1）无雨量传感器的风窗刮水系统及洗涤系统

1）系统的组成和功能。无雨量传感器的风窗刮水系统及洗涤系统主要由刮水器电动机、刮水器臂、刮片、刮水器/洗涤器开关（图 6-15）、洗涤液罐、电动洗涤液泵、喷嘴和软管等组成。该系统具有刮水器高速、低速或间歇动作，刮水器关闭，刮水器片复位，洗涤风窗和自动空调控制等功能。

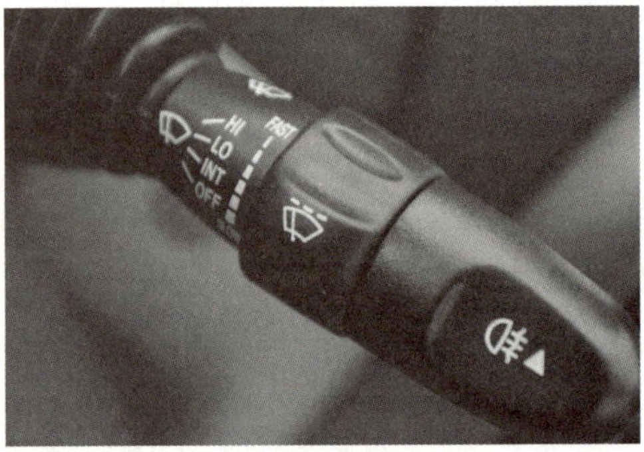

图 6-15　别克凯越轿车刮水器/洗涤器开关

2）系统的操作。通过刮水器/洗涤器开关可以实现刮水器的高速、低速或间歇动作，刮水器关闭和洗涤功能外，在刮水器/洗涤器开关关闭时，还可以实现刮片的自动复位功能。通过间歇开关还可以实现刮水器动作时间间隔的调节。当风窗刮水系统处于工作状态，且自动空调系统处于自动控制时，自动空调系统能够自动切换至除雾模式。

3）系统的控制原理。无雨量传感器的风窗刮水系统及洗涤系统的控制电路如图 6-16 所示。系统各种功能的控制原理如下：

①刮水器的高速控制。当把刮水器/洗涤器开关切换至高速位置时，即可实现刮水器的高速动作。刮水器的高速控制电路为：15 号线→插接器 C201 的端子 30→熔丝 F16→插接器 C201 的端子 1→刮水器/洗涤器开关的端子 A8→刮水器/洗涤器开关的端子 A9→插接器 C202 的端子 67→刮水器电动机的端子 5→刮水器电动机→刮水器电动机的端子 3→搭铁点 G303。

②刮水器的低速控制。当把刮水器/洗涤器开关切换至低速位置时，即可实现刮水器的低速动作。刮水器的低速控制电路为：15 号线→插接器 C201 的端子 30→熔丝 F16→插接器 C201 的端子 1→刮水器/洗涤器开关的端子 A8→刮水器/洗涤器开关的端子 A5→插接器 C202 的端子 65→刮水器电动机的端子 1→刮水器电动机→刮水器电动机的端子 3→搭铁点 6303。

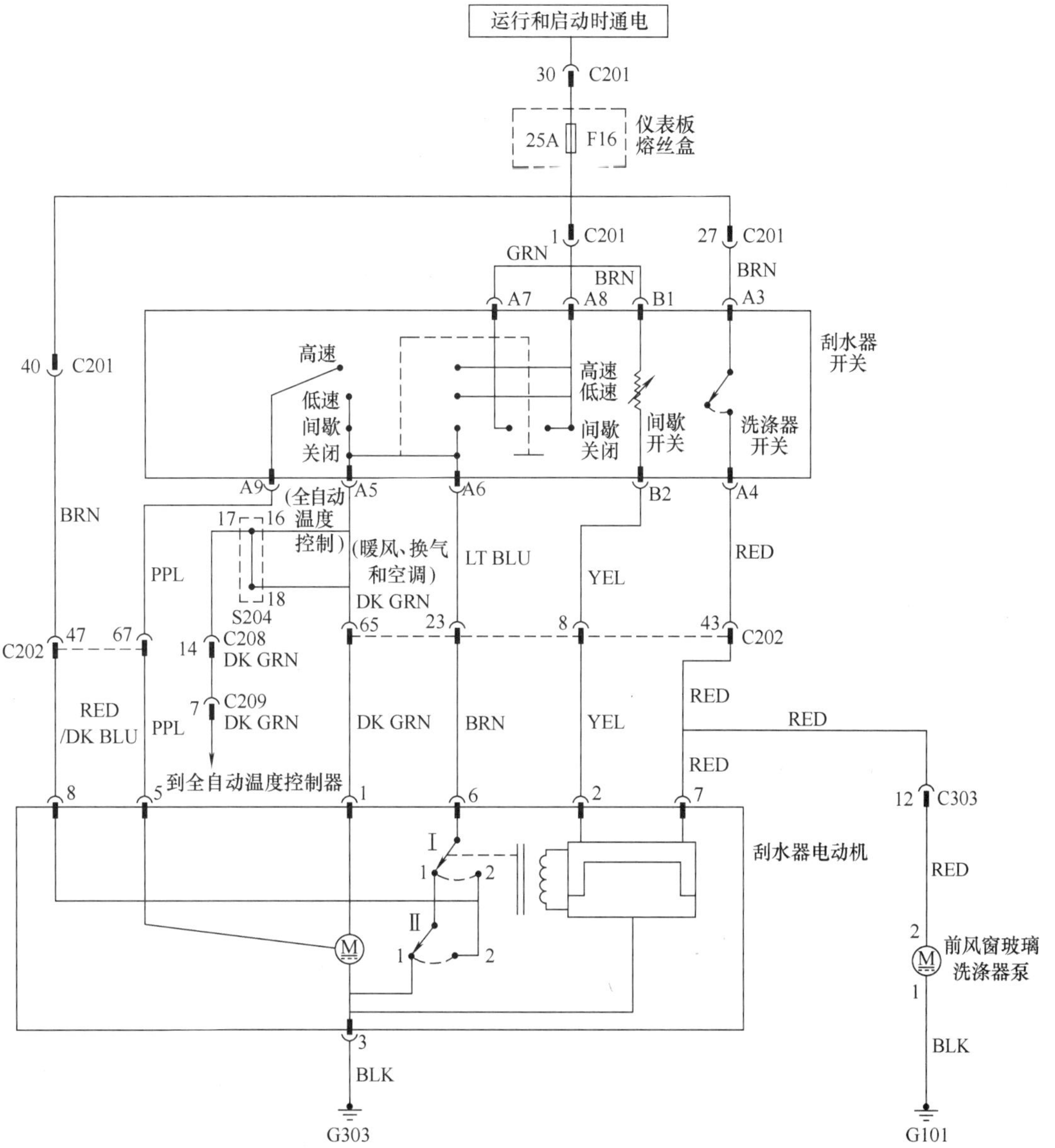

图 6-16　无雨量传感器的风窗刮水系统及洗涤系统的控制电路

③刮水器的间歇动作控制。当把刮水器/洗涤器开关切换至间歇位置时，即可实现刮水器的间歇动作。刮水器的间歇动作控制电路为：15 号线→插接器 C201 的端子 30→熔丝 F16→插接器 C201 的端子 1→刮水器/洗涤器开关的端子 A8→刮水器/洗涤器开关的端子 A7→刮水器/洗涤器开关的端子 B1→间歇开关→刮水器/洗涤器开关的端子 B2→插接器 C202 的端子 8→刮水器电动机的端子 2→间歇控制器→刮水器电动机的端子 3→搭铁点 G303。

间歇控制器通电动作，使刮水器电动机内的开关 I 从位置 1 切换至位置 2，刮水器电动机开始间歇动作。其控制电路为：15 号线→插接器 C201 的端子 30→熔丝 F16→插接器 C201 的端子 40→插接器 C202 的端子 47→刮水器电动机的端子 8→开关 I 的端子 2→刮水器电动机的端子 6→插接器 C202 的端子 23→刮水器/洗涤器开关的端子 A6→刮水器/洗涤器开关的端子 A5→插接器 C202 的端子 65→刮水器电动机的端子 1→刮水器电动机→刮水器电动机的端子 3→搭铁点 6303。

当改变间歇开关的电阻时，间歇控制器可以改变刮水器动作的时间间隔。

④刮片自动复位的控制。当把刮水器/洗涤器开关切换至关闭位置时，若刮片没有复位，则刮水器电动机内的开关Ⅱ从位置 1 切换至位置 2。刮水器电动机将继续动作，直至刮片复位。此时刮水器电动机的控制电路为：15 号线→插接器 C201 的端子 30→熔丝 F16→插接器 0201 的端子 40→插接器 0202 的端子 47→刮水器电动机的端子 8→开关Ⅱ的端子 2→开关Ⅰ的端子 1→刮水器电动机的端子 6→插接器 C202 的端子 23→刮水器/洗涤器开关的端子 A6→刮水器/洗涤器开关的端子 A5→插接器 C202 的端子 65→刮水器电动机的端子 1→刮水器电动机→刮水器电动机的端子 3→搭铁点 G303。

⑤电动洗涤液泵的控制。当把刮水器/洗涤器开关切换至洗涤位置时，电动洗涤液泵动作，同时刮水器动作。电动洗涤液泵的控制电路为：15 号线→插接器 C201 的端子 30→熔丝 F16→插接器 C201 的端子 27→刮水器/洗涤器开关的端子 A3→刮水器/洗涤器开关的端子 A4→插接器 C202 的端子 43→插接器 C303 的端子 12→电动洗涤液泵→搭铁点 G101。

电动洗涤液泵动作的同时，刮水器电动机内的间歇控制器通电动作。

⑥自动空调除雾模式的控制。在自动空调系统处于“AUTO”模式，且自动空调系统控制器接收到刮水信号 1min 后，自动空调系统控制器即自动切换至除雾模式（空调压缩机工作，空气循环处于外循环状态）。

此时刮水信号电路为：15 号线→插接器 C201 的端子 30→熔丝 F16→插接器 C201 的端子 40→插接器 C202 的端子 47→刮水电动机的端子 8→开关Ⅱ的端子 2→开关Ⅰ的端子 1→刮水电动机的端子 6→插接器 C202 的端子 23→刮水器/洗涤器开关的端子 A6→刮水器/洗涤器开关的端子 A5→插接器 C208 的端子 14→插接器 C209 的端子 7→自动空调系统控制面板的端子 B7。

由于刮水器的动作，使开关Ⅱ有规律地在位置 1 与 2 之间切换，刮水信号电压也在 0~12V 范围内有规律地变化。

在刮水器停止动作 20s 后，自动空调系统恢复至原来状态。

（2）有雨量传感器的风窗刮水系统及洗涤系统

1）结构特点。该系统除常规风窗刮水系统及洗涤系统的组成和功能外，还有以下特点：刮水器电动机内间歇控制器由原来的 1 个增加为 2 个，刮水器/洗涤器开关的间歇位置由自动位置取代，刮水器/洗涤器开关内的间歇开关改为雨量传感器开关，并配置了雨量传感器。雨量传感器安装在风窗玻璃内侧，紧靠后视镜位置，雨量传感器的外形如图 6-17 所示。雨量传感器能产生红外线，并以 45°角照射到风窗玻璃上。若风窗玻璃干燥，则被反射回的红外线较多；若风窗玻璃上有水，则被反射回的红外线较少。风窗玻璃反射回的红外线随风窗玻璃上水的多少而相应变化，雨量传感器就是根据风窗玻璃反射回的红外线多少来感知雨量大小的。

图 6-17　雨量传感器的外形

当刮水器/洗涤器开关置于“AUTO”位置时，刮水器能根据雨量传感器感知的雨量大小自动改变动作的快慢。有雨量传感器的风窗刮水系统及洗涤系统的控制电路如图 6-18 所示。

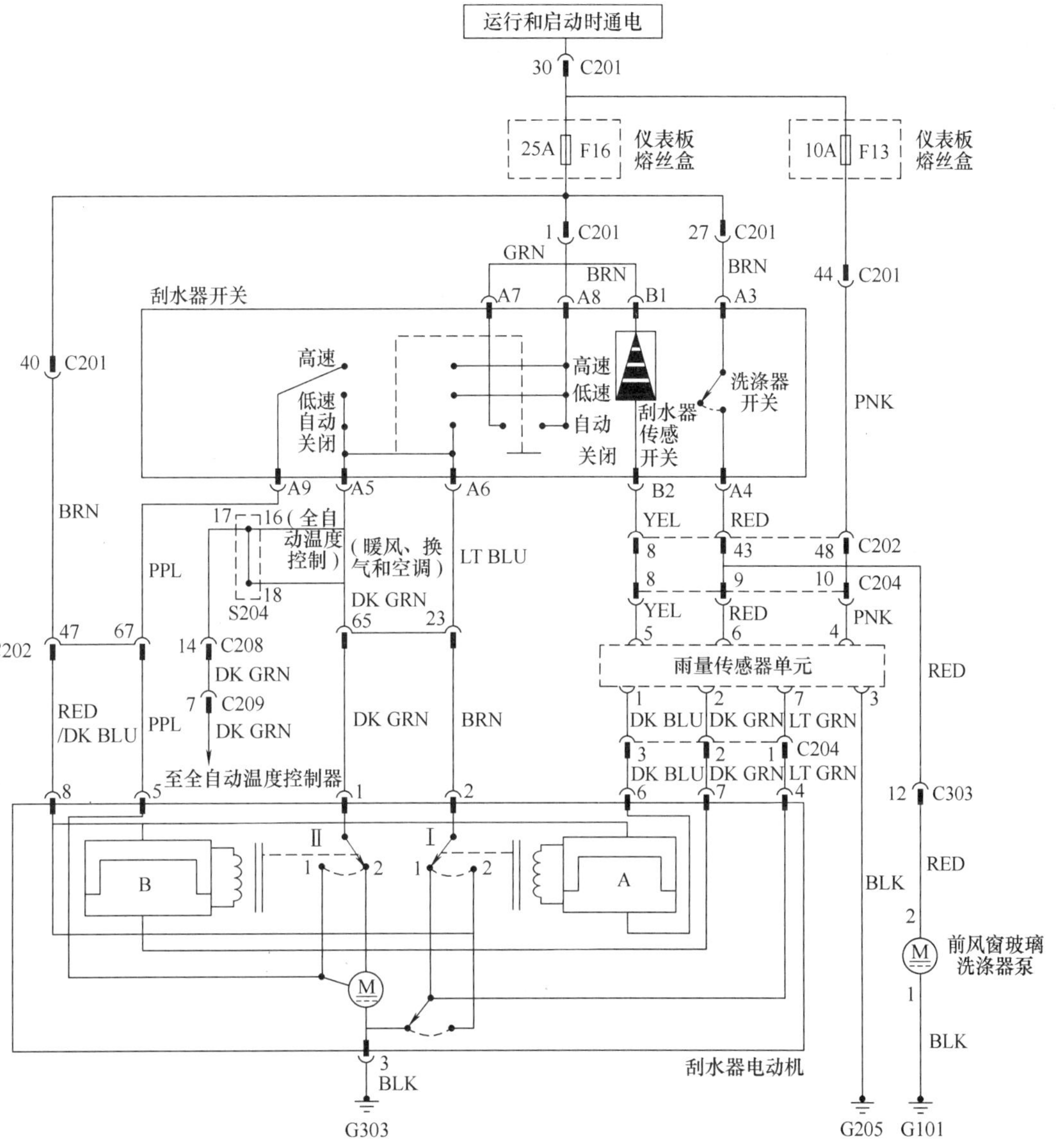

图 6-18　有雨量传感器的风窗刮水系统及洗涤系统的控制电路

2）工作过程。当刮水器/洗涤器开关置于“AUTO”位置时，雨量传感器的控制电路为：15 号线→插接器 C201 的端子 30→熔丝 F16→插接器 C201 的端子 1→刮水器/洗涤器开关的端子 A8→刮水器/洗涤器开关的端子 A7→刮水器/洗涤器开关的端子 B1→雨量传感器开关→刮水器/洗涤器开关的端子 B2→插接器 C202 的端子 8→插接器 C204 的端子 8→雨量传感器的端子 5→雨量传感器。

雨量传感器的端子 5 上有电压时便处于工作状态。当改变雨量传感器开关的位置时，雨量传感器端子 5 的电压也相应变化。而雨量传感器根据其端子 5 电压的高低，在相同雨量时，控制刮水器动作速度也相应变化。

当雨量小时，雨量传感器通过控制刮水器电动机端子 6 的电压（0 或 12V）来控制间歇控制器 A 的间歇时间。当间歇控制器 A 工作时，开关 I 从位置 1 切换至 2，刮水器以较慢的速度工作。此时刮水器控制电路为：15 号线→插接器 C201 的端子 30→熔丝 F16→插接器 C201 的端子 40→插接器 C202 的端子 47→刮水器电动机的端子 8→开关 I 的端子 2→刮水器电动机的端子 2→插接器 C202 的端子 23→刮水器/洗涤器开关的端子 A6→刮水器/洗涤器开关的端子 A5→插接器 C202 的端子 65→刮水器电动机的端子 1→开关Ⅱ的端子 2→刮水器电动机→刮水器电动机的端子 3→搭铁点 G303。

当雨量大时，间歇控制器 A 工作的同时，雨量传感器通过控制刮水器电动机的端子 7 的电压（0 或 12V）来控制间歇控制器 B 的间歇时间。当间歇控制器 B 工作时，开关Ⅱ从位置 2 切换至 1，刮水器以较快的速度工作。此时刮水器控制电路为：15 号线→插接器 C201 的端子 30→熔丝 F16→插接器 C201 的端子 40→插接器 C202 的端子 47→刮水器电动机的端子 8→开关 I 的端子 2→刮水器电动机的端子 2→插接器 C202 的端子 23→刮水器/洗涤器开关的端子 A6→刮水器/洗涤器开关的端子 A5→插接器 C202 的端子 65→刮水器电动机的端子 1→开关Ⅱ的端子 1→刮水器电动机→刮水器电动机的端子 3→搭铁点 G303。

雨量传感器的端子 7 用来反馈刮水器动作的快慢。

（3）风窗刮水系统和洗涤系统的检修　下列风窗刮水系统和洗涤系统的检修项目参见图 6-16、图 6-18。

1）风窗刮水系统不工作。风窗刮水系统不工作时，应进行以下项目的检修：

①熔丝 F16 是否熔断。

②刮水器/洗涤器开关的端子 A8 与电源间的电路是否有故障。检查方法：用一端搭铁良好的测试灯，另一端接到刮水器/洗涤器开关的端子 A8，当点火开关转至接通位置时，测试灯若不亮，则此电路有故障（包括断路、电路中电阻过大、接触不良或搭铁短路）。

③刮水器/洗涤器开关是否有故障。检查方法：把刮水器/洗涤器开关置于高速位置，用一端搭铁良好的测试灯，另一端接到刮水器/洗涤器开关端子 A9，当点火开关转至接通位置时，测试灯若不亮，则刮水器/洗涤器开关有故障。

④刮水器电动机是否有故障。检查方法：脱开刮水器电动机导线侧插接器，将测试灯一端接到刮水器电动机导线侧插接器的端子 5，另一端接到刮水器电动机导线侧插接器的端子 3。把点火开关转至接通位置时，若测试灯亮，则刮水器电动机有故障。

⑤刮水器电动机的端子 3 与搭铁间电路是否有故障。检查方法：断开刮水器电动机导线侧插接器，用一端接蓄电池正极的测试灯，另一端接到刮水器电动机导线侧插接器的端子 3，若测试灯不亮，则此电路有故障。

2）风窗刮水系统无高速档。风窗刮水系统无高速档时，应进行以下项目的检修：

①刮水器/洗涤器开关是否有故障。检查方法与上述③中所述相同。

②刮水器/洗涤器开关的端子 A9 与刮水器电动机的端子 5 之间电路是否有故障。检查方法：用一端搭铁良好的测试灯，另一端接至刮水器电动机的端子 5。当点火开关接通，且把刮水器/洗涤器开关置于高速位置时，若测试灯不亮，则此电路有故障（包括断路、电路中电阻过大、接触不良或搭铁短路）。

③刮水器电动机是否有故障。检查方法如上述④中所述相同。

3）风窗刮水系统无低速档。风窗刮水系统无低速档时，应进行以下项目的检修：

①刮水器/洗涤器开关是否有故障。检查方法：用一端搭铁良好的测试灯，另一端接至刮水器/洗涤器开关的端子 A5，当点火开关接通时，若测试灯不亮，则刮水器/洗涤器开关有故障。

②刮水器/洗涤器开关的端子 A5 与刮水器电动机的端子 1 之间电路是否有故障。检查方法：用一端搭铁良好的测试灯，另一端接至刮水器电动机的端子 1，当点火开关接通，且刮水器/洗涤器开关置于低速位置时，若测试灯不亮，则此电路有故障（包括断路、电路中电阻过大、接触不良或搭铁短路）。

③刮水器电动机是否有故障。检查方法：断开刮水器电动机导线侧插接器，将测试灯一端接到刮水器电动机导线侧插接器的端子 1，另一端接到刮水器电动机导线侧插接器的端子 3。当点火开关转至接通位置时，若测试灯亮，则刮水器电动机有故障。

4）风窗刮水系统无间歇档。风窗刮水系统无间歇档时，应进行以下项目的检修：

①刮水器/洗涤器开关是否有故障。

②刮水器/洗涤器开关的端子 A7 与端子 B1（B2）间电路是否有故障。

③刮水器/洗涤器开关的端子 B2（B1）与刮水器电动机的端子 2 间电路是否有故障。

④熔丝 F9 与刮水器电动机端子 8 间电路是否有故障。

⑤刮水器电动机是否有故障。

5）风窗刮水系统无自动档。风窗刮水系统无自动档时，应进行以下项目的检修：

①熔丝 F13 是否熔断。

②插头 C201 的端子 30 与雨量传感器的端子 4 间电路是否有故障。

③雨量传感器的端子 3 与搭铁间电路是否有故障。

④刮水器/洗涤器开关是否有故障。

⑤刮水器/洗涤器开关的端子 A7 与端子 B1（B2）间电路是否有故障。

⑥刮水器/洗涤器开关的端子 B2（B1）与雨量传感器单元的端子 5 间电路是否有故障。

⑦雨量传感器是否有故障。

⑧雨量传感器的端子 1 与刮水器电动机的端子 6 间电路是否有故障。

⑨刮水器电动机是否有故障。

3. 日产天籁轿车电动刮水器系统的检修

日产天籁轿车电动刮水器（只有前刮水器）采用 CAN 数据总线控制，具有低速刮水、高速刮水、间歇刮水、点动刮水、自动复位及洗涤等功能。

（1）电路组成及基本原理　如图 6-19 所示，天籁轿车电动刮水器电路由组合开关、车身控制模块（BCM）、发动机室智能电力分配模块（IPDM E/R）、前刮水器电动机总成、前洗涤电动机及 CAN 数据总线等组成。其中，IPDM E/R 由 CPU、前刮水继电器、前刮水高速继电器、点火继电器和熔丝组成。BCM 负责接收组合开关或前刮水电动机总成复位开关信号，并通过 CAN 数据总线将前刮水器请求信号发送给 IPDM E/R，然后由 IPDM E/R 控制前刮水器继电器和前刮水器高速继电器的工作状态，从而控制前刮水器电动机的工作状态。

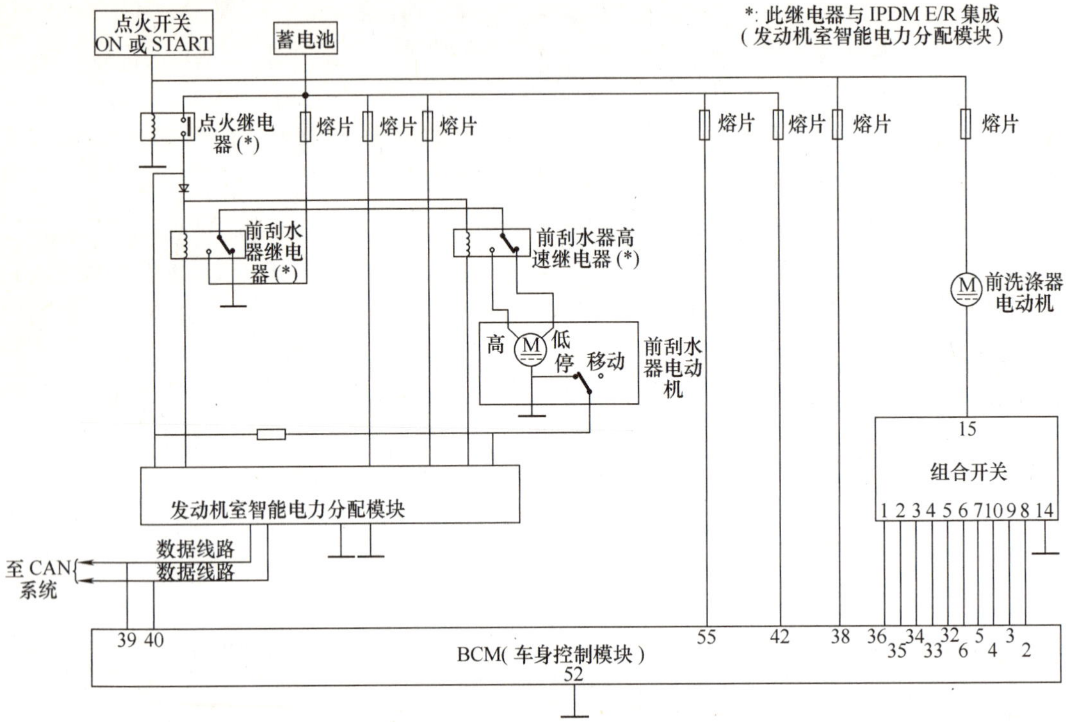

图 6-19　日产天籁轿车电动刮水器电路

(2) 电路分析　日产天籁轿车电动刮水器的组合开关（图 6-20）共有 MIST（点动刮水）、LO（低速刮水）、HI（高速刮水）、INT（间歇刮水）、OFF（自动复位）和 WASHER（洗涤）5 个档位。如图 6-21、图 6-22 所示，对各档位的电路工作过程如下：

图 6-20　日产天籁轿车电动刮水器的组合开关

1）当组合开关位于 LO 档时，BCM 接收刮水器低速档信号，然后通过 CAN 数据总线向 IPDM E/R 发送刮水器低速请求信号。当 IPDM E/R 接收到此请求信号后，前刮水器继电器通电，常开触点闭合，前刮水器电动机低速运转。整个电路回路为：电源正极→20A 熔丝→前刮水继电器常开触点→前刮水高速继电器常闭触点→IPDM E/R 端子 21→前刮水器电动机端子 1→前刮水电动机→前刮水器电动机端子 2→搭铁→电源负极。

2）当组合开关位于 HI 档时，BCM 接收刮水器高速档信号，然后通过 CAN 向 IPDM E/R 发送刮水器高速请求信号。当 IPDM E/R 接收到此请求信号后，前刮水继电器和前刮水高速继电器均通电，常开触点均闭合，前刮水器电动机高速运转。整个电路回路为：电源正极→20A 熔丝→前刮水继电器常开触点→前刮水高速继电器常开触点→IPDM E/R 端子 31→前刮水器电动机端子 4→前刮水器电动机→前刮水器电动机端子 2→搭铁→电源负极。

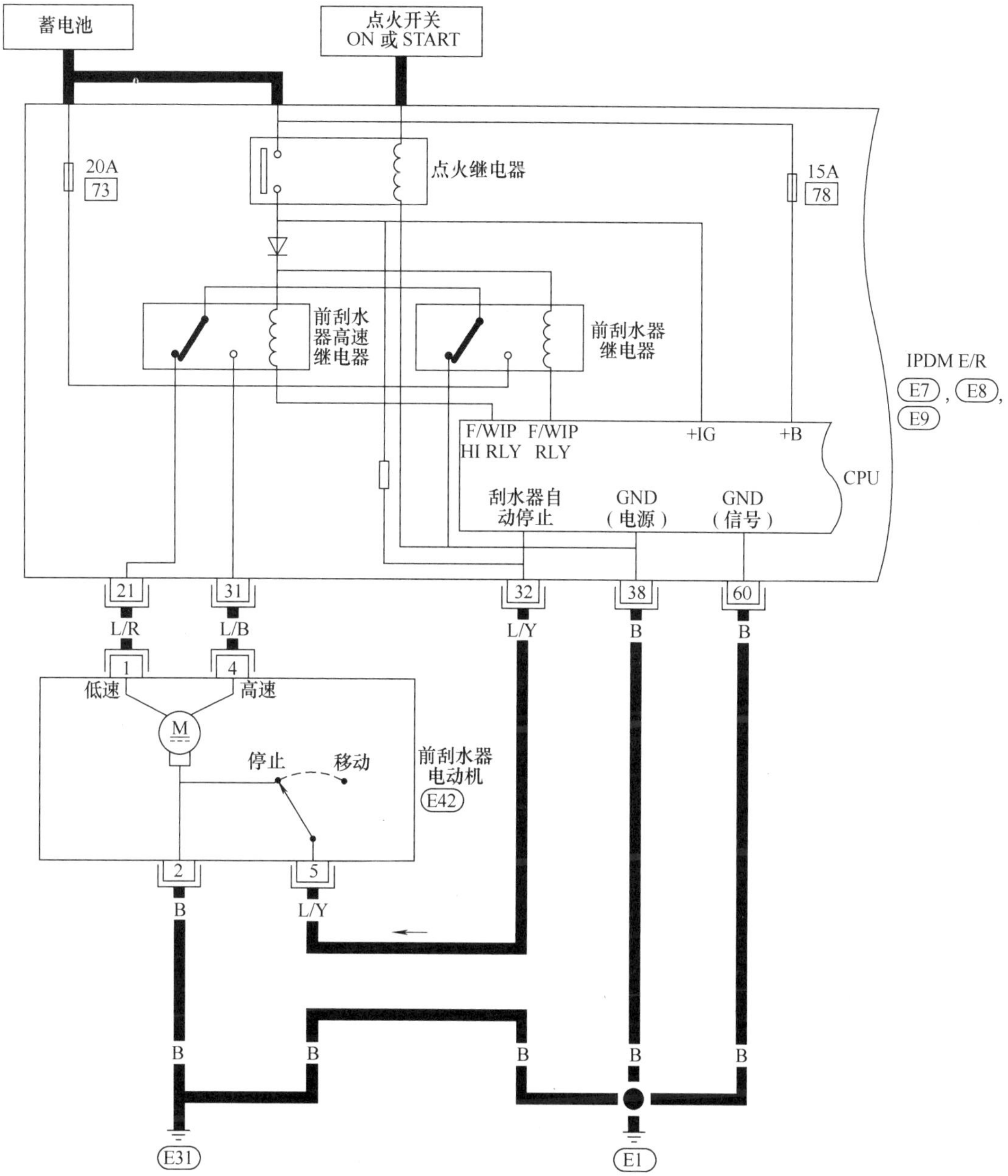

图 6-21　日产天籁刮水器电路（一）

3）当组合开关位于 OFF 档时，若 IPDM E/R 端子 32 通过复位开关检测到刮片不在风窗玻璃底部时，前刮水器电动机将继续工作，直到刮片到达风窗玻璃底部为止。当刮片达到风窗玻璃的底部时，前刮水器电动机端子 5 与端子 2 接通而搭铁，IPDM E/R 端子 32 检测到此信号后，IPDM E/R 通过 CAN 数据总线向 BCM 发送刮水器自动停止信号。当 BCM 接收到此信号后，BCM 通过 CAN 向 IPDM E/R 发送刮水器停止信号，IPDM E/R 控制刮水器电动机停止工作。电路与低速档电路相同。

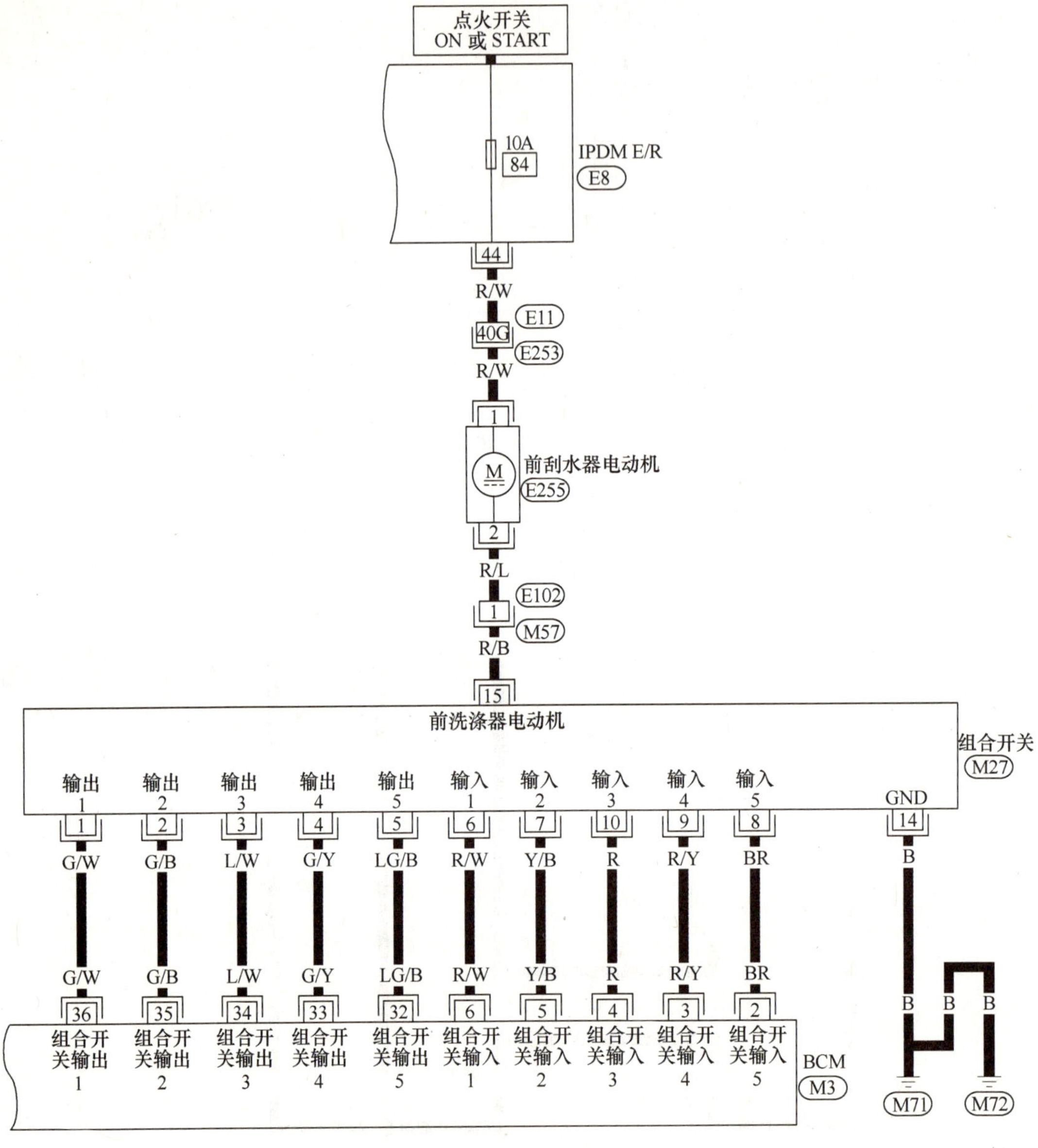

图 6-22　日产天籁刮水器电路（二）

4）当组合开关位于 INT 档时，BCM 根据刮水器分度盘位置和车速来判断前刮水器间歇操作的间隔时间，并向 IPDM E/R 发送前刮水器间歇请求信号。刮水电路与低速刮水电路相同。

5）当组合开关位于 MIST 档时，刮水器低速操作循环一次然后停止。刮水电路与低速刮水时相同。

6）当组合开关位于 WASHER 档时，BCM 接收刮水器洗涤档信号，然后控制组合开关搭铁，前洗涤器电动机工作。整个电路回路为：电源正极→点火开关→10A 熔丝→IPDM E/R 端子 44→前洗涤器电动机端子 1→前洗涤器电动机端子 2→组合开关端子 14→搭铁→电源负极。当 BCM 检测到前洗涤器电动机工作 0.4s 或更长时间，BCM 将控制前刮水器低速工作；当 BCM 检测到洗涤器开关位于 OFF 时，低速刮水操作循环约 2 次后停止。

（3）天籁轿车电动刮水器电路故障诊断及排除　天籁轿车刮水器电路出现故障会导致刮水器不工作、刮水器无高速档、刮水器仅高速档正常、刮水器间歇时间无法调节、刮水器间歇时间不受车速控制、前刮水器无法停止、前刮水器无法复位及洗涤档刮水器不工作等现象。当出现上述故障现象时，首先根据电路原理分析可能的故障位置，然后设计出故障诊断流程图，最后应用 CONSULT-Ⅱ故障诊断仪和万用表进行诊断。下面以前刮水器不工作的故障为例说明诊断思路：

若前刮水器不工作，首先依据电路原理分析出可能的故障位置为熔丝、组合开关、BCM、IPDM E/R、前刮水器电动机、前刮水器电动机搭铁线、组合开关与 BCM 之间的电路、BCM 与 IPDM E/R 之间的 CAN 数据总线或 IPDM E/R 与前刮水器电动机之间的电路，然后设计出故障诊断流程图（图 6-23），最后按照故障诊断流程图进行故障诊断。具体诊断步骤如下：

1）利用 CONSULT-Ⅱ确定 BCM 是否接收到组合开关的信号。

①连接 CONSULT-Ⅱ后，接通点火开关。

②在 CONSULT-Ⅱ上选择“BCM”。当“DATA MONITOR”（数据监控）上显示有“WIPER”（刮水器）时，观察“FR WIPER INT”“FR WIPER LOW”“FR WIPER HI”是否能根据组合开关的操作在 ON 和 OFF 之间切换。若不能，则说明组合开关或组合开关至 BCM 之间的电路出现故障，应进一步检查；若能，则转到步骤 2）。

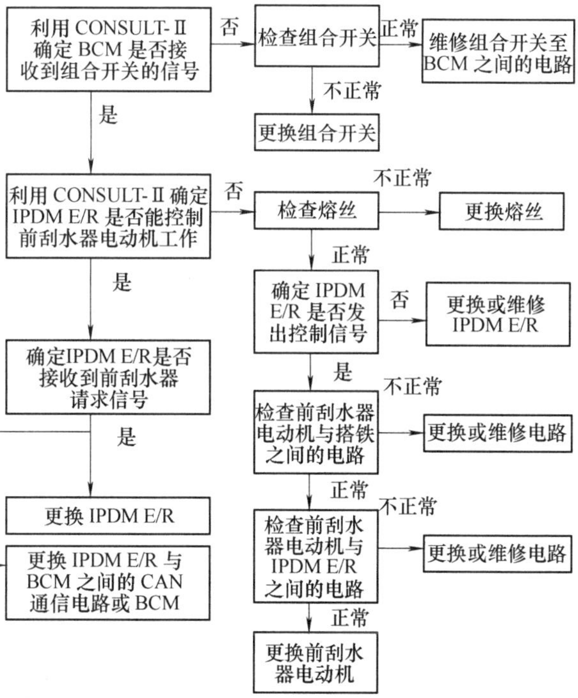

图 6-23　日产天籁轿车电动刮水器不工作故障诊断流程

2）利用 CONSULT-Ⅱ确定 IPDM E/R 是否能驱动前刮水器电动机工作。

①在 CONSULT-Ⅱ上选择“IPDM E/R”，然后选择“SELECT DIAG MODE”（选择诊断

模式）画面上的“ACTIVE TEST”（主动测试）。

②选择“SELECT TEST ITEM”（选择测试项目）画面上的“FRONT WIPER”（前刮水器），按下“HI”或“LO”时，观察刮水器电动机是否能实现高速或低速运转。若能，则转到步骤3）；若不能，则应检查熔丝，若熔丝正常，则转到步骤4）。

3）确定 IPDM E/R 是否接收到前刮水器请求信号。

①在 CONSULT-Ⅱ上选择“IPDM E/R”，然后选择“SELECT DIAG MODE”画面上的“DATA MONITOR”。

②观察前刮水器开关处于“LOW”和“HI”时，“FR WIPREQ”（前刮水器请求信号）是否相应变成了“LOW”和“HIGH”。若是，则应更换 IPDM E/R；否则，说明 IPDM E/R 与 BCM 之间的 CAN 通信电路或 BCM 出现故障，应进一步检查。

4）确定 IPDM E/R 是否发出控制信号。

①在 CONSULT-Ⅱ上选择“IPDM E/R”，然后选择“SELECT DIAG MODE”画面上的“ACTIVE TEST”。

②选择“SELECT TEST ITEM”画面上的“FRONT WIPER”，按下 HI 或 LO 时，测量前刮水器电动机端子 4 或端子 1 的电压，观察是否为电源电压。若为电源电压，则应进一步检查前刮水器电动机、IPDM E/R 与前刮水器电动机以及前刮水器电动机之间的线束；若无电压，则应更换或维修 IPDM E/R。

4. 大众速腾轿车刮水系统检修

由于大众系列车辆近年来在 PQ35（包括 PQ46）平台制造的车型上大量运用了总线技术，使得很多车辆维修人员对一些系统的结构和原理的学习难度有所增加，现对速腾车刮水系统的结构原理做详细介绍。

（1）速腾车刮水系统的组成及功能　速腾车刮水系统由刮水电动机控制单元（J400）、刮水联动杆、刮片、刮水臂、车辆中央电器控制单元（J519）、刮水开关（E）（图 6-24）、转向柱开关模块（J527）、点火开关（D）、发动机室盖接触开关（F266）、雨量传感器（6397）、网关（J533）、CAN 数据总线、ABS 控制单元（J104）及轮速传感器等组成（图 6-25）。速腾轿车的刮水系统除了正常的刮水清洗作用之外，还有下列一些特殊功能：

图 6-24　速腾轿车刮水开关

1）APS 功能。APS 功能就是刮片可变停留位置功能。为了防止刮片在刮水系统关闭后复位时的停留位置一直不变而引起刮片的橡胶部分变形，每两次关闭刮水系统或每 5 次关闭点火开关后，刮片的停留位置会被重新设定，就是刮片在停止位置之前的运动方向有时是从上向下的，有时是从下向上的，以防刮片提前变形失效。APS 功能是可以关闭的，如果需要拆装更换刮水器臂时 APS 必须关闭，只有这样才能确定刮水器臂的最低位置。APS 功能的关闭可用 VAS5051 的引导功能进车辆中央电器控制单元内关闭（图 6-26）。当关闭 APS 功能后不能马上激活，在 100 个刮水循环后 APS 功能将自动激活。

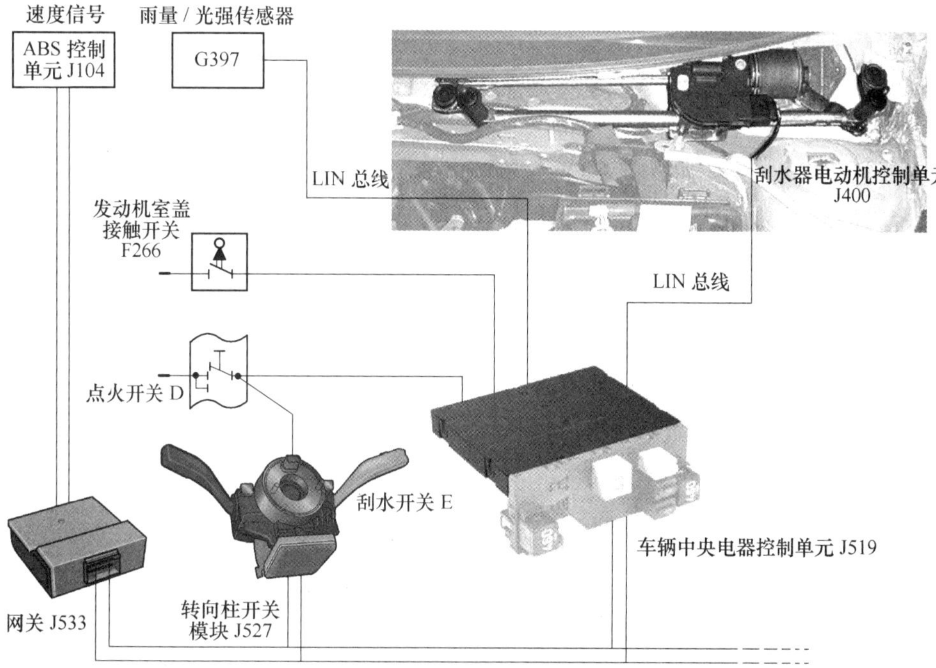

图 6-25　速腾车刮水系统的组成

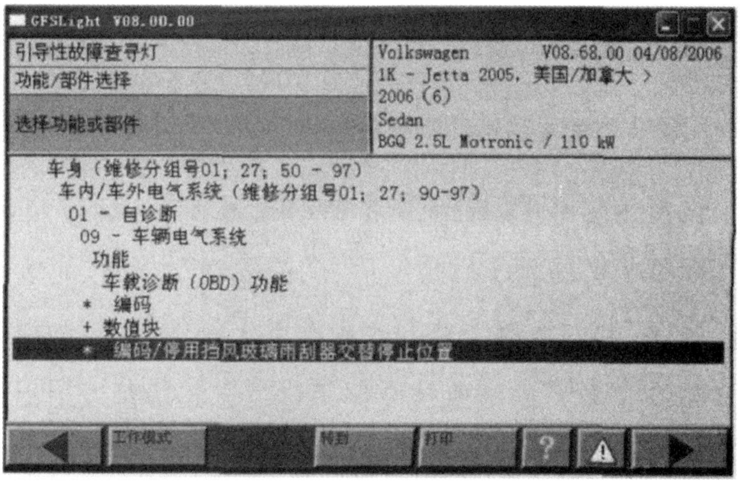

图 6-26　关闭 APS 功能的步骤

2）刮水防阻控制功能。当刮水器在摆动过程中遇到障碍物或冻结在风窗玻璃上时，刮水电动机控制单元会进行 5 次尝试推动。如果失败，刮水器停在此位置不动以保护刮水电动机及刮水联动杆不被损坏。清除障碍后，需再次拨动刮水开关，刮水系统才会继续工作。

3）发动机室盖控制。在车辆停止时，打开发动机室盖后，刮水系统的功能将被禁止。当打开发动机室盖，且车速在 2~16km/h 时，刮水系统的功能同样被禁止，但当再次拨动刮水开关后，刮水系统的功能将被激活。当车速大于 16km/h 时，尽管发动机室盖被打开，刮水系统的功能会保持工作状态不受影响，直至车速低于 2km/h 后，刮水系统的功能重新被禁止。车辆中央电器控制单元是在接收到发动机室盖接触开关的信号及 ABS 控制单元的车速信号后控制刮水电动机控制单元的。

4）服务或冬季位置。断开点火开关 20s 内，将刮水开关打到点动档（Tip）位置，这时刮水器将运动到最顶端位置并保持停止不动（图 6-27），此刻可以更换刮片（刮片正常停止位置是有部分隐藏在发动机室盖内的），在冬季还可以将刮水器臂抬起，防止结冰。当重新接通点火开关后，如果再次拨动刮水开关或车速大于 2km/h 时，刮片将自动回位。当打开发动机室盖后，则此项功能将被禁止。

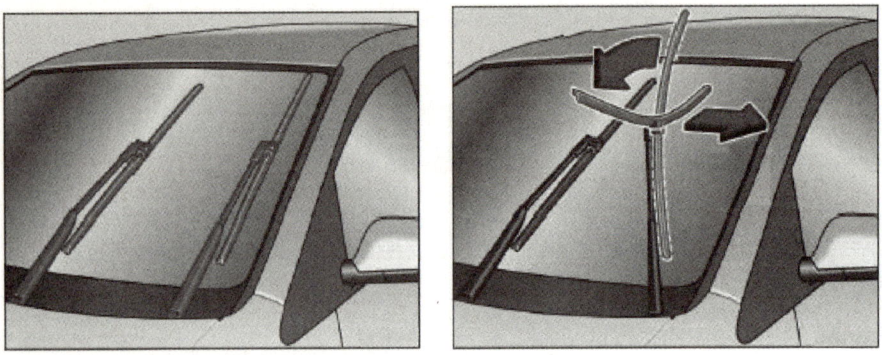

图 6-27　刮水器运动到最顶端位置并保持停止不动

5）雨量传感器可以控制刮水器的刮水速度。雨量传感器装于后视镜底部，由发光二极管、光敏二极管组成。雨量传感器收到雨点大小信号，自动调节刮水器间隙档速度。雨量传感器通过发光二极管发射出一束光，若前风窗玻璃干则全部反射出来，光量反射到光敏二极管上，说明该雨量小。如果前风窗玻璃湿，则反射到光敏二极管上的光弱，说明此刻雨量大。雨量传感器把此信号传递到刮水电动机控制单元，雨量越大刮水器的刮水速度越快。

6）刮水器的刮水速度随车速变化控制。在刮水开关置于间歇档时，刮水器的频率、速度与车辆的行驶速度成正比。

（2）刮水系统的检测　如果遇到刮水系统的功能缺失或工作不正常，可分为以下几个步骤检测：

1）用故障诊断仪读取故障码，如有故障码，先按故障码检测。

2）检查供电及搭铁是否正常。

3）可用 VAS5051 的功能引导车辆电器控制单元作为刮水系统，以确定是车辆中央电器控制单元的前面还是后面的故障。

4）如果刮水系统能工作，可排除刮水电动机控制单元及车辆中央电器控制单元到刮水电动机控制单元的通信部分。重点检查信号输入部分，可在读取测量数据块内读取每个输入信号（包括刮水开关的档位、发动机室盖接触开关等），如果信号都正常，则更换车辆中央电器控制单元。

5）如果做功能自诊断时刮水系统不能工作，则要重点检查车辆中央电器控制单元以后的部分，包括刮水电动机控制单元及车辆中央电器控制单元到刮水电动机控制单元的通信部分。检查时，如果刮水电动机控制单元的供电及搭铁和至车辆中央电器控制单元的 LIN 线都正常，可以用示波器检查 LIN 上的波形。如果波形正常，就换刮水电动机控制单元，如波形不正常，就换车辆中央电器控制单元。

现在很多车辆的某个功能都会用到一些附加信号，这点千万不可忽视，要引起重视。例如，如果遇到速腾轿车的刮水系统在车辆静止时不工作，就要检查发动机室盖接触开关；如果遇到新宝轿来的刮水系统有时或一直没有间隙档，就要检查发动机室盖接触开关的信号；如果老宝来轿车在拔了钥匙打开车门后还能用升降开关控制玻璃升降，就要检查车门闭锁开关等。

任务二　限速显示系统

一、任务引入

限速以图标化的交通标志形式显示在多媒体界面显示屏中。系统从导航系统的数据记录中获取所需的信息。这种方式的优点是，无须在车辆上安装额外的元件即可实现其功能。所使用的地图资料只需包含驶过相应街道时要显示的车速规定即可。但导航数据中并不包括临时设定的车速规定，所以也无法显示。同样的，如果车速规定在数据记录制作完成后发生改变，也会遇到无法显示的问题。奥迪汽车公司在 2010 款奥迪 A8 轿车的多媒体界面 Navigation Plus 中首次采用了基于导航数据的限速显示，如图 6-28 所示。

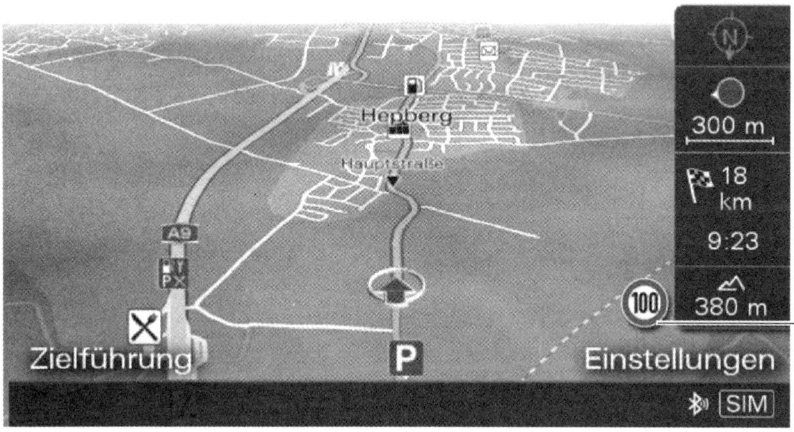

图 6-28　基于导航数据的限速显示

用于显示当前车速规定的另一个方案是通过摄像头识别交通标志，如图 6-29 所示。一个图像处理软件会对拍摄下的图像进行车速规定标牌方面的分析，并将算得的限速显示给驾驶人。这种方法的优点是，临时设定和经过修改的车速规定可以被获悉并显示出来。但是，不利的环境条件可能使交通标志的光学识别产生错误。例如，大雪、大雨、大雾或强光会增加

图 6-29　基于图像处理系统的限速显示

正确识别交通标志的难度，或暂时无法识别。交通标志受损或被弄脏时也会出现同样的情况。

二、任务目标

1）了解奥迪 A7 轿车限速显示的功能。

2）掌握奥迪 A7 轿车限速显示功能的显示方式。

3）掌握奥迪 A7 轿车限速显示功能的操作和设置方式。

三、相关知识

1. 奥迪 A7 轿车的限速显示

奥迪 A7 轿车限速显示结合了上述基于导航数据的限速显示和基于图像处理系统的限速显示两种系统的优点。奥迪 A7 轿车限速通过将两个系统组合获得两个信息源，而这两个信息源的数据也可以相互验证。这样，限速显示就会更加可靠。奥迪汽车公司在奥迪 A7 Sportback 轿车上首次推出这种组合式的限速显示，并在 2011 款奥迪 A8 轿车上作为选装装备提供。

（1）系统元件　这种组合式的限速显示需要用到图像处理系统和多媒体界面 Navigation Plus。该图像处理系统由用于拍摄车辆前部区域的摄像头控制单元 J852（图 6-30）和用于分析摄像图像的图像处理控制单元 J851（图 6-31）组成。图像处理控制单元安装在前排乘员脚坑前的底板内，用螺栓拧在一个支架上，而这个支架是用螺栓拧在车身上的。图像处理控制单元是一个具有自诊断功能的控制单元，可以通过诊断仪用地址码 8E 来进行通信。摄像图像由摄像头控制单元传输给图像处理控制单元，并由其对图像进行车速规定交通标志方面的分析。限速显示的功能软件也集成在图像处理控制单元中。

图 6-30　摄像头控制单元 J852

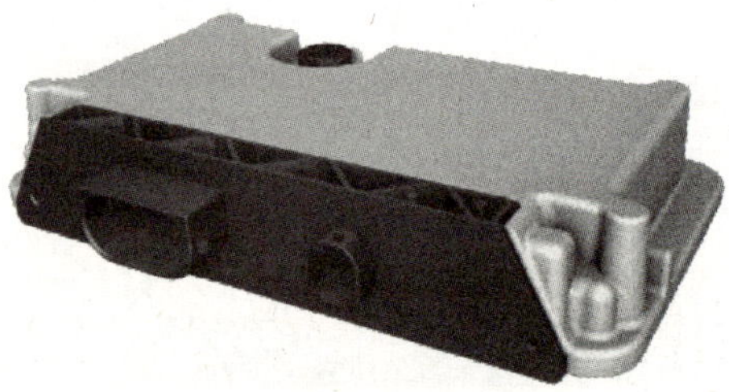

图 6-31　图像处理控制单元 J851

限速显示功能将通过光学方式识别的限速与导航数据中的车速规定进行比较。如果两个系统的信息不同，则会根据具体情况确定图像处理系统的信息与导航系统的信息哪个更加优先，然后将其显示出来。当其中一个信息源失灵时，限速显示会继续工作，但会受到限制。驾驶人可以通过驾驶人信息系统中的相应提示了解到这一情况。限速显示功能是一种帮助驾驶人遵守车速规定的驾驶人辅助系统。但是，与往常一样，在实际中遵守限速的责任始终由驾驶人自己承担。此外，真实的交通标志总是优先于车中显示的限速。应该注意的是，在超过允许的最高车速时不会出现驾驶人警告，而且系统也不会干预驾驶，遵守限速的责任始终由驾驶人承担。

（2）限速显示的媒介　限速显示功能使用下列媒介显示限速：组合仪表中的驾驶人信息系统，如图 6-32 所示；选装的平视显示系统，如图 6-33 所示。

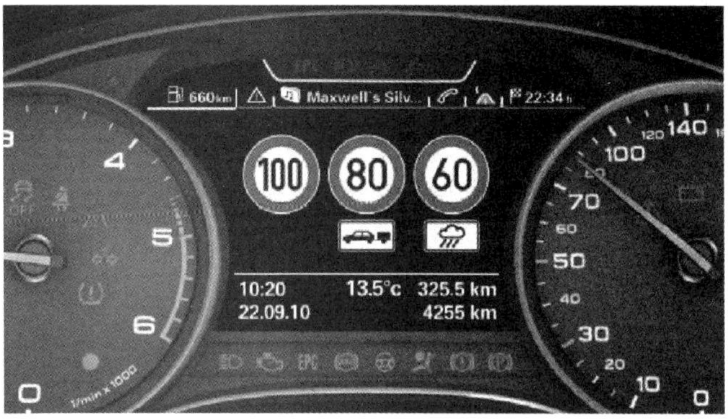

图 6-32　组合仪表中的驾驶人信息系统

图 6-33　平视显示系统中的限速显示

驾驶人信息系统的完整显示中可以同时显示多个限速，而在平视显示系统中只能显示一个限速。如果装有限速显示选装装备，多媒体界面显示屏中则不会出现限速显示。只有当车辆上装配了纯粹基于导航数据的限速显示时，才会在多媒体界面显示屏上出现限速。当车辆具有选装的多媒体界面 Navigation Plus，但未订购限速显示选装装备时，就属于这种情况。

（3）显示允许的最高速度　如果既无法通过摄像头识别到车速规定，也无法从导航数据获取相关信息，限速显示就会将所在国对这类道路允许的最高速度显示出来。通过导航系统的持续传输，限速显示获取预备性的道路数据，此外还包括车辆当前行驶所在的国家，当前行驶的道路类型，车辆是否正处于某一城市之外或之内，地图资料中记录的当前行驶道路的车速规定等信息。

目前可以选配限速显示装备的国家所允许的最高速度存储在图像处理控制单元中。这样，当车辆在可选配限速显示装备的国家行驶时，限速显示就可以一直提供车速规定。下列例外情况需要注意，车辆行驶在既无车速限制也无法定最高车速的道路上，车辆已挂入倒车档，点火开关已接通，但车辆尚未移动等这些例外情况下，在组合仪表的显示屏中会显示“未识别到限速”。

（4）可显示的交通限速标志　下面列出了限速显示可以显示的各种交通标志。所列出的各种交通标志都以限速 80km/h 为例。限速显示可以显示下列交通标志：

1）无附加标牌的限速。无附加标牌的限速标志如图 6-34 所示。

2）带附加标牌“潮湿天气”的限速。带有“潮湿天气”这一限制的交通标志（图 6-35）在显示时，其识别不受实际天气情况的影响。如果在导航数据中保存有“潮湿天气”附加标牌，即便图像处理系统没有识别到，这个附加标牌同样会出现。

图 6-34　无附加标牌的限速标志

图 6-35　带附加标牌“潮湿天气”的限速标志

3）带时间限制的限速。图像处理系统无法从摄像图像中可靠地获得时间限制信息。此信息将从导航数据中获得。通过摄像图像仅仅得知这是一个带有附加标牌的交通标志。这种附加标牌总是以时钟符号出现，而确切的时间限制不会显示，如图 6-36 所示。此交通标志的显示不受当前时间的影响。当目前并不在时间限制的范围之内时，此标志也会出现。确定显示优先权需要了解准确的时间限制。

4）带附加标牌“挂车行驶”的限速。只有当多媒体界面中的菜单项“挂车相关标牌”被启用后，此交通标志才会显示（图 6-37）。当遇到这种情况时，在完整显示中会一直出现带附加标牌“挂车行驶”的限速显示。

图 6-36　带时间限制的限速标志

图 6-37　带附加标牌“挂车行驶”的限速标志

根据分析挂车识别控制单元 J345 的 CAN 信息来控制显示的方式已经不再使用。原因如下：①使用带有照明装置的自行车架时也会被识别为挂车行驶，尽管这种情况下相应的限速并不适用；②由第三方提供的挂车行驶加装解决方案通常不会安装奥迪原装挂车识别控制单元。在这种情况下，限速显示也无法通过分析 CAN 信息来识别挂车行驶。

（5）不显示的与功能相关的交通标志　下列交通标志虽然会被限速显示识别和处理，但不会被显示出来。

1）附加标牌上带方向箭头的限速。系统能够识别带方向箭头的限速，并且将其以不带附加标记的限速标志形式显示出来（图 6-38）。在实际中是否显示这种限速，取决于车辆是否在适用此限速的道路上行驶。

2）用于取消限速的交通标志。用于取消车速限制的交通标志会被图像处理系统识别，但不会显示（图 6-39）。之前的限速会从显示中消失，并被法律许可的最高车速替代。

图 6-38　附加标牌上带方向箭头的限速标志

图 6-39　用于取消限速的交通标志

2. 限速显示功能的显示方式

（1）完整显示　在完整显示中最多可以显示 3 个不同的、带或不带附加标牌的车速规定交通标志。例 1 的限速显示（图 6-40）会在下列两种情况下出现：

第一种情况：①在高速公路上行驶（在相关国家中，高速公路上允许的最高车速超过 100km/h）；②识别到无附加标牌、车速规定为 100km/h 的交通标志；③对正在行驶的路段未识别到带附加标牌“潮湿天气”或带时间限制附加标牌的车速规定；④多媒体界面中的菜单项“挂车相关标牌”处于“关”状态。

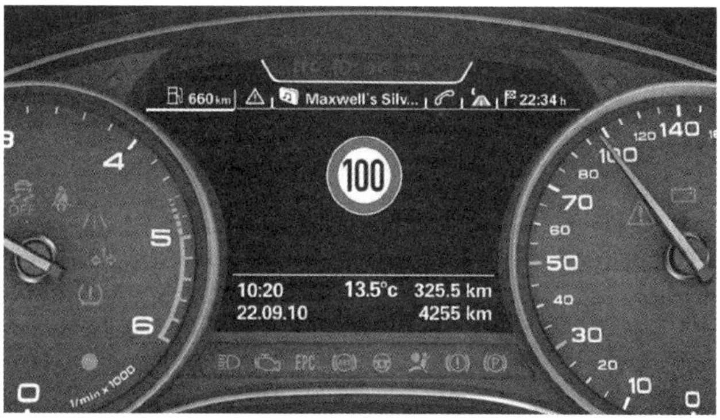

图 6-40　例 1 的限速显示

第二种情况：①在乡村公路上行驶；②在车辆所在的这个国家，乡村公路上允许的最高车速为 100km/h；③未识别到带车速规定的交通标志；④多媒体界面中的菜单项“挂车相关标牌”处于“关”状态。

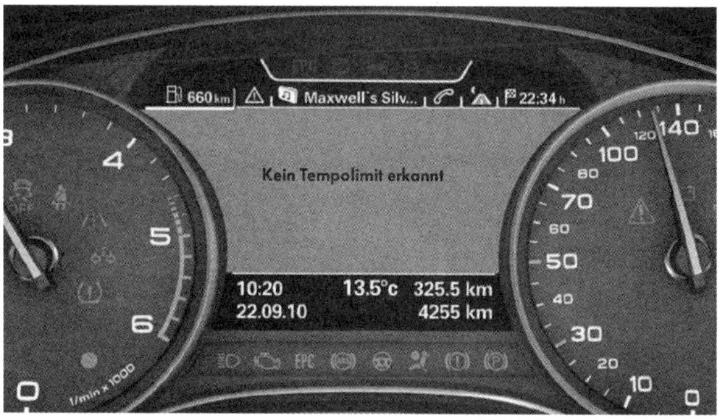

图 6-41　例 2 的限速显示

例 2 的限速显示（图 6-41）会在下列情况下出现：①在高速公路上行驶；②在相关国家中，对高速公路上允许的最高车速没有限制；③未识别到用于当前正在行驶的高速公路路段的车速规定交通标志；④多媒体界面中的菜单项“挂车相关标牌”处于“关”状态。

例 3 的限速显示会在下列两种情况下出现（图 6-42）：

第一种情况：①在高速公路上行驶；②识别到无附加标牌、限速 120km/h 的交通标志；

③识别到带附加标牌“潮湿天气”、限速 100km/h 的交通标志；④识别到带附加标牌“挂车行驶”、限速 80km/h 的交通标志；⑤多媒体界面中的菜单项“挂车相关标牌”处于“开”状态。

图 6-42　例 3 的限速显示

第二种情况：①在高速公路上行驶；②在相关国家中，在高速公路上允许的最高车速为 120km/h；③未识别到无附加标牌、带车速规定的交通标志；④识别到带附加标牌、限速 100km/h 的交通标志。图像处理系统无法准确地识别附加标牌，而在导航数据中却记录了带“潮湿天气”限制的 100km/h 的限速；⑤在车辆当前所在的国家中，在高速公路上对带挂车的车辆允许的最高车速为 80km/h；⑥多媒体界面中的菜单项“挂车相关标牌”处于“开”状态。

（2）驾驶人信息系统中的附加显示　如果驾驶人希望在中央的组合仪表显示屏上显示导航信息，同时又不想完全取消限速显示，那么驾驶人可以启用驾驶人信息系统中的附加显示，如图 6-43 所示。可以通过多媒体界面的菜单项“限速显示”启用或关闭这一显示。

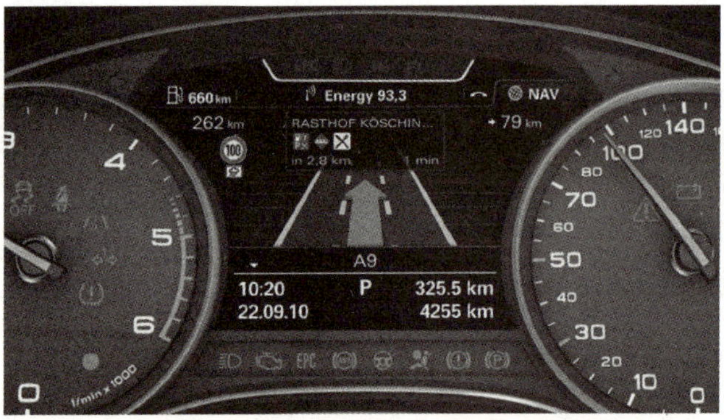

图 6-43　驾驶人信息系统中的附加显示

在附加显示中，当前的车速限制显示在驾驶人信息系统的左上部。这种显示方式最多可以显示一个带附加标牌的限速标志。如果完整显示中出现多个限速，那么系统会根据优先权来确定附加显示中出现的限速。

（3）平视显示系统中的限速显示　在平视显示系统中也能出现限速显示。与附加显示相同，在平视显示系统中最多可以显示一个带附加标牌的限速。如果识别到多个不同限速，则会在附加显示中显示具有最高优先权的限速。在此情况中，带附加标牌“潮湿天气”的 80km/h 限速具有最高优先权，如图 6-44 所示。在此情况中，无附加标牌的 100km/h 限速具有最高优先权，如图 6-33 所示。驾驶人可以在多媒体界面中设置需要和不需要出现在平视显示系统中的信息。在平视显示系统中进行限速显示的前提是已在菜单“显示内容”中启用菜单项“限速显示”。

图 6-44　带附加标牌“潮湿天气”的 80km/h 限速

（4）确定显示优先权　受到空间的限制，平视显示系统与驾驶人信息系统中的附加显示只能显示一个限速。因此，必须在识别到多个不同限速时确定其中一个具有优先权，然后将其显示出来。下面将通过两个示例说明限速显示的优先权是如何确定的。

1）例 4 的限速显示。当前出现在完整显示中的内容如图 6-45 所示。

①如果满足风窗玻璃刮水器已打开这个条件，则认为带附加标牌“潮湿天气”的 80km/h 限速具有优先权，并且将其显示在附加显示和平视显示系统中，如图 6-44 所示。

图 6-45　例 4 驾驶人信息显示系统的显示内容

②如果满足当前时间符合限速的时间限制和风窗玻璃刮水器已关闭这两个条件，则认为带时间限制附加标牌的 100km/h 限速具有优先权，并将其显示在附加显示和平视显示系统中，如图 6-46 所示。

③如果满足当前时间不符合限速的时间限制和风窗玻璃刮水器已关闭这两个条件，则认为带时间限制附加标牌的 120km/h 限速具有优先权，并将其显示在附加显示或平视显示系统中，如图 6-47 所示。

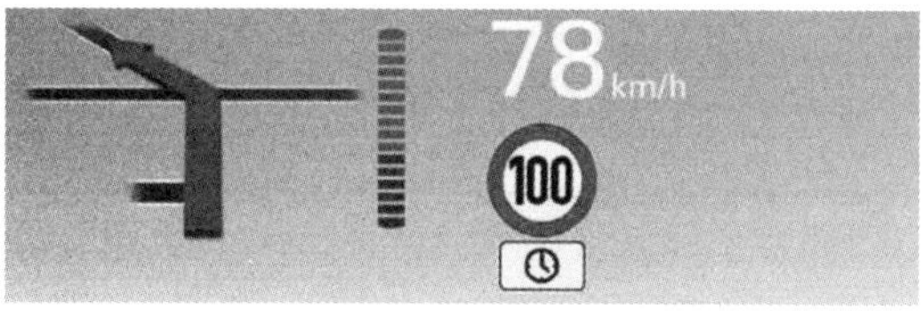

图 6-46　带时间限制附加标牌的 100km/h 限速

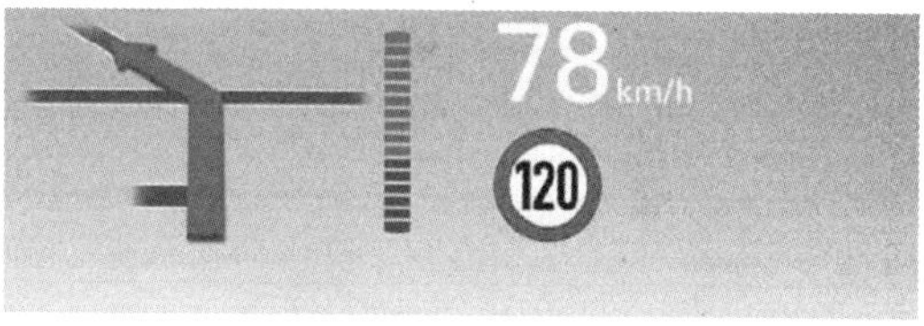

图 6-47　带时间限制附加标牌的 120km/h 限速

2）例 5 的限速显示。当前出现在完整显示中的内容如图 6-32 所示。

①如果满足风窗玻璃刮水器已打开这个条件，则认为带附加标牌“潮湿天气”的 60km/h 限速具有优先权，并且将其显示在附加显示和平视显示系统中，如图 6-48 所示。

②如果满足风窗玻璃刮水器已关闭这个条件，则认为带附加标牌“挂车行驶”的 80km/h 限速具有优先权，并且将其显示在附加显示和平视显示系统中，如图 6-49 所示。

图 6-48　带附加标牌“潮湿天气”的 60km/h 限速

图 6-49　带附加标牌“挂车行驶”的 80km/h 限速

（5）驾驶人信息系统中的提示文本　在风窗玻璃内部或外部凝结水汽、大雾天气、风窗玻璃被弄脏等情况，会导致出现“限速显示：目前受限。无摄像头视野”。出现图像处理控制单元故障，连接控制单元的 FlexRay 总线失灵的情况，会导致出现提示文本“限速显示：系统故障!”。出现摄像头故障，导航系统故障的情况，会导致出现提示文本“限速显示：目前受限!”。如果出现这种情况，限速显示会受到限制地继续工作。因为如果只有一个信息源可供使用，限速显示的错误率就会提高。

出现暂时接收不到导航数据，或摄像头虽然可以观察，但图像与道路实况不符的情况，会导致出现提示文本“限速显示：目前不可用”。车辆处于不支持限速显示的国家时，会出现提示文本“限速显示：在使用区外”。限速显示通过从导航系统获取预备性的道路数据来确定当前正处于哪个国家。

3. 操作和设置方式

（1）限速显示的启用和关闭　打开点火开关后，限速显示功能就会启用。驾驶人无法启用或关闭此功能，在点火开关打开的情况下，此功能总是处于工作状态。驾驶人只能通过相应的系统设置决定是否开启限速显示的显示。如果不启用显示，限速显示就会在后台工作，不会被驾驶人看到。

（2）启用驾驶人信息系统的完整显示　带驾驶人信息系统操作按键的多功能转向盘上布置平视显示系统的操作按键，如图 6-50 所示，要使限速显示提供完整显示，必须进行如下操作：①在驾驶人信息系统中选择标签“车载计算机”，通过多功能转向盘上的翘板按键进行选择；②按压标配的多功能转向盘上的车辆功能按键，在驾驶人信息系统中会出现车辆功能菜单；③用菜单滚轮选择菜单项“限速显示”，然后按下滚轮，实现显示。

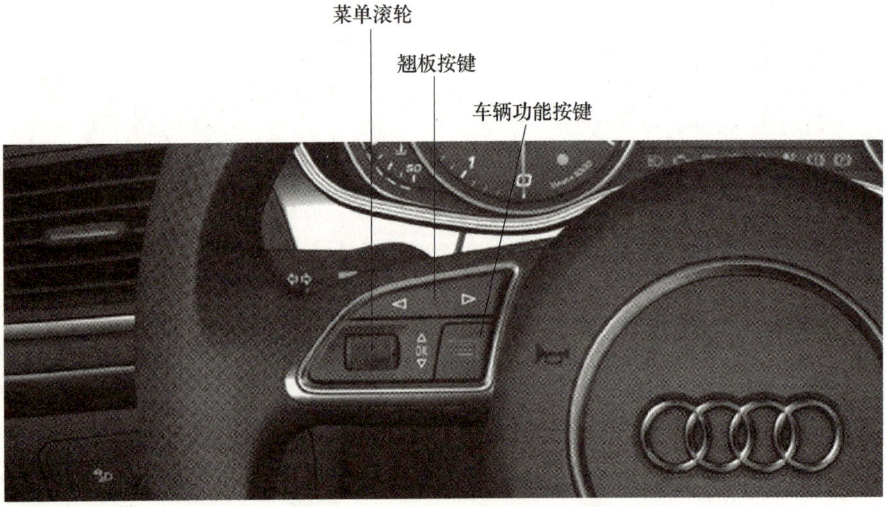

图 6-50　带驾驶人信息系统操作按键的多功能转向盘

（3）驾驶人信息系统中的附加显示　附加显示通过多媒体界面启用和关闭。按如下步骤切换到相应的菜单项：

1）按下多媒体界面操作单元中的功能键“CAR”（汽车）。

2）按下左下部的控制键“Car Systeme”（汽车系统）。

3）选择菜单项“Fahrerassistenz”（驾驶人辅助系统）。

4）选择菜单项“Tempolimitanzeige”（限速显示）。

5）将菜单项“Zusatzanzeigen im Kombi”（组合仪表中的附加显示）设置为“ein”

（开）或“aus”（关）。

（4）“挂车相关标牌”显示　为了在带挂车的车辆上显示限速，必须在多媒体界面中将相应的菜单项“Anhängerrelevante Schilder”（挂车相关标牌）设置为“ein”（开）。按照如下步骤切换到相应的菜单项：

1）按下多媒体界面操作单元中的功能键“CAR”（汽车）。

2）按下左下部的控制键“Car Systeme”（汽车系统）。

3）选择菜单项“Fahrerassistenz”（驾驶人辅助系统）。

4）选择菜单项“Tempolimitanzeige”（限速显示）。

5）将菜单项“Anhängerrelevante Schilder”（挂车相关标牌）设置为“ein”（开）或“aus”（关）。

（5）平视显示系统中的限速显示　为了在平视显示系统中出现限速显示，必须在相应的多媒体界面菜单中启用此功能。按如下步骤切换到这一设置：

1）按下多媒体界面操作单元中的功能键“CAR”（汽车）。

2）按下左下部的控制键“Car Systeme”（汽车系统）。

3）选择菜单项“Fahrerassistenz”（驾驶人辅助系统）。

4）选择菜单项“Head-up Display”（平视显示系统）。

5）选择菜单项“Anzeigeinhalte”（显示内容）。

6）将菜单项“Tempolimitanzeige”（限速显示）设置为“ein”（开）或“aus”（关）。

4. 车辆上的功能实现

图 6-51 显示了所有参与此功能的控制单元，还显示了各个控制单元之间用于数据交换的总线系统。

1）摄像头控制单元。摄像头控制单元中集成的摄像头持续拍摄车辆前部区域的图像。此摄像头同样用于奥迪轿车主动车道保持辅助系统和自适应巡航控制系统。它位于车内后视镜上方的风窗玻璃上。这些图像通过两条 LVDS 导线传输给图像处理控制单元进行分析。

2）图像处理控制单元。图像处理控制单元每秒钟获得 25 张摄像头传输的图像。专门的软件算法会在带车速规定的交通标志方面对这些图像进行分析。限速显示的整套功能软件集成在图像处理控制单元中。此外，不同国家法律许可的最高车速存储在图像处理控制单元中。

3）信息电子系统 1 控制单元 J794（多媒体界面）。在信息电子系统 1 控制单元中集成了导航系统。导航系统为图像处理控制单元提供限速显示所需的、所谓的预备性道路数据。此外，信息电子系统 1 控制单元中还为驾驶人提供了多个限速显示方面的设置方式。

4）组合仪表控制单元 J285（组合仪表）。仪表板内控制单元为限速显示提供两种可能的显示方式：完整显示或简化过的附加显示。此外，组合仪表还显示限速显示的驾驶人提示，并为图像处理控制单元提供当前时间，用于确定显示优先权。

5）风窗玻璃投影控制单元 J898（平视显示系统）。在选装的风窗玻璃投影控制单元中出现的限速显示内容会有所减少。

6）数据总线诊断接口 J533（网关）。数据总线诊断接口充当多个总线系统的接口，负责在各个控制单元之间进行功能相关数据的信息交换。

7）车载电网控制单元 J519。车载电网控制单元为限速显示提供风窗玻璃刮水器是否激活的信息。图像处理控制单元需要此信息来确定显示优先权。

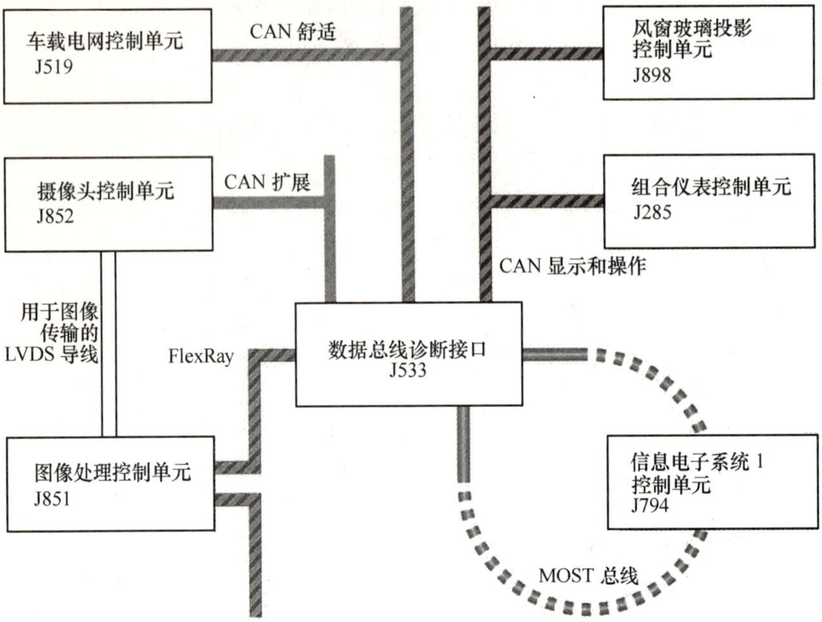

图 6-51　平视显示系统各个控制单元之间用于数据交换的总线系统

参 考 文 献

[1] 陈天训. 汽车车身控制与舒适性系统检修［M］. 北京：机械工业出版社，2013.
[2] 张军. 汽车舒适与安全系统检修［M］. 北京：人民邮电出版社，2009.
[3] 于万海，刘建华. 汽车舒适与安全系统原理与检修［M］. 北京：中国铁道出版社，2013.
[4] 冀旺年. 汽车车身电气设备系统及附属电气设备［M］. 2版. 北京：电子工业出版社，2008.
[5] 毛峰. 汽车车身电控技术［M］. 2版. 北京：机械工业出版社，2010.
[6] 岑业泉. 汽车车身电控系统维修［M］. 北京：机械工业出版社，2011.
[7] 曾鑫，刘兰俊. 汽车车身电控系统检修［M］. 北京：北京理工大学出版社，2010.
[8] 黄军辉，张南峰. 汽车电气及车身电控技术［M］. 北京：人民邮电出版社，2009.
[9] 罗富坤. 汽车车身电控系统检测与修复［M］. 北京：机械工业出版社，2011.
[10] 刘春晖，张斌. 汽车车身电控系统原理与检修［M］. 北京：机械工业出版社，2012.
[11] 毛峰，毛洪艳. 汽车安全与舒适系统检测与修复［M］. 北京：机械工业出版社，2011.
[12] 王盛良. 汽车底盘及车身电控技术与检修［M］. 北京：机械工业出版社，2009.
[13] 李伟，等. 图解汽车底盘电控新技术与故障精解［M］. 北京：机械工业出版社，2010.
[14] 李英，郭进国. 汽车舒适与安全系统的诊断与修复［M］. 上海：上海交通大学出版社，2012.
[15] 吴文琳，蚁文荣. 汽车舒适系统和电动控制装置维修精华［M］. 北京：机械工业出版社，2009.
[16] 郑易. 新型汽车车身电气设备维修及案例分析［M］. 北京：机械工业出版社，2013.
[17] 郑尧军. 汽车车身电控系统检修［M］. 北京：清华大学出版社，2012.
[18] 孙桂芝. 汽车安全与舒适系统检修［M］. 北京：人民邮电出版社，2013.
[19] 孙连伟，曲昌辉. 汽车舒适与安全系统检修［M］. 北京：中国人民大学出版社，2012.
[20] 陈新，潘天堂. 汽车车身控制系统检修［M］. 北京：化学工业出版社，2011.
[21] 周晓飞. 看图学汽车防盗系统维修［M］. 北京：化学工业出版社，2012.